JN442056

제3판

자금세탁방지 제도

저자 고철수 · 최규진

한국금융연수원
KOREA BANKING INSTITUTE

발간사

글로벌화·디지털화의 진전으로 국가 간 금융거래가 활성화되는 가운데 국내외 자금세탁과 테러자금조달 범죄에 대한 관심이 높아짐에 따라 불법자금의 세탁과 조달을 예방하고 적발하는 자금세탁방지에 대한 노력이 더욱 강화되고 있습니다.

한국금융연수원은 그간 자금세탁방지 관련 다양한 연수프로그램을 제공하는 한편, 자금세탁방지 업무능력 검정시험을 개설하는 등 금융인들의 자금세탁방지 업무능력 향상을 위해 노력하고 있습니다.

이러한 노력에 이어 금융인들이 자금세탁방지 업무에 효과적으로 활용할 수 있도록 자금세탁방지의 기준·제도와 실무처리 방법을 체계적으로 정리하여 자금세탁방지 제도와 실무 도서를 발간하였습니다.

본 도서는 자금세탁방지제도 전반에 대한 이론과 실무에 대해 상세히 설명하고 실무적으로 도움이 될 수 있는 여러 사례를 수록하였으며, 독자들의 이해를 돕기 위해 주제별로 개요, 주요내용 종합정리 등을 추가로 구성하였습니다.

본 도서의 발간이 금융회사들의 자금세탁방지 업무역량을 강화하고 금융거래의 투명성을 제고함으로써 금융범죄의 예방은 물론 금융기관들의 대외 신인도 향상에 도움이 될 수 있기를 기대합니다.

앞으로도 한국금융연수원은 금융분야의 다양한 이슈에 대한 전문도서를 지속적으로 발간할 예정이며, 다양한 연수프로그램을 제공하고 분야별 자격검정제도를 운영하는 등 금융산업 발전을 위해 노력하겠습니다.

끝으로 본 도서가 나오기까지 많은 노력을 기울여주신 저자와 감수자 그리고 관계자 여러분께 깊이 감사드리며, 금융인은 물론 자금세탁방지에 관심이 있는 일반인들도 이론적·실무적 지식을 넓히는 데 큰 도움이 되기를 바랍니다.

2024년 3월

한국금융연수원 원장 **서 태 종**

머리말

전 세계적인 정보통신(IT)의 발달은 전통적인 모든 산업에 영향을 끼치고 있고, 인체의 혈액과 같은 금융산업은 IT의 발달과 결합되어 나날이 그 중요성이 더해지고 있습니다. 핀테크와 가상자산, AI 등 IT기반의 경제활동은 이미 우리 생활 속의 일부가 되었고 지급결제 수단의 혁신적인 변화는 모든 사람들에게 스마트폰 등을 통해 손안에서 구현되어 편리함을 주기도 합니다. 역설적이게도 이러한 편리함은 범죄자들에게는 불법적인 범죄수익에 대한 자금세탁의 도구로 활용되어 범죄의 확산과 이로 인한 피해를 더욱 증가하게 만드는 부작용도 나타나고 있습니다. 글로벌 네트워크의 발달에 따라 국경간 장벽이 없어진 현대 사회에서 업권을 넘나들며 다양해지고 복잡해지는 금융거래를 통한 끊임없는 자금세탁과 이를 예방하고 방지하기 위한 자금세탁방지제도 구축과 운영은 모든 금융회사 등에 선택이 아닌 필수인 시대로 접어들었습니다. 국제사회는 엄격한 글로벌 기준의 적용을 통하여 자금세탁의 폐해를 막고자 노력하고 있으며, 1980년대 후반부터 국제자금세탁방지기구(FATF)의 40개 권고사항을 기점으로 국내외에 금융회사 등의 의무로서 이행되고 있는 자금세탁방지제도는 테러자금조달금지 제도와 더불어 우리 일상 속에서 경제주체 모두가 지켜야 하는 시대적 요구입니다.

자금세탁방지제도의 준수는 건전한 경제활동을 위한 기반이며 우리나라가 선진국으로 가기 위하여 필수적으로 준수해야 하며,

금융회사, 특정비금융사업자, 가상자산업권 등 이제 자금세탁방지제도 준수는 특정 업권만의 이슈만이 아닌 경제활동을 하는 모든 경제주체가 준수해야 하는 우리 모두의 과제입니다. 최근 일어난 자금세탁 사건들은 과거와 달리 범죄가 더욱 교묘해지고 복잡해져 단 한번의 자금세탁 범죄가 발생하더라도 순식간에 기업 및 국가에 심각한 피해를 줄 수 있다는 교훈을 주고 있습니다. 이러한 시점에 자금세탁방지를 위한 자격인증제도 시행은 금융회사 등의 임직원뿐만 아니라 경제활동을 하는 모든 경제주체에게 중요한 트리거(trigger)가 될 것이라 믿습니다.

무역과 금융거래를 통한 자금세탁, 사기, 부패, 뇌물 등 금융범죄가 범람하고 있는 현실이지만, 우리사회의 건전한 산업발달에 밑알이 되는 자금세탁방지 자격인증제도의 신속한 정착과 발전을 통해 금융회사 등에 종사하는 우리 모두가 자금세탁방지 전문가로 활동하는 그날을 기대해봅니다.

2024년 3월

김앤장 법률사무소 **고 철 수**

Contents

01 자금세탁방지 글로벌 기준 이해

02 국내 자금세탁방지제도 이해

01

자금세탁방지
글로벌 기준 이해

학습 개요

자금세탁방지 및 테러자금조달금지(이하 AML/CFT)의 정의와 국제자금세탁방지기구(이하 FATF)의 40권고사항이 정립되기 이전의 유엔안전보장이사회(UN Security Council Resolutition, 이하 UNSCR) 등 주요 국제조약과 관련 내용을 이해하여 AML/CFT가 왜 국제적으로 중요한 이슈가 되었는지 이해하고자 한다. 또한, FATF의 40 권고사항과 더불어, 유럽연합(EU)의 자금세탁방지지침(AMLD)의 주요 기준과 주요 국가들의 감독기관을 이해하는 데 도움을 주고자 한다.

학습 목표

- 자금세탁과 테러자금조달의 국제적 정의를 이해할 수 있다.
- 자금세탁방지 및 테러자금조달금지 제도 정립의 배경이 되는 국제조약과 유엔안보리 결의안을 이해할 수 있다.
- 국제자금세탁방지기구(FATF)의 40권고사항과 효과성 평가, 평가방법론을 이해할 수 있다.
- 유럽연합(EU)의 자금세탁방지지침(Anti Money Laundering Directives, 이하 AMLD)에 대한 발전 경과와 내용을 이해할 수 있다.
- 주요 국가들의 자금세탁방지 및 테러자금조달금지 관련 감독기관들의 기능 및 역할을 이해할 수 있다.

1장

자금세탁방지와 테러자금조달금지 일반 개요

가. 국제기준에서의 자금세탁 정의

자금세탁은 여러 가지 방법으로 정의되고 있으나, 전 세계 주요 국가에서는 비엔나 협약(United Nations Convention Against Illicit Traffic In Narcotic and Psychotropic Substance(1988)과 팔레모 협약(United Nations Convention Against Transnational Organized Crime(2000)에서 채택된 자금세탁(Money Laundering, 이하 ML)의 정의를 글로벌 기준으로 인정하고 있으며, 그 내용은 다음과 같다.

- 당해 재산이 마약 밀매 범죄 등에서 유래된 자산임을 알면서도 그 불법 출처를 은닉하거나 가장할 목적으로 또는 관련자의 법적 책임을 면하게 할 뿐만 아니라 지원을 목적으로 당해 재산의 전환 또는 이체하는 경우

- 당해 재산이 범죄 또는 그러한 범죄의 가담에서 유래된 자산임을 알면서도 그것의 성질, 출처, 소재, 처분, 이동 권리 또는 소유권의 은닉 또는 가장하는 경우

- 당해 재산이 범죄 또는 그러한 범죄의 가담에서 유래된 자산임을 수취 시점에 알면서도 그것의 취득, 소유 또는 사용하는 경우

국제자금세탁방지기구에서는 위에서 자금세탁에 대하여 정의된 비엔나 협약(1988)과 팔레모 협약(2000)을 근거로 한다. 따라서 "자금세탁은 불법적인 출처를 위장하기 위해 이러한 범죄 수익금을 처리하는 것(Money laundering is the processing of these criminal proceeds to disguise their illegal origin.)"[1]이라고 정의하고 있다.

1) https://www.fatf-gafi.org/en/pages/frequently-asked-questions.html#tabs-36503a8663-item-6ff811783c-tab

: 나. 국제기준에서의 테러자금조달 정의

테러자금조달과 관련하여 유엔(UN)에서는 '테러자금 억제를 위한 국제협약(International Convention for the Suppression of the Financing of Terrorism - 1999)에서 테러에 대하여 다음과 같이 정의하고 있고 테러자금조달의 범죄화와 이에 대한 확인, 탐지, 동결, 몰수에 대해 정의하고 있다.

- 자금이 다음의 행위에 이용되어야 한다는 의도를 가지고 또는 자금이 부분적으로 또는 전체가 다음의 행위에 이용되는 것을 알면서도 직접적 또는 간접적, 불법적이고 고의로, 어떠한 수단으로든 자금을 제공하거나 모집하는 경우로서 본 협약상의 범죄를 저지르는 것

  a. 협약의 별첨(annex)에 기재된 범위와 범죄가 되는 행위
  b. 대중을 협박하거나 정부나 국제기구가 어떤 행위를 하도록 강요하거나 어떤 행위를 하는 것을 금지하려는 목적으로 무장 충돌의 상황에서 시민이나 적대행위에 가담하지 않는 다른 개인들을 사망하게 하거나 심각한 범죄를 위해 자금이 실제로 이용되는 것이 요구되지 않아야 할 것

국제자금세탁방지기구에서는 자금세탁이란 "범죄수익의 불법원천을 가장하기 위한 과정(the process of criminal proceeds in order to disguise illegal origin)"이라고 FATF 40 권고사항 서문에 기술하고 있으며, 테러자금조달에 대하여 "테러자금조달은 테러 행위, 테러리스트 및 테러조직에 자금을 조달하는 것(Terrorist financing is the financing of terrorist acts, and of terrorists and terrorist organisations.)"이라고 정의하고 있다.

- 2001년 9.11 테러 이후, FATF 40 권고사항에 9개 특별권고로 테러자금조달 금지(Counter Financing of Terrorism, 이하 CFT)가 반영되었으며, 2012년 및 2023년 11월 FATF 40 권고사항 개정 이후 현재에 이르고 있다.

[참고 1] 국제자금세탁방지기구(FATF)의 자금세탁 목적

The goal of a large number of criminal acts is to generate a profit for the individual or group that carries out the act. Money laundering is the processing of these criminal proceeds to disguise their illegal origin. This process is of critical importance, as it enables the criminal to enjoy these profits without jeopardising their source.

Illegal arms sales, smuggling, and the activities of organised crime, including for example drug trafficking and prostitution rings, can generate huge amounts of proceeds. Embezzlement, insider trading, bribery and computer fraud schemes can also produce large profits and create the incentive to "legitimise" the ill-gotten gains through money laundering.

When a criminal activity generates substantial profits, the individual or group involved must find a way to control the funds without attracting attention to the underlying activity or the persons involved. Criminals do this by disguising the sources, changing the form, or moving the funds to a place where they are less likely to attract attention.

In response to mounting concern over money laundering, the Financial Action Task Force on money laundering (FATF) was established by the G-7 Summit in Paris in 1989 to develop a co-ordinated international response. One of the first tasks of the FATF was to develop Recommendations, 40 in all, which set out the measures national governments should take to implement effective anti-money laundering programmes.

다. 자금세탁의 특성

국제범죄성 (International Crime)

- 자금세탁의 가장 중요한 특징으로서, 자금세탁은 일반적으로 한 국가 내에서만 이루어 지는것이 아니고 금융거래로 대표되는 금융기관, 무역거래, 전자지갑(Electronic Wallet) 등 다양한 수단을 동원하여 2개 국가 이상의 국경을 넘나드는 것을 말한다. 국제적으로 선호되는 자금세탁 경유지는 우선 금융비밀보장이 철저하고 조세면제 또는 저세율의 세금이 부과되는 조세피난처(Tax Haven), 역외금융센터(Off-shore financing center)가 운용되는 국가, 자금세탁방지 등의 체계가 미흡하거나 시행되고 있지 않은 국가 등을 들 수 있다.

조직범죄성 (Organized Crime)

- 자자금세탁은 자금의 실제 소유자가 직접 또는 단독으로 자금세탁을 수행하는

경우는 일부이고, 은밀하게 범죄조직에 의해 진행되는 것이 일반적이다. 특히, 조직범죄는 공공기관 및 금융기관 종사자, 세관원, 투자자문 등 분야뿐만 아니라 특정비금융사업자 관련 전문가들이 자금세탁의 위험에 노출되고 있으며 일부는 관여하고 있다.

화이트칼라형 범죄 (White-Collar)

- 일반범죄와 달리 자금세탁 범죄는 전문지식과 IT기술 등이 필요한 범죄로서 화이트칼라형 범죄의 특성을 갖추고 있다. 화이트칼라형 범죄는 대부분 발견하기 어렵고, 범죄에 연루된 개인이나 조직이 경제적 이득을 취할 때 사회적 지위나 직업적 특성 및 권한을 이용한다. 또한, 다른 범죄에 비해 간접적으로 국가나 사회에 미치는 피해가 크다는 특징을 가지고 있다.

라. 자금세탁의 3단계

예치·배치(Placement) : 범죄행위로 취득한 불법재산을 취급하기 용이하고 덜 의심되는 형태로 변형하여 수사기관에 적발되지 않도록 그 소재를 이전하여 최종적으로 금융기관에 유입시키는 단계를 말한다.

- 주요 사례 : 자금 혼합, 외환거래, 금액분할, 대출 등

은폐·반복(Layering) : 자금세탁행위자가 범죄자금의 출처와 소유주를 감추기 위하여 여러 가지 금융거래 단계를 거쳐 거래빈도, 거래량 등에서 정상적인 금융거래와 유사하게 만들어 자금추적을 불가능하게 만드는 단계를 말한다.

- 주요사례 : 허위서류 작성, 입출금 반복, 국가간 자금이동, 전자자금 이체 등

합법화·통합(Integration) : 충분한 반복단계를 거쳐 출처 추적이 불가능하게 된 불법자금을 정상적인 금융과 사업활동 등으로 합법재산으로 통합시키는 과정을 말한다.

- 주요사례 : 허위송장발행, 수출가격 조작, 위장회사를 통한 부동산 매각 등

마. 자금세탁방지(AML/CFT)의 글로벌 기본원칙

사법제도

- 자금세탁행위를 범죄로 규정 : 가장 필수적이며 기본적인 사항으로서, 범죄행위 또는 불법활동으로부터 유래된 불법수익의 세탁행위를 범죄로 규정하여 처벌할 수 있도록 각국의 입법체계를 정비하는 것을 말한다.

- 전제범죄(Predicate Offense) : 전제범죄로 정립되지 않은 범죄(crime without direct victims)는 불법자금세탁행위로서 처벌할 수 없다. 1990년대 이전까지는 주로 마약류 범죄만을 전제 범죄로 규정하였으나, 1996년 국제자금세탁방지기구는 40 권고사항을 개정하여 전제범죄를 모든 중대범죄로 그 범위를 확대하도록 의무화하고 있다.

금융제도

- 고객확인의무 (Customer Due Diligence)
- 기록보존 (Record Keeping)
- 의심거래보고 (Suspicious Transaction Report)
- 고액현금거래보고 (Currency Transaction Report)
- FIU 설치 운영 및 국제협력 등

자금세탁방지 규제는 금융제도, 사법제도 및 국제협력체계 등 세 가지 축으로 이루어진다. ① 금융규제 측면에서는 금융회사등에게 고객확인의무와 자금세탁행위 및 공중협박자금 조달행위로 의심되는 거래, 고액현금거래를 보고하는 의무를 부과한다. ② 사법규제 측면에서는 자금세탁행위 및 공중협박자금조달행위를 범죄로 규정하여 처벌하고 그로부터 얻은 수익 및 재산을 몰수·추징하며, 금융회사등이 범죄수익 사실을 수사기관에 신고하도록 하고 있다. ③ 아울러, 국가간 자금세탁 관련 정보교환, 범죄인 인도, 사법공조와 같은 제도를 통해 상호협력체계를 구축하고 있다.

2장

자금세탁방지 및 테러자금조달금지 관련 주요 국제조약 및 유엔 안보리결의안(UN SCR) 개요

가. 자금세탁방지(Anti Money Laundering) 관련 주요 국제조약

비엔나 협약 (United Nations Convention Against Illicit Traffic In Narcotic Drugs and Psychotropic Substances(1988)

- (배경) 마약거래방지에 관한 전 세계의 규범이 되고 있는 UN에, 우리나라는 동 협약을 기준으로 1995년 '마약류 불법거래 방지에 관한 특례법'을 제정하였고 1998년에는 동 협약 가입에 대하여 국회에서 비준하였다.

- (주요내용) 동 협약은 마약 등 관련 범죄수익의 자금세탁행위 범죄화 및 몰수를 포함하는 형사처벌, 범죄인도 및 사법공조 등에 관하여 규정하고 있다. 주요 조항으로는 마약범죄의 정의, 자금세탁 행위의 범죄화, 몰수, 국제협력 등이다.

제3조 범죄 및 제재

1. 당사국은, 다음의 행위가 고의적으로 행해진 경우 국내법상 범죄를 구성하도록 필요한 조치를 취하여야 한다.
   가. (1) 1961년 협약, 1961년 개정협약 또는 1971년 협약의 규정을 위반한 마약 또는 향정신성 물질의 생산, 제조, 추출, 제제(製劑), 제공, 판매를 위한 제공, 배포, 판매, 배달(명목을 불문), 중개, 발송, 통과발송, 운송, 수입 또는 수출
   (2) 1961년 협약 및 1961년 개정협약의 규정을 위반하여 마약생산을 목적으로 하는 아편 앵속, 코카관목 및 대마의 재배
   (3) 위 (1)목에 열거된 행위를 목적으로 하는 마약 또는 향정신성 물질의 소지 또는 구입
   (4) 마약 또는 향정신성 물질의 불법재배, 생산 또는 제조에 사용된다는 것을 알면서 행한 장비, 원료 또는 별표1 및 별표2에 열거된 물질의 제조, 운송 또는 배포
   (5) 위 (1), (2), (3), (4) 각 목에 열거된 범죄의 조직, 관리 또는 그러한 범죄에 대한 자금제공

나. (1) 이 항 가호의 규정에 따라 정해진 범죄 또는 이러한 범죄에 가담한 행위로부터 발생한 재산이라는 점을 알면서, 당해 재산의 불법 출처를 은닉하거나 위장할 목적으로 또는 이러한 범죄의 실행에 관여한 자들의 법적 책임을 면하도록 원조할 목적으로 행한 당해 재산의 전환 또는 양도

(2) 이 항 가호의 규정에 따라 정해진 범죄 또는 이러한 범죄에 가담한 행위로부터 발생한 재산이라는 점을 알면서 행한 당해 재산의 진정한 성질·출처·소재·처분·이동, 당해 재산에 대한 권리 또는 소유권의 은닉 또는 위장

다. 헌법상의 원칙 및 법체계상의 기본개념에 따를 것을 조건으로,

(1) 재산의 수취 당시 그 재산이 이 항 가호의 규정에 따라 정해진 범죄 또는 이러한 범죄에 가담한 행위로부터 발생한 재산이라는 점을 알면서 행한 재산의 취득, 소지 또는 사용

(2) 마약 또는 향정신성 물질의 불법재배, 생산 또는 제조에 사용되고 있거나 사용되리라는 점을 알면서 행한 장비, 원료 또는 별표1 및 별표2에 열거된 물질의 소지

(3) 어떤 방법에 의하든 타인으로 하여금 이 조의 규정에 따라 정해진 범죄의 실행 또는 마약 및 향정신성 물질을 불법적으로 사용하도록 공연히 행한 선동 또는 권유

(4) 이 조의 규정에 따라 정해진 범죄의 실행에 대한 가담, 공모, 미수, 방조, 교사, 원조 및 상담

2. 자국 헌법상의 원칙 및 법체계상의 기본개념에 따를 것을 조건으로, 당사국은 1961년 협약, 1961년 개정협약 및 1971년 협약의 규정에 위반하여 마약 또는 향정신성 물질을 개인적으로 소비하기 위하여 고의적으로 소지, 구입 또는 재배하는 행위가 자국의 국내법상 범죄로 성립되도록 필요한 조치를 취하여야 한다.

3. 이 조 제1항에 규정된 범죄의 요건으로 필요한 인식, 고의 또는 목적은 객관적 사실관계에 의하여 추정할 수 있다.

4. 가. 당사국은 이 조 제1항의 규정에 따라 정해진 범죄행위에 대하여 그 죄질을 고려한 징역 기타 형태의 자유형, 벌금형 및 몰수 등의 제재가 부과되도록 하여야 한다.

나. 당사국은 이 조 제1항의 규정에 따라 정해진 범죄에 대하여 유죄판결 또는 형사처벌에 추가하여 범죄자에게 치료, 교육, 갱생, 재활, 사회복귀 등과 같은 조치를 받도록 할 수 있다.

다. 당사국은 가·나 호의 각 규정에도 불구하고 경미한 사안으로서 적절한 경우에는 유죄판결 또는 형사처벌을 대신하여 교육, 재활, 사회복귀 등의 조치를 취할 수 있으며, 범죄자가 약물남용자인 때에는 치료 및 갱생의 조치를 취할 수 있다.

라. 당사국은 이 조 제2항의 규정에 따라 정해진 범죄에 대한 유죄판결이나 형사처벌을 대신하거나 이에 추가하여 치료, 교육, 갱생, 재활 또는 사회복귀를 위한 조치를 취할 수 있다.

5. 당사국은 자국의 법원 기타 재판관할권이 있는 관할당국이 이 조 제1항의 규정에 따라 정해진 범죄의 실행을 둘러싼 다음 각 호와 같은 사실관계를 특히 중요한 요소로 고려할 수 있도록 하여야 한다.

가. 범죄자가 소속된 조직범죄단체의 당해 범죄에 대한 관여

나. 범죄자의 다른 국제적 조직범죄행위에 대한 관여

다. 당해 범죄의 실행에 의하여 조장된 다른 불법행위에 대한 범죄자의 관여

라. 범죄자의 폭력행사 또는 무기사용

마. 범죄자가 공직을 보유하고 있고 당해 범죄행위와 그 공직이 관련되어 있다는 사실

바. 미성년자의 희생 또는 이용

사. 범죄가 행형기관, 교육기관, 사회봉사시설이나 그 인접지역 또는 학생들이 교육, 운동 또는 사회활동을 하기 위한 기타 장소에서 이루어졌다는 사실
아. 외국의 판결 또는 자국의 판결인지 여부에 관계없이 과거의 유죄판결, 특히 당해 범죄와 유사한 범죄에 관한 과거의 유죄판결. 단, 자국의 국내법에 의하여 허용되는 경우에 한한다.

6. 당사국은 이 조의 규정에 따라 정해진 범죄를 행한 자의 기소와 관련된 국내법상의 법적 재량권이 이러한 범죄에 대한 법집행조치의 효과를 극대화하고 이러한 범죄의 실행을 억제할 필요성을 적절히 고려하여 행사되도록 노력하여야 한다.

7. 당사국은 법원 기타 권한있는 당국이 이 조 제1항에 열거된 범죄로 유죄판결을 받은 자에 대하여 조기석방 또는 가석방의 가능성을 검토하는 경우 그러한 범죄의 죄질 및 이 조 제5항에 열거된 사실관계에 유념하도록 하여야 한다.

8. 당사국은 적절한 경우, 이 조 제1항의 규정에 따라 정해진 범죄에 대한 재판절차 개시와 관련하여 자국의 국내법상 장기간의 공소시효를 설정하여야 하며, 범죄혐의자가 사법처리를 회피하였을 경우 더욱 장기간의 시효를 설정하여야 한다.

9. 당사국은 이 조 제1항의 규정에 따라 정해진 범죄로 기소되거나 유죄판결을 받은 자가 자국영역 안에 소재하는 경우, 필요한 형사재판 절차에의 출석을 확보하기 위하여 자국법 체계에 따라 적절한 조치를 취하여야 한다.

10. 특히 제5조, 제6조, 제7조 및 제9조에 따른 협력 등 이 협약에 따른 당사국 간의 협력을 위하여, 이 조의 규정에 따라 정해진 범죄는 당사국의 헌법상의 제약 및 기본적인 국내법을 침해하지 아니하는 한 재정범죄, 정치범죄 또는 정치적 동기에 의한 범죄로 취급되어서는 아니된다.

11. 이 조의 어떠한 규정도, 이 조에서 정하는 범죄 및 그에 대한 법률상 항변사유를 당사국의 국내법에 의하여 규정하고 또한 그러한 법률에 의하여 당해 범죄를 기소 처벌하여야 한다는 원칙에 영향을 미쳐서는 아니 된다.

제7조 사법공조

1. 당사국은 이 조에 의하여, 제3조 제1항의 규정에 따라 정해진 범죄에 관한 수사, 기소 및 사법절차에서 상호 최대한의 사법공조를 제공하여야 한다.

2. 이 조에 따라 제공되는 사법공조는 다음과 같은 목적으로 요청할 수 있다.
가. 관계인으로부터의 증거 또는 진술의 취득
나. 재판 서류의 송달
다. 수색 및 압수의 집행
라. 물건 및 장소의 조사
마. 정보 및 증거물의 제공
바. 은행·재무·법인 또는 상업기록을 포함한 관련 문서 및 기록의 원본 또는 인증등본의 제공

사. 증거수집목적의 수익, 재산 및 도구 기타 물건의 확인 또는 추적

3. 당사국들은 피요청당사국의 국내법이 허용하는 기타 형태의 사법공조를 상호 제공할 수 있다.

4. 당사국은 요청이 있는 경우 자국 국내법 및 관행에 반하지 않는 범위 안에서, 구금중인 자를 포함하여 수사에 협력하거나 사법절차에 참여할 것을 동의한 자의 출석 또는 협력을 촉진 또는 장려하여야 한다.

5. 당사국은 은행의 비밀유지를 이유로 이 조에 따른 공조의 제공을 거절하여서는 아니된다.

6. 이 조의 규정은 형사사법공조를 전면적 또는 부분적으로 규율하고 있거나 규율하게 될 양자 또는 다자간의 조약상의 의무에 영향을 미치지 아니한다.

7. 이 조 제8항 내지 제19항의 규정은 관계 당사국이 사법공조조약에 기속되지 아니하는 경우, 이 조에 의한 공조요청에 적용한다. 관계당사국이 사법공조조약에 기속되어 있는 경우, 당해 관계당사국이 제8항 내지 제19항을 대신 적용하기로 합의하지 아니하는 한, 해당 조약의 관련 규정을 적용한다.

8. 당사국은 공조요청을 실시하거나 또는 권한있는 당국에 그 실시를 위하여 공조요청을 송부할 책임과 권한을 갖는 하나 또는 필요한 경우에는 둘 이상의 당국을 지정하여야 한다. 그와 같이 지정된 당국은 사무총장에게 통보되어야 한다. 공조요청서의 전달 및 이와 관련된 통보는 당사국이 지정한 당국 사이에서 이루어져야 한다. 이 규정은 이러한 요청 및 통보가 외교경로를 통하여 또는 긴급한 상황으로서 관계당사국이 합의하고 가능한 경우 국제형사경찰기구를 통하여 이루어질 것을 요구할 수 있는 당사국의 권리를 침해하지 아니한다.

9. 공조요청은 피요청당사국이 수락할 수 있는 언어로 작성된 서면으로 이루어져야 한다. 각 당사국은 수락할 수 있는 하나 또는 그 이상의 언어를 사무총장에게 통보하여야 한다. 긴급한 상황하에서 관계당사국이 합의하는 경우, 구두상으로 공조요청할 수 있으나 즉시 서면으로 확인되어야 한다.

10. 사법공조 요청서에는 다음 사항이 포함되어야 한다.
   가. 공조요청당국의 특정(特定)
   나. 공조요청과 관련된 수사, 기소 또는 사법절차의 대상과 성격 및 이러한 수사, 기소 또는 사법절차를 행하는 당국의 명칭 및 기능
   다. 관련 사실의 개요. 다만, 재판서류의 송달을 위한 공조요청의 경우를 제외한다.
   라. 공조요청사항에 대한 기재 및 요청당사국이 특별히 희망하는 절차에 대한 상세한 설명
   마. 가능한 경우, 관계인의 신원, 소재지 및 국적
   바. 증거, 정보 또는 조치를 요청하는 목적

11. 피요청당사국은 자국 국내법에 의하여 공조요청의 이행에 필요하거나 그 이행을 용이하게 할 수 있는 경우, 추가정보를 요청할 수 있다.

12. 공조요청은 피요청당사국의 국내법에 따라 또한 그 국내법에 반하지 아니하는 범위 내에서 그리고 가능한 경우에는 당해 요청서에 명시된 절차에 따라 이행되어야 한다.

13. 요청당사국은 피요청당사국의 사전동의가 없는 한, 피요청당사국이 제공한 정보 또는 증거를 당해 요청서에 명기된 수사, 기소 또는 사법절차 이외의 목적으로 전달하거나 사용하여서는 아니된다.

14. 요청당사국은 피요청당사국에게 공조요청의 이행에 필요한 범위를 제외하고는 공조요청의 사실 및 내용을 비밀로 할 것을 요구할 수 있다. 피요청당사국은 비밀요건을 준수할 수 없는 경우, 이를 신속히 요청당사국에 통지하여야 한다.

15. 다음의 경우 공조를 거절할 수 있다.
   가. 공조요청이 이 조의 규정에 따라 이루어지지 않은 경우
   나. 피요청당사국이 당해 요청을 이행함으로써 자국의 주권, 안전, 공공질서 또는 기타 중요한 이익을 해할 우려가 있다고 판단하는 경우
   다. 피요청당사국의 국내법상 재판관할권이 미치는 지역내에서 유사한 범죄가 수사, 기소 또는 사법절차의 대상이 되었다면 이러한 범죄와 관련하여 요청된 조치를 취하는 것이 금지되고 있는 경우
   라. 요청을 이행하는 것이 피요청당사국의 사법공조에 관한 법제에 반하게 되는 경우

16. 공조를 거절할 경우에는 그 사유를 명시하여야 한다.

17. 피요청당사국은 진행중인 수사, 기소 또는 사법절차가 공조에 의하여 방해된다는 것을 이유로 사법공조를 연기할 수 있다. 이 경우, 피요청당사국은 자국이 필요하다고 인정하는 조건에 따라 공조를 실시할 것인지 여부를 결정하기 위하여 요청당사국과 협의하여야 한다.

18. 요청당사국의 영역에서 사법절차에서 증언을 하거나 수사, 기소 또는 사법절차에 협조할 것을 동의한 증인, 전문가, 기타의 자는 피요청당사국 영역을 출발하기 전의 작위, 부작위 또는 유죄판결과 관련하여 요청당사국의 영역에서 기소, 구금 또는 처벌되거나 어떤 다른 형태의 신체의 자유도 제한당하지 아니한다. 다만, 당해 증인, 전문가, 기타의 자가 요청당사국의 사법당국으로부터 출석이 더 이상 필요하지 아니하다는 공식 통보를 받은 날로부터 연속하여 15일의 기간 또는 당해 양당사국이 합의한 기간내에 요청당사국을 떠날 기회가 있었음에도 불구하고 요청당사국의 영역안에 자발적으로 잔류하거나 자기의 자유의사로 요청당사국에 되돌아온 때에는 그러하지 아니하다.

19. 공조요청의 이행을 위한 통상비용은 관계당사국이 달리 합의하지 아니하는 한 피요청당사국이 부담한다. 공조요청의 이행을 위하여 고액의 비용 또는 특별한 성질의 비용이 소요되거나 또는 소요될 경우, 관계당사국은 비용부담의 방법 및 공조요청의 이행 조건을 결정하기 위하여 협의하여야 한다.

20. 당사국은, 필요한 경우 이 조의 규정 목적을 달성하거나, 이 조의 규정을 실질적으로 이행하거나 효과를 제고하기 위하여 양자 또는 다자간의 협정 또는 약정 체결의 가능성을 고려하여야 한다.

자금세탁을 목적으로 하는 은행제도의 범죄 이용 방지에 관한 선언(바젤위원회 선언, 1988년)

- (배경) 국제결제은행(BIS)은 금융시장이 범죄와 관련될 경우, 일반인의 신뢰도가 저하될 수 있다는 인식하에 각 회원국들의 은행들이 위원회 선언에 합치되는 정책과 관행을 채택하도록 권고 및 장려할 것을 발표하였다.

- (주요내용)
  ① 은행의 고객확인의무
  ② 자금거래와 관련한 법규 준수 및 자금세탁 혐의거래에 대한 지원거절
  ③ 고객비밀보호 관련법규가 허용하는 범위 내에서 수사기관에 대한 협조
  ④ 동 원칙준수와 관련된 내부절차 수립

바젤위원회는 은행의 안전성과 건전성, 은행시스템의 완전성(integrity)을 확보하기 위하여 2001년 10월에 은행의 고객확인의무 관련 보고서(Customer due diligence for banks)를 발표하였으며, 이는 FATF의 40개 권고 사항 개정에 영향을 끼쳤다.

I. 목적

은행 및 금융기관 등은 금융시스템을 통하여 범죄 활동에서 얻은 불법자금을 이체하거나 입금하는 중개자로 이용될 수 있고 이러한 거래는 자금의 실제 소유자를 숨길 수 있다. 또한, 이러한 거래는 범죄 연관성으로 인해 은행 등에 대한 대중의 신뢰가 훼손될 수 있기 때문에 경찰 및 기타 법 집행 기관, 감독당국 및 은행 및 금융기관 등의 경영진에게도 모니터링 대상 및 관심의 대상이다. 본 선언문은 은행 경영진이 은행 시스템을 통해 자금세탁을 억제하는 데 도움이 되도록 기관 내에서 시행해야 하는 몇 가지 기본 정책과 절차를 개략적으로 설명하고자 한다. 본 선언문은 은행 간의 기존 모범 사례를 강화하고, 특히 지급결제 시스템의 범죄 이용에 대한 경계와 은행의 효과적인 예방 및 보호 조치, 법 집행 기관과의 협력을 증진하기 위해 마련되었다.

II. 고객 식별

금융시스템이 범죄자금의 통로로 사용되지 않도록 은행은 기관의 서비스를 요청하는 모든 고객의 실제 신원을 확인하기 위해 합리적인 노력을 기울여야 한다. 또한, 모든 계좌의 소유권과 안전 보관 시설을 사용하는 계좌의 소유권을 확인하기 위해 특별한 주의를 기울여야 한다. 모든 은행은 신규 고객의 신원을 확인하기 위한 효과적인 절차를 마련해야 하며 신원 확인을 제공하지 못하는 고객과는 중요한 사업 거래를 하지 않는다는 명확한 정책이 있어야 한다.

III. 법률 준수

은행 경영진은 높은 윤리적 기준으로서 사업을 수행하고 금융거래와 관련된 법률 및 규정을 준수하도록 해야 한다. 국경 간 거래 등 고객을 대신하는 거래에 대해서는 은행이 관련 거래가 범죄 활동과 연관되었는지 또는 범죄 활동의 일부를 구성하는지를 확인하여야 한다. 은행은 자금세탁 활동과 관련이 있는 거래에 대해서는 서비스를 제공해서는 안된다.

팔레모 협약[United Nations Convention Against Transnational Organized Crime(2000)] 관련 주요내용

- (배경) 1998년 유엔 총회 결의에 따라, 정부 간 임시위원회를 설치해 국제조직범죄에 대처하기 위한 포괄적 국제협약을 만들기로 결정하였는데, 2000년 12월에 이탈리아 팔레모에서 국제조직범죄 방지와 관련된 협약이 체결되었다.

- (주요내용) 3인 이상 조직범죄 단체의 국제적인 중대범죄와 관련해 조직범죄단체 가담, 범죄수익금 세탁, 사법 방해, 각종 부패행위 등을 처벌하기 위한 국가 간 협력의무와 국내 입법 의무를 규정하고 있다.

(사례) 동 협약 제6조

1. 각 당사국은 다음 행위가 고의로 범하여졌을 경우 이를 범죄로 규정하기 위하여 필요한 입법 및 기타 조치를 국내법의 기본원칙에 따라 취한다.

   가. (1) 그 재산이 범죄수익임을 알면서, 당해 재산의 불법출처를 은닉 또는 가장하거나, 전제범죄 실행에 관여한 자의 법적 책임을 면하게 하기 위하여 행한 당해 재산의 전환 또는 양도

   (2) 그 재산이 범죄수익임을 알면서 행한, 당해 재산의 진정한 성질·출처·소재·처분·이동, 당해 재산에 대한 소유권 또는 권리의 은닉 또는 가장

   나. 법체계상의 기본개념에 따를 것을 조건으로,
   (1) 수령 당시 그 재산이 범죄수익임을 알면서 행한 재산의 취득, 소지 또는 사용

   (2) 이 조에 따라 정해진 범죄의 실행에 대한 가담, 공모, 미수, 방조, 교사, 원조 및 상담

2. 이 조 제1항의 이행 또는 적용을 위해,

가. 각 당사국은 이 조 제1항을 최대한 넓은 범위의 전제범죄에 적용하도록 노력한다.

나. 각 당사국은 이 협약 제2조에 정의된 모든 중대범죄와 이 협약 제5조, 제8조 및 제23조에 규정된 범죄를 전제범죄로 포함한다. 전제범죄를 특별히 법에 열거하여 규정하는 당사국의 경우 최소한 조직범죄단체와 연관이 있는 유형의 범죄가 폭넓게 포함되도록 한다.

다. 전 호에 있어 전제범죄는 문제의 당사국 관할권 내외에서 발생한 범죄를 모두 포함한다. 그러나 당사국의 관할권 밖에서 범하여진 범죄는, 관련 행위가 범죄지 국가의 국내법상 범죄를 구성하고, 그 행위가 이 조를 이행 또는 적용하는 당사국에서 범했을 경우에도 범죄를 구성하는 경우에만 전제범죄가 된다.

라. 각 당사국은 이 조를 실행하는 법률과 그 개정 법률 또는 그 해설서를 국제연합 사무총장에게 제공한다.

마. 당사국의 국내법 기본원칙에 의해 요구되는 경우, 이 조 제1항에 규정된 범죄는 전제범죄를 저지른 자에게 적용되지 않는다고 규정할 수 있다.

바. 이 조 제1항에 규정된 범죄의 구성요건으로 요구되는 인식, 고의 또는 목적은 객관적 사실 관계에 의하여 추정될 수 있다.

유럽(EU)평의회 범죄수익규제협약(Convention on Laundering, Search, Seizure and Confiscation of Proceeds from Crime, 1990)

- 동 협약은 유럽평의회(Council of Europe)에 의하여 도입된 협약으로 비엔나 협약과 달리 자금세탁행위의 기준범죄를 마약관련 범죄에 한정하지 않고 불법수익이 발생하는 모든 범죄를 대상으로 하는 것이 특징이다.

볼프스버그 자금세탁방지 준칙(Wolfsberg Anti-Money laundering Principles)

- 12개의 선진은행*들 모임인 Wolfsberg group이 제정한 준칙으로 Private Banking 업무와 밀접하게 연관된 고객확인의무에 대한 지침(Global AML Guidelines for Private Banking, 2000.10)과 자금중개 업무(Correspondent Banking)와 관련된 환거래은행 주의의무에 대한 준칙 등(Wolfsberg AML Principles for Correspondent Banking, 2002.11)이 있다.

* 12개의 선진은행들

Wolfsberg그룹의 Private Banking 자금세탁방지지침

1. 고객수용(Client Acceptance)

- 고객확인 : 모든 신규거래고객에 대해 거래관계 수립 전 공식 증빙에 의한 고객확인, 거래계좌의 실제소유자(beneficial owner) 확인, 비대면고객(non-face-to-face customers)에 대한 고객확인절차 수립

- 고객확인을 위한 정보수집 : 계좌개설 목적, 자금의 원천, 예상 거래빈도 등에 대한 정보의 수집 및 기록

2. 내부감독 : private banker를 제외한 1인 이상의 직원에 의한 고객 수용 승인

- 요주의인물에 대한 실사 및 계좌개설요건 강화 : 자금세탁방지제도가 부실한 국가와 관련된 고객, 자금세탁에 취약한 업종에 종사하는 고객, PEPs(Politically Exposed Persons : 고위정부관료, 주요 정치인 등) 및 동 고객의 가족 등

- 고객자료의 지속적 보완 및 심사 : 정기적 또는 주요 변동사항 발생 시 고객정보 보완 및 적정성 여부 심사

3. 의심거래의 확인 및 조치

일정금액 이상의 현금거래, 고객정보와 상이한 금융거래 등에 대하여 거래내역감시, 고객면담 등을 통해 이를 확인하고, 필요시 거래 감시강화, 거래종료, 금융정보분석기구 보고 등의 조치를 취함

4. 내부통제시스템 구축, 직원교육 등

내부감사, 준법감시인 등에 의한 내부통제시스템 구축, 자금세탁관련 법규 등에 대한 직원교육, 자금세탁 방지관련 자료의 최소 5년간 보존

메리다 협약(International Convention for the Suppression of the Financing of Terrorism – 2003년) 관련 주요내용

- (배경) 2003년 10월 31일 제58차 UN 총회에서 채택된 UN 부패방지협약(United Nations Convention against Corruption)은 선 · 후진국, 공공 · 민간 부문 모두를 대상으로 하는 반부패 국제규범으로서, 동 협약의 제정에 따라 부패범죄와 관련된 사법공조와 자산환수를 위한 국제협력의 길이 열리게 되었다는 점에서 큰 의의가 있다.

- (주요내용) 동 협약은 제2장(예방조치), 제3장(범죄규정 및 법집행), 제4장(국제협력), 제5장(자산회복) 등으로 구성되어 있다.

(제2장) 예방조치

- 반부패 정책 실천을 위해 독립적인 부패방지기구 설치
- 공직 선거 후보 및 정당 제공 자금의 투명성 제고
- 공무원 행동강령 적용 및 공직자 재산 공개
- 정부조달 및 공공재정 관리의 투명성 제고
- 사법부의 청렴성 강화 및 부패예방
- 시민사회 및 비정부기구 등의 참여 촉진 및 국민의식 제고

(예시) 제5조. 예방적 반부패 정책과 실천

각 당사국은 자국의 법체계의 기본 원칙에 따라, 사회의 참여를 촉진하고 법의 지배, 공공 업무와 공공 재산의 적절한 관리, 청렴성, 투명성, 책임성을 반영하는 효과적이고 조정된 반부패 정책을 개발하고 구현하거나 유지해야 한다.

각 당사국은 부패 예방을 목표로 하는 효과적인 실천을 수립하고 촉진하기 위해 노력해야 한다.

각 당사국은 부패 예방과 퇴치의 적절성을 판단하기 위해 관련 법적 도구와 행정 조치를 주기적으로 평가해야 한다.

당사국들은 자국의 법체계의 기본 원칙에 따라 필요시 서로 협력하고, 부패 예방을 위한 국제적 및 지역적 기구와 협력해야 한다. 이 협력은 부패 예방을 목표로 하는 국제 프로그램과 프로젝트에 참여하는 것을 포함할 수 있다.

나. 테러자금조달금지(Counter Financing of Terrorism) 관련 국제협약과 유엔 안보리결의안(UNSCR)

테러자금 억제를 위한 국제협약(International Convention for the Suppression of the Financing of Terrorism - 1999년)

- (배경) 1999년에 국제테러에 대한 경제적인 대응조치로서 '테러자금조달 억제를 위한 국제협약'(International Convention for the Suppression of the Financing of Terrorism)이 체결되었다. 동 협약은 기존의 테러대책이 직접적인 테러에만 초점을 맞추었기 때문에 테러조직의 활동에 효과적으로 대응하지 못했다는 반성에서 촉구되었으며 새로운 방법으로 테러조직을 고사시키고 테러를 줄이려는 의도에서 국제적인 공조로 추진되었다.

- (주요내용)
  (제2조) 각종 테러관련 협약상의 범죄행위에 사용될 것을 알면서 또는 그러한 의도를 가지고 직간접적으로, 불법적으로, 그리고 고의적으로 자금을 제공하거나 모집하는 행위를 범죄로 규정하고 있다

  (제7조) 이러한 범죄가 자국영토 내에서 발생하거나 피의자가 자국민인 경우 당사국은 그 관할권을 확립하는 조치를 취하여야 하며, 이러한 경우가 아니고 위 범행의 피의자가 자국 영토 내에서 발견되는 때에는 관할권을 가지는 국가에 인도하거나 피의자를 기소하도록 하고 있다.

  (제8조) 테러관련 활동을 위한 자금 및 테러범죄에서 발생한 이익 등과 관련해서 당사국은 몰수를 위하여 그 자금의 확인, 탐지, 동결 또는 압수를 위한 필요한 조치를 취하여야 한다(제8조 제1항).

  (제18조) 이 협약은 금융기관이 실명확인에 필요한 조치를 활용하도록 하고, 비정상적이거나 의심스러운 거래를 신고하도록 하는 조치 및 범죄활동과 관련된 것으로 의심되는 거래를 보고하는 제도를 만들도록 하고 이를 위하여 상세한 규정을 둘 것을 권고하고 있다.

제2조

1. 다음 중 하나의 행위를 위하여 사용된다는 의도를 가지거나 전부 또는 부분적으로 사용될 것임을 인지하고, 직접적·간접적으로 또는 위법적·고의적으로 모든 수단에 의하여 자금을 제공하거나 모금하는 자는 이 협약의 규정에 의한 범죄를 행하는 것이다.

   가. 부속서에 열거된 조약의 범위에서 각각의 조약이 규정한 범죄를 구성하는 행위
   나. 그 밖의 행위로서 그 행위의 목적이 그 본질이나 경위상 사람을 위협하거나 정부·국제기구로 하여금 어떤 행위를 하도록 또는 하지 않도록 강제하기 위한 것인 경우로서 민간인이나 무력충돌시 적대행위에 적극적으로 가담하지 아니한 그 밖의 자에 대하여 사망이나 중상해를 야기하려는 의도를 가진 행위

2. 가. 부속서에 규정된 어떤 조약의 당사자가 아닌 당사국은 비준서·수락서·승인서 또는 가입서의 기탁시 이 협약을 당사국에 적용함에 있어서 동 조약이 제1항가목에 규정된 부속서에 포함되지 아니하는 것으로 간주한다는 선언을 할 수 있다. 그러한 선언은 동 조약이 그 당사국에 대하여 발효하는 즉시 효력을 상실하며, 이러한 사실은 수탁자에게 통고되어야 한다.
   나. 당사국이 부속서에 규정된 조약의 당사자로서의 지위를 종료하는 경우 동 조약에 관하여는 이 조의 규정에 의한 선언을 할 수 있다.

3. 특정 행위가 제1항에 규정된 범죄를 구성하는데 있어서는 자금이 반드시 제1항가목 또는 나목에 규정된 범죄를 실행하기 위하여 실제로 사용될 필요는 없다.

4. 제1항에 규정된 범죄의 미수도 범죄를 행하는 것이다.

5. 다음 중 하나의 행위를 행하는 자도 또한 범죄를 행하는 것이다.
   가. 제1항 또는 제4항에 규정된 범죄에 공범으로 참가하는 경우
   나. 제1항 또는 제4항에 규정된 범죄를 행하도록 조직화하거나 다른 자에게 지시하는 경우
   다. 공동의 목적을 가지고 행동하는 집단에 의하여 이루어지는 제1항 또는 제4항에 규정된 하나 이상의 범죄행위에 대하여 기타의 방법으로 기여하는 경우. 그 기여는 고의적이어야 하며 다음 중 하나의 조건을 충족하여야한다.
      (1) 제1항에 규정된 범죄의 실행과 관련된 집단의 범죄활동 또는 범죄목적을 진작시킬 목적으로 행하여 질 것
      (2) 제1항에 규정된 범죄를 실행하려는 집단의 의도를 인지하고 있을 것

제7조

1. 각 당사국은 다음의 경우 제2조에 규정된 범죄에 대한 관할권을 확립하기 위하여 필요한 조치를 한다.

   가. 범죄가 자국의 영역에서 행하여진 경우
   나. 범죄가 행하여질 당시 동 범죄가 자국기를 게양한 선박 또는 자국법하에서 등록된 항공기내에서 행하여진 경우

다. 범죄가 자국민에 의하여 행하여진 경우

2. 당사국은 다음의 경우 제2조에 규정된 범죄에 대한 관할권을 확립할 수 있다.
   가. 자국의 영역에서 또는 자국민에 대하여 제2조제1항가목 또는 나목에 규정된 범죄가 행하여질 것을 목적으로 하거나 이를 초래하는 경우
   나. 자국의 외교·영사관사를 포함하는 해외의 국가 또는 정부시설에 대하여 제2조제1항가목 또는 나목에 규정된 범죄를 목적으로 하거나 이를 초래하는 경우
   다. 자국으로 하여금 어떤 행위를 하도록 또는 하지 않도록 강제하기 위한 시도로서 제2조제1항가목 또는 나목에 규정된 범죄를 목적으로 하거나 이를 초래하는 경우
   라. 범죄가 자국의 영역에서 통상적으로 거주하는 무국적자에 의하여 행하여진 경우
   마. 범죄가 자국 정부에 의하여 운영되는 항공기내에서 행하여진 경우

3. 각 당사국은 이 협약의 비준·수락·승인 또는 가입시 제2항에 의하여 확립한 관할권을 국제연합사무총장에게 통고한다. 변경이 있는 경우 관련 당사국은 동 사무총장에게 즉시 통고한다.

4. 각 당사국은 피의자가 자국 영역에 체재하고 있음에도 불구하고 그를 제1항 또는 제2항에 따라 관할권을 확립한 국가에 인도하지 아니하는 경우에는 제2조에 규정된 범죄에 대하여 자국의 관할권을 확립하는데 필요한 조치를 한다.

5. 1 이상의 당사국이 제2조에 규정된 범죄에 대하여 관할권을 주장하는 경우, 관련 당사국들은 특히, 기소의 조건과 사법공조의 방식에 관한 자신들의 조치를 적절하게 조정하기 위하여 노력하여야 한다.

6. 이 협약은 당사국이 일반 국제법의 규범을 저해함이 없이 국내법에 따라 확립한 형사관할권의 행사를 배제하지 아니한다.

제8조

1. 각 당사국은 제2조에 규정된 범죄의 실행을 목적으로 사용·할당되는 자금과 그러한 범죄에 기인한 수익을 가능한 몰수하기 위하여 국내법 원칙에 따라 이를 확인·발견·동결 또는 압류하기 위한 적절한 조치를 하여야 한다.

2. 각 당사국은 제2조에 규정된 범죄의 실행을 목적으로 사용·할당되는 자금이나 그러한 범죄에 기인한 수익의 몰수를 위하여 국내법 원칙에 따라 적절한 조치를 하여야 한다.

3. 각 관련 당사국은 정규적으로 또는 사안별로 이 조에 규정된 몰수로 형성된 자금을 다른 당사국과 분배하기 위한 협정의 체결을 검토할 수 있다.

4. 각 당사국은 이 조에 규정된 몰수로 형성된 자금이 제2조제1항가목 또는 나목에 규정된 범죄의 피해자 및 그 가족에게 보상하는데 사용되기 위한 제도의 수립을 검토한다.

5. 이 조의 규정을 이행함에 있어서 선의의 제3자의 권리를 침해하지 아니한다.

제18조

1. 당사국은 제2조에 규정된 범죄의 방지를 위하여 다음의 조치를 포함하여 모든 실행가능한 조치를 하는데 협력하되, 특히 자국 내외에서 그러한 범죄를 실행하기 위한 자국 영역내의 준비활동을 방지하고 이에 대응하기 위하여 필요하다면 국내 입법조치를 통하여 협력한다.
   가. 제2조에 규정된 범죄라는 사실을 알면서 이를 교사·선동·조직·가담한 사람이나 단체의 불법행위를 자국의 영역에서 금지하기 위한 조치
   나. 금융거래에 관련되는 금융회사 및 그 밖의 기관으로 하여금 본인의 이익으로 계좌가 개설된 고객 및 일상적·일시적 고객의 신원확인을 위하여 가장 효율적인 조치를 이용하게 하거나 비정상적·의심스러운 거래에 대하여 특별한 주의를 기울이게 하거나 범죄행위에 연루되어 있다는 혐의가 있는 거래를 보고하게 하는 조치. 이러한 목적을 위하여 당사국은 다음 사항을 고려한다.
      (1) 소유자 또는 수익자가 확인되지 아니하거나 확인될 수 없는 계좌의 개설을 금지하는 규정과 금융회사가 거래 실명자의 신원을 검증하도록 하는 조치의 채택에 관한 사항
      (2) 법인의 확인과 관련하여 필요한 경우에는, 금융회사로 하여금 등기부·고객 또는 양자로부터 고객의 성명·법인형태·주소·책임자 및 법인의 운영권한을 정하는 규정에 관한 정보를 포함하여 법인의 실립에 관한 증거를 획득함으로써 고객의 법적 존속 및 그 조직을 검증하게 하기 위한 조치를 채택하도록 요구하는 것
      (3) 명백하게 경제적 또는 합법적 목적을 가지지 아니한 모든 복잡하고도 비정상적인 대규모 거래 및 비정상적 유형의 거래를 즉각 권한있는 당국에게 보고할 의무를 금융회사에 부과하는 규정의 채택에 관한 사항. 다만, 그러한 금융회사가 이를 선의로 보고하는 경우에는 정보유출제한 규정의 위반에 따른 형사·민사적 책임을 부담하지 아니한다.
      (4) 금융회사로 하여금 모든 필요한 국내외 거래기록을 최소 5년간 보유하도록 요구하는 것

2. 당사국은 다음 조치를 고려하여 제2조에 규정된 범죄의 방지를 위하여 더욱 협력한다.
   가. 예를 들어 허가제도를 포함하여 모든 자금이체기관의 감독을 위한 조치
   나. 정보의 적절한 사용을 보장하기 위한 엄격한 보안조치에 따라 어떤 방식으로든 자금이동의 자유를 저해함이 없이 현금 및 유통증권의 물리적인 국경 간 이동을 탐지·감시하기 위하여 가능한 조치

3. 당사국은 정확하고 검증된 정보를 자국의 국내법에 따라 교환하고 제2조에 규정된 범죄의 실행을 방지하기 위하여 적절하게 취하여진 행정적 조치 및 그 밖의 조치를 다음의 방법으로 조정함으로써 제2조에 규정된 범죄의 방지를 위하여 더욱 협력한다.
   가. 제2조에 규정된 범죄의 모든 측면에 관한 정보의 안전하고 신속한 교환을 용이하게 하기 위하여 권한있는 당국 간에 통신수단을 설치·유지할 것
   나. 제2조에 규정된 범죄와 관련하여 다음에 관한 조사의 수행에 상호 협력할 것
      (1) 그러한 범죄에 관련되어 있다는 합리적인 혐의가 있는 자의 신원·소재 및 활동
      (2) 그러한 범죄의 실행과 관련되는 자금의 이동

4. 당사국은 국제형사경찰기구(Interpol)를 통하여 정보를 교환할 수 있다.

안보리결의(UNSCR) 1373호(2001)

- (목적) 테러관련 유엔안보리결의안으로서 결의안의 목적은 국가는 테러행위를 예방하고 테러행위를 진압하며 테러행위로 인한 피해를 신속하게 구제함으로써 모든 사람의 생명과 신체의 안전 및 재산을 보호할 의무가 있다. 따라서 그 의무를 효율적·체계적으로 수행하기 위하여 국내에서는 물론이고 국제적으로 필요한 조치를 취할 책임이 있음을 각인하고 회원국들의 합의에 따라 채택하였다.

- (주요내용) 2001년의 유엔안전보장이사회의 결의 1373은 테러행위에 대하여 각국에 다음의 조치를 취할 것을 요구하고 있다.

• 첫째, 테러행위에 대한 자금조달을 예방하고 진압하기 위한 조치

• 둘째, 테러집단의 충원 등 테러행위에 개입된 단체나 개인을 지원하는 일체의 행위금지. 다른 나라와의 정보교환을 통하여 테러행위에 대한 조기경보를 제공하는 조치, 테러행위에 대한 비호금지, 테러행위자 등의 이동 저지

• 셋째, 테러행위에 대한 정보교환 등 국제협력, 테러관련 국제조약과 의정서의 비준 및 이행

출처 : www.un.org

유엔안보리결의안 1373호 (2001)

2001년 9월 28일 안전보장이사회의 제 4385회 회의에서 채택된 결의

안전보장이사회(안보리)는,

2001년 9월 12일 채택된 안보리 결의 1368호(2001)와 1999년 10월 10일 채택된 결의 1269호(1999)를 재확인하고,

또한 2001년 9월 11일에 뉴욕, 워싱턴 D.C., 펜실베니아에서 발생한 테러 공격을 명백히 규탄함과 동시에 그러한 모든 활동을 방지하고자 하는 의지를 표명하며,

국제 테러행위와 같은 활동은 국제 평화와 안보에 대한 위협임을 거듭 재확인하고,
결의 1368호(2001)에서 재천명되었듯이 개인 또는 단체에 유엔 헌장이 인정하는 자기방어를 위한 생득권이 있음을 재확인하며,

테러 행위로 야기되는 국제 평화와 안보에 대한 위협을 유엔 헌장에 따라 반드시 퇴치해야 함을 재확인하고,

편협과 극단주의에 기인한 테러 행위가 전 세계 다양한 지역에서 증가하고 있는 것에 대하여 깊은 우려를 느끼며

협력 증진과 테러 관련 국제 협약의 완전한 이행 등을 통하여 모든 국가가 테러 활동 방지 및 억제를 위해 시급히 협력할 것을 촉구하고,

모든 국가가 자국의 영토 내에서 모든 합법적인 수단을 통해 테러 행위를 위한 자금조달 및 준비 활동을 방지 및 억제하기 위한 추가 조치를 취함으로써 국제 협력을 보완해야 할 필요성을 인지하며,

1970년 10월 유엔 총회의 선언(결의 2625호(XXV))을 통해 확립되고 1998년 8월 13일 채택된 안보리 결의 1189호(1998)가 재천명한 원칙, 즉 모든 국가는 다른 국가에서 테러 활동을 조직, 선동, 원조하거나 그러한 활동에 참여하는 것을 삼가고 자국의 영토 내에서 그러한 테러 행위를 자행할 목적을 갖고 행해지는 조직적인 활동을 묵인하지 않아야 한다는 원칙을 재확인하고,

유엔 헌장 제7장에 따라 행동함에 있어서

1. 모든 국가에 대해 다음과 같이 할 것을 결의하는 바이다.

(a) 테러자금조달을 방지하고 억제한다.

(b) 테러 행위에 사용될 목직으로 또는 테러 행위에 사용될 것을 일면서 자국민이 혹은 자국 영토 내에서 수단을 불문하고 직간접적으로 자금을 제공 또는 모집하는 행위를 범죄화한다.

(c) 테러 행위를 자행하거나 시도하는 자, 혹은 테러 행위에 가담하거나 그 행위를 촉진하는 자, 그러한 자가 직간접적으로 소유 또는 통제하는 단체, 그러한 개인과 단체를 대신하여 또는 그들의 지시에 따라 행동하는 자와 단체 등의 자금 및 기타 금융자산 또는 재원을 지체 없이 동결한다. 그러한 자산에는 그 개인과 단체 또는 관련자가 직간접적으로 소유 및 통제하는 재산에 기인하거나 유래하는 자금이 포함된다.

(d) 자국민이나 자국 영토 내의 모든 개인 및 단체가 모든 자금, 금융자산 및 재원 또는 금융서비스를 테러 행위를 자행 또는 시도하거나 테러 행위에 가담 또는 그 행위를 촉진하는 자, 그러한 자가 직간접적으로 소유 또는 통제하는 단체, 그러한 자를 대신하여 또는 그러한 자의 지시에 따라 행동하는 개인 및 단체 등의 이익을 위해 직간접적으로 사용하는 것을 금지해야 한다.

2. 또한 모든 국가들에 대해 다음과 같이 할 것을 결의한다.

(a) 테러 단체의 회원 모집을 금지하고 테러리스트에 대한 무기 제공을 차단하는 등 테러 관련자 및 단체에 적극적 혹은 소극적 지원 등 어떠한 형태의 지원도 하지 않는다.

(b) 정보 교환을 통해 다른 국가들에 조기 경고를 하는 등 테러 행위를 방지하기 위해 필요한 조치를 취한다.

(c) 테러 행위를 위한 자금조달, 계획 및 지원에 가담하거나 테러를 자행하는 자로부터 도피처를 박탈하거나 그러한 자에게 도피처를 제공하지 않는다.

(d) 테러 행위를 위한 자금조달, 계획 및 원조에 가담하거나 테러를 자행하는 자들이 다른 국가나 자국민의 이익에 반하는 목적으로 각각 자국의 영토를 사용하지 못하도록 한다.

(e) 테러 행위를 위한 자금조달, 계획 및 준비 또는 범행에 가담하거나 테러 행위를 지원하는 자가 반드시 재판을 통해 처벌받도록 하고 그러한 자에 대한 다른 모든 처벌 조치를 마련하는 것과 더불어 그러한 테러 행위가 국내법이나 규정상 중범죄로 인정되고 그에 대한 처벌은 그러한 테러 행위의 중대성을 적절히 반영하도록 해야 한다.

(f) 테러 행위를 위한 자금조달 및 지원 관련 형사 사건의 수사 및 소송 절차 진행을 위해 필요한 증거 확보를 지원하는 등 상호 간 최대한의 공조를 제공한다.

(g) 신원 자료 및 여행 관련 서류 발급과 국경을 효과적으로 통제하고 신원 자료 및 여행 관련 서류의 위조, 변조, 부당 사용 등을 예방하는 조치를 취하여 테러리스트나 테러 단체의 이동을 차단한다.

3. 모든 국가들에 다음 사항을 요청한다.

(a) 상호 간 정보 교환 특히, 테러리스트나 테러 조직망의 활동이나 움직임, 여행 관련 서류의 위조 및 변조, 무기, 폭발물, 민감한 물질 등의 거래, 테러 단체의 통신기술 사용, 테러 단체의 대량살상무기 소지에 따른 위협 등에 대한 정보 교환을 강화 및 증대하기 위한 방법을 모색한다.

(b) 테러 행위를 방지하기 위하여 행정 및 사법상의 문제에 관하여 국제 및 국내법에 따라 정보를 교환하고 상호 협력한다.

(c) 양자 및 다자 체제 및 협정 등을 통해 테러 공격을 방지 및 억제하고 테러 행위에 대한 대응 조치를 취하기 위하여 협력한다.

(d) 1999년 12월 9일 채택된 테러자금조달억제에관한국제협약(The International Convention for the Suppression of the Financing of Terrorism) 등과 같은 테러리즘 관련 국제협약 및 협정에 가능한 신속하게 당사국으로 가입한다.

(e) 테러리즘 관련 국제협약 및 협정과 안보리 결의 1269호(1999)와 1368호(2001)의 완전한 이행을 위해 협력을 증진한다.

(f) 망명 신청자에게 난민 지위를 부여하기 전에 그러한 자가 테러 행위를 계획, 원조, 자행하지 않았음을 확인하기 위해 인권에 관한 국제기준 등 국내 및 국제법의 관련 조항에 따라 적절한 조치를 취한다.

(g) 난민 지위가 테러 행위를 범하거나, 조직 또는 조장하는 자에 의해 악용되지 않고 테러 혐의자에 대한 본국송환 요청을 거절하는 사유로 정치적 동기에 의한 요청이라는 주장은 인정되지 아니함을 국제법에 따라 분명히 해야 한다.

4. 국제적인 테러리즘과 다국적 조직범죄, 불법 마약 거래, 자금세탁, 불법 무기 거래, 화학, 생물학, 방사성 및 기타 잠재적 위험 물질의 불법적 이동 사이의 밀접한 관계에 대해 우려를 갖고 주목하며 국제안보에 대한 이와 같은 중대한 도전과 위협에 맞서 국제적 대응을 강화하기 위하여 국가, 소지역, 지역 및 국제적인 차원의 협력을 증대할 필요성을 강조한다.

5. 테러 행위, 방법 및 실행은 유엔이 추구하는 원칙과 목적에 반하는 것이며 의도적으로 테러 행위를 위한 자금을 조달하고, 계획 및 선동하는 것 역시 유엔의 원칙과 목적에 반하는 것임을 선언한다.

6. 안보리 절차규정 제28조에 따라, 적절한 전문적 지원을 바탕으로 본 결의 이행을 감시하기 위해 안보리의 모든 회원국으로 구성된 위원회를 설립하기로 결정하고 모든 국가는 본 결의 채택 후 90일 이내에, 그 이후에는 위원회가 제안하는 일정에 따라, 본 결의 이행을 위해 취한 조치에 대해 위원회에 보고할 것을 요청한다.

7. 위원회 업무를 규정하고 본 결의 채택 후 30일 이내에 업무 프로그램을 제출하고 사무총장과 협의하여 필요한 지원에 대해 고려할 것을 위원회에 지시한다.

8. 유엔 헌장에 따른 책무에 따라 본 결의의 완전한 이행을 위해 필요한 모든 조치를 취할 것이라는 의지를 표명한다.

9. 본 사안은 안보리에 계속 계류됨을 결정한다.

[참고 2] 테러 관련 유엔안보리결의안(이하 UNSCR)

- UNSCR 1267호 (1999년) : 탈레반 및 오사마빈라덴 관련
- UNSCR 1718호 (2006년) : 북한 대량살상무기 관련
- UNSCR 1988호 (2011년) : 아프간과 탈레반 관련
- UNSCR 1989호 (2011년) : 알카에다와 테러조직 관련
- UNSCR 2231호 (2015년) : 이란의 무기수출 관련
- UNSCR 2253호 (2015년) : ISIL과 알카에다 관련

3장

국제자금세탁방지기구(FATF)와 주요 기준 이해

가. 국제자금세탁방지기구 개요

설립 목적

- UN협약* 및 안전보장이사회 결의와 관련된 금융조치(Financial Action)의 이행을 위한 행동기구(Task Force)로서 1989년 G7 정상회담의 합의로 설립되었다.

  * 비엔나 협약('88년, 마약), 테러자금조달 억제에 관한 UN협약('99년), 팔레모 협약('00년, 조직범죄), 메리다 협약('03년, 부패) 등

출처: www.cnn.com

- 또한, 마약자금('89년), 중대범죄의 자금세탁('96년), 테러자금조달('01년), 대량살상무기 확산금융('12년) 방지 분야로 영역을 지속적으로 확대하고 있다.

주요 기능

- FATF의 주요기능을 살펴보면 국경을 초월하여 발생하는 자금세탁·테러자금조달에 공동 대응하기 위하여 국제기준을 마련하고, 각 국가의 이행 현황을 평가(Mutual

Evaluation)하고 있으며, 비협조 국가 및 국제기준 미이행 국가에 대한 금융제재를 결정한다. 또한, 자금세탁·테러자금조달 수법 등에 대한 연구, 대응 수단 개발 등 자금세탁방지(AML) 및 테러자금조달금지(CFT)와 관련된 다양한 활동을 하고 있다.

운영 방식

- FATF는 총회(Plenary), 운영위원회(Steering Group), 5개 실무그룹(Working Group)으로 운영되고 있는데 그 내용은 다음과 같다.

- 총회(Plenary)는 일반적으로 연 3회(2월, 6월, 10월) 개최되고 있으며, FATF의 최종 의사결정 회의체이다.

- 운영위원회(Steering Group)는 FATF의 핵심 의제 선정과 방향성을 논의하고 있으며, 핵심 회원국과 FATF 의장국이 참여한다.

- 주요 실무그룹(Working Group)은 5개이며, ① 평가 · 이행(ECG) : 상호평가, 규범 제·개정, ② 정책개발(PDG) : 실행방안 세부지침 작성, ③ 유형론(RTMG) : AML/CFT 위험 발굴, 새 영역 개척, ④ 국제협력점검(ICRG) : 각국의 이행상황 점검, ⑤ 지역기구협력(GNCG) : FSRBs(FATF Style Regional Bodies, 이하 FSRBs)와 FATF 협력 증진 등을 총회 상정 이전에 논의한다.

FATF 조직구조도 및 실무그룹의 역할과 책임

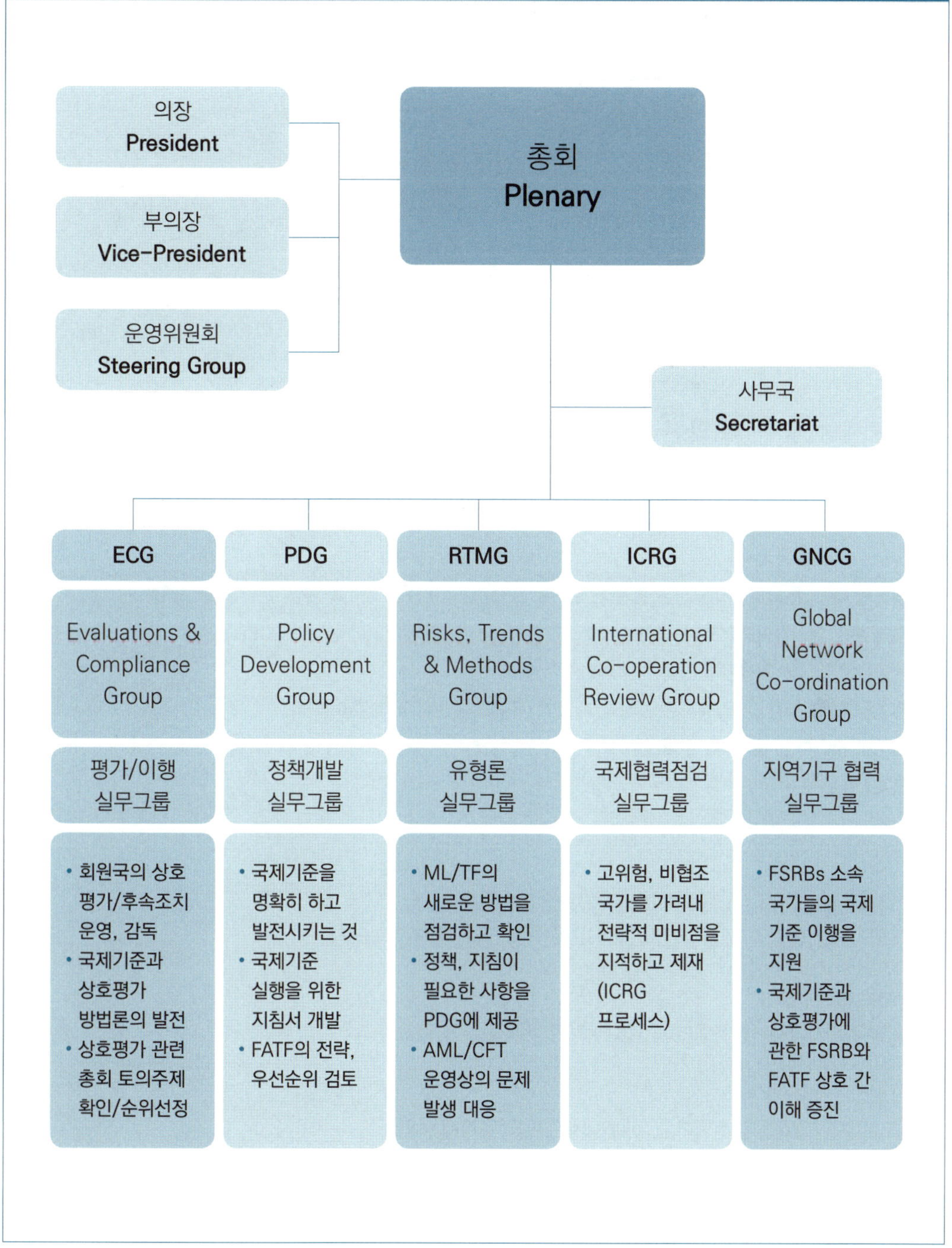

출처 : FIU 교육자료

⁚ 나. 국제자금세탁방지기구(FATF) 40 권고사항

As amended November 2023.

The FATF Recommendations set out a comprehensive and consistent framework of measures which countries should implement in order to combat money laundering and terrorist financing, as well as the financing of proliferation of weapons of mass destruction. Countries have diverse legal, administrative and operational frameworks and different financial systems, and so cannot all take identical measures to counter these threats.

The FATF Recommendations, therefore, set an international standard, which countries should implement through measures adapted to their particular circumstances. The FATF Standards comprise the Recommendations themselves and their Interpretive Notes, together with the applicable definitions in the Glossary.

FATF Recommendations 2012

Adopted on 16 February 2012 and regularly updated since. Last updated in November 2023

↓ Download

APPLICATION/PDF 1 MB

출처 : www.cnn.com

「자금세탁 및 테러·확산금융 방지에 관한 국제기준」으로서 국제자금세탁방지기구(FATF)는 다음과 같이 40개의 권고사항으로 분류하였다. FATF의 권고사항에 따라 각국이 이행해야 할 핵심(Core)적인 조치사항들은 다음과 같다.

- 위험의 확인, 정책과 국내적 조정의 발전
- 자금세탁, 테러자금조달, 확산금융을 추적
- 금융부문과 다른 지정된 분야를 위한 예방조치를 적용
- 권한당국(예 수사 · 법집행 · 감독 당국)과 조치 기구들의 권한과 책임을 정립
- 법인과 신탁등 법률관계의 투명성과 정보 활용성을 강화
- 국제협력을 촉진

Ⅰ. 자금세탁방지(AML)/테러자금조달금지(CFT) 정책과 조정
- 국가적 위험평가, 위험기반접근법(RBA) 적용, 국가적 협력과 조정

Ⅱ. 자금세탁과 몰수
- 법률로 자금세탁행위 처벌과 범죄수익의 동결·몰수를 제도화

Ⅲ. 테러자금조달과 확산금융
- 테러자금조달을 범죄화하고, 이에 대한 정밀금융제재 도입
- 확산자금조달에 대한 정밀금융제재 도입, 비영리법인에 대한 조치

Ⅳ. 예방조치
- 가명계좌 금지, 위험도에 비례한 고객확인(신원확인 및 검증) 실시
- 금융거래·고객확인 기록 5년 이상 보관, 금융회사의 비밀보장법
- 정치적 주요인물과 환거래은행
- 자금 또는 가치 이전서비스, 새로운 기술, 전신송금
- 제3차 의존, 내부통제와 해외지점 및 자회사, 고위험 국가
- 특정 전문직과 특정 비금융사업자의 고객확인과 기타 조치

Ⅴ. 법인과 법률관계의 투명성과 실제소유자

Ⅵ. FIU 설립 등 관계기관의 권한·책임
- 금융회사에 대한 규정과 감독, 검사자의 권한, DNFBP 검사
- FIUs, 법집행기관과 조사당국의 책임과 권한, 현금휴대반출입
- 통계, 지침과 피드백, 제재

Ⅶ. 국제협력
- 국제협력의 이행, 국제사법 공조, 국제사법공조 통한 동결·몰수
- 자금세탁·테러자금조달 관련 수사, 기소를 위한 사법공조 이행
- 범죄인 송환, 기타 국제협력

국제자금세탁방지기구(FATF) 40 권고사항의 주요내용 이해

A. AML/CFT 정책과 조정(AML/CFT Policies & Coordination)

【권고 1. 위험평가와 위험기반접근법의 적용】

각국은 자국의 자금세탁 및 테러자금조달 위험을 확인 · 평가 및 이해하여야 하며, 위험을 효과적으로 경감시킬 수 있도록 위험평가를 총괄(coordinate)할 당국 혹은 메커니즘 지정 등의 조치(action)를 취하고 재원을 사용하여야 한다. 각국은 그 위험평가 결과에 기초하여, 자금세탁 및 테러자금조달 방지 또는 그 위험에 대한 경감 조치가 파악된 위험에 확실하게 상응하도록 하기 위해 위험기반접근법을 적용하여야 한다. 이 접근법은 AML/CFT 체제 전반에 걸쳐 재원을 효율적으로 배분하고 FATF 권고사항을 위험수준에 따라 이행하기 위한 주요 기틀이 되어야 한다.

보다 높은 위험이 확인된 경우, 각국은 자국의 AML/CFT 체제가 그런 위험에 적절하게 대응할 수 있도록 하여야 한다. 보다 낮은 위험이 확인된 경우, 각국은 특정 조건하에서 일부 FATF 권고사항을 간소화된 조치로 이행하기로 결정할 수 있다. 각국은 금융회사와 특정 전문직·비금융 사업자(DNFBP)가 자신의 자금세탁 및 테러자금조달 위험을 확인·평가하고 이를 경감시킬 수 있는 조치를 취하도록 의무화하여야 한다.

【권고 2. 국가적 협력과 조정】

각국은 확인된 위험을 참고로 반영한 국가적 AML/CFT 정책을 가져야 하며 이를 정기적으로 검토하여야 한다. 또한 각국은 이러한 정책을 책임지는 당국을 지정하거나, 총괄 체계 또는 기타 메커니즘을 가져야 한다.

각국은 정책당국, FIU, 법집행당국, 감시감독관 그리고 정책의 입안 및 운영을 책임지는 기타 관련 권한 당국이 협력할 수 있도록 효과적인 메커니즘을 가져야 하며 필요한 경우, 자금세탁, 테러자금조달 및 대량살상무기확산금융방지에 관한 정책 개발과 이행 방안을 마련하기 위하여 이들이 국내적으로 상호협력(coordinate)하도록 하여야 한다.

B. 자금세탁과 몰수에 대한 법률제도 (Legal Systems on ML & Confiscation)

【권고 3. 자금세탁범죄】

각국은 비엔나 협약과 팔레모 협약에 기초하여 자금세탁행위를 범죄화하여야 한다. 각국은 전제범죄의 범위를 최대한 확대하는 목적으로(with a view to including the widest range of predicate offences), 모든 중대범죄에 자금세탁범죄를 적용하여야 한다.

【권고 4. 몰수와 잠정조치(Confiscation and Provisional Measures)】

각국은 비엔나 협약, 팔레모 협약 및 테러자금조달금지 협약(Terrorist Financing Convention)에 명시된 조치와 유사한 법적 조치 등의 조치를 취하여 자국의 권한당국이 선의의 제3자의 권한을 침해하지 않으면서 다음에 명시된 사항을 동결이나 압수 및 몰수할 수 있도록 하여야 한다:

(a). 세탁된 재산(property),
(b). 자금세탁 혹은 전제범죄의 범죄수익, 또는 해당 범죄에 사용되었거나 사용될 의도인(intended for use) 수단,
(c). 테러리즘, 테러행위 혹은 테러조직의 범죄수익 또는 이들의 자금조달에 사용되었거나 사용을 위해 할당되거나 또는 사용될 의도인 재산 또는
(d). 이에 상응하는 가치가 있는 재산

해당 조치사항을 통해 권한당국은 다음과 같은 권한을 가져야 한다:

(a). 몰수대상 재산을 확인, 추적, 평가할 권한,
(b). 해당 재산의 거래, 이전 또는 처분을 막기 위하여 동결 및 압수 등의 잠정조치를 취할 권한,
(c). 몰수대상 재산을 국가가 동결, 압수 혹은 회복할 권리를 방해하는 행위를 저지 또는 무효화시키기 위한 대책을 취할 권한 또는
(d). 적절한 수사권한

각국은 자국법(principles of their domestic law)이 허용하는 범위에서 범죄수익, 범죄수단 등을 유죄판결 없이 몰수할 수 있도록 하는 조치[기소전몰수제도(non-conviction based confiscation)] 또는 범죄자에게 몰수대상 재산의 정당한 원천을 밝히도록 요구하는 조치의 적용을 고려하여야 한다.

C. 테러자금조달과 확산금융 (Terrorist Financing and Financing of Proliferation)

【권고 5. 테러자금조달범죄】

각국은 테러자금조달금지 협약에 의거하여 테러자금조달을 범죄화하여야 하며, 테러행위에 대한 자금조달뿐만 아니라 특정 테러행위(들)와의 연관성 여부와 상관없이 테러조직과 개별 테러리스트에 대한 자금조달도 범죄화하여야 한다. 각국은 이러한 범죄행위가 자금세탁 전제범죄로 지정되도록 하여야 한다.

【권고 6. 테러와 테러자금조달 관련 정밀금융제재】

각국은 테러자금조달 방지 및 억제에 관한 유엔안보리결의안을 이행하기 위하여 정밀화된 금융제재를 이행하여야 한다. 동 결의들은 각국으로 하여금 지정된 자나 단체에 대해, 즉 (i) 유엔헌장 제 VII장에 따라 유엔안전보장이사회에 의해 또는 유엔안전보장이사회의 권한으로, 유엔안보리결의 1267호(1999)와 후속 결의에 따라 각국에서 지정한 어떤 개인(any person)이나 단체(entity)에 대해, 그들의 자금 또는 기타 자산을 지체 없이 동결할 것과, 자금이나 기타 자산이 직접적으로든 간접적으로든 그들의 이익(benefit)에 또는 이익을 위해서 이용되지 않도록 할 것을 요구한다.

【권고 7. 확산금융 관련 정밀금융제재】

각국은 대량살상무기확산과 이에 대한 자금조달을 방지, 억제 및 금지(disruption)하는 유엔안보리결의안을 이행하기 위하여 정밀화된 금융제재를 이행하여야 한다. 이 결의안에 따라 각국은 유엔 헌장 제VII장에 의거하여 유엔 안보리가 또는 그 권한에 의하여 지정한 그 어떠한 개인이나 단체(entity)의 자금 혹은 기타 자산을 지체 없이 동결하여야 하고, 지정된 개인이나 단체에게 혹은 이들의 이익(benefit)을 위해 그 어떠한 자금이나 기타 자산이 직간접적으로 제공되지 않도록 하여야 한다.

【권고 8. 비영리조직】

각국은 FATF의 비영리단체(NPO) 정의에 해당하는 조직을 식별하고 이들의 테러자금 조달위험을 평가해야 한다. 각국은 위험기반접근방식(RBA)에 맞춰 합법적인 NPO 활동을 과도하게 방해하거나 억제하지 않으면서 집중적이고 위험에 비례하는 위험기반 조치를 취해야 한다. 이러한 조치의 목적은 다음과 같은 합법적인 단체로 위장한 테러리스트 조직을 포함하여 테러자금조달의 남용으로부터 해당 NPO를 보호하기 위함이다.

(a) 테러조직을 합법적 단체로 가장
(b) 자산동결 조치를 회피하는 목적 등을 포함하여, 합법적인 단체를 테러자금 조달의 수단으로 이용
(c) 합법적 목적의 자금을 테러 조직으로 전용하는 것을 감추거나 은폐(obscurc)

D. 민간부문의 예방조치 (Private Sector Preventive Measures)

【권고 9. 금융회사의 비밀유지 법률】

각국은 금융비밀 유지에 관한 법률(financial institution secrecy laws)이 FATF 권고사항 이행에 방해되지 않도록 하여야 한다.

【권고 10. 고객확인의무】

금융회사의 익명 또는 가명 계좌개설은 금지되어야 한다.
금융회사는 다음과 같은 경우 고객확인을 이행할 의무가 있다:

(i) 거래관계(business relation)를 수립하는 경우
(ii) 다음과 같은 일회성 거래행위(occasional transactions)를 행하는 경우:
① 기준 금액(USD/EUR 15,000)을 초과하는 거래, ② 권고사항 16의 주석서 (Interpretative Note)에 의해 규제되는 전자자금이체(electronic funds transfers)

(iii) 자금세탁 또는 테러자금조달이 의심되는 경우
(iv) 기존에 확보된 고객확인 정보의 진위나 타당성이 의심되는 경우

금융회사가 고객확인을 이행하여야 한다는 원칙은 법률로 규정되어야 한다. 각국은 법률 또는 기타 강제력이 있는 수단(other enforceable means)을 통해 개별 고객확인의무를 어떻게 부과할지 결정할 수 있다.

고객확인 조치는 다음과 같이 행해져야 한다:

(a) 신뢰성 있고 독립적인 문서·데이터 또는 정보를 이용하여 고객의 신원을 확인하고 검증할 것
(b) 실제소유자의 신원을 확인하고, 실제소유자의 신원을 검증하기 위한 합리적인 조치를 취하여 금융회사가 그 계좌의 실제소유자가 누구인지 파악할 수 있어야 함. 법인 및 법률관계의 경우, 금융회사는 법인 등의 소유권과 지배구조를 파악하여야 함
(c) 거래관계의 목적 및 성격에 대한 정보를 이해하고, 필요시 확보할 것
(d) 거래관계에 대한 지속적인 고객확인 절차 이행(ongoing due diligence) 및 거래관계 수립 이후 실시된 거래에 대한 면밀한 조사를 수행하여 고객의 사업 및 리스크 프로필, 그리고 필요한 경우 자금출처에 대해 금융회사가 파악하고 있는 바가 실제 거래내용과 일치하도록 할 것

금융회사는 (a)~(d)의 조항에 대한 모든 고객확인조치를 이행할 의무가 있으며 이때 본 권고사항에 대한 주석서와 권고사항 1(위험기반접근법)에 대한 주석서에 부합하도록 해당 조치의 범위를 결정하여야 한다.

금융회사는 고객 및 실제소유자의 신원검증을 거래관계 수립 이전 또는 거래관계를 유지하는 동안 또는 일회성 거래행위의 수행 이전에 이행할 의무가 있다. 다만 자금세탁 및 테러자금조달 위험이 효과적으로 관리되고 있고 정상적인 거래를 위하여 불가피한 경우, 각국은 금융회사가 거래관계 수립 후 합리적으로 수행 가능한 최단 시간 내에 검증절차를 수행할 수 있다.

금융회사가 위의 (a)~(c)의 조항에 해당하는 의무사항을 이행할 수 없을 경우에(위험기반접근법에 따라 적용 범위를 적절하게 조절 가능) 계좌개설, 거래관계

수립 또는 거래이행을 중단하고, 이미 수립된 거래관계는 종결하여야 하며, 해당 고객에 대한 의심거래보고(suspicious transactions report) 여부를 고려하여야 한다.

본 권고사항은 모든 신규 고객에게 적용되어야 하고, 금융회사는 중요성과 위험성에 비례하여 기존 고객에게도 본 권고사항을 적용하여야 하며, 적정한 시기에 기존 거래관계에 대한 고객확인을 이행하여야 한다.

【권고 11. 기록보관】

금융회사는 권한당국의 정보제공 요구가 있을 경우 이에 신속하게 대응하기 위하여 국내 및 국제 거래에 대한 모든 필수적인 기록을 최소 5년 이상 보관할 의무가 있다. 이러한 기록은 범죄행위를 기소하기 위하여 필요한 경우 증거로 제시될 수 있도록 개별 거래 내역(관련 금액과 통화 종류 등 포함)을 충분히 파악할 수 있도록 하여야 한다.

복잡하고 비정상적인 대규모 거래의 배경과 목적을 파악하기 위해 금융회사 등은 고객확인 조치를 통해 입수한 모든 고객확인 정보(여권, 신분증, 운전면허증, 기타 이와 유사한 서류 등 공식적인 신원확인 서류의 사본 또는 기록), 계좌 파일, 업무 서신 등에 관한 기록을 거래관계가 종료된 후 또는 일회성 거래의 날로부터 최소 5년 이상 보존하여야 한다. 이러한 기록에는 예를 들어 질의한 것과 같은 분석 결과물도 포함된다.

금융회사는 거래에 대한 기록과 CDD 조치를 통해 취득한 정보를 법에 의해 보존할 의무가 있다. 정당한 권한을 가진 권한당국은 CDD 정보 및 거래기록을 이용할 수 있어야 한다.

【권고 12. 정치적 주요인물】

금융회사는 정치적 주요인물(PEPs : Politically Exposed Persons, 이하 PEPs)(고객이건 실제소유자이건)에 대하여 일반적인 고객확인 절차와 함께 다음의 조치를 취할 의무가 있다:

(a) 고객 또는 실제소유자의 고위공직자 여부를 확인할 수 있는 적절한 위험관리 시스템(risk management systems) 운용
(b) 이러한 거래관계를 수립하기 위한(기존 고객인 경우 이러한 거래관계를 지속하여도 된다는) 고위 관리자의 승인 취득
(c) 재산 및 자금의 출처를 확인할 수 있는 합리적인 조치
(d) 거래관계에 대한 강화된 모니터링을 지속적으로 수행

금융회사는 고객 또는 실제소유자가 국내 고위공직자이거나 국제기구의 요직에 재임 중인 또는 재임한 개인인지를 확인하기 위한 합리적인 조치를 취할 의무가 있다. 이러한 개인과 고위험의 거래관계를 수립하는 경우, 금융회사는 (b), (c) 및 (d)의 조항에 언급된 조치를 적용할 의무가 있다.

모든 종류의 고위공직자에게 적용되는 의무사항은 그 고위공직자의 가족과 가까운 지인에게도 적용되어야 한다.

【권고 13. 환거래은행】

금융회사는 국경 간 환거래계약(cross-border correspondent banking)과 기타 유사한 거래관계에 대하여 일반적인 고객확인조치와 함께 다음의 조치를 취하여야 할 의무가 있다.

(a) 요청 금융회사(respondent institution)의 사업 성격을 완전히 이해하고, 그 기관이 자금세탁방지 및 테러자금조달금지와 관련하여 수사 또는 규제대상이 되었는지 여부를 공개된 정보를 통하여 판단할 수 있도록 충분한 정보 수집
(b) 요청 금융회사의 자금세탁방지 및 테러자금조달금지 조치 평가
(c) 새로운 환거래계약을 수립하기 전 고위 관리자의 승인 취득
(d) 각 금융회사의 책임사항을 명확히 이해
(e) 대리지불계좌(Payable-Through-Account)의 경우, 요청은행(respondent bank)이 환거래계좌를 직접 사용할 수 있는 고객에 대해 고객확인조치를 취하였는지 그리고 환거래은행의 요청에 따라 해당 고객에 관한 적절한 고객확인 정보를 제공할 수 있는지를 충족시켜야 함

【권고 14. 자금 또는 가치의 이전 서비스】

각국은 자금 또는 가치의 이전 서비스(MVTS)를 제공하는 개인이나 법인(natural or legal persons)이 인가 또는 등록이 되어 있고 FATF 권고사항에 촉구되어 있는 관련 조치를 이행하는지 감독하기 위한 효과적인 감시체계의 대상이 되도록 하여야 한다. 각국은 인가를 받지 않은 또는 미등록인 개인이나 법인이 MVTS를 제공하는 것을 확인할 수 있어야 하고, 그러한 경우 적절한 제재를 가하여야 한다.

【권고 15. 새로운 기법】

각국 및 금융기관들은 (a) 신규 금융상품의 개발 및 새로운 전달체계(new delivery mechanism)를 포함한 신규 비즈니스 발굴과 관련하여, 그리고 (b) 새로 개발됐거나 현재 개발 중인 금융기법을 신규 및 기존 상품에 사용하며 발생할 수 있는 ML/TF 위험을 확인 평가(assessment)하여야 한다.

금융기관들의 경우 신규 금융상품 및 취급업무의 출시 개시, 또는 새로 개발됐거나 현재 개발 중인 금융기법 출시 전에 위에서 명시한 위험평가(assessment)를 선행하여야 한다. 금융기관들은 해당 위험을 관리 완화하기 위해 적절한 조치를 취하여야 한다.

각국은 자금세탁 또는 테러자금조달 위험을 식별하고 평가해야 하며, 가상자산으로 인해 발생하는 위험을 관리하고 완화하기 위해 가상자산사업자의 AML/CFT를 위한 규제, 인가, 등록·관리하여야 한다. 또한 가상자산사업자가 FATF 권고사항에서 요구하는 관련조치의 준수 및 준수에 대한 모니터링을 할 수 있도록 효과적인 시스템을 갖추도록 하여야 한다.

1) 가상자산사업자는 감독당국에게 허가를 받거나 신고, 등록을 의무화하여 범죄자의 가상자산업 진입을 차단하고 미신고 영업은 제재 대상이 되도록 하여야 한다.

2) 자금세탁방지 관련 규제 감독은 감독당국에 의해 감독되어야 하고, 감독당국은 효과적인 감독수단을 보유해야 한다.
   - 감독당국은 가상자산사업자의 의무 위반 시 등록허가를 철회·제한·정지시킬 수 있는 권한을 포함하여 다양한 징계 및 재정제재를 부과할 수 있는 권한을

보유해야 한다.

- 자금세탁 또는 테러자금조달금지에 위반된 경우 형사, 민사 또는 행정에 관계없이 효과적·비례적·억제력 있는 제재를 취해야 하며, 이는 가상자산사업자 뿐만 아니라 이사 및 고위 경영진에게도 적용해야 한다.

3) 가상자산사업자에게 금융회사에 준하는 자금세탁방지의무를 부과. CDD, STR 등 기존 금융회사와 동일하게, 가상자산 송금도 송금·수취 기관 모두 송금인, 수취인 관련 정보를 수집·보유하고 필요시 당국에 정보를 제공해야 한다.

- 고객이 1,000USD/EUR 이상 거래를 한 경우에는 고객확인의무에 따라서 세부정보를 수집해야 한다.
- 가상자산서비스 제공업자가 정확한 송금인 요구정보와 수취인 요구정보를 획득·보관하고 이를 수취기관에 제공하는지 여부, 수취기관이 송금인 요구정보(일부)와 정확한 수취인 요구정보를 획득·보관하는 지를 확인해야 한다.
- 자금송금 시, 취급업체가 확인·보관해야 하는 고객정보는 (1) 송금인 성명, (2) 송금인이 거래처리를 위해 접속한 계정의 정보, (3) 송금인 주소 또는 국가등록 신분번호 또는 신원 식별이 가능한 처리업체 등록번호, 또는 출생연도, (4) 수취인 성명, (5) 수취인이 거래 처리를 위해 접속한 계정의 정보를 확인해야 한다.

【권고 16. 전신송금】

각국은 금융회사가 전신송금 및 관련 메시지에 정확한 송금인(originator) 정보와 수취인(beneficiary) 정보를 포함하도록 하여야 하고 그 정보는 일련의 지급·결제 과정 내내 전신송금 혹은 관련 메시지와 함께 기록(remain)되도록 하여야 한다. 각국은 송금인 그리고/혹은 수취인 정보가 결여된 전신송금을 탐지하기 위하여 금융회사가 전신송금을 모니터링하도록 하여야 한다.

각국은 금융기관이 전신송금의 처리과정에서 테러와 테러자금조달금지 및 억제 관련 유엔안보리결의 1267호(1999)와 그 후속 결의안, 유엔안보리결의 1373호(2001) 등 관련 유엔안보리결의에 명시된 각각의 의무사항에 따라 동결 조치를 취하고, 지정된 개인과 단체와의 거래를 금지하는 것을 명확히 시행해야 한다.

의존, 통제와 금융그룹 (Reliance, Controls and Financial groups)

【권고 17. 제3자 의존】

각국은 금융회사가 권고사항 10의 고객확인 조치의 (a)~(c)의 조항을 수행하거나 새로운 거래를 개시하는 업무를 제3자에게 위탁할 수 있다. 다만, 다음에 제시된 기준을 충족시켜야 한다. 이러한 위탁이 허용된 경우, 고객확인 조치에 대한 최종책임은 제3자에게 업무를 위탁한 금융회사에 있다.

충족되어야 할 기준은 다음과 같다:

(a). 제3자에게 고객확인을 위탁한 금융회사는 권고사항 10에 명시되어 있는 고객확인조치 중 (a)~(c)의 조항에 명시되어 있는 필수정보를 즉시 획득하여야 한다.
(b). 금융회사는 제3자에게 고객확인 정보와 기타 고객확인 수행과 관련된 문서 요구 시, 이를 지체 없이 제공받을 수 있도록 적절히 절차를 갖추어야 한다.
(c). 금융회사는 제3자가 (감독당국의) 규제, 감독, 또는 모니터링의 대상인지 확인을 받으며, 권고사항 10과 11에 따른 고객확인과 기록보존 요건을 충족하는 조치를 이행하고 있는지를 확인하여야 한다.
(d). 조건을 충족하는 제3자를 선정할 때 각국은 해당 제3자 소재 국가의 위험정보를 고려하여야 한다.

금융회사와 고객확인을 위탁받는 제3자가 같은 금융그룹의 계열사이고, 해당 금융그룹이 권고사항 10, 11, 12에 따른 고객확인과 기록보존의무 및 권고사항 18에 따른 자금세탁방지 및 테러자금조달금지 프로그램을 실시하는 경우, 그리고 해당 금융그룹의 고객확인과 기록보존 의무 및 AML/CFT 프로그램의 효과적인 이행이 전 그룹 차원으로 권한당국의 감독을 받고 있다면, 관련 권한당국은 해당 금융회사가 금융그룹의 프로그램을 통해 상기 (b)와 (c)의 기준을 충족하고 있다고 볼 수 있으며, 국가적 위험이 더 높더라도(higher country risk) 금융그룹의 AML/CFT 정책으로 그 위험이 적절하게 경감되는 경우 기준 (d)는 위탁을 위한 필수전제조건이 아니라고 판단할 수 있다.

【권고 18. 내부통제와 해외지점 및 자회사】

금융회사는 자금세탁 및 테러자금조달을 방지할 수 있는 프로그램을 이행할 의무가 있다. 금융그룹은 그룹 차원의 자금세탁 및 테러자금조달 방지를 위한 프로그램을 이행할 의무가 있다. 이 프로그램에는 AML/CFT 목적을 위한 그룹 내 정보 공유정책 및 절차가 포함되어야 한다.

금융회사는 FATF 권고사항을 이행하기 위하여 본국에서 이행되고 있는 AML/CFT 조치와 일관된 조치를 금융그룹의 자금세탁 및 테러자금조달 방지 프로그램을 통해 해외지점과 지배지분 보유 자회사(majority-owned subsidiary)에 적용할 의무가 있다.

【권고 19. 고위험 국가】

금융회사는 FATF가 (성명서를 통해) 강화된 고객확인조치(Enhanced Due Diligence, 이하 EDD)를 촉구한 국가의 개인, 법인과 금융회사와의 거래관계 및 거래활동에 대해 EDD를 적용할 의무가 있다. 적용될 강화된 고객확인조치는 위험도에 비례하고 효과적이어야 한다.

각국은 FATF의 촉구에 따라 적절한 대응조치를 취할 수 있어야 한다. 또한 각국은 FATF와 별도로 자체적인 대응조치를 취할 수 있어야 한다. 이런 대응조치는 위험도에 비례하고 효과적이어야 한다.

의심거래의 보고(Reporting of suspicious transactions)

【권고 20. 의심거래보고】

금융회사는 (특정) 자금(funds)이 범죄수익이거나 테러자금조달과 연관이 있다고 의심되는 경우 또는 의심할 만한 합당한 근거(reasonable ground to suspect)가 있는 경우, 법률에 따라 그 의심내용을 FIU(Financial Intelligence Unit)에 보고할 의무가 있다.

【권고 21. 정보누설과 비밀유지】

금융회사와 금융회사의 이사, 임원(officers) 및 직원(employees)은:

(a) 선의에 의하여(in good faith) FIU에 의심거래보고를 한 경우, 비록 그 전제 범죄가 무엇인지 정확히 알지 못하고 불법행위가 실제 일어나지 않았더라도(regardless of whether illegal activity actually occurred), 계약서나 그 어떠한 법률, 규정 또는 행정적 조치(administrative provision)에 의하여 부과된 정보누설 금지의무를 위배하더라도 형사 또는 민사상의 책임을 지지 않는다.
(b) 의심거래보고 또는 관련 정보가 FIU에 보고되었다는 사실을 공개(disclosing, 소위 "누설(tipping-off)")하지 않도록 법으로 금지하여야 한다.

특정 비금융 사업자와 전문직 (Designated Non-Financial Business and Professions)

【권고 22. 특정 비금융 사업자(DNFBPs)와 전문직 : 고객확인의무】

권고사항 10, 11, 12, 15, 17에 명시되어 있는 고객확인 및 기록보존 의무는 다음과 같은 상황에서 특정 비금융 사업자(DNFBP)와 전문직에 적용된다.

(a) 카지노(casinos)에서 고객이 기준금액 이상의 금융거래를 행하는 경우
(b) 부동산 중개인(real estate agent)이 고객을 위하여 부동산 매매와 관련된 거래에 참여하는 경우
(c) 귀금속상(dealer in precious metals and dealers in precious stones)이 고객과 기준금액 이상의 현금거래를 하는 경우
(d) 변호사, 공증인, 기타 독립적 법률전문직 및 회계사(lawyer, notaries, other independent legal professionals and accountant)가 고객을 위하여 다음 활동과 관련된 거래를 준비하거나 수행하는 경우

- 부동산 매매
- 고객의 자금·증권 또는 기타 자산의 관리
- 은행 예금·적금 계좌 또는 증권거래 계좌의 관리
- 회사 설립, 경영, 관리에 관여
- 법인·(신탁 등) 법률관계에 근거한 법인/단체의 설립·운영·관리 및 사업체의 매매

(e) 신탁 및 회사설립전문가(trust and company service providers)가 고객을 위하여 용어설명(glossary)에 명시된 활동과 관련된 거래를 준비하거나 수행하는 경우

【권고 23. 특정 전문직·비금융 사업자 : 기타 조치】

권고사항 18~21에 명시되어 있는 의무사항은 모든 특정 전문직과 비금융 사업자에게 적용되며 이와 관련하여 다음 사항을 유의하여야 한다.

(a) 변호사, 공증인, 기타 법률전문직 및 회계사는 고객을 위하여 또는 고객을 대신하여 권고사항 22(d)에 명시된 활동과 관계된 금융거래를 행하는 경우(engaged in) 의심거래를 보고할 의무가 있다. 각국은 회계감사업무(auditing)와 같은 회계사의 기타 직무활동에 대해서도 의심거래보고 의무를 확대할 것을 권고한다(strongly encouraged).

(b) 귀금속상은 고객과 기준금액 이상의 현금거래를 행하는 경우 의심거래를 보고할 의무가 있다.

(c) 신탁 및 회사설립 전문가는 고객을 위하여 또는 고객을 대신하여 권고사항 22(e)에 명시된 활동과 관련된 거래를 행하는 경우 고객에 대한 의심거래를 보고할 의무가 있다.

E. 법인과 법률관계의 투명성과 실제소유자 (Transparency and Beneficial ownership of Legal Persons and Legal Arrangements)

【권고 24. 법인의 투명성과 실제소유자】

각국은 자금세탁이나 테러자금조달 목적으로 법인이 악용되는 것을 방지하는 조치를 취하여야 한다. 각국은 법인의 실제소유자 및 지배구조에 대한 적정하고, 정확하며 시의적절한 정보를 권한당국이 신속히 입수하거나 접근할 수 있도록 하여야 한다.

특히, 법인이 신규 무기명 주식 또는 무기명 신주인수권을 발행하는 것을 허용해서는 안 되며, 기존 무기명 주식 및 무기명 신주인수권의 오용을 방지하기 위한 조치를 취해야 한다. 국가는 명의주식 보유자나 임원(nominee shareholders or director)이 자금세탁이나 테러자금조달에 악용되지 않도록 효과적인 조치를 취해야 한다. 각국은 권고사항 10과 22의 의무 사항을 수행하는 금융회사와 특정 전문직 및 비금융 사업자도 실제 소유자 및 지배구조에 대한 정보에 접근을 가능하게 하는 조치 마련을 고려하여야 한다.

【권고 25. 법률관계의 투명성과 실제소유자】

각국은 자금세탁이나 테러자금조달 목적으로 신탁과 같은 법률관계가 악용되는 것을 방지하는 조치를 취해야 한다. 특히 각국은 설정자, 수탁자, 수익자 정보 등 신탁에 대한 적정하고, 정확한 최신정보를 권한당국이 시의적절하게 입수하거나 접근할 수 있도록 하여야 한다. 각국은 권고사항 10과 22의 의무사항을 수행하는 금융회사와 특정 전문직 및 비금융 사업자도 실제 소유자 및 지배구조에 대한 정보에 접근을 가능하게 하는 조치 마련을 고려하여야 한다.

F. 관계기관의 권한과 책임, 기타 제도적 조치
(Powers and Responsibilities of Competent Authorities and other Institutional measures)

【권고 26. 금융회사에 대한 규제와 감독】

각국은 금융회사를 적절히 규제하고 감독하여 FATF 권고사항을 효과적으로 이행하도록 하여야 한다. 권한당국은 범죄자나 그 관련자가(associate) 금융회사에 중대한 영향력을 미칠 수 있는 지분(significant interest) 또는 지배지분을 소유하거나 이에 대한 실제소유자가 되는 것 또는 금융회사의 경영권을 가지는 것을 방지하기 위하여 필요한 법적·규제적 조치를 취하여야 한다. 각국은 위장은행의 설립 혹은 운영을 허용하여서는 안 된다.

(건전성 규제 관련 바젤위원회의) 핵심원칙을 적용받는 금융회사의 경우, 건전성을 목적으로 적용하지만 자금세탁 및 테러자금조달과도 관련 있는 규제와 감독조치를 AML/CFT 목적을 위하여 유사한 방법으로 적용하여야 한다. AML/CFT 목적에 따른 금융회사의 본사와 지점, 자회사에 대한 통합적 그룹 차원의 감독이 포함되어야 한다.

(핵심원칙을 적용받지 않는) 그 외의 금융회사는 허가나 등록을 받아야 하고, 관련 분야의 자금세탁 및 테러자금조달의 위험을 고려하여 AML/CFT를 위한 적절한 규제와 감독 혹은 관리(oversight)를 받아야 한다.

자금 또는 가치 이전의 서비스를 제공하거나 환전업(money or currency changing)을 영위하는 기업들은 최소한으로 허가나 등록을 받아야 하고, 국가적 AML/CFT 의무사항에 부합하기 위한 효과적인 모니터링 체제의 대상이 되어야 한다.

【권고 27. 검사자의 권한】

감독기관은 검사권한 등 자금세탁 및 테러자금조달을 방지하기 위한 금융회사의 의무 이행 여부를 감독 또는 모니터링하고 이를 확인할 수 있는 적절한 권한을 가져야 한다. 감독기관은 금융회사의(AML/CFT 의무사항) 이행 여부 모니터링과 관련된 정보를 금융회사로부터 요구할 수 있고 (금융회사가) 이러한 요구사항에 응하지 않는 경우(failure to comply with such requirements) 권고사항 35에 의거한 제재를 부과할 수 있는 권한을 가져야 한다.

자금세탁 및 테러자금조달 방지에 대한 의무 준수 여부를 확인하기 위한 감독기관의 권한은 상황의 심각성에 따라 비례하고 폭넓어야 한다. 상황에 따라 징계처분과 금융제재를 부과하고 금융회사의 사업허가를 취소(withdraw), 제한 또는 정지시킬 수 있는 권한도 포함된다.

【권고 28. 특정 비금융 사업자와 전문직(DNFBPs)에 대한 규제와 감독】

특정 비금융 사업자와 전문직은 다음에 명시된 규제 및 감독 조치를 적용받아야 한다.

(a) 카지노는 필수적인 AML/CFT 조치의 효과적 이행을 점검하는 종합적인 규제 및 감독의 대상이다. 여기에는 최소한 다음과 같은 내용이 포함된다.

- 카지노는 허가를 득해야 한다.
- 권한 당국은 범죄자나 그 관련자가(associate) 카지노에 중대한 영향력을 미칠 수 있는 영향력(significant interest) 또는 통제지분을 소유하거나 이에 대한 실제 소유자가 되는 것 또는 카지노의 경영권을 가지거나 운영자가 되는 것을 방지하기 위하여 법적·규제적 조치를 취하여야 한다.
- 권한당국은 카지노의 AML/CFT 의무사항 준수 여부를 효과적으로 감독하여야 한다.

(b) 각국은 기타 특정 전문직과 비금융 사업자(other catergories of DNFBPs)의 AML/CFT 의무사항 준수 여부를 확인하여야 한다. 이는 위험기반으로 행해져야 한다. 이는 권한 당국이나 적절한 자율규제기구(SRB : Self-Regulatory Body)에 의하여 수행될 수 있다. 단 SRB가 수행하는 경우, SRB는 그 회원들의 자금세탁 및 테러자금조달 방지의무의 이행 여부를 확인할 수 있어야 한다.

운영과 법집행(Operational and Law Enforcement)

【권고 29. FIU】

각국은 (a) 의심스러운 거래보고와 (b) 자금세탁 및 관련 전제범죄와 테러자금조달과 관련된 기타 정보의 수집과 분석 그리고 분석된 정보의 제공을 담당하는 중앙행정기관(national centre)으로 FIU를 설립하여야 한다.

FIU는 보고기관(reporting entities)으로부터 추가 정보를 취득할 수 있어야 하고 제반 기능을 제대로 수행하기 위하여 필요한 금융, 행정 및 법집행 정보에 시의적절하게 접근할 수 있어야 한다.

【권고 30. 법집행기관과 조사당국의 책임】

각국은 지정된 법집행당국이 자국의 AML/CFT 정책 기틀(framework) 내에서 자금세탁 및 테러자금조달 관련 수사에 대한 책임을 지도록 하여야 한다. 이러한 지정된 법집행당국은 적어도 모든 대규모 범죄수익 관련 사건에서 자금세탁, 테러자금조달 및 이와 연루된(associated) 전제범죄를 수사할 때 적극적인 동시에 금융수사기법(pro-active parallel financial investigation)을 개발하여야 한다.

여기에는 연루된 전제범죄가 자국 관할권(jurisdiction) 이외의 지역에서 이루어진 경우가 포함되어야 한다. 각국은 권한당국이 몰수대상이거나, 몰수대상이 될 수 있는, 또는 범죄수익으로 의심되는 재산을 신속하게 확인, 추적 및 동결·압수 조치를 취할 수 있게 하여야 한다.

또한, 각국은 필요시 여러 분야의 전문가들로 구성된 금융자산수사팀(multi-disciplinary groups specialised in financial or asset investigation)을 영구적 또는 임시적으로 운용하여야 한다. 각국은 필요시 외국의 관련 권한당국과의 합동수사가 이루어지도록 하여야 한다.

【권고 31. 법집행기관과 조사당국의 권한】

자금세탁, 테러자금조달 및 이와 연루된 전제범죄에 대해 수사 시, 권한당국은 수사, 기소 및 관련 조치 수행에 필요한 모든 문서 및 정보에 접근할 수 있어야 한다. 이는 금융회사, 특정 전문직과 비금융 사업자(DNFBPs) 및 기타 개인이나 법인이 소유하고 있는 기록, 개인 또는 건물의 수색, 증인 진술 확보, 증거 압수와 확보를 위한 강제조치의 사용 권한을 포함한다.

각국은 권한당국이 자금세탁 및 관련 전제범죄와 테러자금조달 수사 시, 이에 적합한 폭넓은 수사기법을 최대한 사용할 수 있도록 하여야 한다. 이러한 수사기법은 비공개 조사 또는 잠입수사(undercover operation), 통신 감청(intercepting communications), 컴퓨터시스템 접근(accessing computer systems) 및 전달통제(controlled delivery)를 포함한다. 또한, 각국은 개인 또는 법인의 계좌 소유 및 관리(control) 여부를 시의적절하게 확인할 수 있는 효과적인 메커니즘을 가지고 있어야 한다.

각국은 또한 소유자에게 사전 공지 없이 권한당국이 자산을 확인할 수 있는 절차를 가지고 있어야 한다. 자금세탁, 이와 연루된 전제범죄 및 테러자금조달 수사 시, 권한당국은 FIU가 보유한 모든 관련 정보를 요구할 수 있어야 한다.

【권고 32. 현금휴대반출입 관리】

각국은 세관신고시스템(declaration system) 및/또는 정보공개체제(disclosure system) 등을 통해 현금(currency)과 무기명지급수단(bearer negotiable instrument)이 물리적으로 국경 간 이전되는 것을 탐지할 수 있는 조치를 마련하여야 한다. 각국은 테러자금조달이나 자금세탁 또는 전제범죄와 관련 있다고 의심되거나 허위로 신고·공개된 현금이나 무기명지급수단의 휴대반출입을 막거나 제한할 수 있는 법적 권한을 권한당국에 부여하여야 한다. 각국은 허위 신고·공개를 하는 자에 대하여 위반사항에 비례하며 효과적이고 억제력이 있는 제재조치를 마련하여야 한다.

현금이나 무기명지급수단이 테러자금조달, 자금세탁 또는 전제범죄와 연루된 경우, 각국은 권고사항 4에 따른 법적 조치를 포함한 현금이나 무기명지급수단을 몰수할 수 있는 조치를 적용하여야 한다.

일반적 요건(General Requirements)

【권고 33. 통계】

각국은 자국의 AML/CFT 시스템의 효과성 및 효율성에 대한 종합적인 통계를 작성하여야 한다. 여기에는 수집·제공된 STR, 자금세탁 및 테러자금조달 관련 수사·기소·유죄판결, 동결·압수·몰수된 재산, 사법공조 및 기타 국제협력 요청에 관한 통계가 최소한으로 포함되어야 한다.

【권고 34. 지침과 피드백】

권한당국과 자율규제기관(SRO)은 금융회사와 특정 전문직과 비금융 사업자가 자금세탁 및 테러자금조달 방지를 위한 국가적 조치를 이행하고, 특히 의심스러운 거래를 적발하고 보고하는데 도움이 될 지침을 확립하고 피드백을 제공해야 한다.

【권고 35. 제재】

각국은 권고사항 6 및 8~23에 명시되어 있는 개인이나 법인이 자금세탁방지 및 테러자금조달금지 의무사항을 준수하지 않는 경우를 대비하여 효과적이고 비례적이면서도 억제력 있는 형사, 민사 또는 행정 제재를 포함한 광범위한 제재조치를 마련해야 한다. 제재조치는 금융회사와 특정 전문직과 비금융 사업자에게 적용될 뿐 아니라 이들의 이사급과 고위관리급 인사에게도 부과될 수 있어야 한다.

G. 국제협력(International Cooperation)

【권고 36. 국제협약의 이행】

각 국은 비엔나 협약, 팔레모 협약, 2003년의 국제연합 부패방지 협약, 테러자금조달금지 협약에 조인하고 이를 전적으로 이행하기 위한 즉각적인 조치를 취하여야 한다.

또한, 2001년의 사이버범죄에 관한 유럽 협약(Council of Europe Convention on Cyber crime 2001), 2002년 테러방지에 관한 미주 협약(Inter-American Convention against Terrorism 2002), 2005년의 범죄수익 자금세탁, 수색, 압수, 몰수 및 테러자금조달에 관한 유럽 협약(Council of Europe Convention on Laundering, Search, Seizure and Confiscation of the Proceeds from Crime and on the Financing of Terrorism 2005) 등과 같은 기타 관련 국제협약에 가입한 경우, 각국은 이를 비준하고 이행할 것을 권고한다.

【권고 37. 국제사법공조】

각국은 자금세탁 및 관련 전제범죄와 테러자금조달의 수사, 기소 및 관련 사법절차(proceedings)에 최대한 폭넓은 사법공조를 신속하고, 건설적이며 효과적으로 제공하여야 한다. 각국은 사법공조를 제공하기 위한 적합한 법적 근거를 갖추어야 하며, 필요시 공조강화를 위한 조약, 법률관계 혹은 기타 메커니즘을 마련하여야 한다.

특히, 각국은

(a) 사법공조를 금지하거나 비합리적인 또는 부당한 제한조건을 두어서는 안 된다.

(b) 사법공조 요청에 대해 시의적절하게 우선순위를 두고 이를 이행하기 위한 명확하고 효율적인 절차를 가지고 있어야 한다. 각국은 요청의 효과적인 전달 및 이행을 위하여 중앙당국 또는 기타 준비된 공식적 메커니즘을 사용하여야 한다. 해당 요청에 대한 진행상황을 모니터링하기 위하여 관리시스템(case management system)을 운용하여야 한다.

(c) 범죄행위가 재정문제(fiscal matters)와 관련 있는 것으로 사료된다는 이유 하나만으로 사법공조 요청을 거부하여서는 안 된다.

(d) 금융회사가 비밀 혹은 기밀유지의 법적 의무가 있다는 이유로 사법공조 요청을 거부하여서는 안 된다.

(e) 수사 또는 조사의 투명성(integrity)을 보호하기 위하여 의뢰받은 사법공조 요청과 해당 내용에 대한 기밀을 자국법의 근본적인 원칙에 의거하여 유지하여야 한다. 공조를 요청받은 국가가 기밀유지의무를 지킬 수 없는 경우, 공조를 요청한 국가에 이를 즉시 알려야 한다.

각국은 쌍방가벌성(dual criminality) 요건이 부재하더라도 공조 요청에 강압적 행위가 수반되어 있지 않다면 사법공조를 제공하여야 한다. 각국은 쌍방가벌성 요건이 부재한 경우에도 폭넓은 사법공조를 제공할 수 있도록 이러한 조치를 채택할 것을 고려하여야 한다. 사법공조를 위하여 쌍방가벌성이 요구되는 경우, 양국 모두 해당 범죄에 전제되는 행위를 불법화하고 있다면, 양국이 해당 범죄행위를 같은 유형의 범죄로 분류하는지 여부 및 해당 범죄행위를 동일한 용어로 지칭하는지 여부와 관계없이 사법공조를 위한 쌍방가벌성의 요건이 충족된 것으로 간주되어야 한다.

각국은 권고사항 31에서 규정한 권한과 수사기법 및 자국의 권한당국에 주어진 권한과 수사기법 중:

(a) 금융회사나 그 외의 개인·법인으로부터 정보, 문서 혹은 증거(재무기록 포함)의 제작(production), 수색과 압수와 관련된 모든 기법과

(b) 그 외의 다른 다수의 권한과 수사기법이 사법공조 요청에 따라 사용될 수 있도록 하고, 국내 체제와 일관성이 있다면 해외 사법당국 또는 법집행당국이 국내 관련기관(counterparts)에 직접 공조를 요청하는 경우에도 사용될 수 있어야 한다.

사법공조 요청에 따라 사용될 수 있도록 하고, 국내 체제와 일관성이 있다면 해외 사법당국 또는 법집행당국이 국내 관련기관(counterparts)에 직접 공조를 요청하는 경우에도 사용될 수 있어야 한다.

법 관할권의 충돌을 피하기 위하여, 2개 이상의 국가에서 기소대상이 되는 사건의 경우, 정의 실현(interests of justice)을 위하여 피고인을 기소하기 가장 적합한 국가를 결정하는 메커니즘을 기획하고 적용하는 방안을 검토하여야 한다. 각국은 사법공조 요청 시, 요청사항의 시의적절하고 효율적인 시행을 위하여 긴급 여부 등 완전한 사실 및 법률 정보를 제공할 최선의 노력을 하여야 하며, 신속한 수단으로 요청사항을 전달하여야 한다.

각국은 요청을 하기 이전에 사법공조를 받기 위한 법적 및 형식적 절차를 파악하는 최선의 노력을 하여야 한다. 사법공조를 담당하는 당국(예 중앙당국)은 적절한 재정적 자원 및 인적, 기술적 자원을 제공받아야 한다. 각국은 당국 임직원들이 비밀보장 등과 같은 높은 전문성을 유지하고, 높은 성실도(integrity)와 업무수행 능력을 갖출 수 있게 관련 절차를 마련하여야 한다.

【권고 38. 국제사법공조: 동결과 몰수】

각국은 세탁된 재산, 자금세탁·전제범죄 및 테러자금조달의 수익, 이러한 범죄행위에 사용되었거나 사용될 의도가 있는 수단, 또는 이에 상응하는 가치의 재산에 대하여 외국으로부터 확인, 동결, 압수 및 몰수 요청이 있는 경우, 이에 대하여 신속한 대응을 취할 수 있는 권한을 가지고 있어야 한다.

또한, 자국법의 기본원칙과 일관되지 않는 경우를 제외하고 기소전몰수(non-conviction based confiscation) 기반의 소송절차와 관련 잠정조치를 기반으로 한 요청 등에도 대응할 수 있어야 한다. 각국은 또한 이러한 재산, 수단 혹은 이에 상응하는

가치의 재산을 관리하는 효과적인 메커니즘을 가지고 있어야 하고, 몰수된 재산을 상호 배분하는 문제(sharing of confiscated assets)를 포함한 압수 및 몰수 소송절차를 관리하는 방식(arrangements for coordinating seizure and confiscation proceedings)도 마련하여야 한다.

【권고 39. 범죄인 송환】

각국은 자금세탁 및 테러자금조달 관련 범죄인 송환 요청을 과도한 지체(undue delay) 없이 건설적이고 효과적으로 이행하여야 한다.

각국은 또한 테러리즘, 테러행위나 테러단체에 대한 자금조달 혐의를 받은 개인에게 피난처를 제공하지 않도록 가능한 모든 조치를 취하여야 한다. 특히, 각국은:

(a) 자금세탁 및 테러자금조달을 범죄인 송환이 가능한 범죄로 규정하여야 한다.
(b) 필요시 범죄인 송환 요청을 우선순위로 하는 것을 포함, 이를 시의적절하게 이행하기 위한 명확하고 효율적인 절차를 두어야 한다. 해당 요청 처리 진행을 모니터링하기 위한 관리시스템(case management system)을 운용해야 한다.
(c) 요청 이행에 비합리적이거나 부당한 제한조건을 두어서는 안 된다.
(d) 범죄인 송환을 위한 적합한 법률체제를 두어야 한다.

각국은 자국민을 송환하여야 한다. 국적만을 근거로 범죄인 송환을 하지 않는 국가의 경우, 타국의 범죄인 송환요청을 받은 후 요청사항에 명시된 범죄를 기소하는 목적으로 해당 사건을 자국의 권한당국에 송치하여야 한다. 권한당국은 자국법상으로 중죄(offence of a serious nature)를 처리하는 방식과 마찬가지로 해당 범죄에 대한 판결과 사법절차를 행하여야 한다. 관련 국가들은 기소절차의 효율성을 위하여 절차와 증거 측면에서 특히 서로 협력하여야 한다.

범죄인 송환을 위하여 쌍방가벌성이 요구되는 경우, 양국 모두 해당 범죄에 전제되는 행위를 불법화하고 있다면, 양국이 해당 범죄행위를 같은 유형의 범죄로 분류하는지 여부 및 해당 범죄행위를 동일한 용어로 지칭하는지 여부와 관계없이 사법공조를 위한 쌍방가벌성의 요건이 충족된 것으로 간주되어야 한다.

각국은 자국법의 기본원칙과 일관되도록 해당 당국(appropriate authorities) 간 긴급인도구속(provisional arrests) 요청서 직접 전달 허용, 오직 구속영장 혹은 재판에 의한 범죄인 송환, 공식 범죄인 송환절차 포기에 동의한 개인에게 간소화된 범죄인 송환절차 적용 등 간소화된 범죄인 송환절차를 마련하여야 한다.

범죄인 인도의 책임을 지고 있는 당국은 적절한 재정적인 지원, 인적 및 기술적 재원을 제공받아야 한다. 각국은 관련 당국 임직원들이 비밀보장 등과 같은 높은 전문성을 유지하고, 높은 성실도(integrity)와 업무능력을 갖추기 위한 관련 절차를 마련하여야 한다.

【권고 40. 기타 국제협력】

각국은 자국의 권한당국이 자금세탁 및 관련(associated) 전제범죄, 테러자금조달과 관련된 폭넓은 국제협력을 신속하고, 건설적이며 효과적으로 제공할 수 있도록 하여야 한다. 각국은 이를 자발적(spontaneously)으로 또는 상대의 요청에 의하여 행하여야 하고, 국제협력을 제공하는 데 법적 근거가 있어야 한다.

각국은 권한당국이 국제협력을 위하여 가장 효율적인 수단을 사용하도록 권한을 부여하여야 한다. 권한당국이 양해각서와 같은 양자간 혹은 다자간 협정(들)이 필요할 경우, 이는 가장 넓은 범위의 외국 해당기관(foreign counterparts)들과 시의적절하게 협의되어야 하고 서명되어야 한다.

권한당국은 정보 혹은 기타 지원방법의 요청을 효과적으로 전달하고 이행하기 위하여 명확한 통로나 메커니즘을 사용하여야 한다. 권한당국은 공조 요청의 우선순위를 정하여 시의적절하게 이행할 수 있고, 받은 정보를 보호할 수 있는 명확하고 효율적인 절차를 가지고 있어야 한다.

다. FATF 평가방법론

FATF는 제4차 라운드 상호평가(2012년)에서 각 권고사항의 기술적 이행을 평가하는 동시에 AML/CFT 이행 체계에 있어서 효과성(whether, how)을 평가하는 상호 보충적 접근방법을 채택하였다. 동 상호보충적 평가는 기술적 평가(technical compliance assessment, 이하 TC)와 효과성/즉시이행 평가(effectiveness assessment 또는 immediate outcome assessment, 이하 IO)로 나누어진다.

(가) 기술적 평가(이하 TC) 평가 요소 : FATF 40 권고사항

주로 국가의 관계법률과 제도적 시스템, 권한 당국자들의 권한(Powers)과 절차들(Procedures)과 관련된다. 평가방법론의 기술적 이행요소는 FATF 권고사항들의 구체적 요구사항들의 이행조치들(법률과 강제수단의 체계, 권한당국의 존재, 권한과 그 행사 절차 등)을 말한다.

평가방법론의 기술적 이행 요소들은 각 권고사항의 구체적인 요구사항들에 대하여 기준들의 목록으로 보여주고 있다. 그 기준들은 권고사항들의 의무 요소들을 완전하게 이행함을 나타내기 위해서는 반드시 갖춰야 하는 요소들이다.

금융기관 및 특정 비금융 사업자 및 전문직, 가상자산사업자(Virtual Asset Services Providers)에 대한 주요 기술적 평가방법론에 대한 예시(고객확인의무, 내부통제, 의심거래보고, FIU)는 다음과 같다. (다음의 예시는 원문의 번호를 그대로 준용)

고객확인의무 (FATF 권고사항 10) 주석 및 평가방법론

(주석 – Interpretive note)

A. 고객확인제도와 정보누설

1. 금융기관은 고객과의 거래관계 수립, 그 과정 또는 일회성 거래 시, 자금세탁 또는 테러자금조달의 우려가 있다고 의심되는 경우, 다음 사항을 이행해야 한다.

(a) 통상, 계속적 거래 또는 일회성 거래를 불문하고, 다른 예외조항이나 기준금액에 관계없이, 고객 및 실제소유자의 신원을 확인하고 검증해야 한다.
(b) 권고사항 20에 따라 FIU에 의심거래보고(STR)를 한다.

2. 권고사항 21은 금융기관, 이사, 직원이 금융정보가 FIU에 보고된다는 사실을 해당 고객에게 누설하는 것을 금지하고 있다. 금융기관이 고객확인(CDD)을 하는 과정에서 고객이 무심코 이에 대한 정보를 전해 듣게 될 위험이 있다. 의심스러운 거래 사례로 보고되거나 수사대상이 될 수 있다는 사실을 고객이 알게 되는 경우 자금세탁 또는 테러자금지원 수사에 차질을 빚을 소지가 있다.

3. 이에 따라 금융기관은 자금세탁 또는 테러자금조달과 관련된 거래로 의심되는 경우, 고객확인 단계에서 발생할 수 있는 의심거래보고 사실 누설의 위험성을 고려해야 한다. 고객확인 과정에서 고객 또는 잠재적 고객에게 의심거래보고 사실이 누설될 것으로 판단될 경우에는 이 과정은 생략할 수 있으나 STR은 반드시 해야 한다. 각 금융기관은 고객확인 이행 시 직원들이 이러한 사항을 인식하고 이에 민감하게 대처할 수 있도록 해야 한다.

B. 고객확인 -고객을 대신하여 거래하는 자

4. 금융기관은 권고사항 10에 명시된 고객확인 이행과정에서 (a) 및 (b)항 이행 시, 고객을 대신하여 거래하는 자가 적법한 권한을 부여받은 것인지 검증하고, 그 자의 신원을 확인 · 검증하여야 한다.

C. 법인 및 신탁등 법률관계(legal arrangement)에 대한 고객확인

5. 법인 또는 신탁등 법률관계인 고객에 대하여 고객확인을 이행할 때, 금융기관은 고객의 신원을 확인 · 검증하고 거래의 성격과 소유권 및 지배구조를 이해해야 한다. 고객과 실제소유자의 확인 및 검증에 대해 (a)와 (b)항을 이행하도록 하는 것은 다음 두 가지 목적 때문이다. 첫째, 고객에 관한 충분한 이해로 법인과 신탁등 법률관계의 불법 이용을 방지하여 거래관계와 관련된 잠재적 자금세탁 및 테러자금조달 위험을 제대로 평가할 수 있게 하고; 둘째, 위험을 감소시키는 적절한 조치를 취하도록 하려는 것. 한 절차의 두 가지

측면으로서, 이러한 조건은 아마 자연스럽게 상호 작용하고 서로 보완할 것이다. 이러한 맥락에서 금융기관은 아래 사항을 이행하여야 한다:

(a) 고객의 신원을 확인하고 이를 검증한다. 이러한 기능을 수행하는 데 통상적으로 필요한 정보의 유형은 다음과 같다:

(i) 명칭, 법률적 형태 및 설립 증명 - 예를 들어, 고객의 명칭, 형태 및 설립을 증명하는 법인등록증, 자산증명서, 동업계약서, 신탁증서, 그 외 신뢰성 있는 공식 문서를 통한 검증

(ii) 법인 및 신탁등 법률관계를 규율하고 통제하는 권한(예 회사 정관 또는 설립계약서) 및 법인 또는 신탁등 법률관계의 상위직급자 성명(예 회사 전무, 신탁 관리자)

(iii) 등록된 회사 주소 및, 주소가 다를 경우, 주 사업장의 주소

(b) 아래 정보를 통해 고객의 실제소유자를 확인하고 그 신원을 검증할 수 있는 합리적 조치를 취한다:

(i) 법인의 경우:

(i.i) 법인에 대한 최종적으로 지배지분을 보유한 자연인의 신원 (그러한 자가 있을 경우에 적용됨 - 소유구조는 매우 다양하기 때문에 법인 또는 신탁등 법률관계 소유권을 통해 지배권을 행사하는 자연인이 없을 수도 있음)

(i.ii) (i.i)항의 지배 지분 보유자가 실제소유자임이 의심되는 경우, 또는 소유권으로 지배력을 행사하는 자연인이 없는 경우, 법인 및 신탁등 법률관계에 대해 지배권을 다른 수단을 통해 행사하는 자연인의 신원. (i.iii) 전 (i.i) 또는 (i.ii) 항에서 확인된 자연인이 없는 경우, 금융기관은 상위직급자의 신원을 확인하고 합리적 조치를 통해 검증하여야 한다.

(ii) 신탁등 법률관계의 경우:

(ii.i) 신탁 - 위탁자, 수탁자, 보호자 (해당 사항이 있는 경우), 수익자 또는

종류별 수익자 집단, (순환구조를 통한 지배권/소유권을 포함하여) 신탁에 대해 최종적으로 실질적 지배권을 행사하는 기타 자연인의 신원

(ii.ii) 기타 형태의 법률관계 – 상기와 동등하거나 유사한 직책에 있는 자의 신원

고객 또는 지배지분의 소유주가 증권거래소에 상장된 법인이고 (증권거래소 규정 또는 법령에 의해서든) 실제소유자에 대해 적절한 투명성을 보장하는 공시 요건이 적용되는 경우, 또는 이러한 회사의 지배지분 보유 자회사인 경우, 주주 및 실제소유자의 신원을 확인 · 검증할 필요가 없다. 관련 신원확인 자료는 공공기록이나 고객, 기타 신뢰성 있는 자료로부터 얻을 수 있다.

D. 생명보험증권 수익자에 대한 고객확인

6. 생명보험 및 기타 투자 관련 보험업의 경우, 금융회사는 고객 및 실제소유자에 대한 고객확인 이행에 더해, 생명보험 및 기타 투자 관련 보험의 수익자(들)가(이) 확인/지정되자마자 아래 고객확인조치를 이행하여야 한다:

(a) 수익자가 특정 명칭의 자연인, 법인 또는 법률계약으로 확인된 경우 – 이름/명칭을 기록한다;

(b) 수익자가 어떠한 특성이나 유형(예 보험사건 발생 시 배우자 또는 자녀)으로 지정되거나 다른 방법에 의해 (예 유언장에 따라) 지정된 경우 – 금융기관이 수익자에 대한 정보를 충분히 취득하여 보험금 지불 시 수익자의 신원을 확인할 수 있도록 한다. (a)항 및/또는 (b)항에 의해 취합된 정보는 권고사항 11의 조항에 따라 기록 및 관리되어야 한다.

7. 위 6(a) 및 (b)에 언급된 모든 상황에서, 수익자의 신원 검증은 보험금 지불 시 이루어져야 한다.

8. 강화된 고객확인조치 적용 여부를 결정할 때, 금융기관은 생명보험 수익자를 관련 위험 요소로 포함시켜야 한다. 만약 금융기관이 법인 또는 법률관계 형태의 수익자를 고위험으로 판단하는 경우, 강화된 고객확인조치는 보험금 지불 시 수익자의 실제소유자를 식별하고 그 신원을 확인하는 합리적인 조치를 포함해야 한다.

9. 금융기관은 위 6~8을 이행할 수 없는 경우, 의심거래보고를 고려하여야 한다.

E. 기존에 수행한 확인 및 검증에 대한 신뢰

10. 권고사항 10에서 규정한 고객확인은 금융기관이 매 거래 시마다 반복적으로 고객의 신원을 확인하고 검증할 것을 필요로 하지 않는다. 이미 행해진 확인 및 검증조치에서 얻어진 정보의 진위를 의심하지 않는 한, 금융기관은 기존 고객확인을 신뢰할 수 있다. 예를 들어, 고객과 관련된 자금세탁 의혹이 있거나 고객의 사업방식과 일치하지 않는 계좌운용방식의 중대한 변화가 발생한 경우 등에는 금융기관이 정보의 신뢰성을 의심할 수 있다.

F. 검증 시기

11. 정상적인 영업활동을 방해하지 않기 위해 고객 검증을 거래관계 수립 이후에 시행할 수 있는 상황으로는 (위 생명보험 수익자에 관해 언급된 상황에 더하여) 다음과 같은 예를 들 수 있다:

- 비대면 거래
- 증권 거래. 증권업의 경우 증권회사 및 증권중개소는 고객과 접촉할 당시 및 고객 신원확인 작업이 완료되기 전 주식시장 상황에 따라 거래를 매우 빠르게 처리해야 하는 경우

12. 또한, 금융기관은 고객의 신원검증 이전에 거래관계를 활용할 수 있는 상황에 대한 위험관리절차를 도입하여야 할 것이다. 이러한 관리절차로서 거래 횟수, 유형 및/또는 액수에 대한 제한과 통상적인 기준에서 벗어나는 거액 또는 복잡한 거래에 대한 모니터링 등이 포함되어야 한다.

G. 기존 고객

13. 금융회사는 중요성과 위험도에 근거하여 기존 고객(법령시행 전의 기존 고객을 의미)에 대한 고객확인조치를 적용하여야 하고, 고객확인 이행시기 및 획득된 정보의 적합성/타당성을 고려하여 기존 거래관계에 대해서도 고객확인을 적절한 시기에 수행하여야 한다.

H. 위험 기반 접근법

14. 다음의 예시들은 FATF 기준상 의무사항은 아니며, 지침제공 목적으로 제시된 것이다. 이러한 예들은 유용한 지침에 해당하지만 모든 것을 포괄하는 것은 아니며 모든 상황에 적절한 것도 아니다.

I. 고위험

15. 자금세탁 및 테러자금조달의 위험이 높아 강화된 고객확인을 이행해야 하는 경우가 있다. 고객 유형, 국가 및 지리적 위치, 특정 재화, 서비스, 거래 및 전달채널과 관련하여 자금세탁 및 테러자금조달 위험성을 측정할 때 잠재적 고위험 상황은 (권고사항 12 내지 16에 나열된 상황에 더하여) 아래와 같다.

(a) 고객 위험 요소

- (금융기관과 고객 간의 지리적 거리가 설명할 수 없게 먼 경우 등) 일반적이지 않은 상황에서 거래관계가 이루어지는 경우
- 고객이 비거주자인 경우
- 법인 및 신탁등 법률관계가 개인 자산보전 수단인 경우
- 명의주주(nominee shareholders) 또는 무기명 주식(shares in bearer form)을 보유한 회사인 경우
- 현금흐름이 많은 사업
- 회사사업의 특성에 비추어 볼 때 회사 지배구조가 비정상적이거나 지나치게 복잡한 경우

(b) 국가 또는 지리적 위험 요소

- FATF 상호평가, 상세평가보고서 또는 발표된 후속조치이행보고서 등 신뢰성 있는 출처에 의해 적절한 AML/CFT 시스템을 갖추지 않은 것으로 확인된 국가
- 예를 들어, UN에 의해 제재조치, 통상금지 및 기타 유사한 제재를 받은 국가
- 신뢰성 있는 출처에 의해 중대한 수준의 부패 또는 기타 범죄행위가 있는 것으로 확인된 국가
- 신뢰성 있는 출처에 의해 테러행위에 대한 자금조달 및 지원을 제공하거나 지정된 테러 조직이 활동 중인 것으로 확인된 국가 및 지역

(c) 상품, 서비스, 거래 또는 전달 채널 관련 위험 요소

- 프라이빗 뱅킹 (PB)
- 익명 거래 (현금거래가 포함될 수 있음)
- 비대면 사업 관계 또는 거래
- 모르거나 연관성 없는 제3자로부터의 지급

J. 저위험

16. 자금세탁 및 테러자금조달 위험성이 낮은 상황이 있다. 이 경우 각국은, 적절한 위험 분석이 이행되었다는 전제하에, 금융기관이 간소화된 고객확인을 이행하도록 허용하는 것이 타당할 수 있다.

17. 고객유형, 국가 및 지리적 위치, 특정 상품, 서비스, 거래 및 전달 채널과 관련하여 자금세탁 및 테러자금조달 위험성을 측정할 때 잠재적 저위험 상황은 아래와 같다.

(a) 고객 위험 요소

(a) 고객 위험 요소

- 금융회사 및 DNFBP - FATF 권고사항에 따라 자금세탁 및 테러자금조달 방지 의무가 있는 경우, 효과적으로 그러한 의무를 이행해왔으며 의무 이행을 위해 권고사항에 따라 효과적인 감독 및 점검을 받고 있는 경우
- 증권거래소에 등록되어 있으며 실제소유자에 관하여 적절한 투명성을 유지할 공시의무가 있는 상장기업
- 공공기관 및 공기업

(b) 재화, 서비스, 전달 채널 관련 위험 요소:

- 연간 보험료 납부액이 미화/유로화 1,000 이하이거나 1회 납부액이 미화/유로화 2,500 이하인 생명보험
- 해약조항이 없고 보험 증권이 담보로 사용될 수 없는 조건의 연금보험
- 피고용자에게 퇴직금을 지급하는 연금, 퇴직연금 또는 유사한 보험계약으로서, 보험료는 급여에서 공제되는 방식으로 지불되며 보험 약관상 이익의 양도를 허용하지 않는 경우
- 특정 제한이 있는 금융상품 및 서비스를 특정 유형의 고객에게 제공하여 금융소외자 포용 목적으로 접근성을 높이는 경우

(c) 국가 위험 요소

- 상호평가나 상세평가보고서 등 신뢰성 있는 출처에 의해 효과적인 AML/CFT 시스템을 갖춘 것으로 확인된 국가
- 신뢰성 있는 출처에 의해 부패 및 기타 범죄활동이 낮은 것으로 확인된 국가

국가 및 금융회사는 위험평가 시 동일 국가 내 지역 간의 자금세탁 및 테러자금조달 위험 변수들을 적절히 고려할 수 있다.

18. 신원 확인 · 검증 목적상 자금세탁 및 테러자금조달 위험이 낮다고 하여 그 고객과 관련한 모든 유형의 고객확인 조치에서, 특히 지속적인 거래 모니터링과 같은 경우 자동적으로 저위험이 되는 것은 아니다.

K. 위험 변수들

19. 자금세탁 또는 테러자금조달의 위험성을 평가함에 있어 금융회사는 고객, 국가, 상품 및 서비스, 거래 및 전달채널 위험성 등과 관련한 변수를 고려하여야 하며, 이러한 변수들은 단독으로 혹은 복합적으로 작용하여 잠재적 위험성을 증가 또는 감소시키며 결과적으로 고객확인조치 수준에 영향을 미친다.

변수들의 예

- 거래 또는 거래관계의 목적
- 고객이 예치하는 자산의 규모 또는 거래규모
- 거래관계의 주기 또는 지속기간

L. 강화된 고객확인조치들

20. 금융회사는 경제적 또는 법적 목적이 명백하지 않은 복잡하고 비정상적으로 규모가 큰 거래와 비정상적 패턴을 가진 거래에 대해 합리적으로 가능한 범위까지 그 거래의 배경과 목적을 조사하여야 한다. 금융회사는 자금세탁 및 테러자금조달 위험도가 높은 경우, 확인된 위험의 정도에 따라 강화된 고객확인조치를 이행하여야 한다. 특히, 이러한 거래 및 행위가 비정상적이거나 의심스러운 것으로 보이는지 여부를 판단하기 위해 거래관계에 대한 점검 수준을 높여야 한다. 고위험 거래관계에 적용될 수 있는 강화된 고객확인조치에는 다음 사항을 포함한다:

- 고객에 대해 추가적 정보(예 직업, 자산규모, 인터넷이나 공공기록물을 통해 확인 가능한 정보 등)를 취득하고, 고객과 실제소유자에 대한 신원확인 정보를 좀 더 정기적으로 갱신
- 사업관계의 목적에 관한 정보 취득
- 고객의 자금 원천 및 자산출처에 관한 정보 취득
- 미래 또는 과거 거래의 목적에 관한 정보 취득
- 사업관계를 시작하고 지속하기 위한 고위경영진의 승인 취득
- 통제장치를 증대함으로써 사업관계에 대한 점검을 강화하고, 추가적 조사가 필요한 거래 패턴을 선택
- 유사한 고객확인 기준을 시행하는 은행에 개설된 고객계좌에서 최초 지급이 이루어지도록 함

M. 간소화된 고객확인조치

21. 금융회사는 자금세탁 또는 테러자금조달 위험이 낮은 경우 간소화된 고객확인을 할 수 있으며, 이때 저위험의 특성을 고려하여야 한다. 간소화된 조치는 낮은 위험 요소에 비례하여야 한다(예 간소화된 조치는 고객수용조치 또는 지속적인 모니터링에 대해서만 적용될 수 있다). 가능한 조치의 예는 아래와 같다:

- 거래관계 설립 후 고객과 실제소유자의 신원을 확인하고 검증(예, 계좌의 거래가 사전 지정한 현금거래한도 이상으로 올라가는 경우)
- 고객 신원정보 갱신 주기를 축소
- 합리적인 금액 한도에 근거하여 지속적 점검 및 거래의 상세 검토의 정도를 완화
- 거래관계의 목적 및 특성을 이해하기 위해 특정 정보를 수집하거나 특별조치를 이행하지 않고 이미 이루어진 거래 유형 또는 거래관계로부터 목적 및 성격을 추론

자금세탁 또는 테러자금 의심이 있거나 특별한 고위험 시나리오가 적용되는 상황에서는 간소화된 고객확인조치가 적용될 수 없다.

N. 금액한도

22. 권고사항 10에 근거한 일회성 거래금액의 한도는 미화/유로화 15,000이다. 지정된 금액한도 이상인 금융거래는 일회성 거래 또는 연결 거래금액을 포함한다.

O. 지속적인 고객확인

23. 금융기관은 고객확인 과정에서 수집된 자료, 데이터, 정보를 현존하는 기록에 대한 검토를 통해 갱신하고 관련성을 유지하도록 관리하여야 한다. 특히 고위험 고객에 대해서는 더욱 그러해야 한다.

[평가방법론 – Methodology]

10.1 금융회사는 익명 또는 가명계좌를 개설하여서는 안 된다.

CDD 조치가 필요한 경우

10.2 금융회사는 다음의 경우에 CDD 조치를 수행해야 한다:

(a) 거래관계(business relations) 수립;
(b) 기준금액(USD/EUR 15,000) 이상의 일회성 거래 발생(연결거래 포함);
(c) R.16 및 관련 주석서가 규정하는 전신송금 형태로 이루어지는 일회성 거래;
(d) ML/TF가 의심되는 경우. 이 경우에는 FATF 권고사항에서 허용하는 예외·한도(threshold) 등이 적용되지 않음;
(e) 기존 CDD정보의 진위나 타당성이 의심되는 경우

모든 고객에 적용되는 일반적인 CDD 조치

10.3 금융회사는 고객(영구적인지 일회적인지 여부, 자연인인지 법인·법률관계 형태인지 여부와 상관없이)의 신원을 파악하고, 신뢰성 있고 독립적인 문서, 데이터 또는 정보를 이용하여 이를 검증하여야 한다.

10.4 금융회사는 고객을 대리하여 행위하는 자가 권한을 부여받았는지를 검증하고, 동 대리인의 신원을 확인하고 검증해야 한다.

10.5 금융회사는 실제소유자*가 누구인지 알 수 있도록, 신뢰성 있는 출처로부터 입수한 정보를 이용하여 실제소유자의 신원을 파악하고 이를 검증하기 위한 합리적인 조치를 취하여야 한다.

* 실제소유자 개념 : FATF 권고사항의 '실제소유자'란, 다음의 방법으로 법인에 대한 궁극적인 통제력을 행사하는 자를 의미:
  (i) 법인에 대한 통제력 있는 지분(예컨대, 25%)을 보유;
  (ii) (i)에 해당하는 자가 없다면, 다른 방법으로 통제력 행사;
  (iii) (i), (ii)에 해당하는 자가 없다면, 고위 임원

10.6 금융회사는 거래관계의 목적 및 성격을 이해하고, 필요시 이에 대한 정보를 확보해야 한다.

10.7 금융회사는 거래관계에 대한 지속적인 고객확인을 수행해야 한다. 이때, 다음의 절차를 따라야 한다:

(a) 거래관계가 유지되는 동안 발생한 거래들이 금융회사가 해당 고객에 대해 확보한 정보, 사업내용 및 리스크 특성, 필요시 자금출처 등에 비추어 합당한지를 면밀히 검토;
(b) 특히, 고위험 고객 관련 기존 기록을 검토하여, CDD 조치를 통해 수집한 문서·데이터·정보가 최신 상태로 유지되며 유용한지 여부를 확인

법인·법률관계에 적용되는 특별한 CDD 조치

10.8 법인 또는 법률관계 형태의 고객에 대해서 금융회사는 고객의 사업 성격, 지배·통제구조를 이해해야 한다.

10.9 법인 또는 법률관계 형태의 고객에 대해 금융회사는 다음 정보를 통해 고객의 신원을 확인·검증해야 한다:

(a) 상호, 법적형태 및 설립증명;
(b) 법인·법률관계의 고위 임원 명단 등 해당 법인·법률관계를 규율하는 권한 관련 자료;
(c) 등록된 사무소의 주소, 등록된 사무소 주소와 주된 영업소재지가 상이할 경우 주된 영업소재지

10.10 법인 형태의 고객에 대해 금융회사는 다음 정보를 통해 실제소유자 신원을 확인·검증하기 위한 합리적인 조치를 취해야 한다:

(a) 해당 사항이 있는 경우, 법인의 최종적인 지배지분을 가진 자연인의 신원;
(b) 해당 사항이 있는 경우, 지배지분을 가진 자가 실제소유자인지 여부가 의심스럽거나, 지분을 통해 지배력을 행사하는 개인이 존재하지 않는 경우, 해당 법인·법률관계에 대해 다른 방식을 통해 지배력을 행사하는 자연인의 신원;
(c) (a) 또는 (b)에 해당하는 자연인이 존재하지 않을 경우, 고위 경영진의 직책에 있는 자연인

10.11 법률관계 형태의 고객에 대해서, 금융회사는 다음 정보를 통해 실제소유자 신원을 확인·검증하기 위한 합리적인 조치를 취하여야 한다:

(a) 신탁의 경우, 위탁자, 수탁자, 보호자(해당 사항이 있는 경우에 한함), 수익자 또는 종류별 수익자 집단 및 기타 신탁에 대해 실질적이고 최종적인 지배력을 행사하는 자연인(다층적인 지배구조를 통해 지배력을 행사하는 경우 포함);
(b) 기타 형태의 법률관계의 경우, 상기와 동등하거나 유사한 직책에 있는 자의 신원

생명보험 수익자에 대한 CDD

10.12 생명보험 및 기타 투자관련 보험계약의 수익자에 대해서는 해당 수익자가 파악·지정되는 즉시, 고객 및 실제소유자에 대한 CDD 절차와 함께 다음 절차를 진행해야 한다:

(a) 수익자가 특정 명칭의 자연인, 법인 또는 법률관계인 경우 해당 명칭을 기록;
(b) 수익자가 어떠한 특성이나 유형(예 배우자, 자녀) 또는 기타 수단(예 유언)에 의해 지정된 경우, 금융회사가 보험금 지급 시에 수익자의 신원을 파악할 수 있도록 충분한 정보 수집;
(c) 상기 어느 경우라도, 수익자의 신원에 대한 검증은 보험금 지급 시 이루어질 것

10.13 금융회사는 강화된 CDD 적용 여부를 결정할 때, 생명보험 수익자를 관련 위험 요소로 포함해야 한다. 만약 금융회사가 법인 또는 법률관계 형태의 수익자가 고위험이라고 판단할 경우, 해당 금융회사는 보험금 지급 시 수익자의 실제소유자를 확인·검증하기 위한 합리적인 조치를 포함한 강화된 CDD 조치를 수행해야 한다.

검증시점

10.14 금융회사는 거래관계를 수립하거나 거래관계 중 또는 일회성 거래를 수행하기 이전에 고객 및 실제소유자의 신원을 검증하여야 한다. 한편, 다음 요건을 충족시키는 경우에 한해, 거래관계 수립 이후 고객 및 실제소유자의 신원을 검증할 수 있다.

(a) 합리적으로 CDD 조치 실행이 가능해진 직후;
(b) 정상적인 영업활동을 방해하지 않기 위해 불가피한 경우;
(c) ML/TF 위험이 효과적으로 관리되는 경우

10.15 금융회사는 신원 검증 이전에 고객과 거래관계를 수립할 수 있는 상황에 대비한 리스크 관리질차를 도입해아 한다.

기존 고객

10.16 금융회사는 중요성과 리스크를 고려하여 기존 고객에 대한 CDD 절차를 수행해야 한다. 해당 고객에 대한 CDD 적용 여부 및 적용 시기, 당시 수집된 정보의 적합성 여부 등을 고려하여 적절한 시기에 CDD를 수행해야 한다.

위험기반 접근

10.17 금융회사는 ML/TF 리스크가 높은 경우 강화된 CDD를 수행해야 한다.

10.18 금융회사는 해당 금융회사 또는 국가에서 실시한 적절한 위험평가 결과 위험이 낮은 것으로 나타난 경우에 한해서만 간소화된 CDD를 수행할 수 있다. 간소화된 CDD 조치는 낮은 리스크 요인과 비례해야 하지만, ML/TF가 의심되거나 특정 고위험 시나리오가 적용되는 경우에는 간소화된 CDD 조치를 수행해서는 안 된다.

CDD 조치에 실패한 경우

10.19 금융회사가 CDD 조치를 수행하지 못할 경우, 다음 조치를 취해야 한다:

(a) 계좌 신설, 거래관계 수립 또는 거래 수행 등을 금지하거나, 거래관계 종료;
(b) 해당 고객에 대한 STR 여부 검토

CDD와 누설금지

10.20 금융회사는 ML/TF가 의심되고, CDD 조치를 수행할 경우 고객정보가 감독당국에 보고된다는 사실이 고객에게 누설될 것으로 합리적으로 판단되는 경우, CDD 조치를 수행하지 않고 STR을 진행해야 한다.

내부통제 (FATF 권고사항 18) 주석 및 평가방법론

(주석 – Interpretive note)

금융회사는 자금세탁 및 테러자금조달을 방지할 수 있는 프로그램을 이행할 의무가 있다. 금융그룹은 그룹 차원의 자금세탁 및 테러자금조달 방지를 위한 프로그램을 이행할 의무가 있다. 이 프로그램에는 AML/CFT 목적을 위한 그룹 내 정보 공유정책 및 절차가 포함되어야 한다.

금융회사는 FATF 권고사항을 이행하기 위하여 본국에서 이행되고 있는 AML/CFT 조치와 일관된 조치를 금융그룹의 자금세탁 및 테러자금조달 방지 프로그램을 통해 해외 지점과 지배지분 보유 자회사에 적용할 의무가 있다.

1. 금융기관의 자금세탁 및 테러자금조달 방지 프로그램은 다음을 포함하여야 한다:

(a) 적절한 준법 관리체계를 비롯한 내부 정책, 절차와 통제장치 개발 및 직원 채용 시 높은 수준을 확보하기 위한 적합한 선별 절차
(b) 지속적인 직원 교육 프로그램; 그리고
(c) 내부통제 이행체계(system)를 테스트하기 위한 독립적 감사 기능.

2. 조치의 규모 및 수준은 자금세탁 및 테러자금조달 위험도와 사업규모에 적합해야 한다.

3. 준법 관리체계에는 경영진급 준법감시인(compliance officer) 임명을 포함해야 한다.

4. 금융그룹의 자금세탁 및 테러자금조달 방지 프로그램은 해당 금융그룹의 모든 지점과 지배 지분 보유 자회사에 적용되어야 한다. 해당 프로그램은 위 (a)-(c) 조치를 포함해야 하며 지점 및 지배 지분 보유 자회사의 업무에 적합해야 한다. 이러한 프로그램은 지점 및 지배 지분 보유 자회사 수준에서 효과적으로 이행되어야 한다. 이 프로그램은 고객확인과 자금세탁 및 테러자금조달의 위험 관리를 위한 정보공유 정책과 절차를 포함하여야 한다. AML/CFT의 목적을 위해 필요한 경우 그룹 차원의 법규 준수, 감사 및/혹은 AML/CFT를 위해 지점과 자회사로부터 고객, 계좌, 거래정보도 제공되어야 한다. 공유정보의 비밀보장 및 교환된 정보 이용에 대한 적절한 보호 장치가 마련되어야 한다.

5. 해외 사업장의 경우, 현지 국가의 AML/CFT 최소요건이 본사 국가보다 덜 엄격할 시, 금융기관은 현지 국가에 있는 지점 및 지배 지분 보유 자회사가 현지 국가의 법과 규정의 허용범위 내에서 본사 국가의 요건을 이행하도록 해야 한다. 현지 국가가 위 조치의 제대로 된 이행을 허용치 않을 경우, 금융그룹은 자금세탁 및 테러자금조달 위험을 관리하기 위한 적절한 추가적 조치를 적용하고 본사 국가 감독기관에게 알려야 한다. 추가적 조치가 충분하지 않을 경우, 본사 국가의 감독당국은 금융그룹에게 현지 국가에서의 영업 정지 요구와 금융그룹에 대한 추가적 통제를 포함한 추가적 감독행위를 적정하게 고려해야 한다.

[평가방법론 – Methodology]

내부통제와 해외지점 및 자회사

18.1 금융회사는 ML/TF 위험, 영업규모 및 다음의 내부정책·절차·통제 등을 고려한 ML/TF 대응 프로그램을 이행해야 한다.

(a) 준법감시체계 (준법감시인에 경영진급 임직원을 임명하는 것 포함)
(b) 직원 채용 시의 적절한 스크리닝 절차
(c) 지속적인 직원 교육 프로그램
(d) 내부통제 체계(system) 시스템 점검을 위한 독립적 감사활동

18.2 금융그룹은 ML/TF에 대비한 프로그램을 전 그룹 차원에서 이행해야 하는데, 위 프로그램은 모든 지점 및 지배지분 보유 자회사에도 적절하게 적용될 수 있는 것이어야 한다. 또한 위 프로그램에는 18.1에 따른 조치 및 다음 내용이 포함되어야 한다:

(a) CDD 및 ML/TF 위험관리를 위해 필요한 정보 공유를 위한 정책 및 절차;
(b) AML/CFT 목적을 위해 필요한 경우, 지점 및 자회사가 수집한 고객·계좌·거래 관련 정보를 그룹준법감시부서, 감사부서, AML/CFT부서 등에 제공;
(c) 비밀유지 및 교환된 정보의 사용에 대한 적절한 보안장치

18.3 금융회사등은 본사에서 이행하고 있는 AML/CFT 조치와 일관된 조치를 해외지점과 지배지분 보유 자회사에 적용해야 한다. 해외지점과 자회사에 적용되는 현지 AML/CFT 법령이 국내법령보다 높지 않은 경우, 현지법이 허용하는 한도에서 보다 높은 기준을 적용하여야 한다.

현지국가의 AML/CFT 기준이 본국의 기준을 충족하지 못하는 경우, 금융그룹은 ML/TF 위험을 관리할 수 있는 추가적인 조치를 취하고 본국 감독기관에 이를 통지해야 한다.

의심거래보고 (FATF 권고사항 20) 주석 및 평가방법론

(주석 – interpretive note)

금융회사는 자금이 범죄수익이거나 테러자금조달과 연관이 있다고 의심되는 경우 또는 의심할 만한 합당한 정황이 있는 경우, 법률에 따라 그 의심내용을 FIU에 보고할 의무가 있다.

1. 권고사항 20에서 언급하는 범죄활동이라 함은 자금세탁의 전제범죄를 구성하는 모든 범죄행위 또는, 최소한 권고사항 3에서 전제범죄로 구성하도록 의무화한 범죄를 말한다. 각국에게는 두 가지 방안 중 전자를 채택할 것을 강력하게 권고한다.

2. 권고사항 20에서 테러자금조달이라 함은, 특정 테러행위 또는 행위들과 연관되어 있지 않더라도, 테러행위를 위한 자금조달, 테러조직 또는 개별 테러리스트에 대한 자금조달을 말한다.

3. 미수거래를 포함하는 모든 의심거래는 금액에 관계없이 보고되어야 한다.

4. 보고 요건은 직접적인 법적 의무여야 하며, 자금세탁 또는 테러자금조달 혐의로 기소될 수 있다는 이유든 다른 이유든 간접적 또는 내재된 의무(이른바 “간접보고”)는 적절하지 않다.

(평가방법론 – Methodology)

의심거래보고

20.1 금융회사는 자금이 범죄활동이나 테러자금조달과 연관이 있다고 의심되거나 의심할 만한 합당한 정황이 있는 경우, 그 의심 내용을 즉시 FIU에 보고해야 한다.

20.2 금융회사는 모든 의심거래(미수 거래 포함)를 금액에 관계없이 보고하여야 한다.

FIU (FATF 권고사항 29) 주석 및 평가방법론

(주석 – interpretive note)

각국은 (a)의심스러운 거래보고와 (b)자금세탁, 이와 연루된 전제범죄와 테러자금조달과 관련된 기타 정보의 수집과 분석 그리고 분석된 정보의 제공을 담당하는 중앙행정기관으로 FIU를 설립하여야 한다. FIU는 보고기관으로부터 추가 정보를 취득할 수 있어야 하고 제반 기능을 제대로 수행하기 위하여 필요한 금융, 행정 및 법집행 정보에 시의적절하게 접근할 수 있어야 한다.

A. 개요

1. 본 주석은 FIU의 핵심 권한과 역할을 설명하며 국제기준에 포함된 의무를 명확하게 하고 있다. FIU는 한 국가의 AML/CFT 관리망의 일부이자 중심적 역할을 담당하며, 다른 권한 당국의 업무수행을 지원한다. 다양한 FIU 모델이 있음을 감안하여, 권고사항 29는 한 국가의 특정 모델 선택을 정하지 않으며 모든 모델에 동등하게 적용된다.

B. 역할

(a) 접수

2. FIU는 보고기관으로부터 보고(disclosures)를 받는 중앙기관 역할을 맡는다. 이러한 정보는 최소한 권고사항 20과 권고사항 23에 규정된 의심거래보고와

현지법에 규정된 기타 정보(예 고액현금거래보고, 전신송금 보고와 금액한도를 근거로 한 기타 신고/보고)를 포함하여야 한다.

(b) 분석

3. FIU 분석은 FIU가 수령하고 보유한 정보에 가치를 더해야 한다. 이러한 분석은 모든 정보를 고려하면서도, 보고받은 정보의 유형·분량과 제공 후 예상되는 이용목적에 따라, 각각의 보고정보 또는 적절히 선정된 정보에 초점을 맞추어야 한다. FIU가 정보를 더욱 효율적으로 처리하고 적절히 연결 짓기 위해 분석 소프트웨어를 사용하는 것이 장려되어야 한다. 하지만, 이런 도구는 사람의 판단을 필요로 하는 분석의 요소를 전부 대신할 수는 없다. FIU는 다음 유형의 분석을 실시하여야 한다.

· 기초 분석은 이용(입수) 가능하고 취득 가능한 정보를 이용하여 특정 대상을 식별하고(예 사람, 자산, 범죄 네트워크 및 조직), 특별한 활동 또는 거래를 추적하며, 대상과 범죄, 자금세탁, 전제범죄 또는 테러자금조달 범죄수익 간의 연결고리를 확인(determine)한다.

· 전략분석은 다른 권한당국이 제공한 자료를 포함하여 이용(입수) 가능하고 취득 가능한 정보를 이용하여 자금세탁 및 테러자금조달과 관련된 동향 및 패턴을 식별한다. 동 정보는 FIU나 다른 국가기관이 자금세탁 및 테러자금조달의 위협 및 취약성을 확인하는 데에 활용된다. 전략분석은 FIU, 또는 AML/CFT 제도 내의 다른 기관이 정책과 목표를 설정하는 데에 도움이 될 수 있다.

(c) 제공

4. FIU는 권한당국에게 정보 및 분석의 결과를 자발적으로 혹은 요청 시, 제공할 수 있어야 한다. 이러한 제공은 안전하고 보안이 확보된 전용 채널을 통해 이루어져야 한다.

· 자발적 제공: FIU는 자금세탁 또는 전제범죄, 테러자금조달을 의심할 만한 근거가 있는 경우에 권한당국에게 정보 및 분석결과를 제공할 수 있어야 한다. 제공되는

정보는 FIU의 분석을 토대로 엄선된 것이어야 하며 정보를 수령하는 당국이 관련된 사건/정보에 집중할 수 있도록 해야 한다.

· 요청에 의한 제공: FIU는 권고사항 31에 따라 권한당국의 정보 요청에 응할 수 있어야 한다. FIU가 권한당국으로부터 이러한 요청을 받을 시, 분석을 실행할 것인지 그리고/또는 요청 당국에 정보를 제공할 것인지 여부는 각 FIU가 결정한다.

C. 정보 접근

(a) 보고기관으로부터 추가 정보 취득

5. FIU는 필요에 따라 보고기관들이 FIU에 보고하는 정보 외에도 보고기관으로부터 추가적인 정보를 획득하고 사용할 수 있어야 한다. FIU가 취득할 수 있어야 하는 정보는 보고기관이 FATF 권고사항(10, 11 및 22)에 따라 관리할 의무가 있는 정보를 포함한다.

(b) 기타 출처 정보에 대한 접근

6. FIU는 분석 기능을 제대로 수행하기 위해서 최대한 폭넓은 금융, 행정 및 법집행 관련 정보에 접근할 수 있어야 한다. 이러한 정보는 공개/공공의 정보, 기타 당국이 또는 당국을 대신하여 수집하거나 유지한 정보, 적절한 경우 상업용 자료 등을 포함한다.

D. 정보 보안 및 비밀

7. FIU가 수령, 처리, 보유, 제공하는 정보는 안전하게 보호되고 합의된 절차·정책·적용되는 법률 및 규정에 따라서만 교환되고 이용되어야 한다. 따라서, FIU는 이러한 정보들에 대한 접근은 물론 처리·보관·제공·보호 절차를 포함하여 정보의 보안 및 비밀에 대한 규정을 구비하여야 한다. FIU는 직원들이 필요한 등급의 기밀취급 허가를 취득하고 민감정보·기밀정보의 처리·제공에 따른 책임을 이해하도록 해야 한다. FIU는 IT시스템을 포함하여 시설 및 정보에 대한 접근통제를 관리해야 한다

E. 운영 독립성

8. FIU는 운영상 독립적이고 자율적이어야 한다. 즉, FIU는 특정 정보의 분석, 요청 또는 제공 결정에 대한 재량권을 포함한 FIU의 업무를 자유롭게 수행할 수 있는 권한과 능력을 갖춰야 한다. 모든 경우에 있어 FIU는 권한 당국에 정보를 전달하거나 제공할 수 있는 독립적인 권한을 갖는 것을 의미한다.

9. FIU는 기존 정부기관의 일부로 설립될 수도 있다. FIU가 기존기관 내에 설립되는 경우, FIU의 핵심업무는 다른 기관의 업무와는 구분되어야 한다.

10. FIU는 그 자율과 독립을 보장받고 사명을 효과적으로 다할 수 있도록 적절한 재정적, 인적 및 기술적 자원을 제공받아야 한다. 각국은 FIU 직원들이 비밀유시를 포함하는 높은 수준의 선문성을 유지하노록 하는 설차를 마련하여야 하며, 수준 높은 도덕성을 갖추고 적절한 훈련을 받도록 하여야 한다.

11. FIU는 정보교환에 관해 국내 다른 기관 또는 외국 당국과 독립적으로 합의하고 관계를 맺을 수 있어야 한다.

F. 부적절한 영향 또는 간섭

12. FIU는 운영의 독립성을 해치는 정치, 정부, 산업의 부적절한 영향과 간섭으로부터 자유로운 상태에서 FIU의 기능을 수행하는 데 필요한 자원을 지원받고 활용할 수 있어야 한다.

G. 에그몽 그룹

13. 각국은 FIU가 에그몽 그룹의 회원 규약과 자금세탁 및 테러자금조달에 관한 FIU 간의 정보교환원칙(FIU의 역할과 기능 및 FIU 간의 정보교환 운영체계에 관한 중요한 지침을 제공한다)을 고려하도록 해야 한다. FIU는 에그몽 그룹 회원 가입을 신청해야 한다.

H. 고액현금거래 보고

14. 각국은 금융기관 및 DNFBP가 일정금액 이상의 모든 국내/국제 현금거래를 보고하는 시스템의 실행가능성과 실용성을 고려해야 한다.

[평가방법론 - Methodology]

FIU

29.1 각국은 의심거래보고(STR) 자금세탁 관련 전제범죄 및 테러자금조달 관련 기타 정보를 수취·분석하고, 이러한 분석 결과를 제공하는 기능을 담당하는 FIU를 설립한다.

29.2 FIU는 보고기관으로부터 다음의 정보 등을 보고받는 중앙기관 역할을 맡는다:

(a) R.20, R.23에서 규정한 의심거래보고;

(b) 국내법에 규정된 기타 정보(고액현금거래보고, 전신송금 보고, 기타 금액 기준 신고·공개 등)

29.3 FIU는

(a) FIU는 보고기관들이 FIU에 보고하는 정보 이외에도, FIU의 필요에 따라, 추가적인 정보를 보고기관으로부터 취득·사용할 수 있어야 한다.

(b) FIU의 업무를 적절히 수행하기 위해 필요한 금융, 행정 및 법집행 관련 정보에 최대한 폭넓게 접근할 수 있어야 한다.

29.4 FIU는 다음 업무를 수행한다:

(a) (기초분석) 활용·취득 가능한 정보를 이용해 특정 대상을 식별하고, 특별한 활동 또는 거래를 추적하며, 대상과 범죄·자금세탁·전제범죄 또는 테러자금조달

범죄수익 간의 관계를 결정

(b) (전략분석) 다른 권한당국이 제공한 자료 등 활용·취득 가능한 정보를 이용해 자금세탁 및 테러자금조달과 관련된 동향 및 패턴 식별

29.5 FIU는 정보 및 분석결과를, 자발적으로 혹은 요청 시, 관계 권한당국에 제공할 수 있어야 한다. 이러한 제공은 안전하고 보안이 확보된 전용 채널을 통해 이루어져야 한다.

29.6 FIU는 정보를 다음과 같이 보호해야 한다.

(a) FIU는 정보에 대한 접근은 물론 처리·보관·제공·보호 절차를 포함하여 정보의 보안 및 비밀 유지에 대한 규정을 구비 하여야만 한다.

(b) FIU는 직원들에게 필요한 등급의 기밀취급 권한을 부여하고 민감정보·기밀정보의 처리 제공에 따른 책임을 이해하도록 해야 한다

(c) FIU는 IT시스템을 포함하여 시설 및 정보에 대한 접근통제를 관리해야 한다.

29.7 FIU는 다음을 통해 독립적인 운영권과 재량권을 확보해야 한다:

(a) 특정 정보의 분석, 요청 또는 제공 결정에 대한 재량권을 포함한 FIU의 업무를 자유롭게 수행할 수 있는 권한과 능력 확보;
(b) 정보교환을 위해, FIU가 독립적으로 국내 권한당국 또는 외국 권한당국과 협정 등을 체결할 능력

(c) FIU를 기존 정부기관의 일부로 설립 가능. 다만, 이러한 경우, FIU의 핵심 기능은 다른 기관의 그것과 구분 가능해야 함;

(d) FIU는 그 기능을 수행하기 필요한 자원을 확보할 수 있어야 함. 또한, 운영의 독립성을 저해할 수 있는 정치·정부·산업계의 부당한 간섭 등에서 자유로워야 함

29.8 FIU를 설립한 국가는 자국의 FIU가 에그몽 그룹 회원이 아닌 경우, 에그몽 그룹 회원가입을 신청해야 한다. FIU는 회원가입 조건에 대한 유보 없이 가입 신청을 해야 하며, 회원가입 절차에 적극 참여해야 한다.

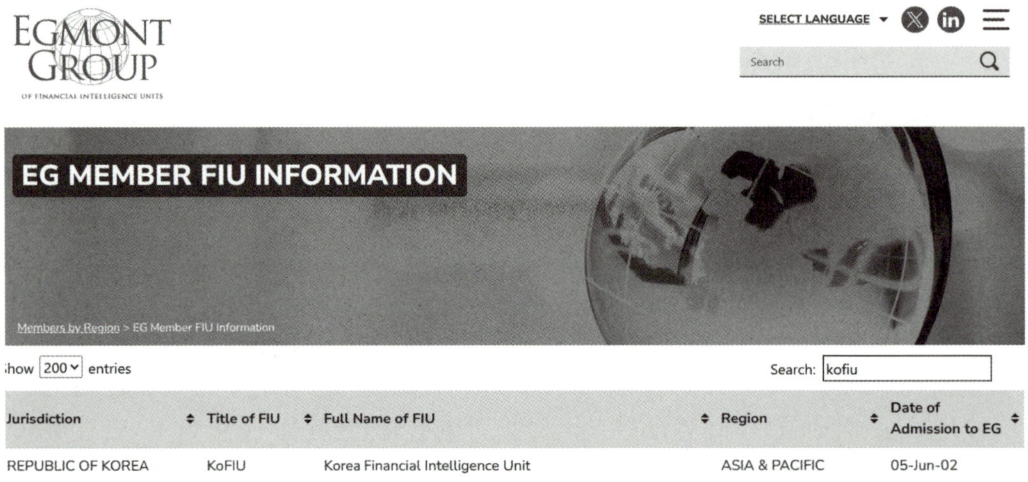

출처 : www.egmontgroup.org

(나) FATF의 11개 효과성 평가(Immediate Outcome, 이하 IO)

FATF 권고사항이 충분히 이행(Implementation)되도록 하고, AML/CFT 이행체제의 핵심으로 정의하고 있는 성과(outcomes)의 성취 정도를 확인한다. 아울러, 법률적·제도적 체계를 통한 기대 성과(the expected results)를 달성하는 데에 초점을 맞추고 있다.

효과성 평가의 목적은 국가 AML/CFT 이행체계 전반에 대한 평가를 제공하고 얼마나 잘 작동하는가를 보여주는 것이다. 평가의 접근방법 측면에서 효과성 평가는 FATF 40 권고사항의 기술적 이행평가의 접근방식과는 원칙적으로 다르다. 효과성 평가는 특정 요구사항들이 충족되었는지 여부와 권고사항의 모든 요소들이 이행되고 있는지를 점검하는 것이 아니라 정의된 성과의 성취 여부 또는 어느 정도 성취되었는지에 대해 판단하는 것이다.

11개 효과성 평가(IO)

IO. 1	IO. 2	IO. 3	IO. 4
정책/공조	국제협력	금융감독	예방조치
IO. 5	**IO. 6**	**IO. 7**	**IO. 8**
법인/신탁	금융정보	수사/기소	몰수
IO. 9	**IO. 10**	**IO. 11**	
테러자금 수사	테러 정밀제재	확산금융제재	

11개 효과성 평가(IO) 세부 평가방법 항목

IO – 1	Money laundering and terrorist financing risks are understood and, where appropriate, actions co-ordinated domestically to combat money laundering and the financing of terrorism and proliferation. 자금세탁과 테러자금조달의 위험을 이해하고, 필요시, 자금세탁 · 테러자금조달 · 확산금융에 대응하기 위한 국내 정책들이 공조를 통해 추진된다.

1.1 **자국의 ML/TF 위험을 얼마나 잘 이해하는가?**

1.2 **국가 AML/CFT 정책 및 활동이 파악한 ML/TF 위험에 얼마나 잘 대응하고 있는가?**

1.3 **위험평가 결과는 면제를 허용하는 데에 어느 정도까지 이용되고 높은 수준의 위험 시나리오에 대한 강화된 조치 또는 낮은 수준의 위험 시나리오에 대한 간소화 조치를 뒷받침하는 데에 얼마나 잘 사용되고 있는가?**

1.4 **권한당국과 자율규제기구(SRB)의 목적과 활동이 진화하는 국가적 AML/CFT 정책과 파악된 ML/TF 위험에 맞게 대응하는가?**

1.5 **권한당국과 자율규제기구가 ML/TF와 필요한 경우, 대량살상무기 확산금융의 방지를 위해 정책과 대응책의 개발과 이행에 얼마나 협력하고 조정하는가?**

1.6 **국가는 FATF 국제기준의 적용으로 영향을 받는 관련 금융기관, DNFBPs 및 다른 분야들이 국가적 ML/TF 위험평가 결과를 인식하는 것을 어느 정도까지 명확히 하고 있는가?**

IO - 2	International co-operation delivers appropriate information, financial intelligence, and evidence, and facilitates action against criminals and their assets. 국제협력을 통해 적절한 정보, 금융정보, 증거 등을 공유하고, 범죄자와 불법재산에 대한 조치를 추진한다.

2.1 **외국의 국제공조 요청이 있는 경우, 국제사법공조와 범죄인 송환을 얼마나 적극적이고 시의적절하게 하는가? 제공된 협력의 수준(quality)은 어떠한가?**

(범 국가적 요소를 갖는 국내 범죄 추적을 위한 적절/적시의 사법공조)

2.2 **국내에서 발생했지만 국경을 초월하는 자금세탁, 관련 전제범죄, 테러자금조달 사건을 추적하기 위해, 적절한 그리고 적시의 국제적 협력을 통한 사법공조를 어느 정도로 모색해 왔는가?**

2.3 **다른 권한당국들은 자금세탁방지/테러자금조달금지를 목적으로 하는 외국 권한당국들과 금융정보, 감독 및 법집행 등 관련 정보의 교환을 위해 필요한 다른 형태의 국제협력을 얼마나 적극적이고 시의적절하게 추구하는가?**

2.4 **다른 권한당국들은 자금세탁방지/테러자금조달금지를 목적으로 하는 외국 권한당국들과 금융 정보, 감독 및 법집행 등 관련 정보의 교환을 위해 (자발적인 협력을 포함하여) 필요한 다른 형태의 국제협력을 얼마나 건설적이고 시의 적절하게 추진하는가?**

2.5 **권한당국이 법인과 신탁등 법률관계에 대한 기본정보와 실제소유자 정보를 파악하고 교환하기 위한 외국의 공조 요청에 대해 얼마나 잘 정보를 제공하고 대응 하는가?**

IO – 3	Supervisors appropriately supervise, monitor and regulate financial institutions, DNFBPs and VASPs for compliance with AML/CFT requirements commensurate with their risks. 감독자들이 금융기관, DNFBPs 및 VASPs의 AML/CFT 요건의 준수 여부에 대해 위험에 상응하여 적절하게 감독하고 점검하며 규제한다.

3.1 감독기관이나 다른 당국들이 허가, 등록, 또는 다른 통제들을 통해, 범죄자와 그들 측근이 금융기관이나 DNFBPs를 소유하거나, 중대한/통제하는 지분의 실제소유자가 되거나, 또는 그것을 경영하는 역할을 맡는 것을 얼마나 잘 방지하는가? 이러한 허가 또는 등록 규정 위반을 얼마나 잘 발견하는가?

3.2 감독기관들이 금융 및 다른 부문들 전체에 대해, 서로 다른 부문들과 금융기관 유형들에 대해, 그리고 개별 회사들에 대해 ML/TF 위험을 얼마나 잘 파악하고 지속적으로 이해하고 있는가?

3.3 감독기관들이 금융기관들과 DNFBPs의 AML/CFT 규정준수 정도를, 위험 완화라는 관점에서, 위험의 정도에 기초하여(on a risk-sensitive basis), 얼마나 잘 감독하고 점검하는가?

3.4 실제로 어느 정도로 시정조치가 이뤄지며, 효과적이고, 비례적이며 억제력 있는 제재가 적용되는가?

3.5 감독기관들이 취한 조치가 금융기관들과 DNFBPs의 규정 준수에 효과가 있었음을 어느 정도로 입증(demonstrate)할 수 있는가?

(AML/CFT 의무사항과 ML/TF 위험에 대한 명확한 인식 촉진)

3.6 감독기관들은 금융기관과 DNFBPs로 하여금 그들의 AML/CFT 의무사항과 ML/TF 위험에 대해 얼마나 잘 이해시킬 수 있는가?

IO – 4	Financial institutions, DNFBPs and VASPs adequately apply AML/CFT preventive measures commensurate with their risks, and report suspicious transactions. 법인과 신탁등 법률관계가 자금세탁/테러자금조달에 악용되는 것을 방지하며, 관련 실제 소유자 정보를 권한 당국이 제한없이 활용한다.

4.1 금융기관과 DNFBPs, VASPs가 ML/TF 위험과 AML/CFT 의무를 얼마나 잘 이해하는가?

4.2 금융기관과 DNFBPs, VASPs가 위험에 상응하는 ML/TF 위험 완화정책을 얼마나 잘 적용하는가?

4.3 금융기관과 DNFBPs, VASPs가 고객확인과 기록보관 의무(실제소유자 정보 및 지속적인 모니터링 포함)를 얼마나 잘 이행하는지?, 고객확인이 제대로 이행되지 않은 경우, 어느정도까지 거래를 거부하는지?

4.4 금융기관과 DNFBPs, VASPs가 (a) 정치적 주요인물, (b) 환거래은행, (c) 새로운 금융기법, (d) 전신송금, (e) TF 정밀금융제재, (f) FATF가 지정한 고위험 국가와의 거래 시 강화된 또는 특정한 조치를 얼마나 잘 적용하고 있는지?

4.5 금융기관과 DNFBPs, VASPs가 범죄수익과 테러지원자금으로 의심되는 경우 이에 대해 보고의무를 얼마나 잘 이행하는가? 정보누설을 방지하기 위한 실질적인 조치는 무엇인가?

4.6 금융기관과 DNFBPs, VASPs가 AML/CFT 규정 준수를 위한 내부통제 절차를 얼마나 잘 적용하는가? 법률 또는 규정의 요구사항들이(예 금융비밀 엄수) 통제절차 이행을 얼마나 방해하는가?

IO - 5	Legal persons and arrangements are prevented from misuse for money laundering or terrorist financing, and information on their beneficial ownership is available to competent authorities without impediments. 법인과 신탁등 법률관계가 자금세탁/테러자금조달에 악용되는 것을 방지하며, 관련 실제 소유자 정보를 권한당국이 제한없이 활용한다.

5.1 **국내 법인과 신탁등 법률관계의 설립과 종류에 관한 정보가 일반에게 얼마나 잘 공개되고 있는가?**

5.2 **관련 권한당국이 국내에 설립된 법인의 ML/TF 취약성과 악용 범위 및 가능성을 얼마나 잘 인지하고 평가하며 이해하는가?**

5.3 **해당 국가가 법인과 신탁등 법률관계의 악용 방지를 위한 조치를 얼마나 잘 이행하는가?**

5.4 **관련 권한당국이 자국에 설립된 모든 유형의 법인에 관한 적절·정확·최신의 기본/실제소유자 정보를 적시에 취득할 수 있는 정도는?**

5.5 **관련 권한당국이 신탁등 법률관계에 관한 적절·정확·최신의 기본/실제소유자 정보를 적시에 취득할 수 있는 정도는?**

5.6 **정보관련 요구사항을 이행하지 않는 자에 대해 어느 정도로 효과적이고 비례적이며 억제력 있는 제재조치를 가하고 있는가?**

IO - 6	Financial intelligence and all other relevant information are appropriately used by competent authorities for money laundering and terrorist financing investigations 금융정보와 다른 적절한 정보를 권한당국이 자금세탁 및 테러자금 수사를 위해 적절하게 활용한다.

6.1 **금융정보와 다른 관련 정보가 자금세탁, 관련된 전제범죄 및 테러자금조달에 관련된 증거를 찾아내고 범죄수익을 추적하기 위한 수사를 위해 어느 정도로 활용되는가?**

6.2 **권한당국들이 그들의 업무수행을 지원하는 적절하고 정확한 정보를 담은 보고서(예 의심거래보고, 현금과 무기명지급수단 보고서 등)를 어느 정도로 제공받거나, 또는 요구하고 있는가?**

6.3 **권한당국이 필요한 경우, FIU(정보)분석과 제공이 어느 정도로 이루어지는가?**

6.4 **FIU와 다른 권한당국들은 얼마나 협조하고 정보와 금융정보를 공유하는가? FIU와 권한당국들은 공유·사용하는 정보의 비밀을 얼마나 안전하게 보호하는가?**

IO - 7	Money laundering offences and activities are investigated and offenders are prosecuted and subject to effective, proportionate and dissuasive sanctions 자금세탁범죄와 행위에 대한 조사가 실시되고, 위반자에 대한 기소가 이루어지며, 효과적/비례적/억제력 있는 처벌이 이루어진다.

7.1 **잠재적 자금세탁(ML) 사례들이 얼마나 그리고 어떤 상황에서 제대로 파악되고 수사(병행금융수사 기법 활용을 포함하여)가 이루어지는가?**

7.2 **수사되고 기소되는 자금세탁(ML) 행위의 유형들이 어느 정도로 국가의 위협, 위험프로파일 및 국가의 AML/CFT 정책들과 일관되는가?**

7.3 **어느 정도로 다양한 유형의 ML 사례들(예 해외발생 전제범죄, 제3자 자금세탁, 독립적 자금세탁범죄 등)에 대한 기소가 이루어지며 위반자들이 유죄판결을 받는가?**

7.4 **자금세탁 범죄로 유죄판결을 받는 개인과 법인에 대한 제재가 얼마나 효과적, 비례적이며 억제력이 있는가?**

7.5 **ML 수사를 하였으나 정당한 이유로 ML 유죄판결을 확보할 수 없는 경우, 어느 정도로 다른 형사사법 조치(other criminal justice measures)를 적용하는가? 이러한 대체 조치들은 자금세탁범죄의 기소와 유죄판결과 관련하여 그 중요성을 감소시키거나, 이를 대체하는 수단이 되지 말아야 한다.**

IO - 8	Proceeds and instrumentalities of crime are confiscated 범죄수익과 수단에 대한 몰수가 이루어진다.

8.1 **범죄 수익, 범죄수단 및 동등가치 재산을 몰수하는 것이 어느 정도로 정책 목표로 추구되는가?**

8.2 **권한당국이 국내 및 해외 발생 전제범죄와 외국으로 이전된 범죄수익을 포함하여 범죄수익과 수단 및 상응하는 가치를 얼마나 잘 몰수(본국 반환, 공유 및 회수를 포함)하는가?**

8.3 **거짓으로 신고·공개된/미 신고·공개된 국경 간 이동 현금 및 무기명지급수단이 어느 정도로 몰수되며, 국경/세관 또는 다른 관계 당국에 의해 효과적이고, 비례적이며, 억제력 있는 제재가 적용되는가?**

8.4 **몰수 결과가 ML/TF 위험평가(들)와 국가적 AML/CFT 정책과 우선순위를 어느 정도로 잘 반영하는가?**

IO - 9	Terrorist financing offences and activities are investigated and persons who finance terrorism are prosecuted and subject to effective, proportionate and dissuasive sanctions. 테러자금조달 범죄와 행위에 대한 조사가 실시되고, 테러자금조달자를 기소하며, 효과적/비례적/억제력 있는 처벌이 이루어 진다.

9.1 **TF 행위들이 (예 자금 수집, 이동, 이용) 어느 정도로 기소되며, 위반자들은 어느 정도로 처벌되는가? 이러한 조치들이 국가의 테러자금조달 위험 프로파일과 일치하는가?**

9.2 **테러자금조달 사건들을 얼마나 효과적으로 파악하고 수사하는가? 수사하는 자들이 테러자금조달자의 구체적인 역할을 확인하는가?**

9.3 테러자금조달 수사가 얼마나 효과적으로 국가적 반테러 전략과 수사 (예 테러리스트, 테러기관과 테러지원 네트워크의 확인 및 지정)에 통합되며, 이를 지원하기 위해 활용되는가?

9.4 테러자금조달 위반으로 유죄판결을 받은 개인과 법인에 대한 처벌이 얼마나 효과적이고, 비례적이며, 억제력을 갖는가?

9.5 테러자금조달 유죄판결을 실질적으로 확보할 수 없는 경우에, 다른 형사 절차, 규제, 또는 다른 조치를 통하여 테러자금조달 행위를 차단함으로써 이러한 즉시성과의 목적을 달성하는가?

IO - 10	Terrorists, terrorist organisations and terrorist financiers are prevented from raising, moving and using funds, and from abusing the NPO sector. 테러리스트, 테러조직, 테러자금조달자들이 자금을 조성 · 이동 · 사용하는 것을 예방하고 NPO를 이용하는 것을 차단한다.

10.1 국가가 (i) 유엔안보리결의 1267호 및 후속 결의와 (ii) (국가가 자발적으로 또는 수사 후에, 다른 국가의 요청을 실행하기 위한 초국가적 또는 국가적 차원에서) 유엔안보리결의 1373호에 따른 정밀금융제재를 얼마나 잘 이행하고 있는가?

10.2 국가는 합법적인 NPO 활동을 방해하지 않으면서, 테러자금조달에 악용될 취약성(위험)이 있는 것으로 확인된 NPO들에 대해, 위험기반접근법의 원칙에 따라, 집중적이며 상응하는 조치들(focused and proportionate measures)을 어느 정도로 적용하는가?

10.3 테러리스트, 테러조직 및 테러자금조달자들의 테러 관련된 자산과 수단이 (형사·민사 또는 행정 절차를 통해) 어느 정도 박탈되는가?

10.4 위의 조치들은 TF 위험 프로파일과 전반적으로 얼마나 일치하는가?

IO – 11	Persons and entities involved in the proliferation of weapons of mass destruction are prevented from raising, moving and using funds, consistent with the relevant UNSCRs 대량살상무기 확산금융에 관련된 개인과 단체가 자금을 조성 · 이동 · 사용하는 것이 관련 유엔안보리결의에 맞게 금지되고 있다.

11.1 **국가가 확산금융 금지에 관련된 유엔안보리결의들의 정밀금융제재를 지체 없이 얼마나 잘 이행하는가?**

11.2 **지정된 개인과 단체(그들을 대신하여 또는 그들의 지시에 따라 행하는 자들을 포함)의 자금·기타 자산이 어느 정도로 파악되며, 그러한 개인·단체가 확산금융 관련 금융거래를 수행하거나 실행하는 것이 금지되는가?**

11.3 **금융기관과 DNFBPs가 확산금융 관련 정밀금융제재에 관한 의무를 얼마나 잘 이해하는가?**

11.4 **금융기관과 DNFBPs가 확산금융 관련 정밀금융제재에 관한 의무를 잘 준수하도록 관련된 권한당국이 얼마나 효과적으로 감독하는가?**

라. FATF의 상호평가

FATF 상호평가 개요 및 제재

상호평가(Mutual Evaluation)는 FATF가 각국의 국제기준 이행을 점검하고 후속조치를 통해 이행을 지속 관리하며 미이행국은 금융제재조치를 실행하는 과정을 말한다. 일반적으로 7~8년 주기로 실시하고 있으며, 상호평가 절차는 ① 자료 제출(6개월) → ② 현지실사(2-3주) → ③ 보고서 작성(6-8개월) → ④ 총회 토의 → ⑤ 후속조치 결정 → ⑥ 제재(ICRG 프로세스)로 구성되어 있다. FATF의 상호평가팀은 FATF 국제기준(기술평가-FATF 40 권고사항, 11개 효과성 평가) 이행 여부를 회원국의 전문가(법률 2, 법집행 2, 금융 2, 사무국 2명 등 총 10명) 등이 평가(Peer Review)하는 방식이다.

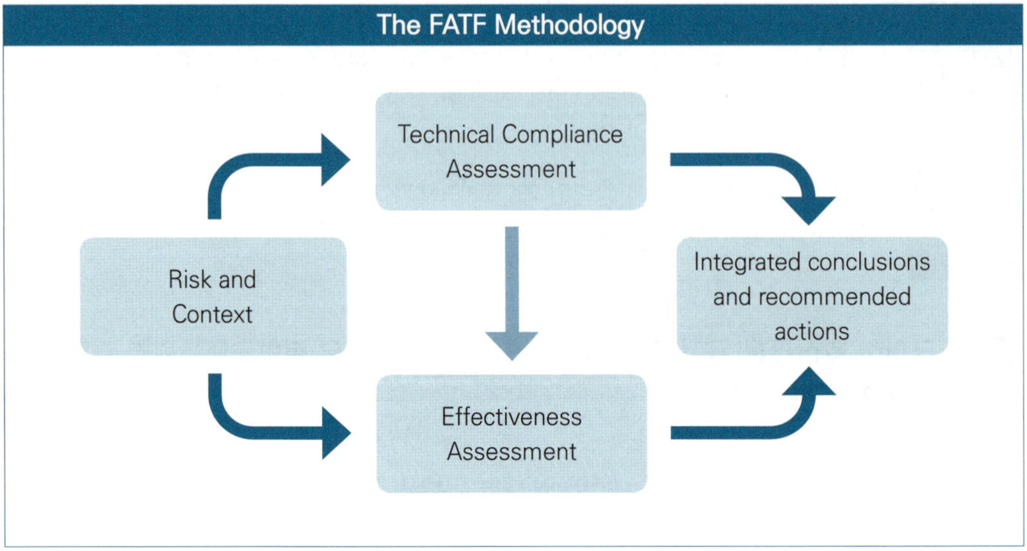

출처 : FATF ME Assessor 교육 자료

FATF는 회원국에 대한 이행평가 결과를 전 세계에 공개하는데 평가 결과를 통하여 회원국의 지위 유지 및 제재 여부를 결정한다. 상호평가는 말 그대로 각 회원국가의 FATF 국제기준 이행 상황을 평가하는 것이어서 일반적으로 구속력 있는 협약(convention)이나 조약(treaty)과 같은 국제적인 구속력은 없다.

그러나, 제도 이행이 미진할 경우에는 국가 신인도 하락, 금융제재, 추가 점검 등 불이익이 있어서, 우리나라와 같이 수출입 산업이 중요한 국가들은 해외투자, 외환 송금 등의 환거래 등에 큰 영향을 끼친다.

우리나라의 경우, 2009년 FATF의 상호평가를 받아 정회원에 가입하게 되었으며, 2019년 FATF 제4차 라운드 기준으로 상호평가를 다시 수검하였다. 2019년의 FATF 상호평가 결과는 우리나라에 대하여 자금세탁/테러자금조달 위험을 잘 이해하고 있고, 자금세탁방지 등을 위한 금융정보를 효과적으로 활용하고 있으며 범죄수익 환수도 좋은 성과를 내고 있다라고 평가를 받았다. 다만, 변호사·회계사 등 특정비금융사업자에 대해 자금세탁 및 테러자금조달 방지(AML/CFT) 의무를 부과해야 하고, 금융회사등에 대한 AML/CFT 감독 강화, 법인과 신탁의 자금세탁의 악용방지, 자금세탁범죄 수사·기소 강화가 필요하다고 평가되었다.

상호평가의 항목과 평가등급 및 후속점검표는 아래 표와 같으며, 제재는 후속점검의 평가 결과 기준에 따라 이루어진다.

평가대상		법률·제도 구축 여부 (기술평가)	제도의 효과적 이행 여부 (효과성 평가)
평가항목		FATF 40개 권고사항의 기술적 (법률제도 구축) 이행 여부	11개 즉시성과(Immediate Outcome)의 이행 여부
평가 등급	**평점대상**	40개 권고사항 (TC)	11개 즉시 성과 (IO)
	이행 등급	❶ 이행 (C: Compliant) ❷ 대부분 이행(LC: Largely)	❶ 높은 효과성(HE) ❷ 상당한 효과성(SE)
	미이행 등급	❸ 부분 이행(PC: Partially) ❹ 미이행(NC: Non-compliant)	❸ 보통 효과성(ME) ❹ 낮은 효과성(LE)
상호 평가 결과	**① 정규 후속점검**	• PC 또는 NC가 8개 미만이고, • 핵심권고 5개 모두 C 또는 LC	• HE 또는 SE 5개 이상
	② 강화된 후속점검	• PC 또는 NC가 8개 이상이거나, • 핵심권고 1개라도 PC 또는 NC	• HE 또는 SE 3개~4개이고, • LE 6개 미만
후속 점검	**③ ICRG 후속점검**	• PC 또는 NC가 20개 이상이거나, • 핵심권고 3개 이상 PC 또는 NC	• LE 2개 이상이면서 LE 또는 ME가 9개 이상이거나, • LE 6개 이상

FATF의 상호평가 실시 이후, 그 결과에 따라 정규 후속조치와 강화된 후속조치로 구분하여 지속적으로 관리되며, 각 회원국가는 상호평가 시 지적된 미비점에 대한 개선 조치를 총회에 보고해야 한다.

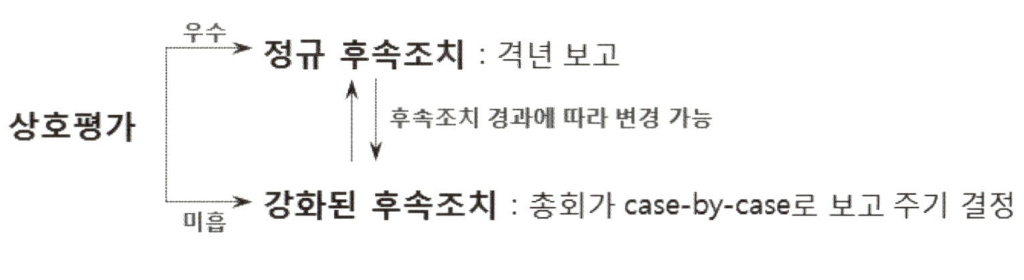

G20의 요청에 따라 FATF의 실무그룹인 ICRG(International Cooperation Review Group)는 2009년부터 강화된 후속조치 대상국 중 국제기준 이행이 특히 미흡한 국가를 선별하여 매 총회마다 FATF의 성명서(중대 결함국가 명단)를 발표하고 있다.

〈 FATF ICRG 제재 절차 〉

① 대상국가 선정
② 지역점검그룹(RRG)의 기초조사
③ 예비조사(Prima facie review)
④ FATF 승인
⑤ ICRG의 세부조사
⑥ 성명서 발표
⑦ 모니터링
⑧ 대응조치

FATF 상호평가 라운드(기준)별 특징

- FATF 상호평가는 국제사회가 새로운 기준을 창출하여 국제기준으로 확립하고, 전 세계적 이행 시스템으로 확산·정립해 가는 과정을 '라운드'라고 표현하며 FATF의 각 라운드별 기준은 다음과 같다.

주기	상호평가의 특징
제1차 라운드 (1990~1995)	**"비엔나 협약(1988) 관련 금융조치의 제도화"** - 비엔나 협약의 체계에 따른 40개 권고사항 - 마약 관련 범죄자금을 체계적으로 규제(역사상 최초) (생산 · 판매 – 거래 – (자금세탁) – 몰수 – 국제협력) - 은행비밀 침해 논란 → STR을 선택사항으로 합의 - 마약 관련 자금세탁 규제에 초점 - 많은 사항이 '의무'보다는 '선택(권고)'으로 표현됨
제2차 라운드 (1996~2003)	**"마약+중대범죄 금융조치기구로 역할 · 범위 확대"** - 포괄 범위를 확대(마약 → 마약 + 중대범죄) - 적용 대상을 확대(금융회사 → 금융 + NFBPs) - STR 보고를 의무화 - 법인에 대한 CDD 의무화, 위장기업 특별주의 - 비협조국가(NCCT)를 선별하고 발표
제3차 라운드 (2004~2012)	**"마약+중대범죄+테러로 확대, 이행을 실체 · 공고화"** - 테러자금조달 관련 9개 특별권고사항 이행 - 평가방법론에 의한 체계적 · 포괄적인 상호평가 - 포괄 범위를 확대(20개 필수 전제범죄를 지정) - 적용 대상을 확대(6개 업종을 DNFBPs로 지정) - FIU, 감독기관, 법집행기관 설치를 의무화 - 법인 · 법률관계의 투명성 강화 규정 도입
제4차 라운드 (2014~2022)	**"제도의 실질적 이행과 효과성을 추구, 제도 성숙기"** - 위험기반접근법(RBA)의 전면 도입 - 법규와 제도의 실질적 이행과 효과성 평가를 강조 - 법인 · 법률관계의 실소유자, 전신송금 등 투명성 강화 - 국제협력의 실질을 강화(범죄자금 추적 · 몰수 · 송환 등) - 대량살상무기 확산금융, 조세범죄, 국내 PEPs 등 확대 - 민간/시민사회의 의견청취/협력을 강화

- 제5차 라운드는 2024년부터 실시되며, 상호평가 주기는 6년 주기로 단축하며, 회원국의 상호평가 기간은 14개월로 정하였다.

마. 지역별 자금세탁방지기구(FSRBs)와 에그몽 그룹(Egmont Group)

1. 지역별 자금세탁방지기구(FATF Style Regional Bodies)

- FATF 기준을 준수하는 전 세계의 지역별 자금세탁방지기구는 9개의 FATF 스타일 지역 기관(FSRB)으로 구성되어 있다. FATF 업무에 FSRB가 적극적으로 참여하는 것은 자금세탁 및 테러자금조달을 방지하기 위한 효과적인 조치로서 전 세계적 이행을 보장하는 데 매우 중요하다. 글로벌 네트워크는 200개 이상의 정부와 20개 이상의 관찰자 국제조직을 하나로 묶는 데 기여하고 있다. .

- FSRB는 전 세계 AML 및 CFT 활동의 상당 부분을 감독한다. 또한, FATF 기준을 이행하기 위해 회원국의 관할권을 지원하고 회원의 AML/CFT 체제를 평가하고 있다.

출처 : FATF 홈페이지

- FSRB의 주요업무는 다음과 같다.

- 회원국의 FATF권고사항 이행을 지원한다.
- 자금세탁 및 테러자금조달 방지를 위한 공동 활동을 개발하고 수행한다.
- AML/CFT 활동 분야에서 채택된 입법 및 기타 조치의 효과를 평가하는 것을 포함해, FATF 권고사항을 기반으로 회원국 간의 상호평가 프로그램을 이행한다.
- 국제 조직 및 기구, 이해 당사국들과 국제 협력 및 기술 지원 프로그램을 지원한다.
- 지역적 특수사항을 고려하여 자금세탁 및 테러자금조달 유형을 분석하고 범죄에 대응하는 모범사례와 방법론을 공유한다.

1) 아시아태평양 자금세탁방지기구 (Asia Pacific Group on Money Laundering, 이하 APG)

- 자금세탁방지를 위한 아·태지역 국가 간 협조를 위해 1998년 3월 설립되었다. 2023년 현재 총 42개국이 회원으로 참여하고 있으며, 우리나라는 1998년 10월부터 APG 정회원으로 활동하고 있다.

- APG는 FATF 평가방법론에 의거 회원국에 대한 상호평가(Mutual Evaluation)를 실시하고 이행현황을 모니터하는 등 역내 국제기준 이행 및 국제협력 도모를 목적으로 활동하고 있다. 우리나라는 2002년 7월부터 2004년 6월까지 APG 공동의장국을 역임하였고, 2013년부터 4년간 APG 운영위원회 위원을 연임하는 등 아·태지역의 자금세탁방지 선도국으로서 역할을 수행하고 있다. (또한, 후발국 지원국 모임인 DAP(Donors and Providers)그룹 회원으로도 활동하고 있다.)

APG는 2인의 공동의장이 운영하는 체제로서 APG 사무국 유치국인 호주는 상시 의장국 역할을 담당하며 나머지 1인의 공동의장은 2년 임기로 회원국 중에서 선정된다. APG 연차총회를 의장국에서 개최하는 관행에 따라 우리나라는 FIU가 주관이 되어 2004년 6월 14일에서 18일까지 APG 제7차 연차총회를 서울에서 개최하였다.

2012년 12월에는 APG 사무국의 요청으로 FATF 국제기준 개정에 관한 7개국 초청 워크숍을 개최한 이후, 2013년부터 이를 확대 개편하여 2018년까지 APG 서울 워크숍을 개최하였다. (우리나라는 2002년 자금세탁방지제도 및 제도 이행상황에 관하여 APG의 상호평가를 받은 바 있다.)

2) 유라시아 자금세탁방지기구 (The Eurasian Group on Combating Money Laundering and Financing of Terrorism, 이하 EAG)

- EAG는 2004년 10월 모스크바에서 설립되었으며 다른 FATF 스타일 지역 국제기구처럼 유라시아 지역을 대표하는 자금세탁방지(AML/CFT) 기구이다. 현재 Belarus, India, Kazakhstan, China, Kyrgyzstan, Russia, Tajikistan, Turkmenistan and Uzbekistan 등이 회원국이다.

3) 유럽 자금세탁방지기구(Committee of Experts on the Evaluation of Anti-Money Laundering Measures and the Financing of Terrorism, 이하 MONEYVAL)

- 1997년 9월, 유럽평의회 각료위원회에서는 FATF 회원국이 아닌 유럽평의회 회원국에서 AML/CFT조치를 위한 상호평가를 위하여 설립되었는데 그 근거는 다음과 같다. 2010년 자금세탁방지 및 테러자금조달 평가에 관한 유럽평의회 결의안 CM/Res (2010) 12에 의해 처음 채택되었으며, 2011년 1월1일에는 MONEYVAL을 각료회의에서 직접 답변할 수 있는 독립적인 모니터링 메커니즘으로 격상하였다.

4) 중동 및 북아프리카 자금세탁방지기구 (Middle East and North Africa Financial Action Task Force)

- 14개국 정부는 2004년 11월 30일 바레인 마나마에서 개최된 첫 장관급 회의에서 MENAFATF를 FATF스타일 지역기구(FSRB)로 설립하기로 결정했으며, 본부는 바레인에 있다.

5) 동남부 아프리카 자금세탁방지기구 (East South Africa Anti Money Laundering Group)

- 동부 및 남부 아프리카 자금세탁방지그룹(ESAAMLG)은 자금세탁과 테러 및 확산 자금조달을 방지하기 위한 글로벌 표준을 준수하는 지역 기구이다. 회원국은 앙골라, 보츠와나, 에리트레아, 에스와티니, 에티오피아, 케냐, 레소토, 마다가스카르, 말라위, 모리셔스, 모잠비크, 나미비아, 르완다, 세이셸, 남아프리카공화국,

남수단, 탄자니아, 우간다 등 20개 국가이다.

- 영국과 미국은 1999년 탄자니아에서 출범한 이래로 동 기구의 회원국들과 협력 및 지원을 해오고 있다.

6) 서아프리카 자금세탁방지기구 (The Inter-Governmental Action Group against Money Laundering in West Africa, 이하 GIABA)

- GIABA는 서아프리카의 자금세탁, 테러자금조달 및 확산 자금 조달(ML/TF/PF)에 대한 지역 기구이다. GIABA는 2000년 12월 서아프리카 경제공동체(ECOWAS)의 국가원수 및 정부당국에 의해 서아프리카 경제공동체(ECOWAS)의 전문 기관으로 공식 설립되었다.

- 서아프리카 지역의 자금세탁 및 테러자금조달을 방지하고 통제하기 위한 회원국의 역량을 강화하는 임무를 맡은 GIABA는 서아프리카 15개국이 회원국으로 참여하고 있다.

7) 중앙아프리카 자금세탁방지기구 (The Action Group against Money Laundering in Central Africa, 이하 GABAC)

- GABAC은 2000년에 설립되었으며, 자금세탁과 테러자금조달 방지를 위하고 회원국이 FATF 기준을 준수하는지 평가하고 있다. 2012년에 FATF의 옵저버가 되었으며, 2015년 10월에 FSRB로 준회원이 되었다.

8) 카리브해 자금세탁방지기구 (The Caribbean Financial Action Task Force, 이하 CFATF)

- 카리브해 자금세탁방지기구(CFATF)는 자금세탁(ML), 테러자금조달(TF), 확산자금조달(PF)에 대응하기 위한 공동 대응책을 시행하기로 합의한 카리브해 유역, 중남미 24개 국가로 구성된 기구이다. 1990년 5월 아루바와 1992년 11월 자메이카에서 개최된 회의의 결과로 설립되었다.

9) 라틴아메리카 자금세탁방지기구 (The Financial Action Task Force for Latin America, 이하 GAFILAT)

- GAFILAT는 남미, 중미, 북미의 18개국이 참여하는 지역 기반의 정부 간 기구이다. 2000년 12월, 콜롬비아 카르타헤나에서 아르헨티나, 볼리비아, 브라질, 칠레, 콜롬비아, 에콰도르, 파라과이, 페루, 우루과이의 9개국 정부대표가 양해각서를 체결하면서 설립되었고, GAFILAT는 FSRB로서 자금세탁, 테러자금조달, 대량살상무기 확산자금 조달을 방지하고 퇴치하는 활동을 하고 있다.

2. Egmont 그룹

- Egmont Group은 각국 금융정보분석기구(FIU; Financial Intelligence Unit) 간 정보교환 등 국제협력을 강화하고 FIU의 신규 설립을 지원하기 위해 1995년 6월 설립되었다. 설립 당시 미국, 영국, 벨기에 등이 주축이 되어 13개 회원국으로 출범하였으며 2023년 12월 현재, 165개국 FIU가 회원으로 활동하고 있다.

- Egmont Group이 추진하는 주요 사업으로는 FIU 설립 장려, 정보교환 촉진, 훈련 프로그램·워크샵·인적교류 촉진, 실무그룹 확대, 정보 교환을 위한 적절한 양식 개발 등이다.

- 우리나라는 2002년 6월 모나코 총회에서 Egmont Group 정회원 가입이 승인되었으며, 이후 매년 연차총회 및 FIU 원장회의와 1년에 3차례 개최되는 각종 실무작업반(Working Group) 회의에 참여하여 FIU 간의 협력방안을 논의하고 있다.

- 2008년에는 Egmont Group 총회가 5월 24일~28일 기간 중 서울에서 개최되었는데, Egmont Group 총회가 아시아 지역에서 개최된 것은 우리나라가 최초로서, 동 총회에는 90개국 FIU 관계자 및 UNODC, 세계은행(World Bank) 등 12개 국제기구 관계자 250여 명이 참석하여 자금세탁/테러자금조달 방지를 위한 전 세계 FIU 간 협력 강화 방안을 논의하였다.

- 에그몽 그룹은 회원국 간 원활한 정보교환을 촉진하기 위하여 회원국 간 정보교환에 관한 원칙을 제정하고 보안 인터넷 시스템인 ESW(Egmont Secure Web)를 운

영하고 있다. 우리나라 FIU는 에그몽 그룹의 보안 웹사이트를 통해 수시로 자금세탁 관련 업무상 필요한 정보를 교환하는 등 각국 금융정보분석기구와 긴밀한 관계를 유지해 오고 있다.

출처 : Egmont Group 홈페이지

4장

유럽연합(EU)의 자금세탁방지 지침(AMLD) 이해

유럽연합(EU)은 자금세탁방지와 관련된 주요 지침과 규정을 도입하여 이를 해결하고 있으며, 그 중에서도 가장 중요한 것은 자금세탁방지지침(AMLD, Anti-Money Laundering Directives)이다. 이 지침은 각 회원국이 자금세탁 및 테러자금조달을 방지할 수 있도록 강력한 법적 틀을 제공한다.

1991년 6월 10일 유럽이사회(Council of the European Communities)는 유럽연합(EU)의 첫 번째 자금세탁방지지침(AMLD 1, Directive 91/308/EEC)인 "자금세탁을 목적으로 금융시스템의 사용 방지"를 채택하였다. 주요 특징은 회원국들의 금융시스템에 자금세탁방지를 위한 법률제정 요구이다. "국가 공동체"로서 유럽연합(EU)의 독특한 성격은 근본적으로 다른 국제기구와 다른데, 여러 회원국의 의회 승인 없이도 법의 효력을 가진 조치를 채택할 수 있다. 당시 적용 대상은 금융기관 중심으로 비금융부문은 적용 대상에 포함되지 않았고, 고객알기제도(KYC) 의무를 부과받았다. 또한 의심스러운 거래를 발견할 경우 금융정보분석원에 보고해야 되는데, 이는 의심스러운 활동에 대한 최초의 공식 보고시스템이었다.

유럽연합(EU)의 지침은 회원국들의 국내법보다 우선하며, 자금세탁방지와 관련된 바젤위원회 또는 국제자금세탁방지기구(FATF)의 국제기준보다 훨씬 더 많은 비중을 차지하기도 한다. 물론 지침은 유럽연합(EU) 회원국에만 적용되며 다른 국가에는 적용되지 않는다. 첫 번째 지침은 1988년 비엔나 협약에서 정의한 대로 마약밀매에 대한 자금세탁에 대해서만 전제범죄를 한정하였다. 더불어, 회원국들이 자금세탁방지에 대하여 전제범죄를 다른 범죄로 확대하도록 장려하였다.

2001년 12월 4일, 유럽연합(EU)은 두 번째 자금세탁방지지침(AMLD 2, Directive

2001/97/ EEC)을 발표하였고, 이에 대해 회원국들이 2003년 6월 15일까지 국내법에 이행하기로 동의하였다. 주요 특징으로는 자금세탁에서의 범죄행위에 대한 정의를 마약밀매뿐만 아니라 부패 및 사기를 포함한 모든 심각한 범죄로 그 영역을 확대하였으며, 자금세탁방지의 적용범위를 명시적으로 도입하였고, 자금세탁의 형사행위에 대하여 객관적 사실에서 추론될 수 있음을 분명히 하였다.

또한, 자금세탁방지의 의무를 특정비금융사업자 및 전문직(DNFBPs)의 영역으로 넓혀서 변호사, 회계사, 부동산 중개인, 공증인 등 법률 및 회계전문가 등을 포함시켰다. 이는 유럽지역 내의 금융중심지에 금융업과 연관된 고소득 특정비금융사업자 및 전문직이 있기 때문이며 제2차 지침 개정 당시에는 유엔(UN)과 국제자금세탁방지기구(FATF)의 기준보다 높은 자금세탁방지 의무를 제시하였다.

유럽연합의 제3차에서 제6차까지 개정된 자금세탁방지지침(AML Directives) 및 새로 발표한 유럽연합의 자금세탁방지청 규정과 자금세탁방지 규정은 다음과 같다.

유럽연합(EU) 제3차 자금세탁방지지침(EU AMLD 3)

- (배경) 2005년에 개정된 제3차 자금세탁방지지침(Directive 2005/60/EC)으로서, 국제자금세탁 방지기구(FATF)의 권고안에 따라 "자금세탁(Money Laundering)"과 "테러자금조달(Terrorist Financing)"에 대한 정의와 범위를 확대하였다. 주요 특징으로는 범죄에서 파생된 자금이 범죄조직뿐만 아니라 테러자금 지원에도 적용됨과 동시에 고객확인의무(CDD) 및 의심거래 보고의무(STR)를 비금융사업자와 전문직, 15,000 유로 이상의 귀금속 및 고가품 거래업자, 회사 설립 등 서비스 제공 법인에게도 확대하였다. 또한, 고객확인에 있어서 위험기반 접근방식(Risk Based Approach)을 세부적으로 반영해야 하고 법인 또는 개인이 25% 이상 지분을 보유하고 있는 경우 실제소유자의 확인의무가 포함되어 있다. 2003년 개정 FATF 40개 권고사항을 반영하여 고위험군에 대한 강화된 고객확인 등 위험기반접근법(RBA)을 적용하였다. 그 밖에 정치적 주요인물(Politically Exposed Persons), 변호사의 의심거래보고, 유럽연합집행위원회 또는 유럽연합 집행위원회(European Commission)의 역할에 대해서도 논의하였다.

- (주요내용)
  - 고객확인의무(CDD) : 간소화된 고객확인은 저위험 고객인 특정 고객에 대해서만

허용되며, 이 경우에는 완전한 고객알기제도(KYC) 절차를 수행할 필요는 없다. 그러나 위험 요소를 인지한 경우에, 일반적인 고객확인의무(CDD)와 강화된 고객확인의무(EDD)를 수행해야 한다. 고객확인의무(CDD)의 적용은 비즈니스 거래관계 수립, 15,000유로 이상의 현금 거래 수행, 자금세탁/테러자금조달(ML/TF)의 의혹이 있을 경우 등이다. 또한, 모든 고위험 고객에게는 강화된 고객확인의무(EDD)를 수행해야 한다.

이 경우에는 고객에 대한 정보수집, 자금세탁방지/테러자금조달금(AML/CFT)에 대한 통제, 고위경영진의 승인, 책임자의 문서화 등을 동반해야 한다. 비대면고객에 대해서는 기존문서의 확인 및 고객 신원확인이 추가로 문서화 되어있는지 여부와 믿을 만한 금융기관을 통해 고객명의의 계좌로 첫 번째 자금이체를 실시해야 한다.

· 정치적 주요인물(PEPs) : 경영진의 승인과 자금에 대한 출처 확인, 비즈니스에 대한 모니터링을 강화해야 한다.

· 익명계좌(Anonymous account) : 익명계좌 유지와 통장보관을 금지하며 기존의 익명계좌 소유자 및 수익자에 대해 고객확인을 실시한다.

· 기록 보관(Record Keeping) : 거래종료 후 5년 동안 필요한 증거의 사본이 참고자료를 모두 보관하고, 금융정보분석원(FIU)이나 감독기관 등 관련기관 문의에 신속히 대응하는 시스템 구축 등을 해야 한다.

유럽연합(EU) 제4차 자금세탁방지지침(EU AMLD 4)

- (배경) 2015년 6월 발효된 제4차 자금세탁방지지침(AMLD 4, Directive (EU) 2015/849)은 자금세탁과 테러자금조달에 금융시스템을 이용하지 못하도록 방지하고 있는데, 주요 특징으로는 고액현금거래보고 기준을 10,000유로로 강화하고, 도박관련 자금세탁범위를 카지노에서 '도박 서비스 제공업체'로 확대하였다.

  개정된 국제자금세탁방지기구(FATF) 권고안에 따라 '범죄 행위'에 대한 광범위한 정의에 '직접 및 간접세와 관련된 조세범죄'가 포함되었다. 또한, 정치적 주요인물(PEPs)과 데이터보호, 금융정보분석원(FIU) 간의 협력(통계 등) 관계,

자금세탁방지의무 위반 시 제재, 회원국들의 자금세탁/테러자금조달(ML/TF) 위험평가 수행 요구 등을 구체적으로 명시하였다.

- (주요내용)
  - 고객확인의무(CDD) 변경 사항 : 10,000유로 이상의 현금거래와 카지노에서 고객이 2,000유로 이상의 카지노 칩 교환이나 당첨금 수령 등의 게임 관련 거래하는 경우에 대하여 고객확인의무(CDD)를 시행한다.

  - 정치적 주요인물(PEPs)에 대한 추가된 조치 : 정치적 주요인물은 유럽연합(EU)에만 해당되는 것이 아니며, 국내외 정치적 주요인물(PEPs) 모두 동일한 정밀조사를 명시한다. 다만 정치적 주요인물(PEPs) 요건은 범죄적 성격이 아닌 예방적 성격이며, 범죄활동에 연루되었다는 오명을 씌우는 것으로 해석되어서는 안 된다.

  - 실제소유자의 중앙 등록부서 관리 : 기업과 기타 법률관련 단체는 실제소유자에 대한 정확한 최신정보를 유지해야 하며, 정부에 그 정보를 제공해야 한다. 이 정보는 각 회원국이 은행, 법률 회사 및 "합법적인 이익을 입증할 수 있는 사람 또는 조직"이 접근할 수 있는 중앙 등록부서에서 보관한다.(등록 데이터는 거래를 위한 실제소유자의 특성과 범위를 정한다. 상호 연결된 등록시스템에는 거래에서 실제소유자의 특징이 포함되어야 함)

  - 강화된 고객확인의무(EDD) 면제조항 삭제 : 제3차 지침(AMLD 3)에서는 공공기관(연금포함) 및 금융기관, 특정 공시 의무에 따라 규제대상 시장에 상장된 기업 등에 대해 간소화된 고객확인의무(CDD)를 시행할 수 있었으나, 제4차 지침(AMLD 4)에서는 위험평가분석 수행한 후 단순화된 현장실사의 일부로 적용이 가능하다. 위의 기관들에 대한 강화된 고객확인의무(EDD)의 면제가 아닌 간소화된 고객확인의무(CDD) 적용시 위험평가를 통해 정당화가 필요하다.

  - 위험기반 접근방식의 강화 등 : 각 회원국은 국가위험평가 및 기업들의 위험기반 접근방식을 통한 자금세탁방지/테러자금조달금지(AML/CFT) 예방 및 고객확인의무(CDD) 수행을 강화하고 유럽연합(EU)지역 내에 본사가 있는 기업의 역외 자회사들은 본사에 준하여 지침을 준수해야 한다.

유럽연합(EU) 제5차 자금세탁방지지침(AMLD 5)

- (배경) 유럽연합(EU)은 2018년 7월 9일, 제5차 자금세탁방지지침(Anti-Money Laundering Directives, AMLD 5, Directive 2018/843)를 발효시켰고, 2020년 1월 10일까지 국내법에 반영해야 한다. 그간 유럽연합(EU)은 1991년 6월의 제1차 지침(AMLD 1)부터 자금세탁방지제도에 대하여 회원국들의 법제도에 적용하고자 노력하였고, 유럽연합 집행위원회(European Commission)에서 주도적으로 자금세탁방지의 주요 이슈에 대응하기 위하여 지침(Directive)을 지속적으로 개정해왔다.

  제5차 지침의 주요 특징으로는 유럽중앙은행(Europe Central Bank, ECB)을 포함한 감독당국(FIU 등) 간의 정보 및 협력 증진, 가상화폐에 대한 규제와 모니터링, 실제소유자와 관련된 정보, 선불카드의 사용, 고위험 국가에 대한 실제조사 등의 내용이 반영되었다. 그리고 기존의 제4차 지침을 개정하여 의무기관(obliged entities)의 범위를 확장했고, 특히 가상자산사업자(Virtual Asset Service Providers, VASPs), 예술 및 골동품 거래와 관련된 높은 가치를 지닌 상품 거래자 등을 추가했다. 그 주요내용은 다음과 같다.

  · 가상자산(암호화폐) 규제 강화 : 가상자산(암호화폐)은 유럽연합의 자금세탁방지 및 테러자금조달금지 적용범위에 포함되어, 가상자산 및 모든 플랫폼과 가상자산 사업자는 고객알기제도와 의심거래보고 등 자금세탁방지 및 테러자금조달금지 의무를 수행해야 한다.

  · 선불카드(Pre-paid Card)의 요구사항 강화 : 선불카드의 익명성을 최소화하고, 자금세탁 및 테러자금조달 위험을 줄이기 위해 익명 선불카드의 사용 한도를 제한한다. 발행금액은 매월 150유로를 초과하지 않는 금액으로 축소하고, 테러 위험이 높은 특정 지역에서 사용하는 한도도 50유로로 추가 제한한다.

  · 중앙등록시스템(Registry)의 편리한 접속과 투명성 강화 : 모든 기업 및 법적 구조에 대해 실제소유자 정보를 등록하는 중앙등록시스템을 구축하고, 각 회원국은 실제소유자 정보를 수집하여 중앙등록소에 저장해야 한다. 실제소유자 정보에 대해 일반 대중의 접근성을 허용하며, 기업 운영에 상당한 영향을 미치는 개인에 관한 정보도 기업구조의 투명성 제고를 위해 열람이 가능하다. 회원국의

중앙등록시스템 간 연결을 통해 유럽연합 전역에서 정보 검색이 가능하다.

· 자금세탁방지/테러자금조달금지(AML/CFT)의무를 가진 기업 : 새로운 사업관계를 수립하기 전에 투명성 있게 등록시스템에 정보를 제공하고 등록해야 할 의무는 유지되며, 조직의 자본 또는 의결권 점유율이 25%를 초과하거나 유사한 영향력 있는 권한을 행사하는 개인을 중앙등록시스템의 기록부에 등록하고 보고를 해야 한다.

· 고위험 지역과 연관 있는 비즈니스 파트너와의 거래 : 비즈니스 파트너와의 거래 시 대금 수령자는 고위험 지역과의 연관이 있는 모든 비즈니스 파트너에 대한 광범위한 정보를 수집해야 한다. 이것은 비즈니스 관계의 성격, 이전 자금의 출처 및 파트너의 관련성에 관한 세부사항이 포함되며, 또한 유럽연합이 지정한 고위험 제3국과의 금융거래 및 모든 신규/기존 비즈니스 관계에 대해 더 엄격한 고객확인절차 강화 및 거래목적 증명 요구 등을 해야 한다.

· 금융정보분석원(FIU)의 역할 : 금융정보분석원(FIU)은 실제소유자에 대한 정보 및 거래내역을 분석하여 의심스러운 활동을 파악하고, 금융시스템에서 의심거래보고를 접수, 분석, 처리하여 자금세탁 및 테러자금조달과 관련된 위험을 모니터링한다. 다른 유럽연합 회원국의 금융정보분석원과 신속한 정보를 교환하며, 이를 통해 국경을 초월한 금융범죄에 대응한다. 또한, 금융정보분석원과 유럽중앙은행은 자금세탁 관련 정보교류 및 상호 협력하여 금융범죄 예방을 위한 규제체계 및 운영 절차 등 정책을 조율한다

형사법을 통한 자금세탁방지에 관한 지침(Directive (EU) 2018/1673)

유럽연합의 자금세탁방지 환경은 끊임없이 변화하기 때문에, 자금세탁방지 지침이 단순히 숫자로만 구분되기보다는 특정 주제나 시기에 따라 다양한 명칭으로 불리는 경우가 많고 지속적으로 개정이 되었다. 중요한 지침 중 하나로 유럽연합(EU)은 2018년 11월 12일, "형사법을 통한 자금세탁방지에 관한 지침(EU) 2018/1673(Directive (EU) 2018/1673)"를 발효시켰다. 이 지침을 2020년 12월 3일까지 자국법에 반영해야 하며, 2021년 6월 3일 모든 회원국의 감독기관 및 금융기관과 관련 기업이 이를 준수해야 한다. 이 지침은 자금세탁방지 규제를 강화하고 유럽연합 회원국 간의 법적 일관성을 높이고, 재산이 범죄

활동에서 파생되었다는 사실을 알면서 고의적으로 저질러진 자금세탁을 범죄화하는 것을 목표로 한다. 자금세탁과 관련 테러자금조달 및 조직 범죄는 유럽연합 차원에서 여전히 심각한 문제로 남아 있으며, 이로 인해 금융부문의 완전성, 안정성 및 평판이 훼손되고 유럽연합 내부 시장 및 내부 보안이 위협받고 있었다. 이러한 문제를 해결하고 제4차 자금세탁방지지침(Directive 2015/849) 적용을 보완하여 회원국 간 사법 협력(형사법)을 통해 자금세탁방지 시스템을 전반적으로 강화하였다. 그리고 관할 감독당국 간 그리고 국가 간 협력이 더욱 신속해졌다. 그 주요내용은 다음과 같다.

- (주요내용)

· 자금세탁 전제범죄의 정의 확대 : 자금세탁 범죄에 대한 정의를 명확히 하고, 범죄 행위를 더 포괄적으로 포함하도록 확장했다. 자금세탁의 전제범죄로 간주되는 행위의 종류 목록에는 사이버 범죄, 환경 범죄, 탈세, 부정거래, 암호화폐 사기, 마약밀매, 인신매매 등 22가지가 포함되었다.

· 법인 책임 강화 : 유한책임회사, 파트너쉽 및 상장회사 같은 법인도 직원의 행동에 대해 자금세탁방지 의무를 위반할 경우 형사 책임을 질 수 있다. 이는 개인의 책임뿐만 아니라 조직적 차원의 책임을 강화하였다

· 회원국 간 사법 협력 강화 : 국경을 초월하는 자금세탁 및 테러자금조달 사건에 대해 회원국 간 정보 교환 및 협력을 강화했다. 이중처벌방지를 위해 어느 회원국이 관할권을 가지는지 명확히 정의했다.

· 범죄수익 몰수 강화 : 자금세탁으로 발생한 부당이득 및 자산 몰수를 더 쉽게 수행할 수 있도록 법적 절차를 간소화했다.

최근의 유럽연합의 자금세탁방지 및 테러자금조달방지 체계(AML/CFT framework)

지난 2024년 6월 19일 유럽연합 관보에 제6차 자금세탁방지 지침(6th AML Directive), 자금세탁방지청 규정(AMLA Regulation) 및 자금세탁방지 규정(AML Regulation)이 게시되었다. 제6차 지침은 유럽연합의 자금세탁방지 및 테러자금조달방지(AML/CFT) 체계(framework) 대응을 목표로 하는 포괄적 패키지(Comprehensive Package)의 일부이다. 그래서 이 "제6차 지침 및 규정(EU) 2023/1113, 규정(EU) 2024/1620 및 규정(EU) 2024/1624"은 모두 의무 기관(obliged entities)이 충족해야 하는 자금세탁방지 및 테러자금조달방지

요구 사항을 규율하는 법적 체계를 형성하고 '자금세탁방지 및 테러자금조달방지를 위한 청(AMLA)' 설립을 포함하여 유럽연합의 자금세탁방지 및 테러자금조달방지 제도적 체계를 뒷받침한다. 다음은 제6차 자금세탁방지 지침(Directive (EU) 2024/1640), 자금세탁방지청 규정(Regulation (EU) 2024/1620) 및 자금세탁방지 규정(Regulation (EU) 2024/1624)에 대해 살펴보고자 한다.

유럽연합(EU) 제6차 자금세탁방지 및 테러자금조달 방지(AML/CFT) 지침

- (배경) 유럽연합(EU)의 최신 자금세탁방지지침(Anti-Money Laundering Directives)은 자금세탁이나 테러자금조달을 목적으로 금융시스템을 사용하는 것을 방지하기 위해 회원국이 마련해야 하는 메커니즘에 관한 2024년 5월 31일자 "지침(EU) 2024/1640"이다. 이 지침은 2021년 7월 20일에 유럽연합 집행위원회에 의해 제안되었고, 유럽의회와 유럽연합 이사회에서 논의가 진행되어 2024년 5월 31일에 최종 합의에 도달하였다. 이로써 제6차 AML/CFT지침 제안을 포함하여 AML/CFT 입법 패키지가 채택되었다. 2024년 6월 19일에 유럽연합 관보에 게재되었으며, 2024년 7월 9일에 발효되었고 유럽연합은 2025년 7월 10일까지 자국법으로 시행되어야 한다. 이 지침은 기존의 Directive 2015/849(제5차 지침인 Directive 2018/843에 의해 개정된 제4차 지침)을 대체한 것이다. 그래서 이 지침을 제6차 자금세탁방지지침(6th AML Directive)이라고도 한다.

  "지침(EU) 2024/1640"의 주요 특징은 자금세탁 및 테러자금조달에 노출된 부문에 대한 국가 차원의 조치, 의무 대상 기관의 고위 경영진 및 실제소유자에 대한 등록, 식별 및 확인 요구 사항, 유럽연합 및 회원국 수준에서의 자금세탁 및 테러자금조달 위험식별, 실제소유자 및 은행 계좌 등록부의 설정 및 접근, 부동산 정보에 대한 접근 등을 규정하고 있다. 이는 유럽연합이 점점 정교화되고 국제화되는 금융범죄에 대응하기 위한 중요한 진전으로 평가받았다. 이 지침은 자금세탁 및 테러자금조달에 맞서 싸우는 유럽연합에 중요한 이정표로서 그 주요내용은 다음과 같다.

- (주요내용)

· 국가 메커니즘: 회원국은 불법 활동에 대한 금융 시스템의 오용을 방지하기 위해 강력한 시스템을 구현하도록 요구한다.

· 정보에 대한 접근: 부동산 정보에 대한 접근뿐만 아니라 실제소유자 및 은행계좌 등록의 설정 및 접근을 용이하게 하여 불법자금 흐름을 추적하고 예방하는 감독당국의 능력을 향상시킨다.

· 위험 평가: 유럽연합 및 회원국 수준 모두에서 자금세탁 및 테러자금조달 위험의 식별 및 평가를 강조하여 위험 적출에 대한 통합 접근 방식을 보장한다,

· 실제소유자 투명성 및 등록부: 금융 거래의 투명성을 높이고 익명성을 줄이기 위해 의무 기관(obliged entities)의 고위 경영진, 실제소유자 등록, 식별 및 확인에 대한 요구 사항을 강화한다. 또한 회원국은 중앙 등록부를 통해 실제소유자 정보를 수집하고, 해당 정보의 정확성과 최신성을 보장하기 위한 검증 권한을 부여한다. 합법적 이해관계를 가진 공공 인사(예: 언론인, 시민사회 단체 등)에게 이러한 정보에 대한 접근이 허용된다.

· 부동산 등록부: 금융정보분석원(FIU)과 기타 관련 감독당국이 부동산 관련 정보를 단일 접근 지점을 통해 이용할 수 있도록 부동산 등록부를 구축한다. 이 등록부에는 부동산의 소유권, 거래 가격, 이전 기록 및 담보권 등의 정보가 포함된다.

· 암호화폐 규제 강화: 암호화폐 자산 서비스 제공업체(crypto-asset service providers)를 포함한 새로운 기술 플랫폼도 자금세탁방지 규제 대상에 포함한다.

· 감독 당국: 회원국 내 모든 의무 이행 기관이 적절하고 효과적인 감독을 받을 수 있도록 보장하며, 국경을 초월한 활동을 수행하는 의무 기관에 대한 공동 감독을 위해 감독 대학(supervisory colleges)을 설립할 수 있는 근거를 마련한다. 이러한 감독 대학의 효과적인 운영을 위해 자금세탁방지청(AMLA)이 주도적인 지원 역할을 수행한다.

· 금융정보분석원(FIU): 금융정보분석원의 분석 역량을 강화하고, 다양한 행정, 금융 및 법 집행 정보에 대한 즉각적이고 직접적인 접근을 보장하며, 불법 자금 흐름을 신속하게 차단할 수 있는 권한을 부여한다. 또한, 국경을 초월하여 유럽연합 내 금융정보분석원 간의 협력을 강화하여 정보 요청에 대한 응답 시간 단축, FIU.net 시스템의 기능 향상 및 공동 분석을 촉진한다.

유럽연합 자금세탁방지 및 테러자금조달방지청(Authority for Anti-Money Laundering and Countering the Financing of Terrorism) 설립에 관한 규정(Regulation (EU) 2024/1620)

- (배경) 자금세탁방지 및 테러자금조달 방지를 위한 청(AMLA)을 설립한다고 명시한 이 규정(Regulation (EU) 2024/1620)은 2021년 7월 20일에 유럽연합 집행위원회에 의해 제안되었고, 유럽의회와 유럽연합이사회에서 논의가 진행되어 2024년 5월 31일에 공동으로 공표했다. 2024년 6월 19일에 유럽연합 관보에 게재되었으며, 이 규정에 따라 유럽연합 전역에서 자금세탁방지 규제의 일관성을 보장하여 금융시스템의 안전성과 투명성을 강화하여 규제의 일관성을 확보하고 회원국 간 정보 공유를 통해 협력을 증진하고자 하였고, 자금세탁방지청(AMLA)을 2024년 6월 26일에 설립하였다.

  자금세탁방지청(AMLA)은 유럽연합의 자금세탁과 테러자금조달 방지 체계를 강화하기 위한 중앙감독기구로서 특정 고위험 금융기관과 대규모 자산운용사에 대해 직접 감독 권한을 갖는 초국가적 감독기관이다. 또한 자금세탁방지청(AMLA)은 자금세탁 및 테러자금조달로부터 유럽연합 시민과 유럽연합 금융시스템을 보호하기 위해 고안된 자금세탁방지 패키지의 핵심 요소로서 회원국의 금융정보분석원(FIU) 등 관련 기관들과 협력하여 규정의 일관된 적용을 감독하고 조정하는 역할을 수행한다. 자금세탁방지청(AMLA)의 본부는 독일 프랑크푸르트 암 마인에 있다. Regulation(EU) 2024/1620에 따라 설립된 자금세탁방지청(AMLA)의 주요 기능은 다음과 같다.

- (주요기능)

· 암호화 자산 서비스 제공업체를 포함하여 금융 부문의 고위험 의무 기관에 대한 직간접적인 감독 권한

· 위험도가 높거나 국경을 넘어 운영되는 암호화폐 자산서비스 제공업체를 포함하여 특정 유형의 신용 및 금융기관을 직접 감독할 수 있는 권한

· 의무 기관의 자금세탁방지 준수를 보장하고 금융부문에서 테러자금조달(AML/CFT) 의무에 대응하며 비금융부문에 지원을 제공하기 위해 국가 감독기관과 협력

유럽연합의 자금세탁방지 규정(Regulation (EU) 2024/1624)

- (배경) 자금세탁방지 규정(Regulation (EU) 2024/1624)은 2021년 7월 20일에 유럽연합 집행위원회에 의해 제안되었고, 유럽의회와 유럽연합이사회에서 논의가 진행되어 2024년 5월 31일에 공동으로 공표했다. 2024년 6월 19일에 유럽연합 관보에 게재되었고 2024년 7월 9일에 발효되었다. 이 규정은 회원국 간의 법적 차이를 줄이기 위해 기존의 수차례 지침(Directive)과 함께 직접 적용 가능한 규정(Regulation)을 도입하여 의무 기관이 충족해야 하는 자금세탁방지 및 테러자금조달방지(AML/CFT) 요구 사항을 규율하는 법적 체계를 형성하는 것으로서 자금세탁방지를 위한 유럽연합 내 규칙을 통일하고 자금세탁 및 테러자금조달 방지를 위한 법적 체계를 강화하기 위해 만들어졌다.

  지금까지의 자금세탁방지 지침(AML Directive)은 유럽연합이 자금세탁과 테러자금조달을 방지하기 위해 채택한 지침이다. 이 지침들은 회원국의 국내 법률로 전환되어야 하며, 각국이 지침의 요구사항을 준수하도록 개별 법률을 만들어 시행한다. 그러나, 2021년 유럽연합은 자금세탁방지지침(AMLD) 대신 자금세탁방지규정(AML Regulation)을 통해 자금세탁방지 체계를 통합 및 표준화하려는 계획을 발표했고 이 자금세탁방지규정은 유럽연합 회원국 전체에 직접 적용되는 법규로 각국의 개별 법률로 전환할 필요가 없다. 또한, 모든 유럽연합 회원국에서 동일하게 시행되므로, 각국에서 다른 방식으로 해석되거나 적용되지 않는다. 자금세탁방지 규정(AML Regulation)은 2027년 7월 10일부터 유럽연합 회원국에 직접 적용될 예정이며, 유럽 자금세탁방지청(AMLA)의 운영을 중심으로 효과적으로 집행될 계획이고 이 규정의 발표 목적은 다음과 같다.

  · 금융 시스템 보호: 자금세탁 및 테러자금조달에 대한 예방 조치를 강화한다.
  · 통일된 법적 틀 제공: 기존의 지침(AMLD 4, AMLD 5)에서 발생하는 회원국 간 차이를 해소하고, 유럽연합 전역에서 통일된 규정을 수립하고 적용하여 회원국 간 법적 규제 차이를 최소화하고 규제의 일관성을 높인다
  · 디지털 자산 포함: 암호화폐 및 기타 디지털 자산을 규제에 포함하여 새로운 위협에 대응한다.
  · 고객확인의무 강화 및 거래 보고 표준화: 금융기관의 고객확인 절차와 의심스러운 거래에 대한 모니터링과 보고 의무를 강화하고, 고객에 대한 신원확인절차를

엄격히 수행하도록 요구한다

· 적용 범위 확대: 금융 기관뿐만 아니라 특정 비금융 업종(예: 부동산 중개인, 가상자산 서비스 제공자 등)도 규제 대상에 포함하여, 다양한 분야에서의 자금세탁 위험을 방지한다.
· 데이터 공유 및 투명성 증대: 회원국 간의 정보 공유를 촉진하고, 법인의 실제소유자에 대한 투명성을 높이기 위한 조치를 포함하고 있다.

현재, 자금세탁방지지침은 여전히 유럽연합의 주요 자금세탁방지 규제 도구로 주로 사용되고 있다. 그러나 자금세탁방지규정 도입이 점진적으로 진행 중이며, 새로운 규정이 자금세탁방지 지침을 대체하거나 보완할 것으로 예상된다. 현재 자금세탁방지지침과 규정은 자금세탁방지 체계를 강화하기 위한 상호 보완적인 역할을 하고 있으며, 지침은 유연성과 조정 역할을 맡고 규정은 표준화를 역할을 맡고 있다. 그러나 향후 자금세탁방지 규정과 자금세탁방지청의 영향력이 더욱 강화될 가능성이 높다.

5장

주요 국가의 AML/CFT 감독기관 개요

가. 미국의 금융감독기관

미국의 금융감독(Financial Supervision)은 연방(US Federal)과 주(State)와의 관계, 법률의 제정 목적, 감독대상(금융기관, 금융상품 등) 및 연방준비제도(Federal Reserve System, 이하 FRS) 또는 연방예금보험공사(Federal Deposit Insurance Corporation, 이하 FDIC) 등의 가입 유무에 따라 감독기관이 중복될 수 있다. 미국의 금융감독기관들은 견제와 균형 및 협력체계를 구축하여 금융감독의 효율성을 도모하고 있다. 우리나라의 기획재정부(경제 및 국제금융 정책)와 금융위원회(금융산업 및 감독 정책)의 역할을 하고 있는 미국 재무부(Department of Treasury)는 경제와 금융시스템을 총괄하는 행정부처로서 국내외 경제·금융정책 수립 및 시행, 금융정책과 감독에 관한 입법 관련 업무(AML/CFT 업무 포함)를 수행하고 있다.

미국은 우리나라와는 달리 금융분야별 감독기구가 구분되어진 '분리형 금융감독 체계'를 가지고 있으며, 금융감독 체계는 은행, 은행지주회사, 증권회사, 저축금융기관, 보험회사 등으로 분류할 수 있다. 또한 금융회사의 거래행위 등 금융시스템을 모니터링하고 대응하는 금융안정감독협의회(Financial Stability Oversight Council, 이하 FSOC)가 있으며, 금융소비자 보호를 전담하는 소비자금융보호국(Consumer Financial Protection Bureau, 이하 CFPB) 등의 정부기관도 있다.

은행

미국의 은행감독은 연방준비제도이사회(Federal Reserve Board, 이하 FRB)가 주도하고 있으며, 효과적인 통화정책 수행, 금융위기의 관리 및 예방, 결제제도의 안정성 확보 등을 목적으로 하고 있다. 연방준비제도(이하, 연준/FRS/Fed)는 현재

국법은행[*1)], 연준 가입 주법은행[*2)], 외국은행지점, 은행지주회사에 대한 감독권을 갖고 있으나 이 중 국법은행에 대한 감독은 미국 재무부 산하 통화감독청(Office of the Comptroller of the Currency, OCC)이 주로 담당하고 있다.

*1) *2) 국법은행은 연방준비제도(FRS), 연방예금보험공사(FDIC)에 의무적으로 가입하게 되어있으며, 주법은행은 주(州)정부로부터 설립허가를 통하여 주(州)법에서 규정된 범위 내에서 업무활동을 하고 있으며 대부분의 주법은행은 연방준비제도(FRS) 또는 연방예금보험공사(FDIC) 가입을 의무화하고 있다.

연방준비제도(FRS)에 가입한 은행은 연방준비은행(FRB)과 주정부(Government of State)의 금융당국이 감독권한을 가지고 있으며, 연방예금보험공사(FDIC)에 가입한 은행은 연방예금보험공사(FDIC)가 주정부 금융당국과 함께 감독권한을 가지고 있다.

은행지주회사

1999년11월 제정된 금융서비스 현대화법(The Financial Services Modernism Act)인 그램-리치-블라일리법(Gramm-Leach-Bliley Act)에 따라, 연방준비제도이사회(FRB)가 금융지주회사의 업무 전반에 대한 감독권한과 역할을 하도록 규정하였으며, 주정부 금융당국과 다른 연방 금융당국은 금융지주회사 그룹 내의 증권 및 보험 업무를 영위하는 회사에 대해 분야별 또는 기능별 감독 역할을 수행하고 있다. 또한 미국의 금융안정성에 미치는 위험을 파악하고 시장규율을 진작하기 위한 금융안정감시위원회(Financial Stability Oversight Council, 이하 FSOC)도 은행지주회사에 대한 부실, 도산 및 금융시장에서의 위험을 파악하고 있다.

증권

미국의 증권회사에 대한 감독은 증권거래위원회(Securities and Exchange Commission, 이하 SEC)가 주관하며, 이는 1934년 증권거래법(Securities Exchange Act)을 설립근거로 하여 설립된 독립적인 연방 정부기관이다. 증권거래위원회(SEC)의 주요기능은 ① 연방증권관련 법의 해석 및 집행규정의 제정 및 개정, ② 증권회사(Broker-Dealer), 투자자문사, 신용평가사 등의 검사 및 감독, ③ 증권, 회계, 감사부문의 사적인 규제조직의 감독, ④ 연방, 주, 외국기관과의 증권규제 공조 등이다. 즉, 증권거래위원회(SEC)는 증권거래소, 증권회사(Broker-Dealer), 투자자문사, 뮤추얼펀드에 대한 감독을 주요업무로 하고 있다. 이러한 증권거래위원회 (SEC)의 금융시장에 대한 규제와 감독을 통해 자금세탁행위를 예방하는데 기여한다.

저축금융기관

미국 저축금융기관(저축은행, Thrifts)에 대한 감독은 "월스트리트 개혁과 금융소비자보호법인 도드-프랭크법(Dodd-Frank Act)"에 근거하여 연방준비제도이사회(FRB), 통화감독청(OCC) 및 연방예금보험공사(FDIC)의 검사를 받는다. 예금보험가입이 의무일 경우, 연방예금보험공사(FDIC)의 감독을 함께 받으며, 주정부로부터 영업허가를 받는 저축금융기관은 주(州)정부 금융당국으로부터도 함께 감독을 받는다.

보험회사

은행에 대한 감독기능이 연방정부와 주(州)정부로 적절히 나누어 있는 것과 달리, 보험회사는 전적으로 주정부의 감독 관할에 있다. 이는 대법원의 판례가 보험업의 감독업무를 주정부영역이라고 못박고 있기 때문이다. 다만, 연방보험청(Federal Insurance Office, FIO)에서 보험업 모니터링을 하고 있으며, 연방예금보험공사(FDIC) 가입 여부에 따라 연방예금보험공사(FDIC)의 감독을 함께 받을 수 있다.

전국신용조합관리국

1934년 연방신용조합법(Federal Credit Union Act of 1934)에 따라 연방신용조합국(Bureau of Federal Credit Unions)을 설립하여 신용조합에 대한 연방 면허 및 규제감독을 담당하였으나, 그 이후 미국 의회는 1970년에 신용조합법을 개정하여 미국의 독립적 연방기관인 전국신용조합관리국(National Credit Union Administration, 이하 NCUA)을 설립하였다. NCUA는 국법 신용조합의 인가와 검사를 담당하고 있으며, 주(州)감독당국과의 협의를 통하여 연방보험가입 및 주법 신용조합의 검사도 함께 하고 있다. 또한, '전국신용조합보험기금(National Credit Union Share Insurance Fund)'을 운용하여 국법 및 주법 신용조합에 '예금보험 보증'을 제공하기도 한다.

미국 재무부

미국 재무부(Department of Treasury)는 경제발전과 미국의 금융안보를 담당하는 정부부처이다. 재무부는 경제·금융 문제에 대한 대통령 자문, 지속 가능한 경제성장 촉진, 금융기관의 관리 등 다양한 업무를 하고 있다. 또한, 재무부는 주화와 통화의 생산, 미국 국민들에 대한 국비지출, 국세 징수, 정부계정 및 공공부채 관리, 국법은행 및 저축기관 감독, 국내/국제금융, 경제, 무역 및 조세정책에 대한 자문, 연방재무 및 세법 시행, 탈세자나 위조자에 대한 조사, 기소 및 징수, 연방정부 운영을 위한 대출 등 국가 금융인프라에 대한 중요한 시스템을 유지 · 관리하고 있다.

아울러, 다른 연방기관, 외국정부 및 해외 금융기관과 협력하여 세계경제 성장에 대한 정책추진과 경제 및 금융위기를 예측하고 예방하는 데에도 주력하고 있다. 자금세탁방지 및 테러자금조달금지(AML/CFT)와 관련하여 재무부는 금융시장의 투명성 강화와 미국에 대한 외국의 위협에 대응하기 위해 경제제재(무역 및 금융 등)를 시행하고 글로벌 금융 네트워크 및 시스템 보호와 개선을 통하여 미국의 금융안보와 강화에 중요하고 광범위한 역할을 수행하고 있다.

[해외자산통제실]

미국 재무부의 해외자산통제실(The Office of Foreign Assets Control, 이하 OFAC)은 국내외 테러리스트, 국제 마약밀매자 등 미국의 대량살상무기의 확산과 미국의 국가안보, 외교정책 또는 경제에 대한 위협에 대하여 외교정책 및 국가안보를 위하여 경제 및 무역제재를 관리하고 집행하는 기관이다.

OFAC은 대통령 관할 비상권한 및 특별법에서 부여한 권한 내에서 미국 관할권역의 거래에 대한 통제를 강화하고 자산을 동결시키는 업무를 수행한다. OFAC은 국가 비상사태 시, 대통령의 행정명령을 통하여 테러리스트와 같은 단체처럼 미국의 국가안보에 위협이 되는 것으로 여겨지는 단체 및 개인에 대해 국내외 모니터링과 제재 활동도 수행하고 있다. 다만, 이런 제재는 유엔 및 기타 국제명령에 근거하며 정부 간 긴밀한 협력이 필요하다.

이러한 OFAC의 활동은 미국 내 국가긴급사태법(the National Emergencies Act of 1976, NEA), 유엔참가법(the United Nations Participation Act of 1945, UNPA) 등 미국의 대외관계를 규율하는 법에 근거하며 미국 외교정책 및 주요 관심국가(Targeted Countries), 체제(Regimes), 테러범, 국제 마약 밀매업자, 대량살상무기 확산과 관련된 활동에 종사하는 사람들에 대하여 국가안보 목표에 따라 경제 및 무역제재를 수행하고 있다.

OFAC은 주로 정보수집가 및 변호사로 구성되어 있으며, 테러관련 기관 및 재무부 산하 금융범죄단속네트워크(FinCEN)의 지원하에 활동하고 있다. OFAC의 목표

중 많은 부분이 백악관에 의해 광범위하게 설정되어 있지만, 대부분의 개별 사례는 OFAC의 해외담당 특별조사부서(Office of Global Targeting, OGT)의 결과에 따라 개발되어 있다. "가장 강력하지만 아직 알려지지 않은 정부기관 중 하나"로 묘사되는 OFAC은 1950년에 설립되어 미국 정부의 외교정책 수단으로 중요한 역할을 수행하고 있으며, 관련법에 따른 위반사항이 발생될 경우, 국내외 단체 및 개인에 대해 제재를 부과할 권한이 있다. 효과적인 제재방법으로서 미국 관할권 내에 있는 자산을 동결하거나 거래에 대한 통제를 가하는 것이다.

앞서 언급한 것처럼 대다수의 제재는 유엔 등 국제기구(예 WTO, IAEA 등)에 위임되어 있고, 동맹국가와의 긴밀한 협력을 필요로 하고 있다. 또한, 적대국가무역법과 국제긴급경제명령 법률에 따라 경제제재를 가하고, 무역 및 금융거래를 금지한 인물과 기관, 선박, 항공기에 관한 목록인 "특별지정 제재대상 국가 및 인물 목록(Specially Designated Nationals and Blocked Persons, 이하 SDNs List)"을 발표하고 있다.

AML/CFT를 위하여 OFAC은 다른 유관기관과 연계하여 별도의 교육콘텐츠를 제공하고 있는데, 이 콘텐츠는 금융회사가 지속적으로 실시해야 하며 의무조항으로 명시되어 있다. 주요 연수 내용은 은행비밀법의 적용범위와 해석, 금융회사 임직원의 자격, 교육훈련 요건, 고액현금거래보고(Currency Transaction Reporting, CTR) 및 의심활동보고(Suspicious Activity Report, SAR) 등 FATF 권고기준에서 제시한 AML/CFT 정책, 위험기반접근(Risk Based Approach), 실제소유자(Beneficial Ownership), 임직원의 권한과 책임 등이다.

[금융범죄단속네트워크]

금융범죄단속네트워크(Financial Crimes Enforcement Network, 이하 FinCEN)는 미국 재무부 산하 소속기관으로서, 1990년 4월 25일에 설립되었다.

은행비밀법(Bank Secrecy Act, 이하 BSA) 등에 근거로 금융범죄 예방과 차단을 목적으로 업무수행을 하고 있어 그 성격이 OFAC과는 다른 목적을 가지고 있다.

FinCEN은 자금세탁 등 금융범죄예방 및 조사를 목적으로 하고 있으며, 금융기관이 금융시스템을 불법적으로 사용하지 못하도록 보호하고 금융정보 수집 및 분석과 금융당국의 전략적인 분석업무를 수행하고 있다. FinCEN의 제재는 금융기관의 직접조사, 금융거래 조사 및 특정계좌 폐쇄 등의 조치를 할 수 있다. 참고로 BSA 및 AML과 31 USC 5318(제4편 참조)은 금융기관이 30일 이내에 FinCEN에 의심활동보고(Suspicious Activity Reporting, SAR)를 제출하도록 의무화하고 있다.

[통화감독청]

통화감독청(Office of the Comptroller of the Currency, 이하 OCC)은 연방은행시스템을 구성하는 기관이 안전한 방식으로 운영되고, 금융서비스에 대한 공정한 접근과 금융시장 참여자들의 공정한 대우를 위하여 관련 법률 및 규정을 준수하도록 하는 데 있다. OCC는 국법은행 및 연방저축기관협회(Federal Savings Association, FSA)를 감독하고 외국은행의 미국 내 지점에 대한 허가 및 관리업무를 수행하고 있다. 이를 위하여, 제3자 제공 서비스 및 외국은행의 조직과 구조를 감독하고 있다.

구체적으로 OCC는 연방은행법의 시행규정을 제·개정하며, 은행의 위험평가, 위험에 대한 예방과 식별, 보증 등의 시정조치를 취하는 데 중점을 둔 위험 기반 감독절차를 수행하고 있다. OCC의 심사관은 국법은행 및 연방저축기관 협회에 대한 현장 감독검사를 수행하는데, 세부 업무로는 ① 대출 및 투자 포트폴리오, 자금 관리, 자본, 수익, 유동성, ② 모든 국법은행 및 연방저축기관협회에 대한 시장 위험예방을 위해 미화100억 달러 미만의 자산으로 구성된 은행의 내부통제, 준법감시 및 경영진의 위험식별과 통제에 대해 분석하고 평가한다.

OCC의 수행 업무

- 은행 규칙 및 규정을 발행하고, 은행 관행을 지배하는 은행의 기업결정에 대한 법적 해석 및 지침을 제공
- 감독하는 은행의 방문조사
- 새로운 은행, 은행 기업구조나 그 활동에 대한 제안된 변화 및 OCC 규정하에서 미국에서 영업하려는 외국은행에 대한 시설 평가
- 법률 및 규정을 준수하지 않거나 안전성을 담보하지 않거나 불건전한 관행을 영위하는 은행들에 대한 시정조치 부과
- 은행이 고객에게 공정한 접근과 공평한 대우를 제공하고 소비자금융법을 준수하도록 하여 소비자 보호

워싱턴 D.C.에 본사를 둔 OCC는 전국 60개 도시에 94개의 감독사무소 (supervisory operating locations)가 있으며, 4개의 지역(geographic regions)을 감독하는 4개의 특별구 사무소(district offices)가 있고, 미국 은행들의 해외활동을 감독하기 위한 런던 사무소를 두고 있다.

대통령은 미 상원의 동의에 따라 5년간 OCC를 이끌어 나가는 통화감독관(Comptroller of the Currency)을 임명한다. 통화감독관은 연방예금보험공사(FDIC)에서 이사직을 맡고 있으며, 금융안정성감독협의회(Financial Stability Oversight Council, 이하 FSOC)와 연방금융기관검사협의회(Federal Financial Institutions Examination Council, 이하 FFIEC)의 회원이기도 하다.

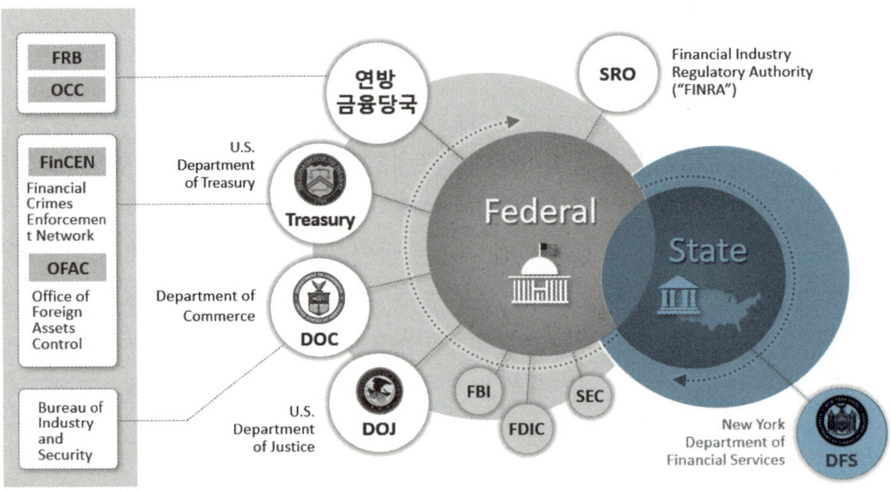

출처 : Kim & Chang

나. 유럽연합(EU) 감독기관

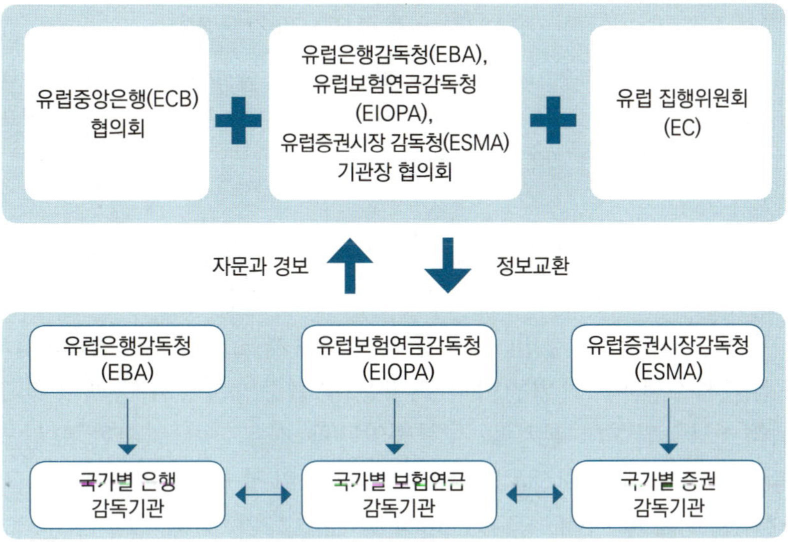

유럽시스템리스크위원회(ESRB) 및 유럽 금융감독체계(ESFS)

출처 : 글로벌자금세탁방지론(2021년, 고철수·최규진)

유럽연합(European Union, EU)은 역내의 일관된 금융감독 및 금융안정기능 강화를 목적으로 2011년 1월 1일 유럽금융감독체계(European System of Financial Supervision, ESFS)를 구축하였다. 유럽금융감독체계(ESFS)는 거시건전성 감독정책을 수립·시행하기 위해 금융시스템의 체계적 위험을 예방 및 완화하기 위한 기구로 유럽시스템리스크위원회(European Systemic Risk Board, ESRB)를 두었고, 미시건전성 감독을 수행하기 위해 세 개의 금융업권별로 유럽감독당국(European Supervisory Authorities, ESAs)을 동시에 설립하였다.

유럽시스템 리스크 위원회(ESRB)의 회원은 투표권이 있는 유럽중앙은행(European Central Bank, ECB) 총재 및 부총재, 유럽 회원국의 중앙은행 총재들(Governors of national central banks), 유럽집행위원회(European Commission, EC) 대표, 유럽감독당국(ESAs) 의장, 자문과학위원회(Advisory Scientific Committee) 의장 및 부의장 그리고 자문기술위원회(Advisory Technical Committee) 의장 등으로 구성되어 있다. 그리고 투표권이 없는 유럽경제재정 위원회(Economic and Financial Committee, EFC) 대표 및 유럽중앙은행 감독위원회(Supervisory Board of the ECB) 의장 등 다수의 회원이 있다.

유럽금융감독체계(ESFS)하의 유럽감독당국(ESAs)에는 유럽은행감독청(European Banking Authority, 이하 EBA)과 유럽증권시장감독청(European Securities & Market Authority, 이하 ESMA), 유럽보험연금감독청(European Insurance & Occupational Pension Authority, 이하 EIOPA) 등이 있으며, 이러한 3개의 감독청은 AML/CFT에 대한 감독도 수행한다.

유럽금융감독체계(ESFS)인 유럽연합의 업권별 유럽감독당국은 유럽시스템리스크위원회에게 미시건전성에 대한 정보를 제공하고, 유럽시스템리스크위원회는 유럽금융감독체계인 금융감독당국에게 조기경보 및 정책제언 등을 수행한다. 유럽시스템리스크위원회의 의장은 유럽중앙은행의 총재가 맡고 있으며, 유럽시스템리스크위원회의 본부도 유럽중앙은행 사무실이 위치한 프랑크푸르트에 있다. 유럽금융감독체계의 주요 목표는 금융안정성을 유지하고 금융시스템 전체에 대한 신뢰를 높이며, 금융소비자를 보호하기 위해 금융부문에 적용되는 규정을 적정하게 구현하는 것이며, 각 감독당국의 본부위치는 파리에 본사를 둔 유럽은행감독청(EBA)과 유럽증권시장감독청(ESMA) 그리고 프랑크푸르트에 위치한 유럽보험연금감독청(EIOPA)이 있다.

이러한 유럽연합(EU)의 업권별 금융감독당국(ESAs)은 유럽시스템리스크위원회(ESRB)의 일원으로서 유럽연합(EU)의 적절하고 효율적인 금융안정성을 위한 감독과 규제업무를 함께 수행하고 있다.

[유럽은행감독청]

유럽은행감독청(European Banking Authority,이하 EBA)은 독립적인 유럽연합(EU) 내 은행감독기관으로서 유럽연합(EU)의 재정안정을 유지하고, 은행부문의 건전성 규제와 투명성(AML/CFT 포함), 효율성 및 시스템 안정을 추구하는 데 있다. EBA의 주요 임무는 유럽연합(EU) 전 지역 금융기관들의 건전성 강화와 회원국들의 은행업무에 단일화된 규정집(European Single Rulebook)을 수립하고 운영하여 회원국들의 은행부문 위험과 취약성을 평가하고 있다.

EBA는 2011년 1월 1일, 유럽금융감독체계(ESFS)의 일환으로 설립되었으며 기존의 유럽은행감독당국위원회(Committee of European Banking Supervisors, CEBS)의 모든 책임과 임무를 부여받았다. EBA의 주요 임무는 구속력 있는 기술 표준서(Binding Technical Standard, 이하 BTS)와 가이드라인 등을 통해 은행에서 EU단일규정집(European Single Rulebook) 수립에 기여하는 것이다. EU단일규정집(European Single Rulebook)은 EU전역의 금융기관에 단일화되고 조화로우며 신중한 규정을 제공하여 예금자, 투자자 및 소비자에게 높은 은행시스템의 보호 기능을 목표로 한다.

EBA는 특히 정기적인 위험평가보고서와 EU스트레스 테스트를 통해 EU은행 부문의 위험과 취약성을 평가하도록 의무화하고 있다. 또한, EBA는 다음의 역할도 수행한다.

- 국가별 감독당국에 의한 EU법률의 부정확하거나 불충분한 적용에 대한 조사
- 비상상황에서 개별 권한당국 또는 금융기관에 대한 결정
- 국경 간 상황에서 권한당국 간의 의견 불일치에 대한 중재
- 유럽의회, 협의회 또는 위원회에 대한 독립적 자문
- EU의 소비자 금융상품 또는 서비스 시장에서 투명성, 단순성 및 공정성 촉진

이러한 업무를 수행하기 위해 EBA는 구속력 있는 기술표준, 지침, 권장 사항, 의견 및 임시보고서 또는 정기적 보고서를 포함하여 여러 규제 및 비규제 문서를 작성할 수 있다. 이 중 기술표준은 구속력이 있으며 지침 또는 규정을 통하여 명시되고 있다. 가이드라인 또는 권고와 같은 다른 문서와는 달리 구속력 있는 기술표준서(BTS)는 법적 구속력이 있으며 EU의 모든 회원국에 직접 적용된다. EBA는 업무범위 내에서 권한 당국과 신용기관 및 금융기관이 유럽의 자금세탁방지법과 AML/CFT 법규를 효과적이고 일관되게 적용할 수 있도록 조치한다. EBA는 AML/CFT 분야에서 다음과 같은 기능을 수행하고 있다.

- EU 전역에서의 AML/CFT 당국과의 협력을 촉진하고 장려함
- AML/CFT를 위해 ESMA 및 EIOPA와 공동위원회를 구성하여 권한당국과 신용 및 금융기관과의 긴밀한 협력을 통한 위험기반접근방식(Risk Based Approach)의 적용방법에 대한 개발 등으로 공동의 이해를 촉진함
- AML/CFT를 위해 ESMA 및 EIOPA와 공동위원회를 구성하여 지침(EU) 2015/849 및 규정(EU) 2015/847을 관련 회원국에 위임사항으로 전달하고 관련 표준수립 등에도 참여함

[유럽증권시장감독청]

유럽증권시장감독청(European Securities and Market Authority, 이하 ESMA)은 투자자 보호(Investor Protection)와 안정적이며 질서정연한 금융시장(Stable and Orderly Markets)의 향상과 유럽연합(EU)의 금융시스템 안정성(Financial Stability)을 보호하기 위한 유럽연합(EU)의 독립적인 증권시장 감독당국이다. ESMA는 투자자, 시장 및 재무 안정성에 대한 위험을 평가하고, 유럽연합(EU) 금융시장에 대한 단일규칙 제정, 신용평가기관(Credit Rating Agencies, 이하 CRAs) 및 거래정보저장소(Trade Repositories, 이하 TRs)의 직접적인 감독 등을 수행한다.

또한, EBA 및 EIOPA 등 EU 감독당국과 긴밀히 협력하여 금융부문 전반에 걸친 감독 수행을 목표로 하고 있다. ESMA는 유럽금융감독체계(ESFS)를 분산 네트워크로 구축할 것을 촉구하는 Jacques de Larosière의 2009년 'EU에서의 금융감독에 관한 고위급그룹' 보고서를 유럽집행위원회(European Commission, EC)에 제출하였고, 이것을 토대로 금융안정에 관한 정보를 평가하는 ESRB에 참여하게 되었으며, 2011년 1월 1일에 업무를 개시하였다.

기존의 유럽증권감독위원회(Committee of European Securities Regulators, CESR)를 대체하여 EU 전역의 단일화된 감독업무를 수행하고 유럽집행위원회(EC)에 정책제언 등도 제공한다. ESMA의 주요업무는 ① 투자자, 시장 및 재무안정성에 대한 위험평가, ② EU금융시장을 위한 단일규정 완성, ③ 증권시장 감독 증진, ④ 신용평가기관(CRAs) 및 거래정보저장소(TRs)의 감독업무 등이다.

ESMA의 지배구조 중에서 2개의 주요 관리기구는 감독당국이 효율적으로 운영되고 할당된 업무를 수행하도록 하는 경영위원회(Management Board)와 주요 의사결정기구인 감독위원회(Board of Supervisors)가 있고, 관련 기구로서 상임위원회(Standing Committee), 상소위원회(Board of Appeal), 증권시장과 이해관계자 그룹(Securities Markets and Stakeholder Group)그리고 협의실무그룹(Consultative Working Group)이 있다.

의장은 유럽증권시장감독청(ESMA)를 대표하는 책임을 지며, 감독위원회와 경영위원회의 회의를 주재한다.

[유럽보험연금감독청]

유럽보험연금감독청(European Insurance & Occupational Pension Authority, 이하 EIOPA)은 보험 및 연금감독위원회(Committee of Insurance and Occupational Pensions Regulators, CEIOPS)를 대체한 기구로서, 2011년 1월에 유럽연합(EU)의 금융부문 감독구조의 개혁으로 설립되었다. 2007~2008년 글로벌 금융위기 중에 유럽의회(European Parliament)는 유럽연합(EU) 차원의 모든 금융산업 관계자들에게 실질적인 수준의 경쟁을 보장하고 유럽연합(EU)의 높아지는 통합요구를 반영하기 위해 보다 통합된 유럽금융감독체제(ESFS)로의 전환을 촉구하였다.

이에 따라, 유럽연합(EU)의 금융시장에 대한 향후 금융위기로부터의 심각한 위험과 심각성을 줄이기 위해 감독체계가 강화되었으며, EIOPA는 유럽시스템리스크위원회(ESRB)의 한 부문일 뿐만 아니라 유럽금융감독시스템(ESFS) 산하 3개의 유럽감독당국(금융부문, 증권부문 및 보험연금 부문) 중 한 부문이기도 하다.

EIOPA의 주요 목표는 다음과 같다.

- 소비자 보호 및 금융시스템에 대한 신뢰 증진
- 모든 회원국의 다양한 이해와 금융기관의 서로 다른 특성을 감안하여 효과적이고 일관적인 높은 수준의 규제와 감독을 보장
- 유럽연합(EU)의 금융기관 및 시장에 대한 규정 일치와 통일적인 규정적용
- 국경 간 그룹의 감독강화
- 조직화된 유럽연합(EU)의 감독 대응력 촉진

EIOPA의 핵심역할은 금융시스템의 안정성, 금융시장 및 금융상품의 투명성, 보험계약자, 연금계획을 위한 회원 및 수혜자의 보호지원 등이다. 이를 위하여 EIOPA는 유럽연합(EU) 전역에 걸쳐 미시건전성 감독을 위한 위험 및 취약성에 대해 모니터링을 하도록 유럽금융감독시스템(ESFS)으로부터 위임을 받았다.

유럽감독당국(ESAs)은 유럽연합(EU)의 금융시장과 금융기관의 성격을 고려하여 거시 및 미시건전성 감독에 대한 국가 및 유럽감독당국의 통합된 조직망이다. EIOPA는 각 회원국의 보험 및 직장 연금분야와 관련하여 회원국 국가들의 감독위원회(Board of Supervisors)의 통제를 받는다. 또한, EIOPA는 유럽연합 집행위원회

(European Commission), 유럽의회(European Parliament) 및 유럽연합이사회 (Council of the European Union)의 자문기관 중 하나이기도 하다.

다. 영국(UK) 자금세탁방지 감독기관

영국은 AML/CFT의 금융감독 업무수행을 위하여 1997년부터 통합·수행해 오던 금융감독기구(FSA)를 2013년 4월부터 소비자를 보호하고 금융회사 영업행위를 감독하는 '금융감독청(Financial Conduct Authority, 이하 FCA)'과 은행 및 보험회사 등 금융회사의 건전성을 감독하는 '건전성감독청(Prudential Regulation Authority, 이하 PRA)'으로 분리해 운영하고 있다.

AML 관련 법률개정과 AML 전문감독자에 대한 AML 감독의 일관성을 개선하는 것을 목표로 영국정부는 자금세탁방지전문감독실(Office of Professional Body Anti-Money Laundering Supervision, 이하 OPBAS)도 2018년 1월에 설립하여 운영하고 있다. 그러므로 영국의 AML/CFT 관련 금융감독은 FCA와 산하 OPBAS에서 주도하고 있다고 볼 수 있으며, 필요시 PRA에서도 함께 병행하여 감독하고 있다.

OPBAS는 영국에서 AML 감독체제를 강화하기 위한 광범위한 개혁안의 일환으로 설립되었는데 「OPBAS규정2018」에서는 OPBAS의 의무와 권한을 부여하여 전문기구의 AML 감독자가 자금세탁방지 규정에서 요구하는 기준을 충족하도록 요구하고 있다. 즉, 변호사, 회계사, 부동산 중개업자 등 특정 산업을 감독하는 전문기구들이 AML 규정을 효과적으로 이행하고 있는지 감독 및 평가하고, 전문기구에 AML/CFT에 대한 명확한 지침과 모범 사례를 제공한다. 또한, 여러 전문기구 간 AML 규정 적용의 일관성을 보장하여 감독 공백이나 규정의 중복을 방지하는 등 여러 업무를 수행한다. 다만, 다음 사항에 대해서는 OPBAS가 감독을 하지 않는다.

- 부동산 중개업자, 고가의 상품 거래업자, 세무사 등 특정 업종에 대한 AML 감독을 수행하는 국세청 (Her Majesty's Revenue and Customs, HMRC)
- 금융 서비스 및 전자화폐 기관 등 금융업에 대한 AML 규제 및 감독을 수행하는 금융감독청
- 카지노와 도박 관련 사업자의 AML 감독 담당 법정 도박위원회
- 영국 밖의 전문 감독자가 수행한 활동
- AML 감독과 관련 없는 전문 감독자가 수행하는 기능 등

영국 금융정보분석원(UK Financial Intelligence Unit, UKFIU) 및 일부 법집행기관의 기능을 포함하는 국가범죄수사청(National Crime Agency, NCA)은 AML/CFT 업무를 수행하고 있으며, 주요업무는 다음과 같다.

- 자금세탁혐의자에 대한 기소 및 유죄판결을 확보 등 법 집행 및 수사
- 범죄자산에 대한 자산 회수 및 압수
- 영국 법집행기관의 재무조사관 교육 및 자금세탁 위험을 사전에 파악하고 이를 줄이는 정책과 절차 제안
- 영국의 금융시스템 남용방지업무 등
- 국제적인 자금세탁방지를 위해 다른 국가의 수사기관(Europol, Interpol 등) 및 금융정보분석원(FIU)과 협력
- SARs(Suspicious Activity Reports) 시스템을 통한 자금세탁이 의심되는 활동에 대한 신고 접수 및 관리
- NCA 산하의 UKFIU를 통해 금융정보 분석 담당 및 SARs 데이터를 기반으로 범죄 패턴 파악 및 수사 지원

국가범죄수사청(NCA) 산하의 영국 금융정보분석원(UKFIU)은 FIU의 독립적인 역할을 유지하며, 영국 내에서 자금세탁방지 및 테러자금조달방지(AML/CFT)와 관련된 금융정보 분석을 전담하고, 의심거래보고(SARs, Suspicious Activity Reports)를 관리하는 핵심 기관이다. 또한, 영국 금융정보분석원은 금융기관 및 보고의무가 있는 기타 조직에도 SARs 작성 및 제출 지침을 제공하고, 에그몬트 그룹(Egmont Group)의 회원으로 전 세계 FIUs와 협력한다. 국가범죄수사청은 영국 금융정보분석원이 제공하는 정보를 활용해 자금세탁 및 테러자금조달과 관련된 직접적인 수사 및 법 집행을 수행한다.

아울러, 합동자금세탁운영그룹(Joint Money Laundering Steering Group, 이하 JMLSG)은 금융서비스업 관련 업무를 위하여 영국무역협회 내에 구성하여 운영하고 있는데 JMLSG는 AML/CFT 우수사례 공표와 영국의 자금세탁(Money Laundering) 규정 마련 및 실무 해석에 도움을 주고 있다. JMLSG의 이사회는 금융산업관련 15개 유관단체의 전문가로 구성되어 있으며, 1990년부터 영국은행과 연계하여 금융부문에 대한 자금세탁방지지침을 제정하고, 정기적으로 AML/CFT 관련 지침을 갱신하여 제공하고 있다.

주요내용 종합정리

1. 자금세탁과 테러자금조달의 정의

- 자금세탁 : "범죄수익의 불법원천을 가장하기 위한 과정(the process of criminal proceeds in order to disguise illegal origin)"을 말한다.
- 테러자금조달 : "테러자금조달은 테러행위, 테러리스트 및 테러조직에 자금을 조달하는 것"이라고 말한다. (Terrorist financing is the financing of terrorist acts, and of terrorists and terrorist organisations.)

2. AML/CFT 관련 주요 국제조약 및 유엔안보리결의안

- 비엔나협약(1988년) : "마약 및 향정신성 물질의 불법거래방지"에 관한 UN협약으로 마약거래와 관련된 자금세탁행위만을 범죄로 규정
- 바젤위원회 선언(1988년) : 국제결제은행(BIS)의 바젤위원회에서 발표한 "자금세탁을 목적으로 하는 은행제도의 범죄적 사용 방지에 관한 선언"으로 회원국들 채택
- 유럽(EU)평의회 범죄수익규제협약(1990) : 유럽(EU) 차원의 법적 체계로서, 범죄수익을 추적, 압수, 몰수하는데 있어, 국제협력과 상호지원을 촉진하는 것을 목표
- 테러자금조달 억제를 위한 UN협약(1999년) : 국제테러에 대한 경제적인 대응조치
- 팔레모 협약(2000년) : 국제적인 중대범죄 및 조직범죄 처벌 등을 위한 국가 간 협력의무 규정
- 볼프스버그 자금세탁방지 준칙(2000년) : 금융기관이 규정 준수 및 실사 등의 문화를 지향할 수 있도록 안내하고 있는 12개 글로벌 은행 연합체의 준칙
- 메리다 협약(2003년) : 부패범죄에 대한 사법공조와 자산환수에 대한 국제협력
- 유엔안보리 결의안(UNSCR) : 이란제재(UNSCR 1267호, 1747호, 1803호, 1929호), 알카에다, 탈레반 제재(UNSCR 1267호, 1989호, 2253호(이슬람국가와 알카에다), 1922호(탈레반)), 북한제재(UNSCR 1718호, 1874호, 1928호)

3. 국제자금세탁방지기구(FATF) 주요 기준 이해

- FATF 40 권고사항 : AML/CFT에 대한 국제기준으로 각국이 이행해야 할 핵심적인 조치
- FATF 11개 효과성 평가 : FATF 40 권고사항의 제도의 효과적인 이행과 결과 평가
- FSRB : FATF 스타일 지역별 자금세탁방지기구

4. 유럽연합(EU) 자금세탁방지지침 (AMLD)

- 제3차 EU AMLD : ML/TF 정의와 범위 확대, CDD에 대한 RBA, 법인 실제소유자확인 (25%) 등
- 제4차 EU AMLD : ML 범위를 카지노에서 도박 서비스 업체로 확대, PEPs, ML/TF의 위험 평가 등
- 제5차 EU AMLD : FIU 간 정보 및 협력 증진, 가상화폐에 대한 규제 등
- 형사법을 통한 EU AMLD : 자금세탁 범죄에 대한 형사 책임 명확화 및 처벌 강화
- 제6차 EU AMLD : 디지털화된 금융환경에서 자금세탁 및 테러자금조달 위험 증가에 대응하기 위해 체계적이고 효과적인 억제 조치 설계

5. 유럽연합(EU) 자금세탁방지규정(AMLR) 및 자금세탁방지청(AMLA)

- 자금세탁방지규정(AMLR) : 유럽연합 회원국 전체에 직접 적용되는 법규로 자금세탁방지 체계를 통합
- 자금세탁방지청(AMLA) : 유럽연합 회원국의 자금세탁방지 규제 및 감독을 통합 관리

6. 주요 국가의 AML/CFT 감독기관 개요

- 미국의 감독기관 : FRB, SEC, FDIC, NCUA, DoT, OFAC, OCC, FinCEN 등
- 유럽연합(EU)의 감독기관 : ESRB, ESA, EBA, EIOPA, AMLA 등
- 영국의 감독기관 : FCA, PRA, OPBAS, UKFIU, NCA 등

연습문제

1. 다음 중 테러자금조달(TF)에 대한 언급으로 맞는 것은?
   ① 당해 재산이 마약밀매 범죄 등에서 유래된 자산임을 알면서도 그 불법 출처를 은닉하거나 가장할 목적으로 또는 관련자의 법적책임을 면하게 하여 지원을 목적으로 당해 재산의 전환 또는 이체하는 경우
   ② 당해 재산이 범죄 또는 그러한 범죄의 가담에서 유래된 자산임을 알면서도 그것의 성질, 출처, 소재, 처분, 이동 권리 또는 소유권의 은닉 또는 가장하는 경우
   ③ 당해 재산이 범죄 또는 그러한 범죄의 가담에서 유래된 자산임을 수취 시점에 알면서도 그것의 취득, 소유 또는 사용하는 경우
   ④ 대중을 협박하거나 정부나 국제기구가 어떤 행위를 하도록 강요하거나 어떤 행위를 하는 것을 못하게 하려는 목적으로 테러자금금지법 제2조 제1항에 해당하는 행위에 사용하기 위하여 모집·제공하거나 운반·보관된 자금이나 재산

2. 다음 중 자금세탁의 특성으로 틀린 것은?
   ① 범죄유형성
   ② 국제범죄성
   ③ 조직범죄성
   ④ 화이트칼라형 범죄성

3. 은행의 안전성과 건전성 등을 위한 CDD관련 보고서 발표로 FATF에 영향을 끼친 발표는?
   ① 비엔나 협약
   ② 팔레모 협약
   ③ 바젤위원회 선언
   ④ 벨푸어 선언

4. “법인과 신탁등 법률관계가 자금세탁/테러자금조달에 악용되는 것이 방지되며, 관련 실소유자 정보가 권한당국에 의해 방해 없이 활용된다.”는 주제는 몇 번 IO인가?

① IO. 3

② IO. 4

③ IO. 5

④ IO. 6

5. 유럽연합(EU) 제5차 AML 지침의 내용으로 맞지 않는 것은?

① 선불카드의 요구사항 강하

② 가상자산시장 개방

③ 중앙등록시스템의 편리한 접속과 투명성 강화

④ 실제소유자의 중앙 등록부서 관리

정답/해설

1. 정답 : ④

①~③번은 자금세탁(ML)에 관련된 언급이다.

2. 정답 : ①

②~④번은 자금세탁의 특성이다.

3. 정답 : ③

④번은 1917년 11월 2일 영국 외무장관 밸푸어가 제1차 세계대전 당시 유대인을 지원하기 위해 팔레스타인에 유대인을 위한 민족국가를 수립하는 데 동의한다고 발표한 선언이다.

4. 정답 : ③

질의내용은 IO.5에 해당하는 내용이다.

5. 정답 : ④

④번은 유럽연합(EU) 제4차 AML 지침에 해당하는 내용이다.

02

국내 자금세탁 방지제도 이해

학습 개요

국내 AML/CFT의 법률체계 일반개요와 보고 및 처벌과 관련된 법률들의 특성을 이해한다. 무역기반자금세탁(TBML)의 국제적 기준 및 주요 기준서 내용을 이해하는 데 도움을 주고자 하며, 가상자산사업자 · 특정비금융사업자 · 비영리단체(NPO)의 제도를 이해할 수 있다. 또한, 금융정보분석원(FIU) 기능 및 역할과 금융회사등에 대한 감독 및 검사와 제재 절차를 이해한다.

학습 목표

- AML/CFT 법률체계를 이해할 수 있다.
- 금융실명법 및 특정금융정보법 등 AML/CFT의 보고관련 법률을 이해할 수 있다.
- 범죄수익은닉규제법 및 테러자금금지법 등 AML/CFT의 처벌 관련 법률을 이해할 수 있다.
- 무역기반자금세탁(TBML)의 개념과 국제적 기준을 이해할 수 있다.
- 특정비금융사업자(DNFBPs) 및 비영리단체(NPO)에 대한 FATF의 기준과 주요 가이던스를 이해할 수 있다.
- 금융정보분석원(FIU)의 기능 및 역할을 이해할 수 있다.
- 감독 검사 및 제재의 개념과 절차를 이해할 수 있다.

6장

자금세탁방지 및 테러자금조달금지 법률체계 이해

국제자금세탁방지기구(이하 FATF)의 권고사항 1(위험평가와 위험기반접근법의 적용)에서, "각국은 자국의 자금세탁 및 테러자금조달위험을 확인하고, 평가하고, 이해하여야 하며, 위험을 효과적으로 경감시킬 수 있도록 자원을 사용할 당국 또는 운영체제 지정등을 포함하는 조치를 조정(Coordinate) 하여야 한다"라고 명시하고 있다.

아울러, FATF 40 권고사항에서는 각국이 이행하여야 할 핵심적인 조치사항들을 다음과 같이 제시하였다.

- 위험의 확인, 정책과 국내외 협력
- 자금세탁, 테러자금조달, 확산금융을 추적
- 금융부문과 다른 지정된 분야를 위한 예방조치를 적용
- 권한당국(예 수사 · 법집행 · 감독 당국)과 조치 기구들의 권한과 책임을 정립
- 법인과 신탁등 법률관계의 투명성과 정보 활용성을 강화
- 국제협력을 촉진

우리나라는 UN, OECD 등 국제사회와 FATF의 각국에 대한 자금세탁방지체계를 강화할 것을 촉구하는 상황과 2001년 외환거래 자유화조치에 따른 불법자금의 유출입을 방지하기 위한 대책 등이 필요하여 AML/CFT제도를 도입하게 되었다. 2010년 World Bank에서는 자금세탁방지를 위한 법률제도의 요구사항으로 다음과 같이 8개 항목을 제시하고 있다.

- 자금세탁의 범죄화(범죄의 정의, 전제범죄의 범위, 국제협력을 위한 국경 간 고려사항, 주관적 요소(state of mind) - 지식 또는 의도, 법인의 책임, 전제범죄를 범한 자의 책임 등
- 테러와 테러자금조달의 범죄화
  * 자금세탁과 테러자금의 범죄화 정의는 비엔나 협약과 팔레모 협약에 근거
- 압수, 몰수 및 권리의 상실 (범죄수익의 직간접적인 몰수, 몰수된 재산의 집행, 제3자의 책임, 몰수의 국제적 양상)
- 해당(covered) 단체 및 개인의 유형 (금융기관, 특정비금융사업자, 기타 잠재적으로 다루어질 개인과 단체)
- 감독 및 규제 (금융기관과 특정비금융사업자)
- FATF 권고사항 이행과 양립하는 법률
- 해당 기관 간의 협력
- 수사

국제기구 및 FATF의 기준에 근거하여 자금세탁방지제도(AML)는 자금세탁을 범죄화하고 자금세탁의 전제범죄를 지정하여 범죄수익을 몰수 및 추징하는 것이다. 이를 위하여 금융회사등이 자금세탁방지의무(고객확인, 의심거래보고, 고액현금거래보고, 내부통제)를 FIU에 이행하여 FIU가 자금세탁 의심거래를 분석한 이후 법집행기관에 제공하여 수사 및 처벌에 이르는 일련의 과정으로 요약될 수 있다.

또한, 테러자금조달금지제도(CFT)는 테러자금조달을 범죄로 처벌하고 관련 자산을 동결 및 몰수하는 것을 말하는데, 주요내용으로는 테러자금조달행위를 처벌, 테러자금조달 의심거래에 대하여 금융회사등이 FIU에 보고, 테러 관련자 자산의 동결과 금융거래 허가제도의 운영 등을 말한다.

- 테러자금조달행위 처벌 : 테러행위 (UN협약), 테러 관련자 (단체/개인)에 대한 자금지원을 처벌
- 테러자금조달 의심거래 보고 : 금융회사등은 관련 의심거래를 FIU에 보고
- 테러 관련자 자산동결 : 우리나라는 금융거래제한대상자를 지정 및 고시하여 금융거래를 제한
  * 예시 : 금융위원회 고시 제2023-53호(금융거래등제한대상자 지정 및 지정 취소에 관한 규정 일부개정
- 금융거래 허가제도 운영 : 금융거래제한대상자와의 테러자금조달과 무관한 금융거래를 허가

이와 같은 국제기준 등을 근거로 우리나라의 AML/CFT 체계는 금융회사등이 고객확인(CDD)를 통한 의심거래보고(STR)와 고액현금거래보고(CTR)를 FIU에 보고하고 FIU는 법집행기관에 정보를 제공하여 범죄수사 등을 통한 자금세탁 및 테러자금조달(이하, ML/TF)을 방지하는 것이다.

국내 AML/CFT 법률체계는 ML/TF 보고제도와 ML/TF 처벌제도로 구분된다. 보고제도의 근거 법률로는 1) 금융실명법, 2) 특정금융정보법이며, ML/TF 처벌 법률로는 1) 범죄수익은닉규제법, 2) 공중협박자금조달금지법, 3) 마약거래 방지법을 들 수 있다. 다음 장에서는 ML/TF의 보고제도 및 처벌제도의 근거 법령과 더불어, 연관된 금융관련 법률에 대해 기술하고자 한다.

7장

금융실명법과 특정금융정보법 이해

가. 금융실명법

제정 배경

금융실명제는 1982년에 처음 추진되어 1993년 김영삼 대통령의 긴급 재정경제명령으로 전격적으로 시행되었다. 처음 추진되어진 배경에는 단군 이래 최대 사기사건인 이철희·장영자 어음사기 사건을 계기로 하여 제5공화국과 노태우 정부에서 각각 추진되었으나 연기되었고, 세 번째로는 1992년 대선공약으로 추진된 김영삼 정부의 정치·경제 패키지 개혁에 따라, 금융실명제 실시를 1993년 8월 전격 발표하였다. 이후 법령 개정을 거쳐 현재의 금융실명법이 시행되고 있다.

발전 경과

(제1차 금융실명제 추진) 이철희 · 장영자 거액 어음 부도사건(1982년)으로 정부에서는 「예금 · 적금등의비밀보장에관한법률」을 개정 또는 폐지하는 방안을 국회 재정경제위원회 보고서에 포함하였으나, 국회 논의 과정에서 보류되었다.

(제2차 금융실명제 추진) 1987년 노태우 정부의 대선공약으로 추진된 금융실명제는 1986년부터 1989년까지의 3저 호황의 여파로 1989년 경기가 악화되면서 증시 폭락이 계속되어 여론이 악화되자, 금융실명제 시기상조론이 부각되며 정부에서는 1990년 3월 금융실명제 유보선언을 하였다.

(제3차 금융실명제 추진) 1993년 8월 12일, 김영삼 정부는 '대통령 긴급명령 발표'를 통하여 금융실명제를 전격 발표하였다. 김영삼 정부는 개혁법안으로서 「공직자윤리법」을 실시하였고, 정치권과 재계의 검은돈 내사 등 부패 척결을 신속히 추진하고 부작용을 최소화하기 위하여 대통령의 긴급명령을 통한 금융실명제*를 전격 실시하였다.

*〈 금융실명제 긴급명령의 주요내용 〉
- 긴급명령 발동여건의 충족 여부
- 실명거래의 의무, 대상 및 범위
- 기존 비실명 금융자산에 대한 조치
- 실명전환 의무기간
- 유예기간 내 실명전환하지 않은 자산에 대한 과징금
- 국세청 자금출처조사의 범위 등

금융실명법의 AML/CFT와 관련된 주요 특징

(실지명의 확인) 금융회사는 실명에 의해 금융거래를 해야 하며, 실명확인은 성명과 주민등록번호의 확인 및 실명확인증표에 첨부된 사진 등에 의하여 반드시 거래자 본인 여부를 확인해야 한다. 제시된 실명확인증표의 사진에 의하여 본인 여부 식별이 어려운 경우에는 다른 실명확인증표를 보완용으로 사용이 가능하다.

(차명 금융거래 금지) 금융거래에 있어서 차명거래를 금지행위로 규정하고 위반 시 제재에 처한다. 또한 소유권의 경우 차명계좌주로 추정한다.

- (금지행위) 불법재산의 은닉, 자금세탁행위, 공중협박자금조달행위와 함께 강제집행의 면탈, 그 밖의 탈법행위를 목적으로 타인의 실명으로 금융거래를 하는 행위를 금지한다.

- (제재) 불법 차명거래자, 불법 차명거래를 알선·중개한 금융회사등의 종사자는 5년 이하 징역 또는 5천만원 이하의 벌금(금융회사등의 임직원에게 3천만원 이하 과태료 부과)에 처한다.

- (소유권) 계좌 금전의 소유권은 출연자가 아닌 차명계좌주로 추정한다.

금융실명법률의 주요 조항

제2조(정의) 이 법에서 사용하는 용어의 뜻은 다음과 같다.

1. "금융회사등"이란 다음 각 목의 것을 말한다.
   가. 「은행법」에 따른 은행
   나. 「중소기업은행법」에 따른 중소기업은행
   다. 「한국산업은행법」에 따른 한국산업은행
   라. 「한국수출입은행법」에 따른 한국수출입은행
   마. 「한국은행법」에 따른 한국은행
   바. 「자본시장과 금융투자업에 관한 법률」에 따른 투자매매업자 · 투자중개업자 · 집합투자업자 · 신탁업자 · 증권금융회사 · 종합금융회사 및 명의개서대행회사
   사. 「상호저축은행법」에 따른 상호저축은행 및 상호저축은행중앙회
   아. 「농업협동조합법」에 따른 조합과 그 중앙회 및 농협은행
   자. 「수산업협동조합법」에 따른 조합과 그 중앙회 및 수협은행
   차. 「신용협동조합법」에 따른 신용협동조합 및 신용협동조합중앙회
   카. 「새마을금고법」에 따른 금고 및 중앙회
   타. 「보험업법」에 따른 보험회사
   파. 「우체국예금 · 보험에 관한 법률」에 따른 체신관서
   하. 그 밖에 대통령령으로 정하는 기관

2. "금융자산"이란 금융회사등이 취급하는 예금 · 적금 · 부금(賦金) · 계금(契金) · 예탁금 · 출자금 · 신탁재산 · 주식 · 채권 · 수익증권 · 출자지분 · 어음 · 수표 · 채무증서 등 금전 및 유가증권과 그 밖에 이와 유사한 것으로서 총리령으로 정하는 것을 말한다.

3. "금융거래"란 금융회사등이 금융자산을 수입(受入) · 매매 · 환매 · 중개 · 할인 · 발행 · 상환 · 환급 · 수탁 · 등록 · 교환하거나 그 이자, 할인액 또는 배당을 지급하는 것과 이를 대행하는 것 또는 그 밖에 금융자산을 대상으로 하는 거래로서 총리령으로 정하는 것을 말한다.

4. "실지명의"란 주민등록표상의 명의, 사업자등록증상의 명의, 그 밖에 대통령령으로 정하는 명의를 말한다.

제3조 (금융실명거래)

① 금융회사등은 거래자의 실지명의(이하 "실명"이라 한다)로 금융거래를 하여야 한다.
② 금융회사등은 제1항에도 불구하고 다음 각 호의 어느 하나에 해당하는 경우에는 실명을 확인하지 아니할 수 있다.
  1. 실명이 확인된 계좌에 의한 계속거래(繼續去來), 공과금 수납 및 100만원 이하의 송금 등의 거래로서 대통령령으로 정하는 거래
  2. 외국통화의 매입, 외국통화로 표시된 예금의 수입(受入) 또는 외국통화로 표시된 채권의 매도 등의 거래로서 대통령령으로 정하는 기간 동안의 거래

3. 다음 각 목의 어느 하나에 해당하는 채권(이하 "특정채권"이라 한다)으로서 법률 제5493호 금융실명거래및비밀보장에관한법률 시행일(1997년 12월 31일) 이후 1998년 12월 31일 사이에 재정경제부장관이 정하는 발행기간 · 이자율 및 만기 등의 발행조건으로 발행된 채권의 거래

가. 고용 안정과 근로자의 직업능력 향상 및 생활 안정 등을 위하여 발행되는 대통령령으로 정하는 채권
나. 「외국환거래법」 제13조에 따른 외국환평형기금 채권으로서 외국통화로 표시된 채권
다. 중소기업의 구조조정 지원 등을 위하여 발행되는 대통령령으로 정하는 채권
라. 「자본시장과 금융투자업에 관한 법률」 제329조에 따라 증권금융회사가 발행한 사채
마. 그 밖에 국민생활 안정과 국민경제의 건전한 발전을 위하여 발행되는 대통령령으로 정하는 채권

③ 누구든지 「특정 금융거래정보의 보고 및 이용 등에 관한 법률」 제2조제4호에 따른 불법재산의 은닉, 같은 조 제5호에 따른 자금세탁행위 또는 같은 조 제6호에 따른 공중협박자금조달행위 및 강제집행의 면탈, 그 밖에 탈법행위를 목적으로 타인의 실명으로 금융거래를 하여서는 아니 된다. 〈신설 2014. 5. 28., 2020. 3. 24.〉
④ 금융회사등에 종사하는 자는 제3항에 따른 금융거래를 알선하거나 중개하여서는 아니 된다. 〈신설 2014. 5. 28.〉
⑤ 제1항에 따라 실명이 확인된 계좌 또는 외국의 관계 법령에 따라 이와 유사한 방법으로 실명이 확인된 계좌에 보유하고 있는 금융자산은 명의자의 소유로 추정한다. 〈신설 2014. 5. 28.〉
⑥ 금융회사등은 금융위원회가 정하는 방법에 따라 제3항의 주요내용을 거래자에게 설명하여야 한다. 〈신설 2014. 5. 28.〉
⑦ 실명거래의 확인 방법 및 절차, 확인 업무의 위탁과 그 밖에 필요한 사항은 대통령령으로 정한다. 〈개정 2014. 5. 28.〉

제4조 (금융거래의 비밀보장)

① 금융회사등에 종사하는 자는 명의인(신탁의 경우에는 위탁자 또는 수익자를 말한다)의 서면상의 요구나 동의를 받지 아니하고는 그 금융거래의 내용에 대한 정보 또는 자료(이하 "거래정보등"이라 한다)를 타인에게 제공하거나 누설하여서는 아니 되며, 누구든지 금융회사등에 종사하는 자에게 거래정보등의 제공을 요구하여서는 아니 된다. 다만, 다음 각 호의 어느 하나에 해당하는 경우로서 그 사용 목적에 필요한 최소한의 범위에서 거래정보등을 제공하거나 그 제공을 요구하는 경우에는 그러하지 아니하다.
1. 법원의 제출명령 또는 법관이 발부한 영장에 따른 거래정보등의 제공
2. 조세에 관한 법률에 따라 제출의무가 있는 과세자료 등의 제공과 소관 관서의 장이 상속 · 증여 재산의 확인, 조세탈루의 혐의를 인정할 만한 명백한 자료의 확인, 체납자(체납액 5천만원 이상인 체납자의 경우에는 체납자의 재산을 은닉한 혐의가 있다고 인정되는 다음 각 목에 해당하는 사람을 포함한다)의 재산조회, 「국세징수법」 제9조 제1항 각 호의 어느 하나에 해당하는 사유로 조세에 관한 법률에 따른 질문 · 조사를 위하여 필요로 하는 거래정보등의 제공
가. 체납자의 배우자(사실상 혼인관계에 있는 사람을 포함한다)
나. 체납자의 6촌 이내 혈족
다. 체납자의 4촌 이내 인척

3. 「국정감사 및 조사에 관한 법률」에 따른 국정조사에 필요한 자료로서 해당 조사위원회의 의결에 따른 금융감독원장(「금융위원회의 설치 등에 관한 법률」 제24조에 따른 금융감독원의 원장을 말한다. 이하 같다) 및 예금보험공사사장(「예금자보호법」 제3조에 따른 예금보험공사의 사장을 말한다. 이하 같다)의 거래정보등의 제공

4. 금융위원회(증권시장 · 파생상품시장의 불공정거래조사의 경우에는 증권선물위원회를 말한다. 이하 이 조에서 같다), 금융감독원장 및 예금보험공사사장이 금융회사등에 대한 감독 · 검사를 위하여 필요로 하는 거래정보등의 제공으로서 다음 각 목의 어느 하나에 해당하는 경우와 제3호에 따라 해당 조사위원회에 제공하기 위한 경우
   가. 내부자거래 및 불공정거래행위 등의 조사에 필요한 경우
   나. 고객예금 횡령, 무자원(無資源) 입금 기표(記票) 후 현금 인출 등 금융사고의 적발에 필요한 경우
   다. 구속성예금 수입(受入), 자기앞수표 선발행(先發行) 등 불건전 금융거래행위의 조사에 필요한 경우
   라. 금융실명거래 위반, 장부 외 거래, 출자자 대출, 동일인 한도 초과 등 법령 위반행위의 조사에 필요한 경우
   마. 「예금자보호법」에 따른 예금보험업무 및 「금융산업의 구조개선에 관한 법률」에 따라 예금보험공사사장이 예금자표(預金者表)의 작성업무를 수행하기 위하여 필요한 경우
5. 동일한 금융회사등의 내부 또는 금융회사등 상호간에 업무상 필요한 거래정보등의 제공
6. 금융위원회 및 금융감독원장이 그에 상응하는 업무를 수행하는 외국 금융감독기관(국제금융감독기구를 포함한다. 이하 같다)과 다음 각 목의 사항에 대한 업무협조를 위하여 필요로 하는 거래정보등의 제공
   가. 금융회사등 및 금융회사등의 해외지점 · 현지법인 등에 대한 감독 · 검사
   나. 「자본시장과 금융투자업에 관한 법률」 제437조에 따른 정보교환 및 조사 등의 협조
7. 「자본시장과 금융투자업에 관한 법률」에 따라 거래소허가를 받은 거래소(이하 "거래소"라 한다)가 다음 각 목의 경우에 필요로 하는 투자매매업자 · 투자중개업자가 보유한 거래정보등의 제공
   가. 「자본시장과 금융투자업에 관한 법률」 제404조에 따른 이상거래(異常去來)의 심리 또는 회원의 감리를 수행하는 경우
   나. 이상거래의 심리 또는 회원의 감리와 관련하여 거래소에 상응하는 업무를 수행하는 외국거래소 등과 협조하기 위한 경우. 다만, 금융위원회의 사전 승인을 받은 경우로 한정한다.
8. 그 밖에 법률에 따라 불특정 다수인에게 의무적으로 공개하여야 하는 것으로서 해당 법률에 따른 거래정보등의 제공

② 제1항제1호부터 제4호까지 또는 제6호부터 제8호까지의 규정에 따라 거래정보등의 제공을 요구하는 자는 다음 각 호의 사항이 포함된 금융위원회가 정하는 표준양식에 의하여 금융회사등의 특정 점포에 이를 요구하여야 한다. 다만, 제1항제1호에 따라 거래정보등의 제공을 요구하거나 같은 항 제2호에 따라 거래정보등의 제공을 요구하는 경우로서 부동산(부동산에 관한 권리를 포함한다. 이하 이 항에서 같다)의 보유기간, 보유 수, 거래 규모 및 거래 방법 등 명백한 자료에 의하여 대통령령으로 정하는 부동산거래와 관련한 소득세 또는 법인세의 탈루혐의가 인정되어 그 탈루사실의 확인이 필요한 자(해당 부동산 거래를 알선 · 중개한 자를 포함한다)에 대한 거래정보등의 제공을 요구하는 경우 또는 체납액 1천만원 이상인 체납자의 재산조회를 위하여 필요한 거래정보등의 제공을 대통령령으로 정하는 바에 따라 요구하는 경우에는 거래정보등을 보관 또는 관리하는 부서에 이를 요구할 수 있다.

1. 명의인의 인적사항
2. 요구 대상 거래기간
3. 요구의 법적 근거
4. 사용 목적
5. 요구하는 거래정보등의 내용
6. 요구하는 기관의 담당자 및 책임자의 성명과 직책 등 인적사항

③ 금융회사등에 종사하는 자는 제1항 또는 제2항을 위반하여 거래정보등의 제공을 요구 받은 경우에는 그 요구를 거부하여야 한다.

④ 제1항 각 호[종전의 금융실명거래에관한법률(대통령긴급재정경제명령 제16호로 폐지되기 전의 것을 말한다) 제5조제1항제1호부터 제4호까지 및 금융실명거래및비밀보장에 관한 긴급거래정보 등을 다시 취득한 자를 포함한다)는 그 위반사실을 알게 된 경우 그 거래정보등을 타인에게 재정경제명령(법률 제5493호로 폐지되기 전의 것을 말한다.이하 같다) 제4조제1항 각 호를 포함한다]에 따라 거래정보등을 알게 된 자는 그 알게 된 거래정보등을 타인에게 제공 또는 누설하거나 그 목적 외의 용도로 이용하여서는 아니 되며, 누구든지 거래정보등을 알게 된 자에게 그 거래정보등의 제공을 요구하여서는 아니 된다. 다만, 금융위원회 또는 금융감독원장이 제1항제4호 및 제6호에 따라 알게 된 거래정보등을 외국 금융감독기관에 제공하거나 거래소가 제1항제7호에 따라 외국거래소 등에 거래정보등을 제공하는 경우에는 그러하지 아니하다.

⑤ 제1항 또는 제4항을 위반하여 제공 또는 누설된 거래정보등을 취득한 자(그로부터 제공 또는 누설하여서는 아니 된다.

⑥ 다음 각 호의 법률의 규정에 따라 거래정보등의 제공을 요구하는 경우에는 해당 법률의 규정에도 불구하고 제2항에 따른 금융위원회가 정한 표준양식으로 하여야 한다.

1. 「감사원법」 제27조제2항
2. 「정치자금법」 제52조제2항
3. 「공직자윤리법」 제8조제5항
4. 삭제 〈2020. 12. 29.〉
5. 「상속세 및 증여세법」 제83조제1항
6. 「특정 금융거래정보의 보고 및 이용 등에 관한 법률」 제13조제3항
7. 「과세자료의 제출 및 관리에 관한 법률」 제6조제1항

나. 특정 금융거래 정보의 보고 및 이용에 관한 법률(이하 특정금융정보법)

제정 배경

2001년 제2차 외환자유화 조치에 따른 불법자금의 국내외 유출에 효율적으로 대처하고 금융거래를 이용한 자금세탁행위를 효과적으로 규제하여 국제자금세탁방지기구(FATF)의 기준 준수와 더불어, 반사회적인 범죄행위를 예방하고 건전하고 투명한 금융거래 질서의 확립을 목적으로 시행하였다.

발전 경과

2005년 1월, 고객확인제도(CDD)와 고액현금거래보고제도(CTR)를 도입하였다.

2007년 12월, 공중협박자금조달행위에 대해서도 자금세탁행위와 동일한 규제를 적용하였고, 국세청에 대해서도 특정금융거래정보 제공범위를 확대하였다.

2008년 12월, 특정비금융사업자(DNFBPs) 중 카지노에 대하여 자금세탁방지의무를 부과하였다.

2009년, 우리나라는 국제자금세탁방지기구(FATF)의 자금세탁방지제도의 구현을 인정받고 FATF의 정회원으로 가입하였다.

2013년, 자금세탁방지를 위한 금융실명법과 특정금융정보 개정안이 동시 발의되었다. 금융실명법의 경우 일반 국민에 대해 차명거래 금지의무를 부과하고 차명거래 신고제를 도입하는 방안이 주로 논의되었고, 특정금융정보법의 경우에는 금융회사의 고객확인의무 강화 및 차명거래에 대한 별도 보고제도 신설 등이 논의되어 2014년 5월 국회를 통과하였다.

(2013년) 특정금융정보법 주요 개정 내용

- 국세청에 조세탈루 징수를 위하여 특정금융거래 정보 제공
- 전산관리자, 감독·검사자에게 비밀보장 의무 부과
- 임직원 제재규정 명확화 및 영업정지 요구권 신설
- 의심거래보고 기준금액 폐지
- FIU의 FIU의 정보등 보존기간 법제화

2014년, 불법차명거래 시 의심거래보고의무를 부과 및 실제소유자에 관한 사항을 확인하고 금융회사등이 고객확인을 할 수 없을 때에는 신규거래를 거절하고 당해 거래를 종료하도록 개정하였다.

2016년에는 개인고객의 실제소유자에 관한 확인 방법을 구체화하였고, 법인과 단체고객에 대한 실제소유자 확인 방법도 구체화하였다.

2016~17년도에는 소액해외송금업에 대해서도 자금세탁방지의무가 부과되었으며, 국가정보원에 제공하는 특정금융거래정보를 구체화하였다.

2019년, 전자금융업, 대부업(자산규모 500억원 이상), 금융거래를 수행하는 금융자회사까지 자금세탁방지의무를 부과하였다.

- 2019년에는 자금세탁방지 및 공중협박자금조달금지에 관한 업무규정을 전면 개정
- 금융회사 내부통제 의무(금융회사 등이 내부 업무지침에 법령사항을 구체적으로 반영)

2020~21년 주요 개정 내용

- 고객확인제도 일회성 금융거래 기준금액 변경(전신송금 100만원, 가상자산거래 100만원, 카지노 300만원)
- 금융회사 내부통제 의무(금융회사등이 내부 업무지침에 법령사항을 구체적으로 반영)
- 과태료 상향
- 상호금융에 대한 AML/CFT 검사권한 위탁(금감원과 상호금융중앙회에 병행 위탁)
- 자료 보관의무 부과 : 금융거래 종료일로부터 5년
- 지방세 포탈혐의 확인을 위하여 행정안전부에 특정금융거래정보 제공
- 가상자산사업자의 자금세탁방지의무 부과
- 가상자산사업자와 거래하는 금융회사등의 의무

2022년 주요 개정 내용

- 가상자산의 트래블룰 시행(가상자산사업자 간 100만원 상당 이상의 가상자산을 이전하는 경우 송·수신인 정보의 제공, 보관 의무)

2024년 주요 개정 내용

- 가상자산사업자 변경신고 시 신고사항 유형별로 신고서 제출기한을 달리하여 정할 수 있도록 고시 위임 근거 마련
- 실명확인 입출금계정을 발급할 수 있는 금융회사등이 갖추어야 할 요건 규정
- 가상자산이용자보호법상 영업정지 조치 미이행하거나 부정한 방법으로 금전 등을 수수한 경우에도 가상자산사업자 신고 직권말소가 가능

• 자금세탁방지 및 공중협박조달금지에 관한 업무규정 개정

주요 법률 내용 (가상자산사업자 및 검사 및 제재/벌칙 조항은 관련 부문에서 소개)

제2조(정의) 이 법에서 사용하는 용어의 뜻은 다음과 같다.

1. "금융회사등"이란 다음 각 목의 자를 말한다.
   가. 「한국산업은행법」에 따른 한국산업은행
   나. 「한국수출입은행법」에 따른 한국수출입은행
   다. 「중소기업은행법」에 따른 중소기업은행
   라. 「은행법」에 따른 은행
   마. 「자본시장과 금융투자업에 관한 법률」에 따른 투자매매업자, 투자중개업자, 집합투자업자, 신탁업자, 증권금융회사, 종합금융회사 및 명의개서대행회사
   바. 「상호저축은행법」에 따른 상호저축은행과 상호저축은행중앙회
   사. 「농업협동조합법」에 따른 조합과 농협은행
   아. 「수산업협동조합법」에 따른 조합과 수협은행
   자. 「신용협동조합법」에 따른 신용협동조합과 신용협동조합중앙회
   차. 「새마을금고법」에 따른 금고와 중앙회
   카. 「보험업법」에 따른 보험회사
   타. 「우체국예금 · 보험에 관한 법률」에 따른 체신관서
   파. 「관광진흥법」에 따라 허가를 받아 카지노업을 하는 카지노 사업자(이하 "카지노사업자"라한다)
   하. 「가상자산 이용자 보호 등에 관한 법률」 제2조제2호에 따른 가상자산사업자(이하 "가상사업자"라 한다)
   거. 제2호에 따른 금융거래등을 하는 자로서 대통령령으로 정하는 자

2. "금융거래등"이란 다음 각 목의 것을 말한다.
   가. 금융회사등이 금융자산(「금융실명거래 및 비밀보장에 관한 법률」 제2조제2호에 따른 금융자산을 말한다)을 수입 · 매매 · 환매 · 중개 · 할인 · 발행 · 상환 · 환급 · 수탁 · 등록 · 교환하거나 그 이자 · 할인액 또는 배당을 지급하는 것과 이를 대행하는 것, 그 밖에 금융자산을 대상으로 하는 거래로서 총리령으로 정하는 것
   나. 「자본시장과 금융투자업에 관한 법률」에 따른 파생상품시장에서의 거래, 그 밖에 대통 정하는 것
   다. 카지노사업자의 영업장에서 현금 또는 수표를 대신하여 쓰이는 것으로서 대통령령으로 정하는 것과 현금 또는 수표를 교환하는 거래
   라. 가상자산사업자가 「가상자산 이용자 보호 등에 관한 법률」에 따라 수행하는 업무(이하"가상자산 거래"라 한다)

3. "가상자산"이란 「가상자산 이용자 보호 등에 관한 법률」 제2조제1호에 따른 가상자산을 말한다.
4. "불법재산"이란 다음 각 목의 것을 말한다.

가. 「범죄수익은닉의 규제 및 처벌 등에 관한 법률」 제2조제4호에 따른 범죄수익등
나. 「마약류 불법거래 방지에 관한 특례법」 제2조제5항에 따른 불법수익등
다. 「공중 등 협박목적 및 대량살상무기확산을 위한 자금조달행위의 금지에 관한 법률」 제2조제1호에 따른 공중협박자금

5. "자금세탁행위"란 다음 각 목의 행위를 말한다.
가. 「범죄수익은닉의 규제 및 처벌 등에 관한 법률」 제3조에 따른 범죄행위
나. 「마약류 불법거래 방지에 관한 특례법」 제7조에 따른 범죄행위
다. 「조세범 처벌법」 제3조, 「관세법」 제270조, 「지방세기본법」 제102조 또는 「특정범죄가중처벌 등에 관한 법률」 제8조의 죄를 범할 목적 또는 세법에 따라 납부하여야 하는 조세(「지방세기본법」에 따른 지방세를 포함한다. 이하 같다)를 탈루할 목적으로 재산의 취득 · 처분 또는 발생 원인에 관한 사실을 가장(假裝)하거나 그 재산을 은닉하는 행위

6. "공중협박자금조달행위"란 「공중 등 협박목적 및 대량살상무기확산을 위한 자금조달행위의 금지에 관한 법률」 제6조제1항의 죄에 해당하는 행위를 말한다.

제3조(금융정보분석원)

① 다음 각 호의 업무를 효율적으로 수행하기 위하여 금융위원회 소속으로 금융정보분석원을 둔다.
1. 제4조 · 제4조의2 및 제9조에 따라 보고받거나 통보받은 사항의 정리 · 분석 및 제공
2. 제4조 · 제4조의2 · 제5조 · 제5조의2 · 제5조의3 · 제5조의4 및 제8조에 따라 금융회사등이 수행하는 업무에 대한 감독 및 검사
3. 제4조제6항제2호에 따른 외국금융정보분석기구와의 협조 및 정보교환
4. 제7조에 따른 가상자산사업자의 신고에 관한 업무
5. 제15조의2에 따른 외국 금융감독 · 검사기관과의 협조 및 정보교환
6. 「공중 등 협박목적 및 대량살상무기확산을 위한 자금조달행위의 금지에 관한 법률」에 따른 업무
7. 제1호부터 제6호까지의 업무와 관련된 업무로서 대통령령으로 정하는 업무

② 금융정보분석원은 그 권한에 속하는 사무를 독립적으로 수행하며, 그 소속 공무원은 이법과 「공중 등 협박목적 및 대량살상무기확산을 위한 자금조달행위의 금지에 관한 법률」에 따른 업무 외에 다른 업무에 종사하지 못한다.

③ 금융정보분석원의 정원(다른 기관 소속 공무원의 정원을 포함한다) · 조직 및 운영 등에 필요한 사항은 업무의 독립성, 정치적 중립성 등을 고려하여 대통령령으로 정한다.

④ 금융정보분석원의 장(이하 "FIU장"이라 한다)은 제1항의 업무 수행과 관련하여 다음 각 호의 사항을 매년 정기국회에 보고하여야 한다.
1. 제4조에 따라 금융회사등으로부터 보고를 받은 건수
2. 제10조에 따라 특정금융거래정보의 제공을 요구받은 건수 및 제공한 건수
2의2. 제10조의2에 따른 통보 및 통보유예 현황에 관한 통계자료
3. 제11조에 따라 외국금융정보분석기구와 정보를 교환한 건수
4. 그 밖에 FIU 업무와 관련된 통계자료

제4조(불법재산 등으로 의심되는 거래의 보고 등)

① 금융회사등은 다음 각 호의 어느 하나에 해당하는 경우에는 대통령령으로 정하는 바에 따라 지체 없이 그 사실을 FIU장에게 보고하여야 한다.

1. 금융거래등과 관련하여 수수(授受)한 재산이 불법재산이라고 의심되는 합당한 근거가 있는 경우
2. 금융거래등의 상대방이 「금융실명거래 및 비밀보장에 관한 법률」 제3조제3항을 위반 하여 불법적인 금융거래등을 하는 등 자금세탁행위나 공중협박자금조달행위를 하고 있다고 의심되는 합당한 근거가 있는 경우
3. 「범죄수익은닉의 규제 및 처벌 등에 관한 법률」 제5조제1항 및 「공중 등 협박목적 및 대량살상무기 확산을 위한 자금조달행위의 금지에 관한 법률」 제5조제2항에 따라 금융회사등의 종사자가 관할 수사기관에 신고한 경우

② 삭제 〈2013. 8. 13.〉
③ 금융회사등은 제1항에 따라 보고를 할 때에는 그 의심되는 합당한 근거를 분명하게 밝혀야 한다.
④ 삭제 〈2019. 1. 15.〉
⑤ 금융정보분석원장은 제1항에 따라 금융회사등으로부터 보고받은 사항을 분석할 때에는 보고받은 사항이 제1항의 요건에 해당하는지를 심사하기 위하여 필요한 경우에만 제5조의4제1항 제1호에 따라 금융회사등이 보존하는 관련 자료를 열람하거나 복사할 수 있다.
⑥ 금융회사등에 종사하는 자는 제1항에 따른 보고를 하려고 하거나 보고를 하였을 때에는 그 사실을 그 보고와 관련된 금융거래등의 상대방을 포함하여 다른 사람에게 누설하여서는 아니 된다. 다만, 다음 각 호의 어느 하나에 해당하는 경우에는 그러하지 아니하다.

1. 자금세탁행위와 공중협박자금조달행위를 방지하기 위하여 같은 금융회사등의 내부에서 그 보고 사실을 제공하는 경우
2. 제3조제1항 각 호의 업무에 상당하는 업무를 수행하는 외국의 기관(이하 "외국금융정보분석기구"라 한다)에 대하여 해당 외국의 법령에 따라 제1항에 따른 보고에 상당하는 보고를 하는 경우

⑦ 제1항에 따른 보고를 한 금융회사등(금융회사등의 종사자를 포함한다)은 고의 또는 중대한 과실로 인하여 거짓 보고를 한 경우 외에는 그 보고와 관련된 금융거래등의 상대방 및 그의 관계자에 대하여 손해배상책임을 지지 아니한다. 〈개정 2013. 8. 13., 2020. 3. 24.〉

제4조의2(금융회사등의 고액현금거래 보고)

① 금융회사등은 5천만원의 범위에서 대통령령으로 정하는 금액 이상의 현금(외국통화는 제외한다)이나 현금과 비슷한 기능의 지급수단으로서 대통령령으로 정하는 것(이하 "현금등"이라 한다)을 금융거래등의 상대방에게 지급하거나 그로부터 영수(領收)한 경우에는 그 사실을 30일 이내에 FIU장에게 보고하여야 한다. 다만, 다음 각 호의 어느 하나에 해당하는 경우에는 그러하지 아니하다.

1. 다른 금융회사등(대통령령으로 정하는 자는 제외한다)과의 현금등의 지급 또는 영수
2. 국가, 지방자치단체, 그 밖에 대통령령으로 정하는 공공단체와의 현금등의 지급 또는 영수
3. 자금세탁의 위험성이 없는 일상적인 현금등의 지급 또는 영수로서 대통령령으로 정하는 것

② 금융회사등은 금융거래등의 상대방이 제1항을 회피할 목적으로 금액을 분할하여 금융거래등을 하고 있다고 의심되는 합당한 근거가 있는 경우에는 그 사실을 금융정보분석원장에게 보고하여야 한다.

③ 금융정보분석원장은 다음 각 호의 기관을 고액 현금거래 보고에 관한 자료를 중계하는 기관 (이하 "중계기관"이라 한다)으로 지정 · 운영할 수 있다.
  1. 「민법」 제32조에 따라 금융위원회의 허가를 받아 설립된 사단법인 전국은행연합회
  2. 「자본시장과 금융투자업에 관한 법률」 제283조에 따라 설립된 한국금융투자협회
  3. 「상호저축은행법」 제25조에 따라 설립된 상호저축은행중앙회
④ 제1항 및 제2항에 따른 보고의 방법과 제3항에 따른 중계기관의 지정 · 운영과 그 밖에 필요한 사항은 대통령령으로 정한다.

제5조(금융회사등의 조치 등)

① 금융회사등은 제4조제1항 및 제4조의2에 따른 보고를 원활하게 하고 금융회사등을 통한 자금세탁행위와 공중협박자금조달행위를 효율적으로 방지하기 위하여 다음 각 호의 조치를 하여야 한다.
  1. 제4조제1항 및 제4조의2에 따른 보고 업무를 담당할 자의 임명 및 내부 보고 체제의 수립
  2. 자금세탁행위와 공중협박자금조달행위의 방지를 위하여 해당 금융회사등의 임직원이 직무를 수행할 때 따라야 할 절차 및 업무지침의 작성 · 운용
  3. 자금세탁행위와 공중협박자금조달행위의 방지를 위한 임직원의 교육 및 연수
② 주된 거래유형, 거래규모 등을 고려하여 대통령령으로 정하는 금융회사등에 대해서는 제1항 각 호의 조치 중 전부 또는 일부를 면제할 수 있다.
③ 제1항제2호에 따른 절차 및 업무지침은 다음 각 호의 사항을 포함하여야 한다.
  1. 금융거래등에 내재된 자금세탁행위와 공중협박자금조달행위의 위험을 식별, 부석, 평가하여 위험도에 따라 관리 수준을 차등화하는 업무체계의 구축 및 운영에 관한 사항
  2. 자금세탁행위와 공중협박자금조달행위의 방지 업무를 수행하는 부서로부터 독립된 부서나 기관에서 그 업무수행의 적절성, 효과성을 검토 · 평가하고 이에 따른 문제점을 개선하기 위한 업무체계의 마련 및 운영에 관한 사항
  3. 그 밖에 자금세탁행위와 공중협박자금조달행위를 효율적으로 방지하기 위하여 대통령령으로 정하는 사항
④ 금융회사등은 임직원이 직무를 수행할 때 제1항제2호에 따른 절차 및 업무지침을 준수하는지 여부를 감독하여야 한다.

제5조의2(금융회사등의 고객확인의무)

① 금융회사등은 금융거래등을 이용한 자금세탁행위 및 공중협박자금조달행위를 방지하기 위하여 합당한 주의(注意)로서 다음 각 호의 구분에 따른 조치를 하여야 한다. 이 경우 금융회사등은 이를 위한 업무지침을 작성하고 운용하여야 한다.
  1. 고객이 계좌를 신규로 개설하거나 대통령령으로 정하는 금액 이상으로 일회성 금융거래등을 하는 경우: 다음 각 목의 사항을 확인
    가. 대통령령으로 정하는 고객의 신원에 관한 사항
    나. 고객을 최종적으로 지배하거나 통제하는 자연인(이하 이 조에서 "실제 소유자"라 한다)에 관한 사항. 다만, 고객이 법인 또는 단체인 경우에는 대통령령으로 정하는 사항

2. 고객이 실제 소유자인지 여부가 의심되는 등 고객이 자금세탁행위나 공중협박자금조달행위를 할 우려가 있는 경우: 다음 각 목의 사항을 확인
가. 제1호 각 목의 사항
나. 금융거래등의 목적과 거래자금의 원천 등 FIU장이 정하여 고시하는 사항(금융회사등이 자금세탁행위나 공중협박자금조달행위의 위험성에 비례하여 합리적으로 가능하다고 판단하는 범위에 한정한다)
3. 고객이 가상자산사업자인 경우: 다음 각 목의 사항을 확인
가. 제1호 또는 제2호 각 목의 사항
나. 제7조제1항 및 제2항에 따른 신고 및 변경신고 의무의 이행에 관한 사항
다. 제7조제3항에 따른 신고의 수리에 관한 사항
라. 제7조제4항에 따른 신고 또는 변경신고의 직권 말소에 관한 사항
마. 다음 1) 또는 2)에 해당하는 사항의 이행에 관한 사항
1) 예치금(가상자산사업자의 고객인 자로부터 가상자산거래와 관련하여 예치받은 금전을 말한다)을 고유재산(가상자산사업자의 자기재산을 말한다)과 구분하여 관리
2) 「정보통신망 이용촉진 및 정보보호 등에 관한 법률」 제47조 또는 「개인정보 보호법」 제32조의2에 따른 정보보호 관리체계 인증(이하 "정보보호 관리체계 인증"이라 한다)의 획득

② 제1항의 업무 지침에는 고객 및 금융거래등의 유형별로 자금세탁행위 또는 공중협박 자금조달행위의 방지와 관련되는 적절한 조치의 내용 · 절차 · 방법이 포함되어야 한다.

③ 제1항 각 호에 따른 확인 조치 등의 대상 · 기준 · 절차 · 방법과 그 밖에 필요한 사항은 대통령령으로 정한다.

④ 금융회사등은 다음 각 호의 어느 하나에 해당하는 경우에는 계좌 개설 등 해당 고객과의 신규거래를 거절하고, 이미 거래관계가 수립되어 있는 경우에는 해당 거래를 종료하여야 한다.
1. 고객이 신원확인 등을 위한 정보 제공을 거부하는 등 고객확인을 할 수 없는 경우
2. 가상자산사업자인 고객이 다음 각 목의 어느 하나에 해당하는 경우
가. 제7조제1항 및 제2항에 따른 신고 및 변경신고 의무를 이행하지 아니한 사실이 확인된 경우
나. 제7조제3항제1호 또는 제2호에 해당하는 사실이 확인된 경우
다. 제7조제3항에 따라 신고가 수리되지 아니한 사실이 확인된 경우
라. 제7조제4항에 따라 신고 또는 변경신고가 직권으로 말소된 사실이 확인된 경우
3. 그 밖에 고객이 자금세탁행위나 공중협박자금조달행위를 할 위험성이 특별히 높다고 판단되는 경우로서 대통령령으로 정하는 경우

⑤ 제4항에 따라 거래를 거절 또는 종료하는 경우에는 금융회사등은 제4조에 따른 의심되는 거래의 보고 여부를 검토하여야 한다.

제5조의3(전신송금 시 정보제공)

① 금융회사등은 송금인이 전신송금(電信送金: 송금인의 계좌보유 여부를 불문하고 금융회사등을 이용하여 국내외의 다른 금융회사등으로 자금을 이체하는 서비스를 말한다)의 방법으로 500만원의 범위에서 대통령령으로 정하는 금액 이상을 송금하는 경우에는 다음 각 호의 구분에 따라 송금인 및 수취인에 관한 정보를 송금받는 금융회사등(이하 "수취금융회사"라 한다)에 제공하여야 한다.
1. 국내송금
가. 송금인의 성명(법인인 경우에는 법인의 명칭을 말한다. 이하 같다)

나. 송금인의 계좌번호(계좌번호가 없는 경우에는 참조 가능한 번호를 말한다. 이하 같다)
다. 수취인의 성명 및 계좌번호

2. 해외송금
가. 송금인의 성명
나. 송금인의 계좌번호
다. 송금인의 주소 또는 주민등록번호(법인인 경우에는 법인등록번호, 외국인인 경우에는 여권번호 또는 외국인등록번호를 말한다)
라. 수취인의 성명 및 계좌번호

② 국내송금의 경우 수취 금융회사와 FIU장은 제1항에 따라 송금한 금융회사등(이하 "송금 금융회사"라 한다)에 다음 각 호의 경우에 제1항제2호다목의 정보를 제공하여 줄 것을 요청할 수 있다.
1. 수취 금융회사가 제4조에 따른 보고를 하기 위하여 필요한 경우
2. FIU장이 수취 금융회사로부터 보고받은 정보를 심사 · 분석하기 위하여 필요한 경우

③ 송금 금융회사는 제2항에 따라 송금정보의 제공을 요청받은 경우 3영업일 이내에 그 정보를 제공하여야 한다.

제9조(외국환거래자료 등의 통보)

① 한국은행 총재, 세관의 장, 그 밖에 대통령령으로 정하는 자는 「외국환거래법」 제17조에 따른 신고에 관련된 자료와 같은 법 제21조에 따른 통보에 관련된 자료를 금융정보분석원장에게 통보하여야 한다.
② 제1항에 따른 통보 대상 자료의 범위 및 통보 절차 등에 관하여 필요한 사항은 대통령령으로 정한다.

제10조(수사기관 등에 대한 정보 제공)

① 금융정보분석원장은 불법재산 · 자금세탁행위 또는 공중협박자금조달행위와 관련된 형사사건의 수사, 조세탈루혐의 확인을 위한 조사업무, 조세체납자에 대한 징수업무, 관세범칙사건 조사, 관세탈루혐의 확인을 위한 조사업무, 관세체납자에 대한 징수업무 및 「정치자금법」 위반사건의 조사, 금융감독업무 또는 테러위험인물에 대한 조사업무(이하"특정형사사건의 수사등"이라 한다)에 필요하다고 인정되는 경우에는 다음 각 호의 정보(이하 "특정금융거래정보"라 한다)를 검찰총장, 행정안전부장관(「지방세기본법」에 따른 지방자치단체의 장에게 제공하기 위하여 필요한 경우에 한정한다. 이하 같다), 고위공직자 범죄수사처장, 국세청장, 관세청장, 중앙선거관리위원회, 금융위원회 또는 국가정보원장에 제공한다.
1. 제4조제1항 또는 제4조의2에 따라 금융회사등이 보고한 정보 중 특정형사사건의 수사등과의 관련성을 고려하여 대통령령으로 정하는 정보
2. 제11조제1항에 따라 외국금융정보분석기구로부터 제공받은 정보 중 특정형사사건의 수사등과의 관련성을 고려하여 대통령령으로 정하는 정보
3. 제1호 및 제2호의 정보 또는 제4조의2 및 제9조에 따라 보고 · 통보받은 정보를 정리하거나 분석한 정보

② 금융정보분석원장은 불법재산 · 자금세탁행위 또는 공중협박자금조달행위와 관련된 형사사건의 수사에 필요하다고 인정하는 경우에는 대통령령으로 정하는 특정금융거래정보를 경찰청장, 해양경찰청장에게 제공한다.
③ 삭제 〈2005. 1. 17.〉

④ 검찰총장, 고위공직자범죄수사처장, 경찰청장, 해양경찰청장, 행정안전부장관, 국세청장, 관세청장, 중앙선거관리위원회, 금융위원회, 국가정보원장(이하 "검찰총장등"이라 한다)은 특정형사사건의 수사등을 위하여 필요하다고 인정하는 경우에는 대통령령으로 정하는 바에 따라 금융정보분석원장에게 제1항제3호에 규정된 정보의 제공을 요구할 수 있다.

⑤ 검찰총장등은 제4항에 따라 특정금융거래정보의 제공을 요구하는 경우에는 다음 각 호의 사항을 적은 문서로 하여야 한다.

1. 대상자의 인적사항
2. 사용 목적
3. 요구하는 정보의 내용
4. 범죄혐의와 조세탈루혐의 등 정보의 필요성과 사용 목적과의 관련성

⑥ 금융정보분석원의 소속 공무원은 제5항을 위반하여 특정금융거래정보의 제공을 요구받은 경우에는 이를 거부하여야 한다. 〈개정 2011. 5. 19.〉

⑦ 금융정보분석원장은 제1항, 제2항 및 제4항에 따라 특정금융거래정보를 제공하였을 때에는 다음 각 호의 사항을 문서 또는 전산정보처리조직에 의하여 금융정보분석원장이 정하는 표준양식으로 그 제공한 날부터 5년간 기록 · 보존하여야 한다.

1. 심사분석 및 제공과정에 참여한 FIU 직원(담당자 및 책임자)의 직위 및 성명
2. 특정금융거래정보를 제공받은 기관의 명칭 및 제공일자
3. 특정금융거래정보를 수령한 공무원(담당자 및 책임자)의 소속 기관, 직위 및 성명
4. 요구한 특정금융거래정보의 내용 및 사용목적
5. 제공된 특정금융거래정보의 내용 및 제공사유
6. 명의인에게 통보한 날
7. 통보를 유예한 경우 통보유예를 한 날, 사유, 기간 및 횟수

⑧ 금융정보분석원장 소속으로 정보분석심의회를 두고, 금융정보분석원장은 특정금융거래정보를 검찰총장등에게 제공하는 경우에는 정보분석심의회의 심의를 거쳐 제공한다.

⑨ 제8항에 따른 정보분석심의회는 금융정보분석원장과 심사분석 총괄책임자를 포함한 금융정보분석원 소속 공무원 3명으로 구성하되, 금융정보분석원장과 심사분석 총괄책임자를 제외한 1명은 대통령령으로 정하는 자격을 가진 사람으로 한다.

⑩ 그 밖에 정보분석심의회의 심의절차 및 운영 등에 대하여는 금융정보분석원 업무의 독립성과 중립성을 고려하여 대통령령으로 정한다.

⑪ 행정안전부장관, 국세청장 및 관세청장은 제4항에 따라 금융정보분석원장으로부터 특정금융거래정보를 제공받아 조세 · 관세 탈루사건 조사 및 조세 · 관세 체납자에 대한 징수업무에 활용한 경우에는 1년 이내에 「금융실명거래 및 비밀보장에 관한 법률」 제4조 제1항에 따라 금융회사등에 해당 거래정보등의 제공을 요구하여야 한다.

⑫ 검찰총장등은 제1항, 제2항 및 제4항에 따라 제공받은 특정금융거래정보의 보존 · 관리에 관한 기준을 마련하고 이를 금융정보분석원장에게 통지하여야 한다.

제10조의2(특정금융거래정보 제공사실의 통보)

① 금융정보분석원장은 제4조의2에 따라 금융회사등이 보고한 정보(제10조제1항제3호에 해당하는 정보는 제외한다)를 제10조에 따라 검찰총장등에게 제공한 경우에는 제공한 날(제2항 또는 제3항에 따라 통보를 유예한 경우에는 통보유예의 기간이 끝난 날)부터 10일 이내에 제공한 거래정보의 주요 내용, 사용 목적, 제공받은 자 및 제공일 등을 명의인에게 금융정보분석원장이 정하는 표준양식으로 통보하여야 한다.

② 금융정보분석원장은 검찰총장등으로부터 다음 각 호의 어느 하나에 해당하는 사유로 통보의 유예를 서면으로 요청받은 경우에는 제1항에도 불구하고 6개월의 범위에서 통보를 유예하여야 한다.
1. 해당 통보가 사람의 생명이나 신체의 안전을 위협할 우려가 있는 경우
2. 해당 통보가 증거인멸, 증인 위협 등 공정한 사법절차의 진행을 방해할 우려가 명백한 경우
3. 해당 통보가 질문 · 조사 등의 행정절차의 진행을 방해하거나 과도하게 지연시킬 우려가 명백한 경우

③ 금융정보분석원장은 검찰총장등이 제2항 각 호의 어느 하나에 해당하는 사유가 지속되고 있음을 제시하고 통보의 유예를 서면으로 반복하여 요청하는 경우에는 요청받은 날부터 2회에 한정하여(제2항제1호의 경우는 제외한다) 매 1회 3개월의 범위에서 유예 요청기간 동안 통보를 유예하여야 한다.

④ 금융정보분석원장은 제1항에 따라 명의인에게 통보하기 위하여 필요한 경우에는 관계 행정기관 등의 장에게 그 이용 목적을 분명하게 밝힌 문서로 다음 각 호의 자료의 제공을 요청할 수 있다.
1. 「주민등록법」 제30조제1항에 따른 주민등록전산정보자료
2. 사업장 소재지 등 사업자에 관한 기본사항

제12조(금융거래정보의 비밀보장 등)

① 다음 각 호의 어느 하나에 해당하는 자는 그 직무와 관련하여 알게 된 특정금융거래정보, 제5조의3에 따라 제공받은 정보, 제13조에 따라 제공받은 정보 또는 자료, 제15조제7항에 따라 제공받은 정보 및 제10조제8항의 정보분석심의회에서 알게 된 사항을 다른 사람에게 제공 또는 누설하거나 그 목적 외의 용도로 사용하여서는 아니 된다.
1. 금융정보분석원 소속 공무원
2. 금융정보분석원의 전산시스템(특정금융거래정보의 처리를 위한 전산시스템을 말한다)의 관리자 및 해당 전산시스템 관련 용역 수행자
3. 중계기관에 종사하는 사람
3의2. 수취 금융회사에 종사하는 사람
4. 제10조에 따라 제공된 특정금융거래정보와 관련된 특정형사사건의 수사등에 종사하는 사람
5. 제15조제1항 및 제6항에 따른 감독 및 검사를 한 자
6. 제10조제9항에 따라 정보분석심의회에 참여하거나 정보분석심의회의 업무에 종사하게 된 사람

② 누구든지 제1항 각 호의 어느 하나에 해당하는 자에게 특정금융거래정보, 제5조의3에 따라 제공받은 정보, 제13조에 따라 제공받은 정보 또는 자료 및 제15조제7항에 따라 제공받은 정보를 제공할 것을 요구하거나 목적 외의 다른 용도로 사용할 것을 요구하여서는 아니 된다.

③ 제10조에 따라 제공된 특정금융거래정보는 재판에서 증거로 할 수 없다.

④ 제4조제1항에 따른 보고에 관여한 금융회사등의 종사자는 제16조 및 제17조와 관련된 재판을 제외하고는 그 보고와 관련된 사항에 관하여 증언을 거부할 수 있다. 다만, 중대한 공익상의 필요가 있는 경우에는 그러하지 아니하다.

제12조의2(특정금융거래정보 등의 보존 및 폐기)

① 금융정보분석원장은 특정금융거래정보, 제5조의3 · 제9조 · 제13조 · 제15조제7항에 따라 제공받거나 통보받은 정보 또는 자료(이하 이 조에서 "정보등"이라 한다)를 다른 법령에도 불구하고 대통령령으로 정하는 바에 따라 기간을 정하여 보존하여야 한다.

② 금융정보분석원장은 제1항에 따른 보존기간이 경과된 때에는 「공공기록물 관리에 관한 법률」에서 정한 절차에 따라 그 정보등을 폐기하여야 한다. 다만, 이 법에 따른 목적을 달성하기 위하여 필요하다고 인정하여 대통령령으로 정하는 경우에는 그러하지 아니하다.
③ 금융정보분석원장은 제2항에 따라 정보등을 폐기하는 때에는 복구 또는 재생되지 아니하도록 조치하여야 한다.
④ 그 밖에 정보등의 폐기 방법 및 절차 등에 필요한 사항은 대통령령으로 정한다.

제13조(자료 제공의 요청 등)

① 금융정보분석원장은 특정금융거래정보(제10조제1항제3호의 정보는 제외한다. 이하 이 조에서 같다)나 제4조의2 또는 제9조에 따라 보고 · 통보받은 정보를 분석하기 위하여 필요한 경우에는 관계 행정기관 등의 장에게 그 이용 목적을 분명하게 밝힌 문서로 다음 각 호의 자료(금융거래정보는 제외한다)의 제공을 요청할 수 있다.
  1. 「가족관계의 등록 등에 관한 법률」 제11조제6항에 따른 등록전산정보자료
  2. 「주민등록법」 제30조제1항에 따른 주민등록전산정보자료
  3. 「형의 실효 등에 관한 법률」 제5조의2제2항에 따른 범죄경력자료 및 수사경력자료
  3의2. 「국민건강보험법」 제69조제5항에 따른 보험료금액에 관한 자료
  4. 사업의 종목, 사업장 소재지 등 사업자에 관한 기본사항으로서 대통령령으로 정하는 자료
  5. 그 밖에 심사 · 분석을 위하여 필요한 자료로서 대통령령으로 정하는 자료
② 금융정보분석원장은 특정금융거래정보의 분석을 위하여 필요한 경우에는 대통령령으로 정하는 바에 따라 「신용정보의 이용 및 보호에 관한 법률」 제25조에 따른 신용정보집중기관의 장에게 그 이용 목적을 분명하게 밝힌 문서로 신용정보(금융거래정보는 제외한다)의 제공을 요구할 수 있다.
③ 금융정보분석원장은 특정금융거래정보를 분석할 때에는 보고받거나 제공받은 사항이 제4조제1항의 요건에 해당한다고 판단하는 경우에만 다음 각 호의 사항을 적은 문서로 금융회사등의 장에게 「외국환거래법」에 규정된 외국환업무에 따른 거래를 이용한 금융거래등 관련 정보 또는 자료의 제공을 요구할 수 있다.
  1. 거래자의 인적사항
  2. 사용 목적
  3. 요구하는 금융거래등 관련 정보 또는 자료의 내용
④ 제1항부터 제3항까지의 규정에 따른 정보 또는 자료 제공의 요청이나 요구는 필요한 최소한으로만 하여야 한다.

자금세탁방지 및 공중협박자금조달금지에 관한 업무규정(주요 변경 내용)

제4조(이사회의 역할 및 책임)

① 금융회사등은 자금세탁방지와 공중협박자금 · 대량살상무기확산자금조달금지(이하 "자금세탁방지등"이라 한다) 업무와 관련하여 이사회에 역할과 책임을 부여하여야 한다.
② 제1항에 따른 역할과 책임에는 다음 각 호의 사항이 포함되어야 한다.
  1. 법 제5조제1항제2호에 따른 절차 및 업무지침(이하 "업무지침"이라 한다)의 제정 · 개정 및 폐지
  2. 독립적 감사 결과 및 사후조치에 대한 검토와 승인
  3. 대표이사 · 「금융회사의 지배구조에 관한 법률」(이하 "금융사지배구조법"이라 한다) 등 법령에 따른 준법감시인 또는 「상법」에 따른 준법지원인(준법감시인과 준법지원인을 포괄하여 이하 "준법감시인등"이라 한다) · 보고책임자 등에게 내부통제체계[계열회사(「독점규제 및 공정거래에 관한 법률」 제2조제12호에 따른 계열회사를 말한다.이하 같다)와 자회사(상법 제342조의2에 따른 자회사를 말한다. 이하 같다)를 보유한 금융회사등의 경우 계열회사와 자회사를 포함하는 내부통제체계를 의미한다. 이하 같다] 구축 · 운영 실태의 보고 요구, 취약점에 대한 개선지시, 취약점 개선조치 사항에 대한 검토와 승인

제5조(대표이사의 역할 및 책임)

① 금융회사등은 대표이사(대표이사가 없는 경우 이에 준하는 자를 말한다. 이하 같다)에게 자금세탁방지등 업무와 관련하여 역할과 책임을 부여하여야 한다.
② 제1항에 따른 역할과 책임에는 다음 각 호의 사항이 포함되어야 한다.
  1. 자금세탁방지등을 위한 내부통제체계의 총괄적 구축 · 운영
  2. 업무지침 제정 · 개정 · 폐지 안건의 이사회 상정(법규 개정에 따른 용어변경, 자구수정 등 업무지침 내용의 실질적인 변화를 수반하지 않는 개정의 경우에는 대표이사가 이를 승인할 수 있다) 및 세부 업무지침 승인
  3. 전문인력 배치 등 지원조직 구성 · 유지
  4. 보고책임자 등에게 보고받은 내부통제체계의 취약점 개선 및 개선조치 사항의 이사회 보고
  5. 다음 각 목의 기준(준법감시인등을 보고책임자로 임명하는 경우에는 적용하지 아니한다)에 따라 다른 직을 겸하는지 여부 등을 고려하여 직무를 충실하게 수행할 수 있는 보고책임자를 임명
    가. 자격요건(법령에 따라 준법감시인등을 둘 의무가 부여된 금융회사등에 한정한다)
      1) 법 제2조제1호의 금융회사등 또는 금융사지배구조법 시행령 제21조제2항제2호가목부터 바목까지의 기관에서 2년 이상(자금세탁방지등을 주된 업무로 하지 않은 경우 경력의 절반만 인정하고 월 단위 이하 15일 이상은 1월로 하며 15일 미만은 계산하지 아니한다. 이하 같다) 자금세탁방지등 관련 분야 업무를 수행한 경력이 있는 사람
      2) 자금세탁방지등 관련 분야의 석사학위 이상의 학위소지자로서 2년 이상 자금세탁방지등 관련 분야 업무를 수행한 경력이 있는 사람
      3) 변호사 또는 공인회계사의 자격을 가진 사람으로서 2년 이상 자금세탁방지등 관련분야 업무를 수행한 경력이 있는 사람
      4) 금융정보분석원, 법 제10조제4항에 따른 검찰총장등을 장으로 하는 법집행기관(금융위원회와 중앙선거관리위원회를 포함한다), 영 제15조제3항 각 호의 검사수탁기관에서 2년 이상 자금세탁방지등 관련 분야 업무를 수행한 경력이 있는 사람

나. 직위
1) 법 제2조제1호가목부터 라목(외국은행의 국내지점은 제외한다) 및 사목부터 아목(조합은 제외한다)까지의 금융회사등: 사내이사 또는 업무집행책임자
2) 1)에 속하지 않고 금융사지배구조법 제25조제2항에 따라 사내이사 또는 업무집행책임자 중에서 준법감시인을 두어야 하는 금융회사등 : 준법감시인 차하위 직위 이상
3) 1)과 2)에 속하지 않는 법 제2조제1호의 금융회사등 : 자금세탁방지등 업무의 독립적 수행을 위해 필요한 일정 직위 이상
6. 제19조제2항제1호에 따른 정책 · 통제 · 절차에 관한 사항
7. 보고책임자가 수행하는 자금세탁방지등 업무를 상당한 주의를 다하여 감독할 책임(준법감시인등을 둘 법령상 의무가 있는 금융회사등의 경우 준법감시인등을 보조하는 범위에 한정한다)

제5조의2(준법감시인등의 역할 및 책임)

① 금융회사등은 준법감시인등에게 자금세탁방지등 업무와 관련하여 역할과 책임을 부여하여야 한다. 다만, 준법감시인등을 둘 법령상 의무가 없는 금융회사등은 제2항제1호의 역할과 책임을 보고책임자에게 부여하여야 한다.
② 제1항에 따른 역할과 책임에는 다음 각 호의 사항이 포함되어야 한다.
1. 법 제5조제4항에 따라 임직원의 직무 수행시 업무지침 준수여부 감독
2. 보고책임자가 수행하는 자금세탁방지등 업무를 상당한 주의를 다하여 감독할 책임(준법감시인등이 보고책임자를 겸직하지 않는 경우에 한정한다)

제6조(보고책임자의 역할 및 책임)
① 금융회사등의 보고책임자는 법 제4조 및 제4조의2에 따라 의심되는 거래 또는 고액 현금거래를 금융정보분석원장에게 보고하여야 한다.
② 금융회사등의 보고책임자는 법 제5조의2에 따른 고객확인의 이행과 관련된 업무를 총괄한다.
③ 금융회사등은 자금세탁방지등을 위한 내부통제체계의 구체적 구축 · 운영과 관련하여 보고책임자에게 역할과 책임을 부여하여야 한다.
④ 제3항에 따른 역할과 책임에는 다음 각 호의 사항이 포함되어야 한다.
1. 세부 업무지침의 마련 및 운용
2. 직무기술서 등에 자금세탁방지등의 업무와 관련한 임직원별 역할과 책임 및 보고체계 등 명시
3. 전자금융기술의 발전, 금융 신상품의 개발 등에 따른 자금세탁행위 및 공중협박자금 · 대량살상무기확산자금 조달(이하 "자금세탁행위등"이라 한다) 유형과 기법에 대한 대응방안 마련
4. 직원알기제도의 수립 및 운영
5. 임직원에 대한 교육 및 연수
6. 자금세탁방지등의 업무와 관련된 자료의 보존책임
7. 자금세탁방지등 관련 내부통제체계 구축 · 운영실태의 정기적 점검 및 그 결과 발견된 취약점의 대표이사 등에 대한 보고(다만, 대표이사는 준법감시인등이 점검 · 보고하도록 할 수 있다)
8. 기타 자금세탁방지등과 관련하여 필요한 사항 등
⑤ 제1항부터 제4항까지의 규정에도 불구하고 보고책임자가 합리적 업무절차에 따라 상당한 주의를 다하여 직무를 수행한 경우 업무의 분장 및 조직구조 등을 포함한 위법 · 부당행위의 실질을 고려하여 관련자의 구분을 달리할 수 있다.

⑥ 금융회사등의 보고책임자는 금융정보분석원과의 업무협조 및 정보교환 등을 위해 적절한 조치를 취하여야 한다.

⑦ 제6항에 따른 조치에는 다음 각 호의 사항이 포함되어야 한다.

1. 특정금융거래정보의 분석을 위해 금융정보분석원장이 문서에 의해 외국환거래 등을 이용한 금융거래 관련 정보 또는 자료의 제공을 요청하는 경우 그 제공
2. 의심되는 거래보고 및 고액현금거래보고와 관련한 내부보고체계 운용상황의 점검 · 개선사항에 대하여 금융정보분석원과의 정보교환 등

8장

범죄수익은닉규제법과 테러자금금지법 이해

우리나라의 자금세탁에 대한 범죄수익 규제체계는 전제범죄 자체의 처벌, 자금세탁행위의 처벌 및 관련 수익의 몰수·추징 그리고 자금세탁행위의 효과적인 예방과 처벌을 위한 제도적 장치을 마련하고 있다. 전제범죄 자체에 대하여는 형법 등 개별법에 따라 처벌하며, 범죄수익 등의 은닉·가장죄 및 수수죄는 범죄수익규제법을, 불법수익 등의 은닉·가장 및 수수죄는 마약류특례법으로 처벌하고 있다. 또한, 국제자금세탁방지기구(FATF)의 40 권고사항을 기준으로 특정금융정보법 및 테러자금금지법 등을 통하여 금융회사등에게 고객확인을 통한 의심거래보고 등의 의무를 부여하고 있다.

가. 범죄수익은닉규제법

제정 배경

2001년, 범죄로 인한 수익의 자금세탁행위를 규제하고 동 수익의 몰수 및 추징에 관한 특례를 규정함으로써 동법에 규정된 범죄를 조장하는 경제적 요인을 근원적으로 제거할 목적으로 특정금융정보법과 함께 제정되었다.

발전 경과

2006년 7월, 형법상 사기 및 횡령·배임의 죄(3억원 이상 5억원 미만)인 경우와 식품위생법 위반 범죄를 자금세탁의 전제범죄 범위에 포함시켰다.

2009년 3월, 상표법 위반 및 지적재산권 침해범죄를 포함한 저작권법 위반, 컴퓨터프로그램보호법 위반죄를 자금세탁의 전제범죄 범위에 포함시켰다.

2009년 6월, 동법에 의하여 처벌 및 몰수의 대상이 되는 범죄에 공중협박자금조달금지법 위반행위를 추가하여 테러자금조달행위에 대한 제재수단을 확보하였다.

이후 수 차례의 개정을 거쳐 2022년 1월에는 재산상 부정한 이익을 취득할 목적으로 범한 죄로서 사형, 무기 또는 장기 3년 이상의 징역이나 금고에 해당하는 죄(제2호 나목에 해당하는 죄는 제외한다, 자금세탁범죄와는 무관)는 모두 특정범죄에 해당하는 것으로 개정되었다.

범죄수익은닉규제법의 AML/CFT와 관련된 주요 특징

자금세탁의 전제범죄의 범위(열거주의, 전제범죄의 종류, 범죄수익 등)를 확립하고 자금세탁행위의 처벌 및 범죄수익의 몰수·추징 등을 명시하였다.

범죄수익은닉규제법의 주요 법률 조항

제2조(정의) 이 법에서 사용하는 용어의 뜻은 다음과 같다.

1. "특정범죄"란 재산상의 부정한 이익을 취득할 목적으로 범한 죄로서 다음 각 목의 어느 하나에 해당하는 것을 말한다.
   가. 사형, 무기 또는 장기 3년 이상의 징역이나 금고에 해당하는 죄(제2호나목에 규정된 죄는 제외한다)
   나. 별표에 규정된 죄
   다. 제2호나목에 규정된 죄
   라. 가목과 나목에 규정된 죄(이하 "중대범죄"라 한다) 및 제2호 나목에 규정된 죄와 다른 죄가 「형법」 제40조에 따른 상상적 경합(想像的 競合) 관계에 있는 경우에는 그 다른 죄
   마. 외국인이 대한민국 영역 밖에서 한 행위가 대한민국 영역 안에서 행하여졌다면 중대범죄 또는 제2호나목에 규정된 죄에 해당하고 행위지(行爲地)의 법령에 따라 죄에 해당하는 경우 그 죄
2. "범죄수익"이란 다음 각 목의 어느 하나에 해당하는 것을 말한다.
   가. 중대범죄에 해당하는 범죄행위에 의하여 생긴 재산 또는 그 범죄행위의 보수(報酬)로 얻은 재산
   나. 다음의 어느 하나의 죄에 관계된 자금 또는 재산
      1) 「성매매알선 등 행위의 처벌에 관한 법률」 제19조제2항제1호(성매매알선등행위 중 성매매에 제공되는 사실을 알면서 자금 · 토지 또는 건물을 제공하는 행위만 해당한다)의 죄
      2) 「폭력행위 등 처벌에 관한 법률」 제5조제2항 및 제6조(제5조제2항의 미수범만 해당한다)의 죄
      3) 「국제상거래에 있어서 외국공무원에 대한 뇌물방지법」 제3조제1항의 죄
      4) 「특정경제범죄 가중처벌 등에 관한 법률」 제4조의 죄
      5) 「국제형사재판소 관할 범죄의 처벌 등에 관한 법률」 제8조부터 제16조까지의 죄
      6) 「공중 등 협박목적 및 대량살상무기확산을 위한 자금조달행위의 금지에 관한 법률」 제6조 제1항 · 제4항(제6조제1항제1호의 미수범에 한정한다)의 죄
3. "범죄수익에서 유래한 재산"이란 범죄수익의 과실(果實)로 얻은 재산, 범죄수익의 대가(對價)로 얻은 재산 및 이들 재산의 대가로 얻은 재산, 그 밖에 범죄수익의 보유 또는 처분에 의하여 얻은 재산을 말한다.

4. "범죄수익등"이란 범죄수익, 범죄수익에서 유래한 재산 및 이들 재산과 그 외의 재산이 합쳐진 재산을 말한다.
5. "다중인명피해사고"란 고의 또는 과실에 의한 화재, 붕괴, 폭발, 선박 · 항공기 · 열차 사고를 포함하는 교통사고, 화생방사고, 환경오염사고 등으로서 국가 또는 지방자치단체 차원의 대처가 필요한 인명피해를 야기한 사고를 말한다.

제3조(범죄수익등의 은닉 및 가장)

① 다음 각 호의 어느 하나에 해당하는 자는 5년 이하의 징역 또는 3천만원 이하의 벌금에 처한다.
  1. 범죄수익등의 취득 또는 처분에 관한 사실을 가장한 자
  2. 범죄수익의 발생 원인에 관한 사실을 가장한 자
  3. 특정범죄를 조장하거나 적법하게 취득한 재산으로 가장할 목적으로 범죄수익등을 은닉한 자
② 제1항의 미수범은 처벌한다.
③ 제1항의 죄를 범할 목적으로 예비하거나 음모한 자는 2년 이하의 징역 또는 1천만원 이하의 벌금에 처한다.

제5조(금융회사등의 신고 등)

①「특정 금융거래정보의 보고 및 이용 등에 관한 법률」 제2조제1호에 따른 금융회사등(이하 "금융회사등"이라 한다)에 종사하는 사람은 같은 법 제2조제2호에 따른 금융거래등과 관련하여 수수한 재산이 범죄수익등이라는 사실을 알게 되었을 때 또는 금융거래 등의 상대방이 제3조의 죄에 해당하는 행위를 하고 있다는 사실을 알게 되었을 때에는 다른 법률의 규정에도 불구하고 지체 없이 관할 수사기관에 신고하여야 한다.
② 금융회사등에 종사하는 사람은 제1항에 따라 신고를 하려는 경우 또는 신고를 한 경우에 그 사실을 그 신고와 관련된 금융거래등의 상대방 및 그의 관계자에게 누설하여서는 아니 된다.
③ 제1항이나 제2항을 위반한 사람은 2년 이하의 징역 또는 1천만원 이하의 벌금에 처한다.

제8조(범죄수익등의 몰수)

① 다음 각 호의 재산은 몰수할 수 있다.
  1. 범죄수익
  2. 범죄수익에서 유래한 재산
  3. 제3조 또는 제4조의 범죄행위에 관계된 범죄수익등
  4. 제3조 또는 제4조의 범죄행위에 의하여 생긴 재산 또는 그 범죄행위의 보수로 얻은 재산
  5. 제3호 또는 제4호에 따른 재산의 과실 또는 대가로 얻은 재산 또는 이들 재산의 대가로 얻은 재산, 그 밖에 그 재산의 보유 또는 처분에 의하여 얻은 재산
② 제1항에 따라 몰수할 수 있는 재산(이하 "몰수대상재산"이라 한다)이 몰수대상 재산외의 재산과 합쳐진 경우 그 몰수대상재산을 몰수하여야 할 때에는 합쳐짐으로써 생긴 재산[이하 "혼화재산"(混和財産)이라 한다] 중 몰수대상재산(합쳐지는 데에 관련된 부분만 해당한다)의 금액 또는 수량에 상당하는 부분을 몰수할 수 있다.

③ 제1항에도 불구하고 같은 항 각 호의 재산이 범죄피해재산(재산에 관한 죄, 「특정범죄가중처벌 등에 관한 법률」 제5조의2제1항제1호 · 제2항제1호의 죄 또는 「채무자 회생 및 파산에 관한 법률」 제650조 · 제652조 및 제654조의 죄에 해당하는 범죄행위에 의하여 그 피해자로부터 취득한 재산 또는 그 재산의 보유 · 처분에 의하여 얻은 재산을 말한다. 이하 같다)인 경우에는 몰수할 수 없다. 제1항 각 호의 재산 중 일부가 범죄 피해재산인 경우에는 그 부분에 대하여도 또한 같다.

제10조(추징)

① 제8조제1항에 따라 몰수할 재산을 몰수할 수 없거나 그 재산의 성질, 사용 상황, 그 재산에 관한 범인 외의 자의 권리 유무, 그 밖의 사정으로 인하여 그 재산을 몰수하는 것이 적절하지 아니하다고 인정될 때에는 그 가액(價額)을 범인으로부터 추징할 수 있다.
② 제1항에도 불구하고 제8조제1항의 재산이 범죄피해재산인 경우에는 그 가액을 추징할 수 없다.

제10조의3(몰수 · 추징의 집행을 위한 검사의 처분)

① 검사는 이 법에 따른 몰수 · 추징의 집행을 위하여 필요하다고 인정되면 그 목적에 필요한 최소한의 범위에서 다음 각 호의 처분을 할 수 있다. 다만, 범인 외의 자에 대한 제4호 및 제5호의 처분은 제3항에 따른 영장이 있어야 한다.
  1. 관계인의 출석 요구 및 진술의 청취
  2. 서류나 그 밖의 물건의 소유자 · 소지자 또는 보관자에 대한 제출 요구
  3. 「특정 금융거래정보의 보고 및 이용 등에 관한 법률」 제10조제1항에 따른 특정금융거래정보의 제공 요청
  4. 「국세기본법」 제81조의13에 따른 과세정보의 제공 요청
  5. 「금융실명거래 및 비밀보장에 관한 법률」 제4조제1항에 따른 금융거래의 내용에 대한 정보 또는 자료의 제공 요청
  6. 그 밖의 공공기관 또는 단체에 대한 사실조회나 필요한 사항에 대한 보고 요구
② 제1항의 자료제공 요청에 대하여 해당 기관은 군사, 외교, 대북관계 등 국가안위에 중대한 영향을 미치는 경우를 제외하고는 다른 법률을 근거로 이를 거부할 수 없다.
③ 검사는 제1항의 몰수 · 추징의 집행을 위하여 필요한 경우 지방법원 판사에게 청구하여 발부받은 영장에 의하여 압수 · 수색 또는 검증을 할 수 있다.

나. 테러자금금지법

제정 배경

「공중 등 협박목적 및 대량살상무기확산을 위한 자금조달행위의 금지에 관한 법률」(이하 '테러자금금지법')은 2007년 12월에 제정된 법률로서 테러자금조달행위를 금지하기 위한 법이다. 동 법은 우리나라가 2004년 2월 17일 서명, 비준한

「테러자금조달의 억제를 위한 국제협약(International Convention for the Suppression of the Financing of Terrorism, 1999)」을 이행하기 위한 법적 장치의 역할을 하고 있다.

'테러자금'이라는 용어 대신 '공중 등 협박목적을 위한 자금(공중협박자금 또는 테러자금)'을 쓰고 있는데 공중협박자금이란 국가·지방자치단체 또는 외국정부(국제기구 포함)의 권한 행사를 방해하거나 의무 없는 일을 하게 할 목적으로 또는 공중을 협박할 목적으로 하는 일정한 유형의 폭력·파괴행위에 이용하기 위하여 모집·제공되거나 운반·보관된 자금이나 재산을 의미한다(테러자금금지법 제2조 제1호)라고 규정하고 있다.

그 밖에 금융거래제한대상자의 지정과 금융거래허가제도에 대해서도 규율하고 있다. 동법은 특정금융정보법과 함께 테러자금지원을 위한 자금세탁을 예방하거나 또는 이에 대응하는 법적 수단의 근거이기도 하다.

국제자금세탁방지기구는 2001년 9·11 테러발생 직후 테러자금조달금지에 관한 9개 특별권고사항(Special Recommendations)을 발표하였고, 이후 FATF의 기준 개정을 거쳐 FATF 40 권고사항(Recommendations)에 흡수되었다.

발전 경과

2014년 5월, 특정 테러행위와 관계없는 테러리스트·테러단체에 대한 자금조달행위도 처벌할 수 있도록 관련 조항(제5조의2, 제6조)을 개정하였고, FATF 권고사항에 추가된 대량살상무기확산금융 관련 정밀금융제재를 이행하기 위해 관련 조항(제명, 제1조, 제2조, 제4조, 제5조)을 개정하였다.

AML/CFT 관련 주요 특징

「특정 금융거래정보의 보고 및 이용 등에 관한 법률」(이하 '특정금융정보법')은 테러자금금지법상 공중협박자금을 '불법재산'에 포함되는 것으로 규정하며, 금융기관등은 금융거래와 관련하여 수수한 재산이 불법재산이라고 의심되는 합당한 근거가 있거나 금융거래의 상대방이 자금세탁행위 또는 공중협박자금조달행위를 하고 있다고 의심되는 합당한 근거가 있는 경우 FIU장에게 지체 없이 이를 보고할 의무(의심거래보고)가 있다고 규정하고 있다(특정금융정보법 제4조제1항).

또한, 금융회사등의 종사자는 금융거래등과 관련하여 수수한 재산이 공중협박자금 또는 대량살상무기확산자금이라는 사실을 알게 되거나 금융거래등의 상대방이 테러자금금지법 제4조제4항에 따른 금융위원회의 허가를 받지 않고 금융거래나 그에 따른 지급, 영수를 하고 있다는 사실 또는 테러자금조달을 하고 있다는 사실을 알게 된 때에는 관할 수사기관에 신고해야 하며, 이 경우 FIU에도 보고해야 한다.(특정금융정보법 제4조제1항제3호, 테러자금금지법 제5조제2항).

(처벌) 공중협박자금*(테러자금)에 이용된다는 점을 알면서 자금 또는 재산을, 직접 또는 제3자를 통하여 모집·제공하거나 이를 운반·보관한 자는 10년 이하의 징역 또는 1억원 이하의 벌금으로 처벌받게 되며, 또한 공중협박자금에 이용된다는 점을 알면서 자금 또는 재산의 모집·제공·운반 또는 보관을 강요하거나 권유한 자 역시 동일한 형으로 처벌받게 된다(테러자금금지법 제6조제1항).

* 공중협박자금이란, 국가 · 지방자치단체 또는 외국정부(국제기구 포함)의 권한행사를 방해하거나 의무없는 일을 하게 할 목적으로 또는 공중을 협박할 목적으로 하는 일정한 유형의 폭력 · 파괴행위에 이용하기 위하여 모집 · 제공되거나 운반 · 보관된 자금이나 재산을 의미한다(테러자금금지법 제2조제1호).

(금융거래등 제한대상자 지정) 금융위원회는 우리나라가 체결한 조약 및 일반적으로 승인된 국제법규를 성실히 준수하기 위하여 또는 국제평화와 안전유지를 위한 국제적 노력에 특히 기여하기 위하여 규제가 필요하다고 인정되는 경우 공중협박자금조달 또는 대량살상무기확산과 관련되어 있는 것으로 판단되는 개인·법인·단체를 금융거래제한대상자로 지정하여 고시할 수 있다(법 제4조제1항).

금융거래제한대상자로 지정·고시된 자가 금융기관등과 금융거래 및 그에 따른 지급·영수를 하거나 동산, 부동산, 채권 및 그 밖의 재산 또는 재산권에 대한 양도, 증여 등 처분 행위와 그 점유의 이전 및 원상의 변경을 하고자 할 경우에는 금융위원회의 허가를 받아야 한다. 허가를 받지 않거나, 거짓이나 그 밖의 부정한 방법으로 허가를 받은 경우 3년 이하의 징역 또는 3천만원 이하의 벌금으로 처벌받게 된다(법 제4조제4항, 제6조제2항).

(금융거래등 제한대상자 현황) 금융위원회는 2008년 12월 22일 UN 안전보장이사회 결의 1267호에 의해 지정된 탈레반 및 알카에다 관련자 등 974명의 개인 및 단체를 금융거래제한대상자로 최초 지정하였으며, '금융거래등제한대상자 지정 및 지정 취소에 관한 규정(금융위원회 고시)'에 따라 UN 안전보장이사회 결의 제1267/1989/2253호, 제1718호, 제2231호, 제1988호 및 각 후속결의, 동 결의에 의하여 구성된 각 제재위원회가 지명한 테러 및 대량살상무기 확산 관련 개인 · 법인 또는 단체는 금융거래등 제한대상자로 자동 지정되고 있다.

*** 금융거래제한대상자 명단**

- 금융거래등제한대상자 지정 및 지정 취소에 관한 규정
- ISIL(Da'esh) & Al-Qaida Sanctions Committee-UN 안전보장이사회 결의 제1267호(1999년)·제1989호(2011년) 및 제2253호(2015년)
- 1718 Sanctions Committee (DPRK) – UN 안전보장이사회 결의 제1718호(2006년)
- 2231 Sanctions Committee – UN 안전보장이사회 결의 제2231호(2015년)
- 1988 Sanctions Committee – UN 안전보장이사회 결의 제1988호(2011년)
- UN 통합 제재대상자 명단

테러자금금지법의 주요 법률조항

제2조(정의) 이 법에서 사용하는 용어의 정의는 다음과 같다.

1. "공중 등 협박목적을 위한 자금(이하 "공중협박자금"이라 한다)"이란 국가 · 지방자치단체 또는 외국정부(외국지방자치단체와 조약 또는 그 밖의 국제적인 협약에 따라 설립된 국제기구를 포함한다)의 권한행사를 방해하거나 의무없는 일을 하게 할 목적으로 또는 공중에게 위해를 가하고자 하는 등 공중을 협박할 목적으로 행하는 다음 각 목의 어느 하나에 해당하는 행위에 사용하기 위하여 모집 · 제공되거나 운반 · 보관된 자금이나 재산을 말한다.

가. 사람을 살해하거나 사람의 신체를 상해하여 생명에 대한 위험을 발생하게 하는 행위 또는 사람을 체포 · 감금 · 약취 · 유인하거나 인질로 삼는 행위

나. 항공기(「항공안전법」 제2조제1호의 항공기를 말한다. 이하 이 목에서 같다)와 관련된 다음 각각의 어느 하나에 해당하는 행위

(1) 운항중(「항공보안법」 제2조제1호의 운항중을 말한다. 이하 이 목에서 같다)인 항공기를 추락시키거나 전복 · 파괴하는 행위, 그 밖에 운항중인 항공기의 안전을 해칠 만한 손괴를 가하는 행위

(2) 폭행이나 협박, 그 밖의 방법으로 운항중인 항공기를 강탈하거나 항공기의 운항을 강제하는 행위

(3) 항공기의 운항과 관련된 항공시설을 손괴하거나 조작을 방해하여 항공기의 안전운항에 위해를 가하는 행위

다. 선박(「선박 및 해상구조물에 대한 위해행위의 처벌 등에 관한 법률」 제2조제1호 본문의 선박을 말한다. 이하 이 목에서 같다) 또는 해상구조물(같은 법 제2조제5호의 해상구조물을 말한다. 이하 이 목에서 같다)과 관련된 다음 각각의 어느 하나에 해당하는 행위

(1) 운항(같은 법 제2조제2호의 운항을 말한다. 이하 이 목에서 같다) 중인 선박 또는 해상구조물을 파괴하거나, 그 안전을 위태롭게 할 만한 손상을 운항 중인 선박이나 해상구조물 또는 그에 실려 있는 화물에 가하는 행위

(2) 폭행이나 협박, 그 밖의 방법으로 운항 중인 선박 또는 해상구조물을 강탈하거나 선박의 운항을 강제하는 행위

(3) 운항 중인 선박의 안전을 위태롭게 하기 위하여 그 선박 운항과 관련된 기기 · 시설을 파괴 또는 중대한 손상을 가하거나 기능장애 상태를 야기하는 행위

라. 사망 · 중상해 또는 중대한 물적 손상을 유발하도록 제작되거나 그러한 위력을 가진 폭발성 · 소이성(燒夷性) 무기나 장치를 다음 각각의 어느 하나에 해당하는 차량 또는 시설에 배치 또는 폭발시키거나 그 밖의 방법으로 이를 사용하는 행위

(1) 기차 · 전차 · 자동차 등 사람 또는 물건의 운송에 이용되는 차량으로서 공중이 이용하는 차량

(2) (1)에 해당하는 차량의 운행을 위하여 이용되는 시설 또는 도로, 공원, 역, 그 밖에 공중이 이용하는 시설

(3) 전기나 가스를 공급하기 위한 시설, 공중의 음용수를 공급하는 수도, 그 밖의 시설 및 전기통신을 이용하기 위한 시설로서 공용으로 제공되거나 공중이 이용 하는 시설

(4) 석유, 가연성 가스, 석탄, 그 밖의 연료 등의 원료가 되는 물질을 제조 또는 정제하거나 연료로 만들기 위하여 처리 · 수송 또는 저장하는 시설

(5) 공중이 출입할 수 있는 건조물 · 항공기 · 선박으로서 (1)부터 (4)까지에 해당하는 것을 제외한 시설

마. 핵물질(「원자력시설 등의 방호 및 방사능방재대책법」 제2조제1호의 핵물질을 말한다. 이하 이 목에서 같다), 방사성물질(「원자력안전법」 제2조제5호의 방사성물질을 말한다. 이하 이 목에서 같다) 또는 원자력시설(「원자력시설 등의 방호 및 방사능방재대책법」 제2조제2호의 원자력시설을 말한다. 이하 이 목에서 같다)과 관련된 다음 각각의 어느 하나에 해당하는 행위

(1) 원자로를 파괴하여 사람의 생명 · 신체 또는 재산을 해하거나 그 밖에 공공의 안전을 위태롭게 하는 행위

(2) 방사성물질, 원자로 및 관계 시설, 핵연료주기시설 또는 방사선 발생장치 등을 부당하게 조작하여 사람의 생명이나 신체에 위험을 가하는 행위

(3) 핵물질을 수수 · 소지 · 소유 · 보관 · 사용 · 운반 · 개조 · 처분 또는 분산하는 행위

(4) 핵물질이나 원자력시설을 파괴 · 손상하거나 그 원인을 제공하거나 원자력시설의 정상적인 운전을 방해하여 방사성물질을 배출하거나 방사선을 노출하는 행위

2. “대량살상무기확산”이란 다음 각 목의 어느 하나에 해당하는 것을 제조, 취득, 보유, 개발, 운송, 이전 또는 사용하는 행위를 말한다.
   가. 핵무기
   나. 화학무기
   다. 생물무기
   라. 가목부터 다목까지의 어느 하나에 해당하는 것의 운반수단
3. “대량살상무기확산자금”이란 대량살상무기확산에 사용하기 위한 자금 또는 재산을 말한다.
4. “금융거래등”이란 「특정 금융거래정보의 보고 및 이용 등에 관한 법률」 제2조제2호의 금융거래등을 말한다.

제4조(금융거래등제한대상자 지정 등)

① 금융위원회는 다음 각 호의 어느 하나에 해당한다고 인정하는 경우로서 개인 · 법인 또는 단체가 제2조제1호 각 목의 어느 하나에 해당하는 행위 또는 대량살상무기확산(이하 “대량살상무기확산등”이라 한다)과 관련되어 있는 것으로 판단되는 때에는 그 개인 · 법인 또는 단체를 제4항제1호 및 제2호의 행위가 제한되는 자(이하 “금융거래등제한대상자”라 한다)로 지정하여 고시할 수 있다. 〈개정 2014. 5. 28.〉

1. 우리나라가 체결한 조약 및 일반적으로 승인된 국제법규를 성실히 준수하기 위하여 대량살상무기확산 등의 규제가 필요한 경우
2. 국제평화와 안전유지를 위한 국제적 노력에 특히 기여하기 위하여 대량살상무기확산등의 규제가 필요한 경우

② 금융위원회는 제1항에 따라 금융거래등제한대상자를 지정하여 고시하려는 경우에는 다음 각 호의 자의 동의를 미리 받아야 한다. 다만, 대량살상무기확산등으로 인하여 사람의 생명 · 신체 또는 재산에 피해를 주거나 그 밖에 공공의 안전을 위태롭게 할 긴박한 사정이 있는 경우에는 미리 동의를 받지 아니하고 지정 · 고시할 수 있다.

1. 기획재정부장관
2. 외교부장관
3. 법무부장관

③ 금융위원회는 제2항 단서에 따라 동의를 받지 아니하고 지정 · 고시한 경우 고시한 때부터 48시간 이내에 제2항 각 호의 자의 동의를 받아야 한다. 이 경우 동의를 받지 못하면 그 지정 · 고시의 효력은 상실되며 금융위원회는 그 사실을 지체 없이 공고하여야 한다.

④ 제1항에 따라 금융위원회가 미리 지정하여 고시한 자(이하 "지정금융거래등제한대상자"라 한다) 및 지정금융거래등제한대상자가 아닌 자로서 그 지정금융거래등제한대상자의 직간접 소유 · 지배 법인(이하 "미지정금융거래등제한대상자"라 한다)이 다음 각 호의 어느 하나에 해당하는 행위를 하려는 경우(제2호의 경우에는 그 상대방이 되는 경우를 포함한다)에는 대통령령으로 정하는 바에 따라 금융위원회의 허가를 받아야 한다. 이 경우 허가신청은 대통령령으로 정하는 바에 따라 지정금융거래등제한대상자 및 미지정금융거래등제한대상자(이하 "금융거래등제한대상자"라 한다) 또는 그 행위의 상대방이 할 수 있다.

1. 금융회사등(「특정 금융거래정보의 보고 및 이용 등에 관한 법률」 제2조제1호에 따른 금융회사등을 말한다. 이하 같다)과의 금융거래등 및 그에 따른 지급 · 영수(領收)
2. 동산, 부동산, 채권 및 그 밖의 재산 또는 재산권에 관한 양도, 증여 등 처분행위와 그 점유의 이전 및 원상의 변경

⑤ 제4항제1호의 행위에 대한 금융위원회의 허가권한은 「한국은행법」에 따른 한국은행총재에게 위탁할 수 있다.

⑥ 금융위원회는 제1항에 따라 금융거래등제한대상자로 지정되어 고시된 자가 대량살상무기확산 등과의 관련성이 없어지게 된 때에는 금융거래등제한대상자의 지정을 취소하고 이를 고시하여야 한다. 이 경우 금융거래등제한대상자 지정의 취소에 관하여는 제2항 본문을 준용한다.

⑦ 삭제 〈2023. 9. 14.〉

⑧ 금융위원회는 금융거래등제한대상자의 지정을 위하여 필요한 경우에는 관계 기관 및 단체에 필요한 자료의 요구, 의견 제출 등의 협조를 요청할 수 있다.

제5조(금융회사등 및 그 종사자의 의무)

① 금융회사등(그 종사자를 포함한다)은 제4조제4항에 따라 허가를 받은 경우를 제외하고는 금융거래등제한대상자의 금융거래등 및 그에 따른 지급 · 영수 업무를 취급하여서는 아니 된다.

② 금융회사등의 종사자는 금융거래등과 관련하여 수수한 재산이 공중협박자금 또는 대량살상무기확산자금이라는 사실을 알게 되거나 금융거래등의 상대방이 제4조제4항에 따른 허가를 받지 아니하고 금융거래등이나 그에 따른 지급 · 영수를 하고 있다는 사실 또는 제6조제1항의 죄에 해당하는 행위를 하고 있다는 사실을 알게 된 때에는 다른 법률에도 불구하고 지체 없이 관할 수사기관에 그 사실을 신고하여야 한다.

③ 금융회사등의 종사자는 제2항에 따라 신고를 하려 하거나 신고한 경우에는 그 사실을 해당 금융거래등의 상대방을 포함한 다른 사람에게 누설하여서는 아니 된다. 다만, 동일한 금융회사등의 내부에서 대량살상무기확산등을 방지하기 위하여 필요한 경우 그 신고사실을 제공하는 때에는 그러하지 아니하다.

제5조의2(금지행위)

① 누구든지 제2조제1호 각 목의 어느 하나에 해당하는 행위를 하거나 하려고 하는 개인, 법인 또는 단체라는 점을 알면서 그를 이롭게 할 목적으로 그 개인, 법인 또는 단체에 직접 또는 제3자를 통하여 자금 또는 재산을 제공해서는 아니 된다.
② 누구든지 제1항에 따른 개인, 법인 또는 단체라는 점을 알면서 그를 이롭게 할 목적으로 자금 또는 재산을 모집하거나 운반 · 보관해서는 아니 된다.
③ 누구든지 제1항에 따른 개인, 법인 또는 단체라는 점을 알면서 그를 이롭게 할 목적으로 같은 항 또는 제2항에 따른 행위를 강요하거나 권유해서는 아니 된다.

제6조(벌칙)

① 다음 각 호의 어느 하나에 해당하는 자는 10년 이하의 징역 또는 1억원 이하의 벌금에 처한다.
  1. 제5조의2제1항 또는 제2항을 위반하여 자금 또는 재산을 제공 · 모집하거나 운반 · 보관한 자
  2. 제5조의2제3항을 위반하여 같은 조 제1항 또는 제2항에 따른 행위를 강요하거나 권유한 자
② 다음 각 호의 어느 하나에 해당하는 자는 3년 이하의 징역 또는 3천만원 이하의 벌금에 처한다.
  1. 거짓이나 그 밖의 부정한 방법으로 제4조제4항에 따른 허가를 받고 제4조제4항 각 호의 어느 하나에 해당하는 행위를 한 금융거래등제한대상자 또는 그 상대방
  2. 허가를 받지 아니하고 제4조제4항 각 호의 어느 하나에 해당하는 행위를 한 금융거래등제한대상자
  3. 금융거래등제한대상자라는 사실을 알면서 제4조제4항에 따른 허가를 받지 아니하고 같은 항 제2호에 해당하는 행위를 한 금융거래등제한대상자의 상대방
  4. 삭제 〈2014. 5. 28.〉
  5. 제5조제1항을 위반하여 업무를 취급한 금융회사등의 종사자
③ 다음 각 호의 어느 하나에 해당하는 자는 2년 이하의 징역 또는 1천만원 이하의 벌금에 처한다.
  1. 제5조제2항을 위반하여 관할 수사기관에 신고하지 아니한 자
  2. 제5조제3항을 위반하여 신고사실을 누설한 자
④ 제1항제1호 또는 제2항제1호부터 제3호까지의 미수범은 처벌한다.
⑤ 제1항제1호의 죄를 범할 목적으로 예비 또는 음모한 자는 3년 이하의 징역 또는 3천만원 이하의 벌금에 처한다.
⑥ 제1항부터 제3항까지의 죄를 범한 자에게는 징역과 벌금을 병과(倂科)할 수 있다.
⑦ 법인의 대표자나 법인 또는 개인의 대리인, 사용인, 그 밖의 종업원이 그 법인 또는 개인의 업무에 관하여 제1항부터 제3항까지의 어느 하나에 해당하는 위반행위를 하면 그 행위자를 벌하는 외에 그 법인 또는 개인에게도 해당 조항의 벌금형을 과(科)한다. 다만, 법인 또는 개인이 그 위반행위를 방지하기 위하여 해당 업무에 관하여 상당한 주의와 감독을 게을리하지 아니한 경우에는 그러하지 아니하다.

다. 확산자금조달금지 제도

확산자금조달 (Proliferation Financing)의 정의

확산이란 대량살상무기(Weapon Mass Destruction, 이하 WMD)의 제조, 획득, 보유, 개발, 수출, 환적, 중개, 운송, 이전, 비축 또는 화학적. 생물학적 사용 등(기술 및 이중용도제품 포함)에 대해, 국내법 및/또는 국제의무를 위반하는 것을 의미한다.

* AML/CFT에서 "확산"이란 용어는 위의 정의를 포함한 기술, 제품, 소프트웨어, 서비스 또는 전문지식의 획득, 공급 및 사용 등의 광의의 개념이다.

> Proliferation is the manufacture, acquisition, possession, development, export, transhipment, brokering, transport, transfer, stockpiling or use of Chemical, Biological, Radiological or Nuclear (CBRN) weapons (weapons of mass destruction or WMD) and their means of delivery and related materials (including technologies and dual-use goods), in contravention of either, or both domestic law and/or international obligations. The term "proliferation" encompasses the acquisition, supply and use of technology, goods, software, services or expertise.

확산자금조달(Proliferation Financing)의 특징

"확산"은 다양한 형태를 취할 수 있지만, 궁극적으로는 핵기술, 생물학무기 또는 화학무기와 관련된 프로그램에서 사용될 수 있는 기술, 제품, 소프트웨어, 서비스 또는 전문지식의 전달 또는 수출 및 정교한 기술, 장거리미사일 또는 비교적 단순하거나 조잡한 장치를 말하기도 한다.

> Proliferation can therefore take many forms, but ultimately it commonly involves the transfer or export of technology, goods, software, services or expertise that can be used in programs involving nuclear, biological or chemical weapons, and their delivery systems - which may involve sophisticated technology, such as in long range missiles; or it may involve a relatively simple, or even crude, device.

대량살상무기확산은 세계 안보에 큰 위협이 되고 있으며, 민감한 재료, 기술, 서비스 및 전문지식에 대해 적절한 안전장치가 수립되고 유지 및 시행되지 않을 경우,

- 이익을 얻기 위해 권한이 없거나 바람직하지 않은 개인 및 기업이 인수 및 판매가 가능
- 대량살상무기(WMD) 프로그램에 사용

- 테러리스트들의 손에 들어갈 수 있음

국제자금세탁방지기구(FATF) 40 권고사항 중 권고사항 7[확산금융 중 정밀금융제재(targeted financial sanction)]

각국은 대량살상무기확산과 이에 대한 자금조달을 방지, 억제 및 차단(disruption)하는 유엔안보리결의안을 이행하기 위하여 정밀화된 금융제재를 이행하여야 한다.

이 결의안에 따라 각국은 유엔 헌장 제7장에 의거하여 유엔 안보리가 또는 그 권한에 의하여 지정한 그 어떠한 개인이나 단체(entity)의 자금 혹은 기타 자산을 지체 없이 동결하여야 하고, 지정된 개인이나 단체에게 혹은 이들의 이익(benefit)을 위해 그 어떠한 자금이나 기타 자산이 직간접적으로 제공되지 않도록 하여야 한다.

유엔안보리결의안(United Nations Security Council Resolution, 이하 UNSCR) 2094호와 연관되며, UNSCR의 결정은 비군사적 제재인 경우 모든 회원국가에게 법적 구속력을 갖고 있다.

공중협박자금금지법(이하 테러자금금지법)에 확산금융 이슈를 반영한 배경

- 제정 당시 WMD 확산행위자의 금융행위에 대한 정밀금융제재를 시행할 수 있는 입법이 부재
- 외국환거래법 및 고시를 통해 WMD 확산행위자의 외환거래에 한해서는 사전허가제 운영이 가능
- 당시 테러자금금지법은 테러자금조달방지를 목적으로 하고 있어, WMD 확산행위는 규제 범위에 없었다.

확산자금 관련 테러자금금지법의 주요 특징

- 금융거래제한대상자의 지정
- 금융거래제한대상자의 금융거래등에 대한 금융위원회의 허가
- 금융거래등의 확대 및 사전동결제도(사전동결제도 : 동결리스트를 설정하고 허가를

받게 하는 방식)

- 수사기관 신고의무와 의심거래보고 의무
- 누설금지 등

확산자금 관련 테러자금금지법의 주요내용

- 확산자금조달로 이용된다는 사실을 알면서 자금 또는 재산을 모집, 제공하거나 이를 운반·보관한 자와 이를 강요하거나 권유한 자에 대한 처벌
- 확산자금조달로 의심되는 금융거래는 FIU에 보고해야 한다.
- 금융위원회는 확산자금조달 등과 관련된 자를 금융거래제한대상자로 지정해야 한다.

9장

무역기반자금세탁(Trade Based Money Laundering) 이해

가. 무역기반자금세탁(이하 TBML)의 정의

FATF는 2006년 TBML 보고서에서 'TBML이란 불법자금의 원천을 합법화시키기 위한 목적으로 무역거래를 이용하여 범죄수익을 가장하거나 이동시키는 일련의 절차'라고 정의하였고,

2020년 FATF 방법론연구 실무그룹(RTMG)의 「TBML 업데이트 : 동향 및 발전」 보고서(FATF, TBML 2020 update; trends and development)에서는,

- 'TBML이란 자금의 불법적인 출처를 합법화하거나 범죄활동에 자금을 조달하기 위한 노력의 일환으로서 무역거래를 통해 범죄수익을 숨기고 자금을 이동시키는 과정'이라고 정의하였다.

FATF의 TBML 관련 주요 발표 연혁

- (2005년) FATF, 회원국들에 대한 설문조사 및 사례연구 실시
- (2007년) FATF, 'TBML 단속을 위한 기본 6대 원칙'
  ① 기존 자금세탁프로그램에 TBML을 포함할 것
  ② FATF 발간 TBML 보고서를 활용할 것
  ③ 국내 세관당국과 기타 자금세탁 감독기관 간 협력강화
  ④ 공인된 방식으로 무역정보를 수집 및 교환하고 정보보호법령을 준수할 것
  ⑤ 무역정보 국제협력 채널 구축
  ⑥ 합법적인 무역 활동을 저해하지 않을 것

• (2008년) FATF, 'TBML을 위한 Best Practice' 발간
• (2012년) APG, 'TBML을 위한 방법론' 보고서 발간
• (2020년) FATF, 'TBML을 위한 동향 및 발전' 발간
• (2021년) FATF, 'TBML을 위한 위험지표' 발간

나. 국제자금세탁방지기구(FATF)의 TBML 가이던스

(2008년) TBML Best Practice 주요내용
Best Practices on Traded Based Money Laundering (20 June 2008)

FATF는 무역체계가 새로운 ML/TF의 위험을 증가시키고 있고, 세관, 법 집행기관, FIU, 세무당국 및 은행감독기관 등이 TBML/TF에 대한 협업체계를 구축하는 것이 중요하다고 판단하였다.

TBML의 중요 요소로서 TBML/TF의 정의, 무역거래 정보가 수출입업자를 통해 전달되어지는 과정, 검사당국의 거래 모니터링, 무역금융에서 보아야 할 상품이동에 따른 결제, 대외무역에 따른 외환거래 등이 있다.

또한, TBML/TF의 위험에 적합한 교육 프로그램을 통하여 이해관계자(수출입업자, 운송업자, 세관, 세무당국, 금융기관, FIU) 등이 TBML/TF를 공감하고 다음과 같은 데이터 정보의 이동에 대해서도 인식할 필요가 있다.

• 국내 체계의 권한당국과의 업무 연계
• 개인정보보호와 프라이버시
• 국제협력
• 무역관련 법률체계 등

(2020년) 무역기반 자금세탁 업데이트 : 동향 및 발전
Trade-Based Money Laundering 2020 Update : Trends and Developments

2006년 FATF의 연구에서 처음으로 확인된 TBML 수법은 과소 또는 과대 송장 청구, 재회기치의 과소 또는 과대 설정과 실제 재회의 이동이 없는 유령선적(phantom shipments) 등을 포함하고 있고 이러한 수법들은 특히 무역거래나 거래 관련 송장

결제 과정에서 의도적으로 정보를 왜곡할 수 있는 수출입업자 간의 복잡한 관계 속에서 더욱 그 효과를 발휘한다.

이를 방지하기 위해서 권한당국은 형사기소, 수출입 업자의 무역권한을 박탈하는 방식으로 TBML의 위험을 예방할 수 있다. 하지만 금융회사가 제3자 중개자와 관련된 위험을 인지한다 하더라도 합법적인 수입업자/수출업자, 감사인 그리고 회계사와 같은 감독자 등 공급망과 관련된 주체들이 무역거래와 관련 없는 제3자가 지급결제과정에서 속해 있는 것은 다소 위험이 있다.

무역정보와 관련해서 무역거래는 다양한 이해관계자가 무역정보를 갖고 있지만, 이러한 정보를 운영상 또는 대량으로 공유할 수 있는 범위에는 한계가 있으며, 새로운 문제점으로서 온라인사업의 성장, 예방적 준수활동의 범위 제한, 신기술, 무역절차의 디지털화, 무역 운영속도의 증가 등이 대두되고 있다.

TBML/TF를 위하여 2012년에 개정된 FATF의 RBA 도입과 더불어 국가위험평가(National Risk Assessment, 이하 NRA)가 TBML/TF의 위험 노출도 분석 및 위험기반 정책, 관련 절차 및 법안의 개정 등에 도움을 준다. 동 보고서는 TBML/TF 관련 다음 사항에 대하여 기술하고 있다.

- TBML/TF의 정의 및 무역금융
- TBML 위험 및 동향
- TBML 예방의 한계
- TBML 방지방안 및 사례
- TBML 위험지표 (부록) 등

(2020) 세관에 대한 TBML 가이드라인

'2020년 FATF의 TBML 업데이트; 동향 및 발전'보고서에서는 TBML에 대한 세관의 역할과 책임에 대하여 정의를 하였고, 국내 법집행기관인 관세청에서는 2016년 은행의 보고책임자들을 위하여 TBML 가이드라인을 제시함

[2020년 FATF의 TBML 업데이트 보고서 중 세관 부문의 중점사항]

세관은 일반적으로 무역 부문의 최우선 집행당국으로, 무역기반 자금세탁(TBML)을 비롯하여 국제 교역 시스템 남용 범죄 방지라는 임무를 갖고 있다.

세관은 국제 교역, 재화의 흐름, 국제 공급망 등 TBML의 확인·수사에 필수적인 요소들과 관련하여 심도 있는 지식을 보유하고 있으므로, 세관 서비스는 또한 TBML 활동의 확인에 핵심적인 국제 교역 서류 및 데이터에 유일한 접근권을 가진 경우가 많다.

특히, TBML 적발에 세관 화물 분석이 사용될 수 있는데, 해당 데이터상의 변칙적 요소는 TBML 수법이나 기타 무역기반 범죄를 수사할 수 있다. 불법 무역 활동 감시라는 역할로 인해 이들 세관 당국은 불법적 목적으로 국제 운송을 이용하는 행위를 적발하는 독특한 위치를 가지고 있다.

동시에 세관 입장에서는 점점 증가하는 국제 교역량(및 그에 따라 증가하는 무역 데이터)이 TBML 수법 및 기타 무역기반 범죄를 확인하고자 하는 의지에 주요 걸림돌로 작용한다. TBML과 관련된 운송 건은 대체로는 합법적인 교역량 중 극히 일부분에 불과해 TBML을 식별하기가 더욱 어려워지고 있으며, 세관은 운송 화물의 분석·검사와 신속한 통관 및 현실적·효율적 무역 체계 사이에서 균형을 갖추어야 한다.

관세 징수, 세율 결정 등 세관의 다른 전통적 업무들을 처리하는 데에도 많은 자원이 필요하므로 세관이 충분한 역량을 갖추고 자국 FIU 및 법집행기관에서 제공되는 운송 관련 문서와 금융정보를 조사할 수 있도록 하는 것이 매우 중요하다. 예를 들어 세관 내 전담팀이나 부서를 만들어 이 부문에 집중하게 함으로써 TBML 단속 노력을 극대화할 필요가 있다

구체적으로 TBML의 경우에는 주로 상업적 이윤 목적으로 거래/운송되는 상업용 자산의 국제적 이동을 통해 자금이 세탁될 수 있다. 이와 같은 자산에는 앞서 언급한 것처럼 전기제품, 원재료(raw material), 의류, 귀금속, 식품류 등 다양한 원자재(commodity) 등이 있으며, 세관 공무원은 TBML 네트워크에서 이용될 수 있는 재화와 운송을 분석·확인하는 데 있어 필수적 역할을 수행한다고 할 수 있다.

세관과 FIU 간의 긴밀한 협력을 통해 집합적 역량을 상당 수준 강화하여 의심스러운 무역 활동 및 의심스러운 금융 활동을 연계함으로써 TBML을 확인할 수 있다.

- TBML 사건의 경우, 국내 차원의 전제범죄 수사가 국제적인 자금세탁 수사로 이어지기도 하는데, 이는 법집행기관이 세관 영역까지 자금 및 재화를 추적하는 것이 가능하기 때문이다.
- 특히 OCG(Organised Criminal Groups)가 개입돼 불법자금을 해외로 운송되는 상업용 제품으로 전환하는 현금을 중심으로 한 범죄활동이 이에 해당되며 TBML 위험이 높은 국가의 경우, 세관당국-FIU-법집행기관이 각각의 AML/CFT 노력을 조율하는 것이 매우 중요하다.

이러한 협력은 기관들 간의 신속한 정보공유, TBML 및 관련 전제범죄에 대한 수사·실무 차원 대응의 조정 등이 필요하다.

세계관세기구(World Customs Organization, 이하 WCO)/에그몽 그룹(Egmont Group)의 '세관-FIU 협력 편람'에서는 국가 차원에서 세관-FIU가 강력한 협력관계를 수립할 것을 권고하고 있다.

- 이러한 협력관계는 고위 경영진 수준, 실무 관리자·담당관 수준, 분석관 수준에서 형성돼야 하며, 분기별 혹은 반기별로 중간관리자 회의를 개최하여 전략적 계획을 통해 TBML을 방지하고 정보수집은 물론 실무 목적으로 의심스러운 금융정보를 교환할 수 있도록 해야 할 것이다.

- 자국법상 또 기관 내 정책상 가능한 경우, 관세중심 자금세탁 활동, 관세사기, 밀반출입 활동 등을 수행하는 것으로 의심되는 개인·법인 등에 대한 정보를 포함해 무역 및 금융 데이터의 공유 등도 위 협력에 해당될 수 있다.

FIU의 금융 분석 전문성, 세관의 국제 교역 전문성이 양 당국 간 효과적인 정보교환 체계를 통해 AML/CFT 조치의 효과성 향상뿐만 아니라 기타 세관 목표에의 기여로도 이어질 수 있다.

- 예를 들어, TBML 활동의 고위험 부문 및 패턴에 대한 정보를 수집하고 FIU 전략분석 결과 및 국제 무역 운송 관련 기타 전략적 정보를 이용하면 세관의 화물 및 운송 검사 시 우선순위 측면에서 도움이 될 수 있다.

- 세관 내에 발전된 분석 기술을 도입한다면 이 역시 무역 사기 활동 및 기타 무역 관련 범죄를 더 많이 확인하는 데 도움이 되며, 세관에서 범죄자들 및 테러리스트들이 최근 애용하는 루트와 새로운 수법들을 확인하는 데에도 기여할 수 있다.

세관이 TBML 타개 노력을 주요한 집행 목표로 인식하고 서로 양자·다자 기반에서 협력하는 것이 중요하다.

- TBML 수법은 대량의 근거 문서를 생성하는 경우도 많다. 이들 문서 중 일부는 특정 국가 세관에서 다른 국가 세관으로 꼭 필요한 통관절차를 거치기 위한 목적이다.
- 이 통관문서는 운송되는 재화에 대한 대금의 이전을 정당화하기 위해서도 사용되며, 범죄자들이 이 문서를 위조하여 불법수익을 얻거나 불법 가치를 이전하는 만큼 수출국에서의 통관문서는 수입국에서의 통관문서와는 달라질 수 있다. 따라서, 각 해당 세관에서 수출입 문서를 양자 대조하는 과정에서 변칙적인 무역 활동이 적발될 수도 있으며, 이 중에 TBML 수법과 관련된 경우가 있을 수 있다.

(2021년) 무역기반 자금세탁 위험지표 (Trade-Based Money Laundering Indicators)

동 보고서의 위험지표는 무역기반자금세탁(TBML) 연구 과정에서 FATF 및 FIU의 Egmont 그룹의 제언을 샘플링하여 작성하였으며, 제시된 위험지표는 공공 및 금융회사등이 이러한 형태의 유형과 관련된 의심스러운 활동을 식별할 수 있는 능력을 향상시키도록 기획되었다.

동 보고서에서는 TBML/TF의 대상 및 지표 사용법과 STR 및 이상거래에 대한 모니터링, 데이터 분석 등에 대한 지표 활용 사례를 제시하고 있고, 고유위험지표는 2020년 TBML/TF 위험지표를 기준으로 개괄적으로만 제시되어 있는데, 다음과 같이 구분하고 있다.

- 구조적 위험지표 (이상거래, 비즈니스 형태, 상품 등)
- 무역 활동 위험지표 (무역주체의 사업활동)
- 무역관련 문서 및 상품위험 지표
- 회계와 거래활동 위험지표 (현금예치, 전신송금 등)

다. 글로벌 주요 국가들의 TBML 대응 가이드라인

호주 정부 산하 호주범죄학연구소 Autralian Institute of Criminology under the Autralian Government (2011년)

2011년 호주 정부는 TBML의 위험에 대해 인식하고 어떻게 효과적으로 대응하느냐는 전략을 수립하였다. 이를 위하여 호주 정부 산하 호주범죄학연구소가 가이드라인을 제시하여 보고서를 발표하였으며, 그 주요내용은 다음과 같다.

TBML은 범죄 수익을 위장하고 테러 및 기타 범죄활동을 위해 합법적으로 획득한 자금을 위장하는 데 사용되고 있으며, TBML 수법은 단순 사기, 무역 및 금융 거래의 복잡한 네트워크를 통한 인보이스의 가격, 상품 수량 또는 품질의 허위 진술 등의 방식으로 범죄기술이 발전하고 있다. TBML 사기는 가장 일반적으로 가격, 수량 또는 상품 유형의 허위 진술과 관련이 있지만, 무형 자산(예 정보 및 서비스) 거래는 중요한 ML/TF 위험으로 부상하고 있다. TBML과 금융거래는 필연적으로 동반되어 나타나는데, 대부분의 TBML은 금융거래를 통하여 자금을 세탁하고, 또한 소득세 및 소비세를 회피하며 다른 금융범죄를 포함하기도 하지만 탈세가 주요 목표만은 아니다.

TBML은 자금의 실제 출처를 가리려는 의도로서 가치를 이동하기 위해 금융거래를 사용하며, 현금 및 무기명 유가증권의 운송은 포함되지 않으며 대체 송금 딜러가 제공하는 서비스도 포함되지는 않는다. 자금세탁업자들이 무역을 매력적으로 보고 있는 몇 가지 요인이 있는데, 이것은 세계 무역의 규모 및 가치의 증가, 특히 다른 자금세탁 방법과 비교하여 무역의 진정한 본질을 위장하는 것이 상대적으로 용이하기 때문이다. 자유무역지역(FTZ)이나 유럽연합(EU)과 같이 국경 보안이 제한적이지 않은 지역에서는 TBML이 더 큰 위험을 초래할 가능성이 있다.

동 보고서는 TBML의 특성, 위험환경, 위험인식의 어려운 이슈 등을 제기하며 궁극적으로는 FATF 모범사례를 충실이 이행하여야 한다는 점을 강조하고 있다. 호주 정부의 현행 AML/CTF 법률은 금융 시스템을 통한 자금세탁 및 테러자금조달을 방지하기 위해 2006년부터 점진적으로 시행하고 있다.

현재 호주 금융정보분석원(AUSTRAC)에 대한 AML/CFT 보고 주체의 범위는 은행 및 기타 금융기관, 보험회사, 증권 및 투자회사, 도박 서비스, 금괴 딜러 및 대체 송금 서비스로 한정된다.

[AIC(Australian Institute of Criminology) 보고서에서 제시된 TBML Redflag[1]]

1. 은행 고객이 요청된 은행 거래를 뒷받침하는 거래 문서를 생성할 수 없음

2. 선하증권의 상품 설명과 송장 사이에 상당한 불일치

3. 선하증권 또는 송장의 상품명세와 실제 상품의 기재 내용이 현저하게 다른 수송

4. 송장에 보고된 상품의 가치와 상품의 공정한 시장 가치 사이가 상당히 차이 남

5. 신용장과 일치하지 않는 선적지 또는 상품명세서

6. 호주 세관 및 국경 보호국에 신고되었거나 수입자가 지불한 것보다 더 높거나 낮은 상품 가치 또는 비용을 보여주는 문서

7. 수혜자 또는 지불관련하여 정당한 사유 없이 현저하게 변경된 또는 확대된 신용장을 사용하는 거래

8. 재화 등의 대금을 지급한 제3자

9. 업무에 맞지 않는 위탁(예 종이 제품을 취급하기 시작한 철강 회사 또는 정보 대량 의약품 거래를 갑자기 시작하는 기술 회사)

10. 고위험 관할 구역에서 사업을 수행하는 고객(예 FTZ)

11. FATF 비협조 국가를 통한 환적을 포함하여 고위험 국가를 통해 상품을 배송하는 고객

12. 명백한 경제적 이유 없이 하나 이상의 국가를 통해 상품을 환적하는 경우

13. 장비 등 수출입 제한 대상자를 포함하여 잠재적으로 고위험 활동에 관련된 고객
외국정부의 군대 또는 경찰 조직, 무기, 탄약, 화학 혼합물, 분류된 국방 품목, 민감한 기술 데이터, 핵물질, 귀중한 보석 또는 금속, 광석 및 원유와 같은 특정 천연 자원

14. 상품 및 서비스의 명백한 과대 또는 과소 가격

15. 수입 또는 수출되는 상품의 수량 또는 유형에 대한 명백한 허위 진술

16. 거래구조가 불필요하게 복잡하여 거래의 본질을 불명확하게 보이도록 설계된 거래

1) Red flag : 자금세탁의 위험이 있으므로 확인할 필요가 있음을 알리는 신호

17. 경제적으로 타당하지 않은 발송물(예 상대적으로 낮은 가치의 소량을 운송하기 위해 대형 컨테이너 사용)

18. 화물의 규모가 수출자 또는 수입자의 정상적인 사업 활동 규모와 불일치

19. 운송 중인 상품의 유형이 수출업자 또는 수입업자의 일상적인 비즈니스 활동과 불일치

20. 지불방법이 거래의 위험 특성(예 선불 사용)과 일치하지 않는 것으로 보이는 경우 고위험 국가의 새로운 공급업체로부터 선적 비용 지불

21. 거래처가 없는 제3자로부터 현금을 받거나 대금지급(또는 기타 지급금)을 받는 거래(위장회사 등)

22. 높은 가치의 상품 및 높은 매출의 소비재로서 자금세탁행위의 위험성이 높은 것으로 지정된 상품과 관련된 거래

싱가포르 통화청(MAS)의 무역금융 및 환거래 뱅킹에 대한 가이던스 GUIDANCE ON ANTI-MONEY LAUNDERING AND COUNTERING THE FINANCING OF TERRORISM CONTROLS IN TRADE FINANCE AND CORRESPONDENT BANKING (2015년)

싱가포르 통화청(MAS)는 2014년 1월에 발표한 국가위험평가(NRA) 보고서에서 "무역금융 및 환거래은행에 대한 자금세탁방지 및 테러자금조달 방지("AML/CFT") 통제를 개선이 필요"하다고 언급하고 있다.

특히 동 NRA 보고서에서 은행에 무역금융 및 환거래은행 활동에 대한 AML/CFT 통제에 대한 지침을 제공하고, 은행이 업계 규범에 대한 벤치마킹과 건전한 위험관리 관행을 구현하며 통제를 통한 위험을 식별하는 것에 중점을 두었다.
NRA 보고서를 기반으로 동 가이던스는 고객이 제기하는 위험, 각 은행의 무역금융 및 환거래은행 활동의 특성과 복잡성을 고려하여 위험 기반 및 비례 방식으로 적용되어야 함을 강조하고 있다.

[동 가이던스의 주요 사항]

① 무역금융의 주요 요소
- 무역금융 비즈니스의 위험평가
- 확인의무
- 제재 통제

- TBML 통제
- 거래 모니터링 및 STR
- TBML 정책과 교육훈련 절차

② 환거래은행

- 중개 금융기관의 확인
- 연계 금융기관들의 확인
- 중개 금융기관의 지속적인 모니터링

싱가포르 TBML 가이던스의 특징은 위의 환거래은행의 확인의무(Due Diligence)에 대해 점검사항과 사례를 보여준 것이 다른 가이던스와는 차별성을 가지고 있는데 주요 사항은 다음과 같다.

[TBML 환거래은행 관련 3가지 항목 개요]

① 환거래요청 금융기관에 대한 실사 (Due Diligence on Respondent FIs)

- 환거래은행 활동을 수행하는 은행은 일반적으로 그러한 활동과 관련된 ML/TF 위험평가를 수행해야 하며, 이러한 평가는 은행이 적절한 실사를 수행할 수 있도록 Correspondent 뱅킹 서비스 제공과 관련된 위험을 식별, 평가 및 이해하는 데 도움이 되어야 함
- 환거래은행에 특정한 ML/TF 위험에 대한 은행의 평가는 전사적 위험평가의 일부가 될 수 있음
- 일반적으로 은행은 통지에 따라 환거래요청 금융기관에 대한 실사 조치를 수행해야 하며 이러한 조치에는 요청 금융기관에 대한 적절한 정보수집, 평판 검색 및 요청 금융기관에 대한 수준 높은 AML/CFT 통제평가가 포함됨

② 동일 그룹의 금융기관에 대한 실사 (Due Diligence on Group Relationships)

- 환거래의 고유 위험은 서비스가 중단된 경우에도 존재하며, 은행의 자체 해외 지점, 자회사 및 계열사에 제공하는 정보 등의 경우에는 다양한 수준의 금융범죄 위험이 제기될 수 있음
- 또한, AML/CFT 통제 수준과 해당 위험의 정도는 이해관계자별 또는 개별 금융회사마다 다를 수 있음
- 환거래은행은 실사가 완료된 모은행의 지점, 자회사 또는 계열사일지라도 각 요청 금융기관에 대해 적절한 실사를 수행해야 함. 은행은 각 요청 금융기관 및 AML/CFT 통제에 내재된 잠재적인 ML/TF 위험을 고려해야 함

- 이는 환거래은행을 통해 유입되는 불법 또는 테러리스트 자금의 위험을 방지하는 역할을 하며, 이러한 모든 절차는 고위 경영진의 승인을 받아야 함

③ 환거래 요청 금융기관의 지속적인 모니터링 (Ongoing Monitoring of Respondent FIs)

- 모든 요청 금융기관에 대해 정기적인 실사를 수행해야 하며, 여기에는 요청 금융기관, 업무담당 관계자(예 신규 또는 기존 상임이사), 고위 경영진 등이 포함됨
- WLF(Watch List Filtering)을 통하여 실사가 수행된 이후 PEP, 제재 대상자 또는 범죄 활동에 연루 여부를 수시 점검해야 함
- 환거래은행은 할당된 위험 등급에 따라 위험기반접근법(RBA)을 채택해야 하며, 실사 정보를 결정할 때 각 요청 금융기관에게 정기적으로 업데이트 해줘야 함
- 환거래은행은 지속적인 모니터링 및 정기 실사 검토의 일환으로 거래의 양, 가치, 빈도 및 성격과 관련하여 예상 거래 및 과거 거래와 비교하여 고객의 실제 거래 활동을 검토하고 있음
- 환거래은행은 거래 은행 계좌의 금융거래를 더 잘 모니터링하기 위해 요청은행의 계좌 활동을 모니터링하고 이해해야 함

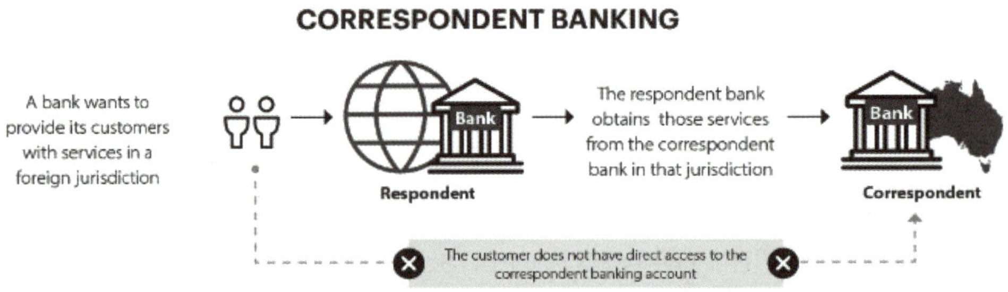

(출처 : 호주금융정보분석원 (AUSTRAC))

홍콩 은행연합회의 TBML 가이드라인 The Hong Kong Association of Banks- Guidance Paper on Combating Trade-based Money Laundering (2016)

홍콩 은행연합회(HKAB)는 Hong Kong 금융당국(HKMA)의 지침을 기준으로 2016년에 TBML 가이드라인을 발표하였다. 동 가이드라인의 주요 목적은 홍콩 금융당국에 의해 승인된 금융기관(Approved Institution, 이하 AI)이 ML/TF의 위험을 완화하기 위한 효과적인 조치를 구현하고자 함이다.

동 가이드라인의 목적은 무역이 홍콩 경제의 중요한 부분이므로, 국제금융센터로서의 홍콩의 역할과 은행 부문의 무결성에 대한 신뢰는 홍콩 감독당국에 의해 승인된 금융기관들이 금융 서비스를 제공할 때 발생할 수 있는 다양한 위험을 경감하고 관리하기 위해 만들어졌다.

홍콩 은행연합회의 TBML 지침에서 제시된 권장 사항은 금융기관등에 적용되는 관련 법률, 규정, 지침 또는 규칙을 보완하는 것이지 대체하는 것은 아니며 홍콩의 법령, 규칙 및 국제기준 등을 참고해야 한다.

- MLRO : 자금세탁방지 보고책임자 관련
- 조직범죄 및 중대범죄 관련 규정
- 마약관련 규정
- UN의 미악 및 데리, 제재 관련 국제기준
- 대량살상무기(WMD) 관련 규정

동 가이드라인에서 제시하고 정의된 주요 사항은 다음과 같다.

① 무역금융 서비스의 범위

- 은행 보증 및 문서 취합
- 계좌 개설 거래를 통한 자금 조달
- 몰수 및 위험 반영
- 수입/수출 대출
- 포장 대출
- 선적 전 대출
- 구조화된 무역금융
- 신탁 영수증
- 물품 창고 관련 금융
- 수출입 송장할인
- 신용장
- 신용거래를 위한 파이낸싱

② 무역거래의 내부통제 요소

- 기관과 사업에 대한 위험평가
- 고객과 거래에 대한 위험평가
- 무역거래의 범위
- Red flag
- 검토와 단계별 검증 절차
- 역할과 책임
- 제출보고서 면제요건 등

③ 무역과 연계된 고객확인(CDD) 요건

- 주요 제품, 관할권 및 시장과 같은 비즈니스 특성
- 상품 또는 서비스의 배송/운송 방식
- 주요 공급자 및 구매자
- AI에서 활용되는 제품 및 서비스
- 예상 계정 활동
- 예상되는 주요 지불 및 결제방법 및 조건
- AI에 의한 내부 고객 위험평가 등급
- 정보 유출 위험방지 관련 법적 규제 범위 확인 및 감독당국에 제출되어지는 의심거래보고서(STR)
- 이해관계자들의 정보

일반적인 신용장 발급 절차

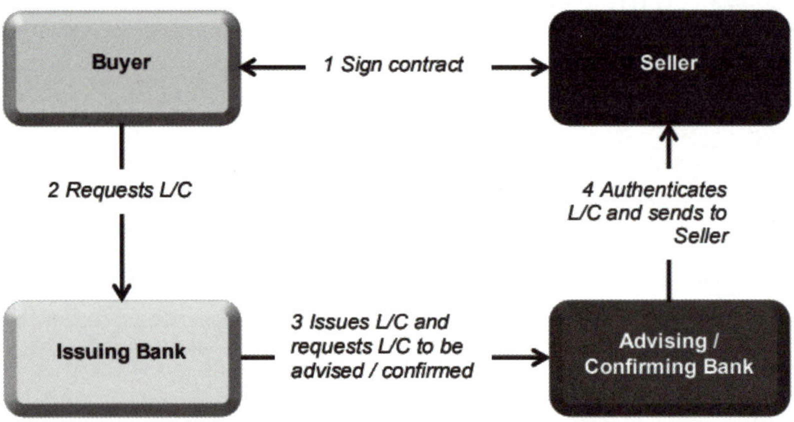

출처 : 홍콩 TBML 가이드라인

라. TBML 관련 국내 유관 법률

대외 무역법

- 대외무역법 및 동법 시행령
- 시행규칙 및 고시
  - 국제평화 및 안전유지 등 의무이행을 위한 무역에 관한 특별조치 고시
  - 대외무역 관리규정
  - 수출물품 원산지증명서 발급규정
  - 수출입 공고
  - 전략물자 수출입통관에 관한 고시
  - 통합공고
  - 국내 유통 수출입물품의 원산지표시 검사에 관한 훈령

외국환거래법

- 외국환거래법 및 동법 시행령
- 시행규칙 및 고시
  - 대북투자 등에 관한 외국환 거래지침
  - 외국환거래규정
  - 환전영업자 관리에 관한 고시
  - 외국환거래법에 따른 행정처분 및 과태료 부과징수에 관한 훈령
  - 외국환거래의 검사업무 운영에 관한 훈령

관세법

- 관세법 및 동법 시행령
- 시행규칙 및 훈령
  - COB화물 통관사무처리에 관한 고시
  - 관세법 제226조에 따른 세관장확인물품 및 확인방법 지정고시
  - 국제무역기의 입출항절차 등에 관한 고시
  - 국제무역선의 입출항 전환 및 승선절차에 관한 고시
  - 반송절차에 관한 고시
  - 수입물품 유통이력관리에 관한 고시
  - 수입통관 사무처리에 관한 고시

- 수출입신고 오류방지에 관한 고시
- 수출입물품 등에 관한 품목분류 변경 고시
- 수출통관 사무처리에 관한 고시
- 수출입통관 사무처리에 관한 고시
- 자유무역지역 반출입 물품의 관리에 관한 고시
- 전략물자 수출입통관에 관한 고시
- 화물운송주선업자의 등록 및 관리에 관한 고시
- 환적화물 처리절차에 관한 특례고시

* TBML/TF 관련 대표적 범죄
- 밀수출 · 입 죄 : 관세법 제269조
- 관세포탈죄 : 관세법 제270조
- 재산 국외도피 : 특정경제가중처벌법 제4조
- 환치기, 자본거래 미신고, 허위 수입신용장 : 외환거래법/관세법

TBML/TF 관련 처벌 근거 법률

- AML/CFT 법령(특정금융정보법 및 테러자금금지법), 외환거래법, 관세법, 대외무역법 등의 벌칙조항
- 범죄수익은닉규제법 및 동법 시행령 벌칙조항
- 특정경제범죄 가중처벌 등에 관한 법률 및 동법 시행령 벌칙조항 등
(사례) 재산국외도피의 죄 등

[참고] 이중용도품목(Dual Use Goods) 개요

• 이중용도품목(Dual Use Goods, 이하 DUG)의 정의

- DUG는 '전략물자'라고도 표현하며, 민간과 군사용도 모두에 사용되는 전략물자(Strategy items)를 뜻하며, 상품, 컴퓨터 하드웨어 및 소프트웨어, IT장비, 기술, 문서 및 도면 등을 포함하고 있다.

- DUG의 올바른 거래는 무역금융을 포함한 일반 무역업무 중에서 가장 중요하면서도 난해한 영역이며, 무역기반 자금세탁(TBML)을 통한 금융범죄는 DUG의 특성상 특정 국가의 안보와 테러로 인한 국제사회 안정에도 많은 영향을 끼치고 있다.

- 국내의 경우, DUG의 국가차원의 관리를 위하여 2007년에 산업자원부 소속기관으로 전략물자관리원(KOSTI)이 설립되었다.

의미	**이중용도품목(전략물자)** : 국제수출통제체제(이하 "국제수출통제체제"라 한다)의 원칙에 따라 국제평화 및 안전유지와 국가안보를 위하여 수출허가 등 제한이 필요한 물품 등(기술 포함)

다자간 전략물자 수출통제체제에서 수출통제대상으로 지정한 물품 등

바세나르체제(WA) Wassenaar Arrangement	미사일기술통제체제(MTCR) Missile Technology Control Regime	화학무기금지 협약(CWC) Chemical Weapons Convention
핵공급국 그룹(NSG) Nuclear Supplier Group	오스트레일리아 그룹(AG) Australia Group	생물무기금지 협약(BWC) Biological Weapons Convention

우리나라는 국제평화 및 안전유지, 국가안보를 위하여 수출입을 제한하는 품목을 산업통상자원부장관이 고시(대외무역법 제19조에 근거)

전략물자 수출입고시 별표 2~3에 해당하는 물품, 소프트웨어 및 기술

(출처 : Kim & Chang)

10장

가상자산사업자(VASP)를 위한 제도 이해

가. 배경

FATF는 2014년부터 IT기술의 발달로 인하여 Finctech와 가상화폐가 새로운 자금세탁과 테러자금조달의 유형이 될 것이라 판단하고 FATF ML/TF 방법론 실무그룹인 RTMG에서 첫 논의을 시작하였다. 동 실무그룹에서는 가상화폐를 가치의 저장 및 이동, 측량이 가능하며 협정을 맺은 당사자 간 청구권이 인정되는 "디지털 화폐"로 정의하였고, 이후 다음과 같은 가이던스를 발표하면서 금융회사등의 신상품, 신기술 도입에 대한 ML/TF의 위험예방을 위한 조치와 가이던스를 제시하였다.

FATF는 국가의 법화(Fiat Currency)에서 사용하는 화폐(Currency)라는 용어가 각국의 중앙은행에 혼선을 줄 수 있다는 점을 감안하여 가상화폐(Virtual Currency)를 가상자산(Virtual Asset)으로 용어의 정의를 변경하여 사용하게 되었다.

〈FATF의 가상화폐/자산에 대한 조치 및 가이던스〉

- (2014년 6월) Virtual Currencies – Key Definitions and Potential AML/CFT Risks
- (2015년 6월) Virtual Currencies – Guidance for a Risk-Based Approach
- (2016년 2월) Money or Value Transfer Services
- (2021년 8월) Updated Guidance for a Risk-Based Approach to Virtual Assets and Virtual Asset Service Providers
- (2023년 6월) Virtual Assets: Targeted Update on Implementation of the FATF Standards on Virtual Assets and Virtual Asset Service Providers

2019년 FATF는 공개성명서(Public Statement)를 통하여 가상자산사업자(Virtual

Asset Services Provider, 이하 VASP)는 인·허가(license) 또는 신고·등록을 하여야 하며, 이러한 과정에서 범죄자의 VASP 진입을 차단하고, 미신고 영업은 제재가 필요하다고 발표하였다. 또한, 동 공개성명서에서는 가상자산을 "재산(property), 수익(proceeds), 자금(funds) 또는 이에 상응하는 가치(corresponding value)"라고 간주하였다. 또한, FATF 40 권고사항 중 R15(새로운 기술)에 대한 권고사항 및 주석서 등이 수정·업데이트되었다. 이에 따라, 국내 자금세탁방지 법률인 '특정금융정보법률'도 개정되어 VASP가 AML/CFT 의무를 준수하게 되는 기준이 되었다.

나. 가상자산사업자(VASP)를 위한 자금이동규칙(Travel Rules)

2019년 FATF는 VASP를 위한 자금이동규칙(Travel Rules)를 발표하였는데 그 주요 내용은 다음과 같다.

자금이동규칙(Travel Rule)의 정의

- 국제자금세탁방지기구(FATF)에서 가상자산거래소가 가상자산을 보낸 이와 받는 이의 정보를 수집하여 VASP 등을 확인하는 절차를 의미한다.

자금이동규칙(Travel Rule) 주요 특징

- 송금기관과 수취기관의 의무 : 국가는 송금기관이 송금인의 정보(필수 정보를 검증하여)와 수취인 정보(필수 정보를 검증하지 않고)를 수집, 보관 및 수취기관에 전송(거래 발생 전 or 동시에 & 안전하게)하도록 해야 한다.

- 수취기관은 송금인 정보(필수 정보를 검증하지 않고)와 수취인 정보(필수 정보를 검증하여)를 수집 및 보관해야 하며, 송금기관은 수취인에 대해, 수취기관은 송금인에 대해 sanctions screening을 해야 한다. 또한 거래를 모니터링하고 이상징후 발생 시 보고해야 한다.

* 필수 정보의 종류
· 송금인 이름
· 송금인 계좌번호(거래에 사용되는) – 지갑주소
· 송금인의 물리적 주소 or 국가실명번호 or CI or 생년월일
· 수취인 이름
· 수취인 계좌번호(거래에 사용되는) – 지갑주소

- Sanctions screening
  · VASP는 가상자산의 이전이 발생할 때 서로의 고객에 대해 Sanctions screening을 수행해야 한다. (송금사업자는 수취인에 대해, 수취사업자는 송금인에 대해)
  · 가상자산(VA) 이전이 필수 정보 전송 이전에 발생할 수도 있다는 특성을 고려하여 다음과 같은 방법을 포함한 사전 통제장치를 구현해야 한다.
  * screening이 완료되기 전까지 지갑에 자산을 반영하는 것을 일시 중지하거나
  * VASP의 지갑에 자산을 이전받은 후 screening이 끝난 후에 고객 지갑으로 자산을 옮기는 방법 등

- VASP끼리의 VA 이전, VASP 확인(identification), VASP 조사(Due Diligence)
  · VASP가 또 다른 VASP에 필수 정보를 제공할 때에는 1) VASP를 확인 (Identify)하고 2) 그 VASP를 조사(Diligence)해야 한다.
  · 모든 거래 시 Due Diligence를 재수행할 필요는 없다. (특별히 의심스러운 정황을 제외) 이 과정을 통해 VASP는 제공되는 정보의 기밀성 (confidentiality)을 유지할 수 있을지 판단해야 한다.

- VASP가 조사(Due Diligence)를 수행하는 모범 방법
  · (1단계) 거래상대방이 VASP인지 판단해야 한다.
  * 다만, FATF는 지갑주소로 VASP 여부를 판단할 수 있는 기술적인 방법을 알지 못한다고 함; To date, the FATF is not aware of any technically proven means of identifying the VASP that manages the beneficiary wallet exhaustively, precisely, and accurately in all circumstances and from the VA address alone.
  · (2단계) VASP의 확인(identification) (VASP 이름을 확인해야 한다.)
  · (3단계) VASP가 믿을만한 거래상대방인지 평가해야 한다.

다. 유럽연합(EU)의 암호자산시장(Market in Cripto Asset, 이하 MiCA)에 관한 법률

MiCA Regulation 제정 경과

- 2020년 9월, 유럽연합(EU) 집행위원회(European Commission)는 다음 네 가지 방안을 포함하는 「디지털 금융 패키지」(digital finance package)를 발표하였다.
  · 디지털 금융 전략
  · 암호자산시장에 관한 규제법안(MiCA, Regulation on Markets in Crypto Assets)

· 금융업체의 디지털 운영상 복원력 확보 요구 법안(DORA, Digital Operational Resilience Act)

· 분산원장 기술의 금융시장인프라 시범 적용 방안(proposed DLT pilot regime for Financial Market Infrastructures)

- EU의 디지털 금융 패키지는 소비자와 투자자에 대한 적절한 보호 수준의 제공, 새로운 디지털 금융기술의 활용 및 혁신에 대한 지원을 목표로 하면서 EU의 기존 법규가 따라잡지 못하고 있는 간극을 메우려는 의도를 담고 있다. 따라서 법적 기본 틀이 새로운 디지털 금융상품의 사용은 가로막지 않도록 하면서, 새로운 상품과 기술이 금융규제의 범주와 EU 역내 기업들의 운영상 위험관리 조치에 반영되도록 하고 있다.

- 디지털 금융 패키지에 포함된 입법 조치들은 그 초안이 발표된 후 의견수렴과 EU 입법체계의 3대 축을 이루는 유럽집행위원회, 유럽의회 및 유럽각료이사회 간의 의견 조정(Trilogue)을 거쳐 차례로 입법되었고, 암호자산 이전(전송)을 포함한 자금이동규칙(travel rule)도 MiCA와 함께 추가 개정되었다.

- MiCA Regulation은 2020년 9월 그 초안이 발표된 이후, 유럽각료이사회의 대폭 보완된 수정안 채택, 유럽의회의 법률안 임시 채택, EU 입법체계의 3대 축을 이루는 유럽집행위원회, 유럽의회 및 유럽각료이사회 대표교섭단 간의 협의 과정을 거쳤으며 버전을 달리할 때마다 세밀하게 보완되었다.

- MiCA는 2023년 4월 20일, 유럽의회에서 최종 조문에 대한 포지션 채택이 이루어졌고, EU 법률을 제정할 권한을 가진 유럽각료이사회에서 2023년 5월 16일 최종 가결되었으며, 이에 대해 유럽의회 및 유럽각료이사회 수장이 2023년 5월 31일 공동 서명함으로써 법률로 성립되었다. 그해 6월 9일 유럽 공식 관보에 공포되어 그로부터 20일 후인 2023년 6월 29일부터 발효되었다.

- MiCA는 경과규정을 통해 그 본격 시행을 구분하고 있는바, 자산준거 토큰(Asset Referenced Token)[2] 및 이머니 토큰(E-money Token) 관련 규정은 발효일부터 12개월 후인 2024년 6월 30일부터, 여타 암호자산 및 암호자산서비스제공자 관련 규정은 발효일부터 18개월 후인 2024년 12월 30일부터 시행된다.

〈제정 경과 및 시행 예정일〉

· 2020.09.24. 유럽 집행위원회 법률안 초안 공개 및 의견수렴
· 2021.11.24. 유럽각료이사회, 대폭 보완된 수정안 발표
· 2022.03.17. 법률안 임시 통과 (유럽의회, EU 3대 기관 협상안 토대)
· 2022.06.30. 조건부 합의안 도출 (EU 3대 기관 대표단 Trilogue 협상 결과)
· 2022.10.05. 유럽 각료이사회, 잠정 최종안을 유럽의회에 송부
· 2023.04.20. 유럽의회, 법률안 최종 조문 포지션 채택 후 각료이사회에 송부
· 2023.05.16. 유럽 각료이사회, 최종 법률안 가결
· 2023.05.31. 법률 성립 (유럽의회 및 유럽 각료이사회 수장, 최종 법안 공동 서명)
· 2023.06.09. 유럽 공식 관보에 공포
· 2023.06.29. MiCA Regulation 공식 발효 (관보 게재일부터 20일 후)
· 2024.06.30. 일부 규정 시행 (자산준거 토큰, 이머니 토큰 관련 규정)
· 2024.12.30. 나머지 규정 시행 (여타 암호자산 관련 규정)

MiCA Regulation의 법적 성격

- MiCA의 제목은 「Regulation (EU) 2023/1114 of the European Parliament and of the Council of 31 May 2023 on markets in crypto-assets, and amending Regulations …」이다. 즉, 유럽의회와 유럽각료이사회가 정한 EU의 Regulation, 즉 「암호자산시장에 관한 법률」이다.

- MiCA는 혁신은 지원하되, 금융 안정성을 유지하면서 투자자를 보호하고 암호자산이 가진 잠재력을 끌어낼 수 있도록 암호자산시장에 대한 규제의 틀을

2) 복수의 법정화폐를 포함하여 하나 또는 복수의 상품이나 가상자산 /또는 이들의 조합에 준거해 가치의 안정을 도모하는 가상자산의 유형

창설하는 것으로, 기존 금융서비스 법규가 적용되지 않던 암호자산에 대해 법적 명확성을 제공하고, EU 수준에서 암호자산 발행자(권유자)와 암호자산사업자에 대한 통일된 규칙을 수립하려는 27개 회원국 전체에 걸쳐 적용 효력을 갖는 EU의 법률이다.

- 종전 금융상품 시장(markets in financial intruments)에 관한 규제법으로 MiFIR, MiFIDⅡ 등이 있었다면, 이제 암호자산시장에 관한 규제법인 MiCA Regulation이 존재하게 된 것이다.

MiCA Regulation의 목적과 구성

- MiCA는 제1조에서 "자산준거 토큰 및 이머니 토큰이 아닌 암호자산, 자산준거 토큰 그리고 이머니 토큰의 일반대중에 대한 권유 및 거래플랫폼에서의 매매거래에 대한 허용에 관하여, 그리고 암호자산서비스 제공자들에 관하여 통일된 요건을 규정"한다고 그 목적을 밝히고 있다.

- MiCA는 유럽연합의 기존 금융서비스 법규에서 다루지 않던 암호자산에도 적용할 여지가 있는 회원국의 제도적 틀을 대체하고 있는데, 암호자산을 크게 세 가지로 구분하고 있다.
  ① 자산준거 토큰이나 이머니 토큰이 아닌 암호자산
  ② 자산준거 토큰
  ③ 이머니 토큰으로 구분하여, 지급 또는 투자의 수단으로서의 수용도 등

- 금융시스템의 안정성과 소비자·투자자 보호를 위해 필요한 수준에 따라 유형별로 차등화된 규제를 도입하고 있다. 특히, 암호자산의 발행, 일반대중에 대한 권유(offering to the public) 및 암호자산 거래 플랫폼에서의 매매거래에 대한 허용(admission to trading on trading platforms)에 필요한 투명성 및 공시 요건, 암호자산서비스제공자, 자산준거 토큰/이머니 토큰 발행자에 대한 인가와 감독, 운영, 조직 및 지배구조(거버넌스)에 관한 요건, 암호자산 발행, 일반대중에 대한 권유 및 매매거래 허용에 있어서 보유자들에 대한 보호 요건, 암호자산서비스제공자 고객 보호 요건; 암호자산시장의 무결성 확보를 위해 암호자산 관련 내부자거래, 내부정보의 불법적 공개 및 시장 조작을 방지하는

조치를 규정하고 있다.

MiCA Regulation의 주요 규제 내용

- (암호자산별 차등규제 적용)

  MiCA는 자산준거 토큰이나 이머니 토큰이 아닌 일반 암호자산의 발행보다는 일반대중에 대한 권유자, 거래플랫폼에서의 매매거래(trading)에 대해 허용받으려는 자에 대한 요건을 핵심 내용으로 규정하고 있다.

- (암호자산서비스제공자에 대한 규제)

  MiCA는 '암호자산서비스제공자(CASPs)'란 "고객들에게 하나 이상의 암호자산서비스를 전문적으로 제공하는 것을 직업 또는 사업으로 하는 법인 또는 그 밖의 사업체로서, 제59조에 따라 암호자산서비스를 제공하도록 허용된 자"라 규정하고 있으며, MiCA 전문(79항)에서는, 소비자보호, 시장 무결성 및 금융 안정성이 확보되도록 하려면, 암호자산 서비스제공자들은 항상 정직하고, 공정하며 전문가답게 그리고 그 고객들의 최선이 이익이 되도록 행동해야 하며, 암호자산서비스들이 Directive 2002/65/EC에 정의된 기준에 부합한다면, 암호자산서비스들은 동 Directive에 규정된 '금융서비스(financial services)'로 간주돼야 할 것이라고 하였다.

- 암호자산서비스제공자들은 고객들에게 완전하고, 공정하며, 명확하게 오해를 유발하지 않는 정보를 제공해야 할 것이며 암호자산 관련 제반 위험를 경고해야 하며 자산의 가격결정 정책을 공개하고 불만 사항 처리 절차를 수립/시행하고 제반 이해상충 요소를 식별, 예방, 관리하고 공시하는 데 필요한 견고한 정책을 마련해야 한다고 하였다.

- MiCA 본조 제5편에서는 암호자산서비스제공자(CASPs) 인가와 운영 조건을 규정하고 있다. 유럽연합 내에서 암호자산서비스를 제공할 수 있는 자를 자신이 서비스를 제공하는 회원국에 등록사무소를 두고 암호자산서비스제공자로 인가받은 법인이나 그 밖의 사업체, 또는 암호자산서비스를 제공할 수 있도록 허용된 여신기관, 증권 중앙예탁결제기관, 투자회사, 시장운영자, 전자화폐 발행기관, 개방형펀드(UCITS) 운용회사, 또는 대안투자펀드 운용자로 제한하고 있다.

- **(암호자산이 결부된 시장남용 행위의 예방과 금지)**
  MiCA는 시장남용 행위에 관한 규칙이 매매거래가 허용된 암호자산 또는 매매거래 허용 신청이 이루어진 암호자산에 관한 행위 일체에 있어 그 거래, 주문 또는 행위가 거래플랫폼에서 발생하였는지를 불문하고 적용된다는 점을 분명히 하고 있다.

- **(주무당국, 유럽증권시장감독청(ESMA), 유럽은행감독청(EBA)의 협력과 권한)**
  MiCA는 회원국 주무당국들, 그리고 ESMA, EBA 간의 협력, 권한, 통지, 암호자산 분류체계의 수렴 촉진, 직무상 비밀 유지 의무, 데이터 보호, 위법행위 예방을 위한 조치; ESMA나 EBA의 일시적 개입 권한, 주무당국들의 암호자산 상품 관련 개입 권한 등을 규정하고 있다.

- ESMA가 유지하게 될 암호자산백서, 자산준거 토큰/이머니 토큰 발행자, 암호자산 서비스제공자 등록부(resister)와 법규를 준수하지 않는 비-준수업체 등록부의 유지 및 해당 등록부를 통해 공개되어야 할 정보의 범위 등을 규정하고 있으며, 주무당국들의 행정제재와 기타 행정조치 권한, 감독 권한의 행사와 제재 부과 권한 및 이에 대한 항소 권한, 제재 등 결정 사실의 공표 권한, 법규 위반 사실에 대한 공익신고자 보호 요건 등도 규정하고 있다.

라. 가상자산 관련 국내 법률 이해

2018년 10월, FATF는 40 권고사항의 R.15(새로운 기술), R.16(전신송금)의 가상자산 관련 부문 업데이트 후, G20(2018년 11월), FATF 10월 총회 등에서 가상자산 관련 각국의 자금세탁방지 관련 국제기준 이행을 촉구하였다. 이에 따라, 국내 자금세탁방지법률인 '특정금융정보법 시행령'과 특정 금융거래정보 보고 및 감독규정이 개정(2021년 3월)되었고, 시장 이용자 보호에 초점을 맞춘 '가상자산 이용자 보호 등에 관한 법률(이하 가장자산이용자보호법)은 23년 6월 30일에 국회 본회의를 통과하여 2024년 7월부터 시행된다.

특정금융정보법에서는 가상자산의 정의, 범위 및 신고수리와 실명확인입출금계정, 가상자산사입자의 조치 등의 내용이 개정·반영되있고, 가상자산이용자보호법에서는 사업자의 고유재산과 고객 예치금 분리, 동일한 종류 및 수량으로 이용자 위탁 자산

보유, 보험 또는 공제 가입 및 준비금 적립, 15년간의 거래기록 등이 있다. 특히, '불공정거래행위 규제' 부문은 미공개 중요 정보이용, 시세조종, 사기적 부정거래, 자기발행 가상자산거래 금지 및 제한에 초점을 맞췄다. 아울러 사업자의 의무로는 임의적 입출금 차단금지, 이상거래 상시 감시, 금융당국 및 수사기관 보고 등의 내용이 명시되어 있다.

2024년 6월, 금융정보분석원은 그간 신고제 운영과정에서 발견된 보완 필요 사항을 개선하기 위하여 개정된 특정 금융거래정보 보고 및 감독규정을 시행하였다. 주요 개정 내용은 다음과 같다.

- 특정금융정보법, 가상자산이용자보호법 등 가상자산 관련 법령준수체계 및 대주주 현황을 신고 사항으로 추가

- 가상자산사업자 변경신고 시 신고 사항별 특성을 감안하여 변경신고서 제출 기한을 달리하여 규정

- 금융회사 등이 가상자산사업자에 대한 실명확인 입출금계정 발급 시 실시하는 위험평가의 절차 · 방법 등을 업무 지침에 포함토록 규정

- 가상자산사업자 신고심사 중단 및 재개 절차를 도입

※ 가상자산사업자의 변경된 신고 방법 및 절차는 금융정보분석원 홈페이지의「알림마당」-「공지사항」을 참고

가상자산 관련 특정금융정보법 주요 법률 조항

(특정금융정보법)

제2조(정의) 이 법에서 사용하는 용어의 뜻은 다음과 같다

1. "금융회사등"이란 다음 각 목의 자를 말한다.

   가. – 파. (생략)

   하. 「가상자산 이용자 보호 등에 관한 법률」 제2조제2호에 따른 가상자산사업자(이하 "가상자산사업자"라 한다)

   거. 제2호에 따른 금융거래등을 하는 자로서 대통령령으로 정하는 자

2. "금융거래등"이란 다음 각 목의 것을 말한다.

   가. 금융회사등이 금융자산(「금융실명거래 및 비밀보장에 관한 법률」 제2조제2호에 따른 금융자산을 말한다)을 수입·매매·환매·중개·할인·발행·상환·환급·수탁·등록·교환하거나 그 이자·할인액 또는 배당을 지급하는 것과 이를 대행하는 것, 그 밖에 금융자산을 대상으로 하는 거래로서 총리령으로 정하는 것

   나.–다. 생략

   라. 가상자산사업자가 「가상자산 이용자 보호 등에 관한 법률」에 따라 수행하는 업무(이하 "가상자산거래"라 한다)

3. "가상자산"이란 「가상자산 이용자 보호 등에 관한 법률」 제2조제1호에 따른 가상자산을 말한다.

이하 생략

(가상자산사업자에 대한 특례)

제6조 (적용범위 등)

① 이 장은 가상자산사업자에 대하여 적용한다.

② 가상자산사업자의 금융거래등에 대해서는 국외에서 이루어진 행위로서 그 효과가 국내에 미치는 경우에도 이 법을 적용한다.

③ 가상자산사업자에 대하여 제5조의3을 적용하는 경우 정보제공의 대상 · 기준 · 절차 · 방법과 그 밖에 필요한 사항은 대통령령으로 정한다.

제7조 (신고)

① 가상자산사업자(이를 운영하려는 자를 포함한다. 이하 이 조에서 같다)는 대통령령으로 정하는 바에 따라 다음 각 호의 사항을 금융정보분석원장에게 신고하여야 한다.

   1. 상호 및 대표자의 성명

   2. 사업장의 소재지, 연락처 등 대통령령으로 정하는 사항

② 제1항에 따라 신고한 자는 신고한 사항이 변경된 경우에는 대통령령으로 정하는 바에 따라 금융정보분석원장에게 변경신고를 하여야 한다.

③ 금융정보분석원장은 제1항에도 불구하고 다음 각 호의 어느 하나에 해당하는 자에 대해서는 대통령령으로 정하는 바에 따라 가상자산사업자의 신고를 수리하지 아니할 수 있다.

   1. 정보보호 관리체계 인증을 획득하지 못한 자

2. 실명확인이 가능한 입출금 계정[동일 금융회사등(대통령령으로 정하는 금융회사등에 한정한다)에 개설된 가상자산사업자의 계좌와 그 가상자산사업자의 고객의 계좌 사이에서만 금융거래등을 허용하는 계정을 말한다]을 통하여 금융거래등을 하지 아니하는 자. 다만, 가상자산거래의 특성을 고려하여 금융정보분석원장이 정하는 자에 대해서는 예외로 한다.
3. 이 법, 「범죄수익은닉의 규제 및 처벌 등에 관한 법률」, 「공중 등 협박목적 및 대량 살상무기확산을 위한 자금조달행위의 금지에 관한 법률」, 「외국환거래법」 및 「자본시장과 금융투자업에 관한 법률」 등 대통령령으로 정하는 금융관련 법률에 따라 벌금 이상의 형을 선고받고 그 집행이 끝나거나(집행이 끝난 것으로 보는 경우를 포함한다) 집행이 면제된 날부터 5년이 지나지 아니한 자(가상자산사업자가 법인인 경우에는 그 대표자와 임원을 포함한다)
4. 제4항에 따라 신고 또는 변경신고가 말소되고 5년이 지나지 아니한 자

④ 금융정보분석원장은 가상자산사업자가 다음 각 호의 어느 하나에 해당하는 경우에는 대통령령으로 정하는 바에 따라 제1항 또는 제2항에 따른 신고 또는 변경신고를 직권으로 말소할 수 있다.
1. 제3항 각 호의 어느 하나에 해당하는 경우. 다만, 제3항제1호에 해당하는 경우로서 대통령령으로 정하는 경우에는 그러하지 아니하다.
2. 「부가가치세법」 제8조에 따라 관할 세무서장에게 폐업신고를 하거나 관할 세무서장이 사업자 등록을 말소한 경우
3. 제5항에 따른 영업의 전부 또는 일부의 정지 명령을 이행하지 아니한 경우
4. 거짓이나 그 밖의 부정한 방법으로 신고 또는 변경신고를 하는 등 대통령령으로 정하는 경우

⑤ 금융정보분석원장은 가상자산사업자가 다음 각 호의 어느 하나에 해당하는 경우에는 대통령령으로 정하는 바에 따라 6개월의 범위에서 영업의 전부 또는 일부의 정지를 명할 수 있다.
1. 제15조제2항제1호에 따른 시정명령을 이행하지 아니한 경우
2. 제15조제2항제2호에 따른 기관경고를 3회 이상 받은 경우
3. 그 밖에 고의 또는 중대한 과실로 자금세탁행위와 공중협박자금조달행위를 방지하기 위하여 필요한 조치를 하지 아니한 경우로서 대통령령으로 정하는 경우

⑥ 제1항에 따른 신고의 유효기간은 신고를 수리한 날부터 5년 이하의 범위에서 대통령령으로 정하는 기간으로 한다. 신고 유효기간이 지난 후 계속하여 같은 행위를 영업으로 하려는 자는 대통령령으로 정하는 바에 따라 신고를 갱신하여야 한다.

⑦ 금융정보분석원장은 제1항부터 제6항까지에 따른 가상자산사업자의 신고에 관한 정보 및 금융정보분석원장의 조치를 대통령령으로 정하는 바에 따라 공개할 수 있다.

⑧ 금융정보분석원장은 이 조에 따른 가상자산사업자의 신고와 관련한 업무로서 대통령령으로 정하는 업무를 「금융위원회의 설치 등에 관한 법률」에 따른 금융감독원의 원장(이하 "금융감독원장"이라 한다)에게 위탁할 수 있다.

⑨ 금융회사등이 제3항제2호에 따른 실명확인이 가능한 입출금 계정을 개시하는 기준, 조건 및 절차에 관하여 필요한 사항은 대통령령으로 정한다.

제8조 (가상자산사업자의 조치)

가상자산사업자는 제4조제1항 및 제4조의2에 따른 보고의무 이행 등을 위하여 고객별 거래내역을 분리하여 관리하는 등 대통령령으로 정하는 조치를 하여야 한다.

(특정금융정보법 시행령)

제1조의2 (가상자산거래의 범위)

「특정 금융거래정보의 보고 및 이용 등에 관한 법률」(이하 "법"이라 한다) 제2조제1호하목3)에서 "대통령령으로 정하는 행위"란 고객의 요청에 따라 가상자산의 매매, 교환, 보관 또는 관리 등을 위해 가상 자산을 이전하는 모든 행위를 말한다.

제10조의10 (가상자산이전 시 정보제공)

법 제6조제3항에 따라 가상자산사업자에 대하여 법 제5조의3을 적용하는 경우 그 정보 제공에 관하여는 다음 각 호에서 정하는 바에 따른다.

1. 정보제공은 금융정보분석원장이 정하여 고시하는 환산 기준에 따라 가상자산사업자가 다른 가상자산 사업자에게 1백만원 이상에 상당하는 가상자산을 이전하는 경우에 할 것
2. 가상자산을 이전하는 가상자산사업자는 가상자산을 이전받는 가상자산사업자에게 다음 각 목의 정보를 제공할 것
   가. 가상자산을 보내는 고객과 가상자산을 받는 고객의 성명(법인 · 단체의 경우에는 법인 · 단체의 명칭 및 대표자 성명을 말한다)
   나. 가상자산을 보내는 고객과 가상자산을 받는 고객의 가상자산주소(가상자산의 전송기록 및 보관 내역의 관리를 위해 전자적으로 생성시킨 고유식별번호를 말한다)
3. 금융정보분석원장 또는 가상자산을 이전받는 가상자산사업자가 요청하는 경우에는 가상자산을 보내는 고객의 주민등록번호(법인의 경우에는 법인등록번호를 말한다) 또는 여권번호 · 외국인 등록번호(외국인만 해당한다)를 제공할 것
4. 제2호에 따른 정보는 가상자산을 이전하는 경우에 함께 제공하고, 제3호에 따른 정보는 정보제공을 요청받은 날부터 3영업일 이내에 제공할 것

제10조의11 (가상자산사업자의 신고)

① 법 제7조제1항에 따라 신고를 하려는 자는 금융정보분석원장이 정하여 고시하는 신고서에 다음 각 호의 서류를 첨부하여 금융정보분석원장에게 제출해야 한다.
  1. 정관 또는 이에 준하는 업무운영규정
  2. 사업추진계획서
  3. 법 제5조의2제1항제3호마목2)에 따른 정보보호 관리체계 인증(이하 "정보보호관리체계인증"이라 한다)에 관한 자료
  4. 법 제7조제3항제2호 본문에 따른 실명확인이 가능한 입출금 계정(이하 "실명확인입출금계정"이라 한다)에 관한 자료
  5. 그 밖에 가상자산사업자의 신고를 위해 금융정보분석원장이 필요하다고 정하여 고시하는 자료

② 법 제7조제1항제2호에서 "사업장의 소재지, 연락처 등 대통령령으로 정하는 사항"이란 다음 각 호의 사항을 말한다.
  1. 사업장의 소재지 및 연락처
  2. 국적 및 성명(법인의 경우에는 대표자 및 임원의 국적 및 성명을 말한다)
  3. 전자우편주소 및 인터넷도메인 이름
  4. 호스트서버의 소재지
  5. 그 밖에 제1호부터 제4호까지에 준하는 사항으로서 금융정보분석원장이 정하여 고시하는 사항

③ 법 제7조제2항에 따라 변경신고를 하려는 자는 신고한 사항이 변경된 날부터 30일 이내에 금융정보분석원장이 정하여 고시하는 변경신고서에 그 변경사항을 증명하는 서류를 첨부하여 금융정보분석원장에게 제출해야 한다.

제10조의12 (신고의 불수리)

① 금융정보분석원장은 법 제7조제3항에 따라 신고를 수리하지 않는 경우 서면(전자문서를 포함한다)으로 그 사실 및 사유를 신고인에게 알려야 한다.

② 법 제7조제3항제2호 본문에서 "대통령령으로 정하는 금융회사등"이란 다음 각 호의 자를 말한다.

1. 「은행법」에 따른 은행
2. 「중소기업은행법」에 따른 중소기업은행
3. 「농업협동조합법」에 따른 농협은행
4. 「수산업협동조합법」에 따른 수협은행

③ 법 제7조제3항제3호에 따른 금융관련 법률의 범위는 다음 각 호와 같다.

1. 법
2. 「범죄수익은닉의 규제 및 처벌 등에 관한 법률」
3. 「공중 등 협박목적 및 대량살상무기확산을 위한 자금조달행위의 금지에 관한 법률」
4. 「외국환거래법」
5. 「자본시장과 금융투자업에 관한 법률」
6. 「금융회사의 지배구조에 관한 법률 시행령」 제5조 각 호(제32호 · 제35호 및 제43호는 제외한다)에 따른 법률

제10조의13 (신고 등의 직권말소)

① 금융정보분석원장은 법 제7조제4항에 따라 신고 또는 변경신고를 직권으로 말소하는 경우 서면(전자문서를 포함한다)으로 그 사실 및 사유를 신고인에게 알려야 한다.

② 법 제7조제4항제1호 단서에서 "대통령령으로 정하는 경우"란 가상자산사업자의 정보보호관리체계인증 갱신 신청에 대해 가상자산사업자의 책임 없는 사유로 그 갱신 여부가 결정되지 않은 경우를 말한다.

③ 법 제7조제4항제4호에서 "거짓이나 그 밖의 부정한 방법으로 신고 또는 변경신고를 하는 등 대통령령으로 정하는 경우"란 거짓이나 그 밖의 부정한 방법으로 금융정보분석 원장에게 신고 또는 변경신고를 하는 경우를 말한다.

제10조의14 (영업의 정지)

① 금융정보분석원장은 법 제7조제5항에 따라 영업의 정지를 명하는 경우에는 다음 각 호의 사항을 종합적으로 고려해야 한다.

1. 위반행위의 동기 및 배경
2. 위반행위의 유형 및 성격
3. 위반행위의 효과 및 영향력
4. 법 위반상태의 시정 노력

제10조의15 (신고의 유효기간)

① 법 제7조제6항 전단에서 "대통령령으로 정하는 기간"이란 3년을 말한다.

② 법 제7조제6항 후단에 따라 신고를 갱신하려는 자는 금융정보분석원장이 정하여 고시하는 갱신신고서에 다음 각 호의 서류를 첨부하여 유효기간이 만료되기 45일 전까지 금융정보분석원장에게 제출해야 한다.

1. 정보보호관리체계인증에 관한 자료
2. 실명확인입출금계정에 관한 자료

③ 금융정보분석원장은 법 제7조제6항 후단에 따른 신고의 갱신에 필요하다고 인정하는 경우 가상자산사업자에게 그 유효기간 만료시까지 신고를 갱신하지 않으면 갱신을 받을 수 없다는 사실과 그 절차에 관한 사항을 미리 알릴 수 있다.

제10조의16 (신고에 관한 정보 등의 공개)

금융정보분석원장은 법 제7조제7항에 따라 신고에 관한 정보 및 금융정보분석원장의 조치를 공개하는 때에는 금융정보분석원의 인터넷 홈페이지에 게시하는 방법으로 한다.

제10조의17 (신고 관련 업무의 위탁)

① 금융정보분석원장은 법 제7조제8항에 따라 「금융위원회의 설치 등에 관한 법률」에 따른 금융감독원의 원장(이하 "금융감독원장"이라 한다)에게 다음 각 호의 업무를 위탁한다.

1. 법 제7조제1항 및 제2항에 따른 신고 또는 변경신고에 대한 심사
2. 법 제7조제3항에 따른 불수리 사유에 대한 심사
3. 법 제7조제4항에 따른 직권말소 사유에 대한 심사
4. 법 제7조제6항 후단에 따른 신고 갱신에 대한 심사

② 금융감독원장은 제1항에 따라 위탁받은 업무의 처리결과를 금융정보분석원장이 정하는 바에 따라 금융정보분석원장에게 보고해야 한다.

제10조의18 (실명확인입출금계정의 개시)

① 법 제7조제9항에 따른 실명확인입출금계정의 개시 기준은 다음 각 호와 같다.

1. 법 제5조의2제1항제3호마목1)에 따라 예치금을 고유재산과 구분하여 관리하고 있을 것
2. 정보보호관리체계인증을 획득하였을 것
3. 가상자산사업자의 고객별로 거래내역을 분리하여 관리하고 있을 것

② 금융회사등은 실명확인입출금계정을 개시하려는 경우 법 제5조제1항제2호에 따른 가상자산사업자의 절차 및 업무지침을 확인하여 가상자산사업자와의 금융거래등에 내재된 자금세탁행위와 공중협박자금조달행위의 위험을 식별 · 분석 · 평가해야 한다.

③ 금융회사등은 자금세탁행위와 공중협박자금조달행위의 방지를 위해 필요하다고 인정하는 경우 법 제7조제1항 또는 제2항에 따른 신고 또는 변경신고가 수리된 이후에 금융거래등이 이루어질 것을 조건으로 하여 실명확인입출금계정을 개시할 수 있다.

④ 실명확인입출금계정은 법 제7조제6항에 따른 신고 또는 갱신신고 유효기간의 만료일까지 사용할 수 있다.

제10조의19 (신고 등의 업무를 위한 세부 사항)

제10조의11부터 제10조의18까지의 규정에 따른 신고 · 변경신고의 수리, 직권말소, 영업정지, 갱신, 정보공개, 업무위탁 및 실명확인입출금계정의 개시 등에 필요한 세부 사항은 금융정보분석원장이 정하여 고시한다.

제10조의20 (가상자산사업자의 조치)
법 제8조에서 "고객별 거래내역을 분리하여 관리하는 등 대통령령으로 정하는 조치"란 다음 각 호의 조치를 말한다.

1. 고객별로 거래내역을 분리하여 관리할 것
2. 법 제5조의2제1항제3호마목1)에 따라 예치금을 고유재산과 구분하여 관리할 것
3. 법 제5조의2제1항 각 호에 따른 확인 조치가 모두 끝나지 않은 고객에 대해서는 거래를 제한할 것
4. 법 제7조제1항 및 제2항에 따른 신고 · 변경신고 의무를 이행하지 않은 가상자산사업자와는 영업을 목적으로 거래하지 않을 것
5. 자금세탁행위와 공중협박자금조달행위를 효율적으로 방지하기 위해 다음 각 목의 행위에 대한 거래를 제한하는 기준을 마련하여 시행할 것
   가. 가상자산사업자나 가상자산사업자 본인의 특수관계인(「상법 시행령」 제34조제4항 각 호에 따른 특수관계인을 말한다)이 발행한 가상자산의 매매 · 교환을 중개·알선하거나 대행하는 행위
   나. 가상자산사업자의 임직원이 해당 가상자산사업자를 통해 가상자산을 매매하거나 교환하는 행위
   다. 가상자산사업자가 가상자산의 매매·교환을 중개·알선하거나 대행하면서 실질적으로 그 중개·알선이나 대행의 상대방으로 거래하는 행위
6. 그 밖에 제1호부터 제5호까지에 준하는 조치로서 투명한 가상자산거래를 위해 금융정보분석원장이 정하여 고시하는 조치

가상자산이용자보호법 주요 법률 조항

제1조 (목적)
이 법은 가상자산 이용자 자산의 보호와 불공정거래행위 규제 등에 관한 사항을 정함으로써 가상자산 이용자의 권익을 보호하고 가상자산시장의 투명하고 건전한 거래질서를 확립하는 것을 목적으로 한다.

제2조 (정의)
이 법에서 사용하는 용어의 뜻은 다음과 같다.

1. "가상자산"이란 경제적 가치를 지닌 것으로서 전자적으로 거래 또는 이전될 수 있는 전자적 증표(그에 관한 일체의 권리를 포함한다)를 말한다. 다만, 다음 각 목의 어느 하나에 해당하는 것은 제외한다.
   가. 화폐·재화·용역 등으로 교환될 수 없는 전자적 증표 또는 그 증표에 관한 정보로서 발행인이 사용처와 그 용도를 제한한 것
   나. 「게임산업진흥에 관한 법률」 제32조제1항제7호에 따른 게임물의 이용을 통하여 획득한 유 · 무형의 결과물
   다. 「전자금융거래법」 제2조제14호에 따른 선불전자지급수단 및 같은 조 제15호에 따른 전자화폐
   라. 「주식·사채 등의 전자등록에 관한 법률」 제2조제4호에 따른 전자등록주식등
   마. 「전자어음의 발행 및 유통에 관한 법률」 제2조제2호에 따른 전자어음
   바. 「상법」 제862조에 따른 전자선하증권
   사. 「한국은행법」에 따른 한국은행(이하 "한국은행"이라 한다)이 발행하는 전자적 형태의 화폐 및 그와 관련된 서비스
   아. 거래의 형태와 특성을 고려하여 대통령령으로 정하는 것

2. "가상자산사업자"란 가상자산과 관련하여 다음 각 목의 어느 하나에 해당하는 행위를 영업으로 하는 자를 말한다.
   가. 가상자산을 매도 · 매수(이하 "매매"라 한다)하는 행위
   나. 가상자산을 다른 가상자산과 교환하는 행위
   다. 가상자산을 이전하는 행위 중 대통령령으로 정하는 행위
   라. 가상자산을 보관 또는 관리하는 행위
   마. 가목 및 나목의 행위를 중개 · 알선하거나 대행하는 행위
3. "이용자"란 가상자산사업자를 통하여 가상자산을 매매, 교환, 이전 또는 보관·관리하는 자를 말한다.
4. "가상자산시장"이란 가상자산의 매매 또는 가상자산 간 교환을 할 수 있는 시장을 말한다.

제6조 (예치금의 보호)

① 가상자산사업자는 이용자의 예치금(이용자로부터 가상자산의 매매, 매매의 중개, 그 밖의 영업 행위와 관련하여 예치받은 금전을 말한다. 이하 같다)을 고유재산과 분리하여 「은행법」에 따른 은행 등 대통령령으로 정하는 공신력 있는 기관(이하 "관리기관"이라 한다)에 대통령령으로 정하는 방법에 따라 예치 또는 신탁하여 관리하여야 한다.

② 가상자산사업자는 제1항에 따라 관리기관에 이용자의 예치금을 예치 또는 신탁하는 경우에는 그 예치금이 이용자의 재산이라는 뜻을 밝혀야 한다.

③ 누구든지 제1항에 따라 관리기관에 예치 또는 신탁한 예치금을 상계 · 압류(가압류를 포함한다)하지 못하며, 예치금을 예치 또는 신탁한 가상자산사업자는 대통령령으로 정하는 경우 외에는 관리기관에 예치 또는 신탁한 예치금을 양도하거나 담보로 제공하여서는 아니된다.

④ 관리기관은 가상자산사업자가 다음 각 호의 어느 하나에 해당하게 된 경우에는 이용자의 청구에 따라 예치 또는 신탁된 예치금을 대통령령으로 정하는 방법과 절차에 따라 그 이용자에게 우선하여 지급하여야 한다.
1. 사업자 신고가 말소된 경우
2. 해산·합병의 결의를 한 경우
3. 파산선고를 받은 경우

제7조 (가상자산의 보관)

① 가상자산사업자가 이용자로부터 위탁을 받아 가상자산을 보관하는 경우 다음 각 호의 사항을 기재한 이용자명부를 작성 · 비치하여야 한다.
1. 이용자의 주소 및 성명
2. 이용자가 위탁하는 가상자산의 종류 및 수량
3. 이용자의 가상자산주소(가상자산의 전송 기록 및 보관 내역의 관리를 위하여 전자적으로 생성시킨 고유식별번호를 말한다)

② 가상자산사업자는 자기의 가상자산과 이용자의 가상자산을 분리하여 보관하여야 하며, 이용자로부터 위탁받은 가상자산과 동일한 종류와 수량의 가상자산을 실질적으로 보유하여야 한다.

③ 가상자산사업자는 제1항에 따라 보관하는 이용자의 가상자산 중 대통령령으로 정하는 비율 이상의 가상자산을 인터넷과 분리하여 안전하게 보관하여야 한다.

④ 가상자산사업자는 이용자의 가상자산을 대통령령으로 정하는 보안기준을 충족하는 기관에 위탁하여 보관할 수 있다.

제9조 (거래기록의 생성·보존 및 파기)

① 가상자산사업자는 매매 등 가상자산거래의 내용을 추적·검색하거나 그 내용에 오류가 발생할 경우 이를 확인하거나 정정할 수 있는 기록(이하 "가상자산거래기록"이라 한다)을 그 거래관계가 종료한 때부터 15년간 보존하여야 한다.

② 가상자산사업자가 보존하여야 하는 가상자산거래기록의 종류, 보관방법, 파기절차·방법 등에 관하여는 대통령령으로 정한다.

제10조 (불공정거래행위 등 금지)

① 다음 각 호의 어느 하나에 해당하는 자는 가상자산에 관한 미공개중요정보(이용자의 투자판단에 중대한 영향을 미칠 수 있는 정보로서 대통령령으로 정하는 방법에 따라 불특정 다수인이 알 수 있도록 공개되기 전의 것을 말한다. 이하 같다)를 해당 가상자산의 매매, 그 밖의 거래에 이용하거나 타인에게 이용하게 하여서는 아니 된다.

1. 가상자산사업자, 가상자산을 발행하는 자(법인인 경우를 포함한다. 이하 이 조에서 같다) 및 그 임직원·대리인으로서 그 직무와 관련하여 미공개중요정보를 알게 된 자
2. 제1호의 자가 법인인 경우 주요주주(「금융회사의 지배구조에 관한 법률」 제2조제6호나목에 따른 주요주주를 말한다. 이 경우 "금융회사"는 "법인"으로 본다)로서 그 권리를 행사하는 과정에서 미공개 중요정보를 알게 된 자
3. 가상자산사업자 또는 가상자산을 발행하는 자에 대하여 법령에 따른 허가·인가·지도·감독, 그 밖의 권한을 가지는 자로서 그 권한을 행사하는 과정에서 미공개중요정보를 알게 된 자
4. 가상자산사업자 또는 가상자산을 발행하는 자와 계약을 체결하고 있거나 체결을 교섭하고 있는 자로서 그 계약을 체결 · 교섭 또는 이행하는 과정에서 미공개중요정보를 알게 된 자
5. 제2호부터 제4호까지의 어느 하나에 해당하는 자의 대리인(이에 해당하는 자가 법인인 경우에는 그 임직원 및 대리인을 포함한다)·사용인, 그 밖의 종업원(제2호부터 제4호까지의 어느 하나에 해당하는 자가 법인인 경우에는 그 임직원 및 대리인)으로서 그 직무와 관련하여 미공개중요정보를 알게 된 자
6. 제1호부터 제5호까지의 어느 하나에 해당하는 자(제1호부터 제5호까지의 어느 하나의 자에 해당하지 아니하게 된 날부터 1년이 경과하지 아니한 자를 포함한다)로부터 미공개 중요정보를 받은 자
7. 그 밖에 이에 준하는 자로서 대통령령으로 정하는 자

② 누구든지 가상자산의 매매에 관하여 그 매매가 성황을 이루고 있는 듯이 잘못 알게 하거나, 그 밖에 타인에게 그릇된 판단을 하게 할 목적으로 다음 각 호의 어느 하나에 해당하는 행위를 하여서는 아니 된다.

1. 자기가 매도하는 것과 같은 시기에 그와 같은 가격으로 타인이 가상자산을 매수할 것을 사전에 그 자와 서로 짠 후 매매를 하는 행위
2. 자기가 매수하는 것과 같은 시기에 그와 같은 가격으로 타인이 가상자산을 매도할 것을 사전에 그 자와 서로 짠 후 매매를 하는 행위
3. 가상자산의 매매를 할 때 그 권리의 이전을 목적으로 하지 아니하는 거짓으로 꾸민 매매를 하는 행위
4. 제1호부터 제3호까지의 행위를 위탁하거나 수탁하는 행위

③ 누구든지 가상자산의 매매를 유인할 목적으로 가상자산의 매매가 성황을 이루고 있는 듯이 잘못 알게 하거나 그 시세를 변동 또는 고정시키는 매매 또는 그 위탁이나 수탁을 하는 행위를 하여서는 아니 된다.

④ 누구든지 가상자산의 매매, 그 밖의 거래와 관련하여 다음 각 호의 행위를 하여서는 아니 된다.
  1. 부정한 수단, 계획 또는 기교를 사용하는 행위
  2. 중요사항에 관하여 거짓의 기재 또는 표시를 하거나 타인에게 오해를 유발시키지 아니하기 위하여 필요한 중요사항의 기재 또는 표시가 누락된 문서, 그 밖의 기재 또는 표시를 사용하여 금전, 그 밖의 재산상의 이익을 얻고자 하는 행위
  3. 가상자산의 매매, 그 밖의 거래를 유인할 목적으로 거짓의 시세를 이용하는 행위
  4. 제1호부터 제3호까지의 행위를 위탁하거나 수탁하는 행위

⑤ 가상자산사업자는 다음 각 호의 어느 하나에 해당하는 경우 외에는 자기 또는 대통령령으로 정하는 특수한 관계에 있는 자(이하 "특수관계인"이라 한다)가 발행한 가상자산의 매매, 그 밖의 거래를 하여서는 아니 된다.
  1. 특정 재화나 서비스의 지급수단으로 발행된 가상자산으로서 가상자산사업자가 이용자에게 약속한 특정 재화나 서비스를 제공하고, 그 반대급부로 가상자산을 취득하는 경우
  2. 가상자산의 특성으로 인하여 가상자산사업자가 불가피하게 가상자산을 취득하는 경우로서 불공정거래행위의 방지 또는 이용자와의 이해상충 방지를 위하여 대통령령으로 정하는 절차와 방법을 따르는 경우

⑥ 제1항부터 제5항까지를 위반한 자는 그 위반행위로 인하여 이용자가 그 가상자산의 매매, 그 밖의 거래와 관련하여 입은 손해를 배상할 책임이 있다.

제11조 (가상자산에 관한 임의적 입 · 출금 차단 금지)

① 가상자산사업자는 이용자의 가상자산에 관한 입금 또는 출금을 대통령령으로 정하는 정당한 사유 없이 차단하여서는 아니 된다.

② 가상자산사업자가 이용자의 가상자산에 관한 입금 또는 출금을 차단하는 경우에는 그에 관한 사유를 미리 이용자에게 통지하고, 그 사실을 금융위원회에 즉시 보고하여야 한다.

③ 제1항을 위반한 자는 그 위반행위로 인하여 형성된 가격에 의하여 해당 가상자산에 관한 거래를 하거나 그 위탁을 한 자가 그 거래 또는 위탁으로 인하여 입은 손해에 대하여 배상할 책임을 진다.

④ 제3항에 따른 손해배상청구권은 청구권자가 제1항을 위반한 행위가 있었던 사실을 안 때부터 2년간 또는 그 행위가 있었던 때부터 5년간 이를 행사하지 아니한 경우에는 시효로 인하여 소멸한다.

제12조 (이상거래에 대한 감시)

① 가상자산시장을 개설 · 운영하는 가상자산사업자는 가상자산의 가격이나 거래량이 비정상적으로 변동하는 거래 등 대통령령으로 정하는 이상거래(이하 "이상거래"라 한다)를 상시 감시하고 이용자 보호 및 건전한 거래질서 유지를 위하여 금융위원회가 정하는 바에 따라 적절한 조치를 취하여야 한다.

② 제1항의 가상자산사업자는 제1항에 따른 업무를 수행하면서 제10조를 위반한 사항이 있다고 의심되는 경우에는 지체 없이 금융위원회 및 금융감독원장(「금융위원회의 설치 등에 관한 법률」 제24조제1항에 따라 설립된 금융감독원의 원장을 말한다. 이하 같다)에게 통보하여야 한다. 다만, 제10조를 위반한 혐의가 충분히 증명된 경우 등 금융위원회가 정하여 고시하는 경우에는 지체 없이 수사기관에 신고하고 그 사실을 금융위원회 및 금융감독원장에게 보고하여야 한다.

제13조 (가상자산사업자의 감독 · 검사 등)

① 금융위원회는 가상자산사업자가 이 법 또는 이 법에 따른 명령이나 처분을 적절히 준수하는지 여부를 감독하고, 가상자산사업자의 업무와 재산상황에 관하여 검사할 수 있다

② 금융위원회는 이용자 보호 및 건전한 거래질서 유지를 위하여 필요한 경우 가상자산사업자 또는 대통령령으로 정하는 이해관계자에게 다음 각 호의 사항에 관하여 필요한 조치를 명할 수 있다.
1. 이 법 또는 이 법에 따른 명령이나 처분을 적절히 준수하는지 파악하기 위한 자료제출에 관한 사항
2. 고유재산의 운용에 관한 사항
3. 이용자 재산의 보관·관리에 관한 사항
4. 거래질서 유지에 관한 사항
5. 영업방법에 관한 사항
6. 해산결의, 파산선고 등 영업중단 시 이용자 보호에 관한 사항
7. 기타 이용자 보호 및 건전한 거래질서 유지를 위하여 필요한 사항으로서 대통령령으로 정하는 사항
③ 금융위원회는 제1항의 검사를 할 때 필요하다고 인정되는 경우에는 가상자산사업자에게 업무 또는 재산에 관한 보고, 자료의 제출, 증인의 출석, 증언 및 의견의 진술을 요구할 수 있다.
④ 제1항에 따라 검사를 하는 자는 그 권한을 표시하는 증표를 지니고 이를 관계자에게 내보여야 한다.
⑤ 금융위원회는 검사의 방법 · 절차, 검사결과에 대한 조치기준, 그 밖의 검사업무와 관련하여 필요한 사항을 정하여 고시할 수 있다.

제14조 (불공정거래행위에 대한 조사 · 조치)
① 금융위원회는 이 법 또는 이 법에 따른 명령이나 처분을 위반한 사항이 있거나 이용자 보호 또는 건전한 거래질서를 위하여 필요하다고 인정되는 경우에는 위반혐의가 있는 자, 그 밖의 관계자에게 참고가 될 보고 또는 자료의 제출을 명하거나 금융감독원장에게 장부·서류, 그 밖의 물건을 조사하게 할 수 있다.
② 금융위원회는 제1항에 따른 조사를 위하여 위반행위의 혐의가 있는 자, 그 밖의 관계자에게 다음 각 호의 사항을 요구할 수 있다.
1. 조사사항에 관한 사실과 상황에 대한 진술서의 제출
2. 조사사항에 관한 진술을 위한 출석
3. 조사에 필요한 장부·서류, 그 밖의 물건의 제출
③ 금융위원회는 제1항에 따른 조사를 할 때 제10조를 위반한 사항의 조사에 필요하다고 인정되는 경우에는 다음 각 호의 조치를 할 수 있다.
1. 제2항제3호에 따라 제출된 장부 · 서류, 그 밖의 물건의 영치
2. 관계자의 사무소 또는 사업장에 대한 출입을 통한 업무·장부·서류, 그 밖의 물건의 조사
④ 금융위원회는 제1항에 따른 조사를 할 때 필요하다고 인정되는 경우에는 가상자산사업자에게 대통령령으로 정하는 방법에 따라 조사에 필요한 자료의 제출을 요구할 수 있다.
⑤ 제3항제2호에 따라 조사를 하는 자는 그 권한을 표시하는 증표를 지니고 이를 관계자에게 내보여야 한다.
⑥ 금융위원회는 관계자에 대한 조사실적·처리결과, 그 밖에 관계자의 위법행위를 예방하는 데 필요한 정보 및 자료를 대통령령으로 정하는 방법에 따라 공표할 수 있다.
⑦ 금융감독원장은 제1항에 따른 조사를 한 경우에는 그 결과를 금융위원회에 보고하여야 한다.

제15조 (가상자산사업자에 대한 조치)
① 금융위원회는 가상자산사업자 또는 대통령령으로 정하는 이해관계자가 이 법 또는 이 법에 따른 명령이나 처분을 위반한 사실을 발견하였을 때에는 다음 각 호의 어느 하나에 해당하는 조치를 할 수 있다.

1. 해당 위반행위의 시정명령
2. 경고
3. 주의
4. 영업의 전부 또는 일부의 정지
5. 수사기관에의 통보 또는 고발

② 금융위원회는 가상자산사업자의 임직원이 이 법 또는 이 법에 따른 명령이나 처분을 위반한 사실을 발견하였을 때에는 위반행위에 관련된 임직원에 대하여 다음 각 호의 구분에 따른 조치를 할 수 있다.

1. 임원에 대한 해임권고 또는 6개월 이내의 직무정지
2. 직원에 대한 면직요구 또는 정직요구
3. 임직원에 대한 주의, 경고 또는 문책요구

③ 금융위원회는 제2항에 따른 해임권고 또는 면직요구에 해당하는 처분을 하고자 하는 경우에는 청문을 실시하여야 한다.

제16조(한국은행의 자료제출 요구)
한국은행은 금융통화위원회가 가상자산거래와 관련하여 통화신용정책의 수행, 금융안정 및 지급결제제도의 원활한 운영을 위하여 필요하다고 인정하는 경우에는 가상자산사업자에 대하여 자료제출을 요구할 수 있다. 이 경우 요구하는 자료는 해당 가상자산사업자의 업무부담을 충분히 고려하여 필요한 최소한의 범위로 한정하여야 한다.

제17조(불공정거래행위에 대한 과징금)
① 금융위원회는 제10조제1항부터 제4항까지를 위반한 자에 대하여 그 위반행위로 얻은 이익(미실현 이익을 포함한다. 이하 이 조에서 같다) 또는 이로 인하여 회피한 손실액의 2배에 상당하는 금액 이하의 과징금을 부과할 수 있다. 다만, 그 위반행위와 관련된 거래로 얻은 이익 또는 이로 인하여 회피한 손실액이 없거나 산정하기 곤란한 경우에는 40억원 이하의 과징금을 부과할 수 있다.
② 금융위원회는 제1항에 따라 과징금을 부과할 때 동일한 위반행위로 제19조에 따라 벌금을 부과받은 경우에는 제1항의 과징금 부과를 취소하거나 벌금에 상당하는 금액(몰수나 추징을 당한 경우 해당 금액을 포함한다)의 전부 또는 일부를 과징금에서 제외할 수 있다.
③ 검찰총장은 금융위원회가 제1항에 따라 과징금을 부과하기 위하여 수사 관련 자료를 요구하는 경우에는 필요하다고 인정되는 범위에서 이를 제공할 수 있다.
④ 과징금 부과에 대한 의견제출, 이의신청, 과징금납부기한의 연장 및 분할납부, 과징금의 징수 및 체납처분, 과오납금의 환급, 환급가산금 및 결손처분에 대해서는 「자본시장과 금융투자업에 관한 법률」 제431조부터 제434조까지 및 제434조의2부터 제434조의4까지를 준용한다.
⑤ 제1항부터 제4항까지 외에 과징금의 부과 절차 및 기준에 관하여 필요한 사항은 대통령령으로 정한다.

11장

특정비금융사업자와 전문직(DNFBPs)을 위한 제도 이해

FATF는 제1차 라운드 상호평가(1992년 - 1995년)의 운영 경험을 바탕으로, 제2차 라운드 상호평가(1996년 - 2003년) 기간 중 DNFBPs에 대한 AML/CFT 의무 적용에 대하여 FATF 권고사항 강화에 대하여 지속적으로 논의하였다.

FATF는 2003년 6월 총회에서 DNFBPs에 대하여 AML/CFT의무를 부과하는 방안을 골자로 하는 권고안을 채택하였는데, 특정비금융사업자가 ML/TF에 이용되지 않도록 하기 위해 FATF 40개 권고사항 중 R.22(특정비금융사업자와 전문직 고객확인), R23(특정전문직 기타수단), R28(특정 비금융사업자와 전문직에 대한 규제와 감독)에 대한 권고사항 적용을 최종 채택하였다. 또한, FATF는 2007년 6월 총회에서 DNFBPs의 평가를 위한 실무그룹(Working Group on Evaluation and Implementation)에서 DNFBPs의 대표자들이 참여하는 회의 제안을 승인하였다. 이 회의의 목적은 DNFBPs의 각 분야에 대한 '위험기반접근법(Risk Based Approach)에 대한 가이드'와 관련되어 있고 2007년 9월에 개최된 회의에는 DNFBPs의 대표들이 참석하여 DNFBPs의 AML/CFT 의무 준수에 기반을 마련하였다.

이를 바탕으로 제3차 라운드 상호평가(2004년-2013년)에서는 DNFBPs에 대한 AML/CFT를 의무화하였으며, 아래와 같이 관련 가이던스들을 발표하였다.

- ▶ (2008년) 카지노를 위한 RBA 가이던스
- ▶ (2008년) 부동산중개업자를 위한 RBA 가이던스
- ▶ (2008년) 귀금속상을 위한 RBA 가이던스
- ▶ (2008년) 법률가를 위한 RBA 가이던스

FATF는 제4차 라운드 상호평가(2014년-2022년)에서 특정비금융사업자에 대한 위험기반 접근방식 및 효과성 평가에 대해 중점을 두고, 특정비금융사업자의 AML/CFT 의무 이행을 위한 업권별 가이던스들을 업데이트하여 아래와 같이 제시하였다.

- ▶ (2019년) 법률가를 위한 RBA 가이던스
- ▶ (2019년) 회계사를 위한 RBA 가이던스
- ▶ (2019년) 신탁회사 등을 위한 RBA 가이던스

가. 국제자금세탁방지기구(FATF)의 특정비금융사업자(DNFBPs)에 대한 주요 가이던스

법률 전문가들을 위한 위험기반접근법(RBA) 가이드라인 (2019년) (Executive Summary : Guidance for a Risk-Based Approach for Legal Professionals & Main chapters)

[주요 핵심 요약]

1. 위험기반접근법(RBA)은 FATF 권고안의 효과적인 이행에 핵심이 된다. 이는 관할 당국, 감독관 및 법률 전문가들이 법률 전문가들(Legal Professionals)에게 노출된 자금세탁 및 테러자금조달(ML/TF) 위험을 식별, 평가, 이해하고 적절한 완화 조치를 구현해야 함을 의미하며, 이 접근방식에 따라 위험이 큰 곳에 자원을 먼저 배분해야 한다.

2. FATF의 위험기반접근법 지침은 각 국가의 ML/TF 위험평가와 자금세탁 및 테러자금조달 방지(AML/CFT) 법률 및 규제체계를 고려하여 RBA 이행을 지원하는 것을 목표로 한다. 여기에는 RBA에 대한 일반적인 내용이 포함되어 있으며 법률 전문가 및 감독자들을 위한 구체적인 지침을 제공하고 있다. 이 지침은 전문지식과 해당 전문 분야의 모범 사례를 반영하기 위해 해당 전문 분야와 협력하여 개발되었다.

3. 이 지침은 법률 전문가들의 구성이 매우 다양하여 개인 변호사들로부터 대규모 다국적 기업에 속한 법률가들에 이르기까지 광범위한 비즈니스 구조 내에서 운영되

고 다양한 관할권에서 다양한 서비스를 제공한다는 점을 인정한다. 규모, 활동 및 위험 프로필의 다양성을 감안할 때 모든 경우에 적용할 수 있는 단일한 접근방식은 없다.

4. ML/TF 위험평가의 개발은 RBA 적용의 핵심 출발점이다. 이는 로펌의 특성, 규모 및 복잡성에 상응해야 한다.
가장 일반적으로 사용되는 위험 기준은 국가 또는 지리적 위험, 고객 위험 및 서비스/거래 위험이며, 지침은 이러한 위험 범주에 속하는 위험 요소의 예를 제공하고 있다.

5. 이 지침은 준법 문화를 조성하고 촉진하는 것이 법률 전문가들의 고위 경영진의 책임임을 강조한다. 그들은 법률 전문가가 관계를 수립하거나 유지할 때 ML/TF 위험을 관리하도록 노력해야 한다.

6. 이 지침은 법률 전문가가 정책 및 절차를 설계하여 최초 고객확인시 또는 지속적인 고객확인제도(이하 CDD) 조치를 통해 노출된 ML/TF 위험을 해결해야 함을 강조하고 있으며 따라서, 이 지침은 실제소유자 정보의 식별 및 검증에 관한 법률 전문가의 의무를 설명하고 ML/TF 위험에 기반한 일반 CDD, 간소화된 CDD(Simplified CDD) 및 강화된 CDD의 예를 제공한다.

7. 이 지침에는 법률 전문가의 감독자들을 위한 내용이 있으며 감독 및 모니터링에서 자율규제단체(이하 SRB)의 역할을 강조한다. 이것은 법률전문 직업에 대한 면허 또는 등록요건, 현장 감독 및 외부 감독을 위한 메커니즘, 집행, 지침, 교육 및 공공과 민간 부문 간 정보교환의 가치에 대한 특정 지침을 제공함으로써 RBA 및 공공 및 민간부분 RBA 감독에 대해 설명하고 있다.

8. 이 지침은 실제소유자 요건 및 지명자 약정(nominee arrangement)에 대한 감독의 중요성을 강조한다. 이는 감독 프레임워크가 법인 및 법적 계약에 대한 정확하고 최신의 실제소유자 정보가 적시에 유지되고 제공되는지 여부를 확인하는 데 어떻게 도움이 되는지 강조하고 있다.

[주요 본문 내용 : 원문의 번호 부여]

위험식별 및 평가(Risk Identification and Assessment)[3)]

90. 법률 전문가가 직면한 잠재적 ML/TF 위험은 그들이 수행한 활동, 의뢰인의 유형 및 신원, 의뢰인과의 관계의 성격 및 기원을 포함한 많은 요인에 따라 달라진다. RBA를 적용할 때 법률 전문가와 법률회사는 특정 활동이 고객 자산의 이동 또는 관리를 포함하기 때문에 ML/TF 활동에 더 취약한 것으로 밝혀졌다는 점을 염두에 두어야 한다. 이러한 취약성은 이러한 활동이 국경을 넘어 수행될 때 더욱 높아질 수 있다. 이러한 활동에는 다음 사항들이 포함된다.

a) 부동산 매매(buying and selling of real estate)
b) 고객 자금, 증권 또는 기타 자산 관리(managing of client money, securities or other assets)
c) 은행, 저축 또는 증권 계좌 관리(management of bank, savings or securities accounts)
d) 회사 설립, 운영 또는 관리를 위한 조직(organization of contributions for the creation, operation or management of companies)
e) 법인 또는 법률관계에 기초한 단체의 설립, 운영 또는 관리 및 사업체의 매매(creating, operating or management of legal persons or arrangements and buying and selling of business entities)

91. 의뢰인이 법률 자문에 대해 갖는 권리가 위험기반 접근법(RBA) 시행으로 인해 불리한 영향을 받아서는 안 되지만, 법률 전문가와 법률회사는 자신이 제공하는 서비스로 인해 발생하는 ML/TF 위험에 대해 경계해야 한다. ML/TF 위반 행위에 대하여 법률 전문가와 법률 회사는 자신도 모르게 ML/TF에 관여하지 않도록 보호해야 한다. 자칫 관여함으로써 관련된 개인, 법률회사 및 법률 직업 전체에 평판 위험을 초래할 뿐만 아니라 법률가라는 직업이 범죄자에 의해 오용되는 것이고 이는 용납되지 말아야 한다.

3) 원문의 연번을 사용

92. 법률 전문가는 의뢰인 즉 고객 관계 초기에 고객의 위험평가를 수행해야 한다. 이러한 위험평가는 NRA의 결과를 통해, 초국가적 위험평가, 법률 서비스/부문에 내재된 ML/TF 위험에 대해 관할 당국이 수행한 부문별 보고서, 법률 전문가가 있는 다른 관할권의 위험 보고서를 통해 알 수 있다. 법적 관행에 특정한 위험 수준을 평가하는 데 관련될 수 있는 기타 정보, 예를 들어 특정 관할권에서 발생할 수 있는 문제를 강조하는 언론 기사 및 기타 널리 사용 가능한 공개 정보들이 이에 해당한다.

법률 전문가는 또한 지표 및 위험 요소에 대한 FATF 지침을 참조할 수 있다. 고객관계 과정에서 고객/거래 위험 프로필을 지속적으로 모니터링하고 검토하는 절차도 중요하다. 관할 당국은 국가적 위험 평가, 초국가적 위험평가 및 관련 국가의 법적 관행에 특정한 위험 수준을 평가하는 데 관련될 수 있는 기타 정보의 결과를 법률 전문가에게 가장 잘 알릴 수 있는 방법을 고려해야 한다.

93. 법률 전문가가 일반적으로 제공하는 법률서비스의 특성상 금융기관에서 사용하는 자동 거래 모니터링 시스템은 대부분의 법률 전문가에게는 적합하지 않다. 의뢰인 및 의뢰인이 영위하는 사업에 대한 법률 전문가의 이해는 장기간의 상호작용하는 전문적인 관계로 발전할 것이다(경우에 따라 이러한 관계는 단기 고객에게도 존재한다). (예 부동산 거래)
개별 법률 전문가가 고객의 업무를 조사할 것으로 기대하지 않지만, 비즈니스 관계 과정에서 업무 유형 또는 고객 활동의 특성 변화를 식별하고 감지할 수 있는 좋은 위치에 있을 수 있다. 법률 전문가는 본질적으로 위험이 낮지만, 반드시 낮지만은 않은 단기 고객에 의해 나타나는 위험의 특성은 반드시 고려해야 한다.(예 단순 거래를 포함하는 일회성 고객 관계)
법률 전문가는 또한 기존 또는 잠재 고객이 추구하는 전문 서비스(계약)의 주제와 관련 위험을 염두에 두어야 한다.

94. 특정 고객 또는 고객 범주 및 특정 유형의 작업과 관련된 ML/TF 위험을 식별하면 법률 전문가가 그러한 위험을 완화하기 위해 합리적이고 비례적인 조치 및 통제를 결정하고 구현할 수 있다.

위험과 적절한 조치는 법률 전문가의 역할과 개입의 성격에 따라 달라진다. 단일 거래에서 고객을 대리하는 전문가, 장기적인 자문 관계에 관여하는 전문가, 예를 들어 민법 공증인(civil law notaries) 및 특정 관할 구역 내 특정 관할권에 종사하는 현지 변호인을 포함하여 뚜렷하고 개별적인 목적을 위해 종사하는 전문가 간에 상황은 상당히 다를 수 있다.

95. 지속적인 모니터링 및 검토의 양과 정도는 고객/거래 위험의 포괄적인 평가와 함께 관계의 성격과 빈도에 따라 달라진다. 법률 전문가는 지정된 관할 기관, SRB 또는 기타 신뢰할 수 있는 출처(법률 전문가 추천 포함)로부터 받은 정보를 기반으로 특정 고객의 위험평가를 조정해야 할 수도 있다.

96. 법률 전문가는 다양한 요소를 활용하여 ML/TF 위험을 평가할 수 있다. 이는 필요한 경우 법률 전문가가 각 고객에게 합리적인 위험평가를 적용할 수 있도록 하여 잠재적 위험을 관리하는 전략을 제공한다.

97. 가장 일반적으로 사용되는 위험 요소는 다음과 같다.
   a) 국가 또는 지리적 위험(country or geographic risk)
   b) 고객 위험(client risk)
   c) 제공되는 특정 서비스와 관련된 위험(risk associated with the particular service offered)

98. 잠재적인 ML/TF의 전체 위험을 평가할 때 이러한 위험 범주(개별 또는 조합)에 부여된 가중치는 법률 전문가 및/또는 법률회사가 제공하는 서비스의 규모, 정교함, 성격 및 범위에 따라 달라질 수 있다. 그러나 이러한 기준은 개별적이 아니라 전체적으로 고려되어야 한다. 법조인들은 개별 관행과 합리적인 판단에 따라 각 위험 요소에 부여할 가중치를 독립적으로 평가해야 할 것이다.

99. 보편적으로 인정되는 위험 범주의 집합은 없지만, 이 지침에 제공된 예는 가장 일반적으로 식별되는 위험의 범주이다. 이러한 위험 범주를 적용하는 단일 방법론은 없으며 이러한 위험 범주의 적용은 잠재적인 ML/TF 위험의 평가 및 관리에 접근하기 위한 제안된 프레임워크를 제공하기 위한

것이다. 소규모 로펌 및 단독 개업자의 경우 제공하는 서비스를 살펴볼 필요가 있다(예: 회사관리 서비스 제공은 다른 서비스보다 더 큰 위험을 수반할 수 있음).

국가/지리적 위험(Country or Geographic Risk)

102. 관할 당국, SRB 또는 법률 전문가가 특정 국가/지리적 영역(법률 전문 관행이 있는 국가 포함)이 더 높은 위험을 나타내는지 여부를 규정하는 보편적으로 합의된 정의는 없다. 국가 위험은 다른 위험 요소와 함께 ML/TF 위험에 대한 유용한 정보를 제공한다. ML/TF의 지리적 위험은 다음을 포함하여 다양한 상황에서 발생할 수 있다.

고객의 거주지, 거래 위치 또는 자산이나 자금의 출처. 국가를 더 높은 위험 범주에 두는 데 일반적으로 동의하는 이유는 다음과 같다.

a) 테러활동에 자금 또는 지원을 제공하거나 테러조직으로 지정된 곳과 같은 지역에서 활동하는 것으로 신뢰할 수 있는 출처에서 확인된 국가/지역
b) 불법 약물, 인신매매, 밀수, 불법도박의 출처 또는 통과 국가를 포함하여 상당한 수준의 조직범죄, 부패 또는 기타 범죄활동이 있는 것으로 신뢰할 수 있는 출처에 의해 확인된 국가
c) UN과 같은 국제기구에서 발표한 제재, 금수 조치 또는 유사한 조치의 대상 국가
d) AML/CFT 체제가 약한 것으로 FATF 성명서에 의해 확인된 국가를 포함하여 신뢰할 수 있는 출처에 의해 취약한 거버넌스, 법 집행 및 규제 체제가 있는 것으로 확인된 국가·금융기관 및 DNFBPs는 이런 국가 관련 비즈니스 관계 및 거래에 특별한 주의를 기울여야 한다.

또, 권한 당국에 실제소유자 정보를 제공하는 데 비협조적인 것으로 신뢰할 수 있는 출처에 의해 확인된 국가, 이에 대한 결정은 FATF 상호평가 보고서 또는 국제조세 투명성 기준에 대한 OECD 글로벌 포럼 보고서와 같은 다양한 협력 수준을 고려하는 조직이 작성한 보고서를 검토함으로써 도달할 수 있다.

고객(의뢰인) 위험(Client Risk)

103. 고객 또는 고객 범주에 의해 제기된 잠재적 ML/TF 위험을 결정하는 것은 전반적인 위험 기반 프레임워크의 개발 및 구현에 아주 중요하다. 자체 기준에 따라 법률회사와 법률 전문가는 특정 고객이 더 높은 위험을 제기하는지 여부와 해당 평가에 대한 완화 요소의 잠재적 영향을 결정해야 한다. 위험 변수를 적용하면 위험평가가 완화되거나 악화될 수 있다. 더 높은 위험을 나타낼 수 있는 고객 유형은 다음과 같다.

a) 정치적 주요인물(PEP) 및 PEP와 밀접한 관련이 있거나 관련된 사람은 고위험 고객으로 간주된다(PEP를 식별하는 방법에 대한 추가 지침은 PEP에 대한 FATF 지침(2013) 참조).
b) 비정상적이거나 비관습적인 상황에서 비즈니스 관계를 수행하거나 서비스를 요청하는 고객(고객의 모든 상황을 고려하여 평가됨)
c) 법인 또는 관계의 구조나 특성으로 인해 적시에 진정한 실제소유자 또는 지배적 이해 관계를 식별하기 어려운 고객

i. 비즈니스, 소유권 또는 거래의 성격에 대한 이해를 모호하게 하려는 고객이나 설명할 수 없는 페이퍼 및/또는 Shell company, 명의주식(nominee shareholder) 또는 무기명 주식을 통한 소유권이 있는 법인, 대리인 및 기업 이사, 법인 또는 법적 계약을 통한 통제, 분할 회사 설립 및 여러 국가에 걸친 자산 관리, 명백한 법적 또는 적법한 세금, 사업, 경제 등 아무런 이유가 없는 경우
ii. 대리 주주 또는 이사(nominee shareholder or director)로 활동하는 가족 또는 가까운 동료와 같은 비공식적 계약의 설명되지 않은 사용
iii. 특정 상황, 구조, 지리적 위치, 국제 활동 또는 기타 요인이 고객의 비즈니스 및 경제적 목적에 대한 법률 전문가의 이해와 일치하지 않는 명확한 설명 없이 통제 또는 소유 구조의 비정상적인 복잡성

d) 지리적 위험이 더 높은 국가에서 사업의 상당 부분을 운영하거나 주요 자회사를 두고 있는 고객 회사

e) 현금(및/또는 현금 등가물) 집약적인 비즈니스 고객. 그러한 고객에게 FATF 권고사항에 따라 AML/CFT의 모든 요건이 적용되고 규제가 이루어지는 경우에는 위험을 완화하는 데 도움이 된다.

거래/서비스 위험(Transaction/Service Risk)

104. 의뢰인에 대한 전반적인 위험평가에는 법률 전문가가 제공하는 서비스의 성격을 고려할 때 법률 전문가가 제공하는 서비스가 제공하는 잠재적 위험을 결정하는 것도 포함되어야 하며, 법률 전문가는 광범위하고 다양한 범위의 서비스를 제공한다는 점에 유의해야 한다. 제공되거나 제공되는 서비스의 문맥(context)은 항상 RBA의 기본이 된다. 이 지침에서 논의된 요소 중 어느 하나 자체가 고위험 상황을 구성하지 않을 수 있지만 누적하여 총체적으로 고려해야 할 것들이다. 특정 활동과 관련된 서비스 제공과 관련된 위험을 결정할 때 다음과 같은 요소를 고려하고 적절한 비중을 두어야 한다.

a) 실질적으로 금융 중개자 역할을 하는 법률 전문가가 비즈니스 거래를 용이하게 하는 행위에서 자신이 관리하는 계좌를 통해 자금의 수취 및 송금을 처리하는 서비스
b) 법률 전문가가 수행하거나 R.22에 명시된 활동을 수행하는 거래와 관련되지 않은 법률 전문가의 신탁 계좌를 통해 고객이 자금을 입금/이체할 수 있는 서비스
c) 고객이 법률 전문가의 신탁계좌(고객을 위하여 법률 전문가가 보유하고 있는 계좌) 이외의 금융거래를 요구할 수 있는 서비스
d) 법률 전문가가 의뢰인의 업무에 대한 적절한 지식 없이 실제로 의뢰인의 지위, 평판 및 신용을 제3자에게 대표하거나 보증하는 서비스
e) 관할 당국으로부터 실소유권을 숨길 수 있는 서비스

회계사를 위한 RBA 가이던스 (2019년) (RBA-Accounting-Profession, Executive summary & Main chapter)

[주요 핵심 요약]

1. 위험기반접근법(RBA)은 FATF 권고안의 효과적인 이행에 핵심이며, 이는 감독자, 금융기관 및 회계사(이 지침의 목적상 "회계사" 또는 "회계 전문직"이라고도 함)의 위험 식별, 평가 및 노출된 자금세탁 및 테러자금조달(ML/TF) 위험을 이해하고 가장 적절한 완화 조치를 구현함을 의미한다. 또한 위험기반접근법(RBA)를 통해 위험이 더 높은 곳에 자원을 집중할 수 있다.

2. FATF의 RBA 가이던스는 국가의 ML/TF에 대한 위험평가와 AML/CFT 관련 법률 및 규제 체계를 고려하여 RBA 이행을 지원하는 것을 목표로 하고 있다. 여기에는 RBA에 대한 일반적인 내용을 포함하고 있으며 회계 전문가 및 감독자를 위한 구체적인 지침을 제공한다. 동 지침은 관련 전문가가 업계의 전문지식과 모범 사례를 반영하여 개발하였다.

3. ML/TF 위험평가의 개발은 RBA 적용의 핵심 출발점이며 비즈니스의 특성, 규모 및 복잡성에 비례해야 한다. 가장 일반적인 위험평가 기준은 국가 또는 지리적 위험, 고객 위험, 서비스/거래 위험 등을 말한다.

4. 이 가이던스는 회계사의 핵심 비즈니스 가치를 육성하고 촉진하기 위한 고위 경영진의 책임과 회계사가 비즈니스 관계를 수립하거나 유지할 때 ML/TF 위험을 관리하도록 노력해야할 것을 강조하고 있다.

5. 이 가이던스는 회계사가 신규 및 지속적인 고객확인(CDD)을 수행함에 있어서 정책 및 절차를 설계할 때, 노출된 ML/TF 위험을 해결해야 함을 강조하고 있으며, 동 가이던스는 실제소유자 식별 및 검증에 관한 회계사의 의무를 설명한다. 아울러, 실제소유자의 정보 제공과 ML/TF 위험에 기반한 일반 CDD, 간소화된 CDD 및 강화된 CDD의 사례를 제공하고 있다.

6. 이 가이던스는 회계사와 감독자들을 위한 내용을 담고 있으며 감독 및 모니터링에서 자율 규제기관(SRB)의 역할을 강조하고 있다. 아울러, 회계분야에

대한 면허 또는 등록 요건사항, 현장감독 및 외부 감독 메커니즘에 대한 구체적인 지침을 제공함으로써, 공공 부문과 민간 부문 간의 정보교환에 대한 감독, 집행, 지도, 훈련 등 감독에 대한 위험기반접근법(RBA)을 설명하고 있다.

7. 이 가이던스는 또한 실제소유자의 요건 및 지명자 약정(nominee arrangement)에 대한 감독의 중요성을 강조하고 있다. 회계사가 법인 및 법적 계약에 대한 최신의 정확한 실제소유자 정보를 관리해야 하며, 적정시기에 관할 감독당국에 필요한 정보를 제공하는 등의 감독 체계를 확인함에 있어 어떻게 도움이 되는지를 강조하고 있다.

[주요 본문] Section III : 회계사를 위한 위험기반접근 이행 및 위험식별과 평가[4)]

※ 원문의 번호 부여

(위험식별 및 평가)

60. 회계사는 ML/TF에 사용될 수 있는 특정 고객군을 고려하여 회사의 위험을 식별하고 평가하기 위한 적절한 조치를 취해야 한다. 이는 일반적으로 전체 고객의 계약수락 절차의 일부로 수행됨. 회계사는 위험평가를 문서화해야 하며, 최신 상태로 유지 및 위험평가 정보를 관할 기관 및 감독자에게 제공할 적절한 메커니즘을 갖추어야 한다. ML/TF 위험평가의 특성과 범위는 비즈니스 유형, 고객의 특성 및 운영 규모에 적합해야 한다.

61. ML/TF 위험은 (a) 국가/지리적 위험, (b) 고객위험 및 (c) 거래/서비스 및 관련 전달 채널 위험의 세 가지 범주로 구성될 수 있다. 각 범주에 나열된 위험 및 위험 신호는 완전하지는 않지만 회계사가 RBA를 설계 시 기준으로 제공한다.

62. 회계사는 위험을 평가할 때, 전반적인 위험 수준과 적용할 적절한 완화 수준을 결정하기 전에 모든 관련 위험 요소를 고려해야 한다. 이러한 위험

4) 원문의 연번 사용

평가는 국가위험평가(NRA)의 조사 결과 및 초국가적 위험평가, 회계 서비스/부문에 내재된 ML/TF 위험에 대한 당국, 회계사가 기반을 두고 있는 다른 관할권의 위험 보고서 및 해당 관행에 특정한 위험 수준을 평가하는 데 관련될 수 있는 기타 정보, 관할 기관에서 수행한 부문별 보고서 등을 통해 알 수 있다.

예를 들어, 특정 관할권에서 발생할 수 있는 문제를 강조하는 언론 기사 등은 일반적으로 사용 가능한 공개 정보이다. 회계사는 위험지표 및 위험 요소에 대한 FATF 지침을 참조할 수도 있다. 회계사가 고객과 업무 관계를 맺는 동안 고객의 위험 프로필을 지속적으로 모니터링하고 검토하는 절차도 중요하다. 권한당국은 회계사에게 국가 위험평가, 초국가적 위험평가의 결과 및 해당 국가의 회계 관행에 특정한 위험 수준을 평가하는 데 관련될 수 있는 기타 정보를 가장 잘 알릴 수 있는 방법을 고려해야 한다.

63. 일반적으로 회계사가 제공하는 서비스의 특성상 금융기관에서 사용하는 자동 거래 감시시스템은 대부분의 회계사에게 적합하지 않을 것이며, 이상거래를 발견하기 위해 감사에 있어서 인공지능 및 분석 도구를 사용할 수 있는 범위가 있을 수 있다. 그만큼 고객과 비즈니스에 대한 회계사의 이해는 장기간의 상호 작용하는 전문적인 관계로 발전할 것이다. 개별 회계사가 고객의 업무를 조사할 것으로 기대되지는 않지만 비즈니스 관계 과정에서 업무 유형 또는 고객 활동의 특성 변화를 식별하고 감지할 수 있는 좋은 위치에 있을 수 있다.

64. 회계사가 특정 고객 또는 고객 범주 및 특정 유형의 작업과 관련된 ML/TF 위험을 식별하고 위험을 완화하기 위해서는 합리적이고 비례적인 조치 및 통제를 결정하고 구현해야 할 것이다. 회계사의 위험에 대한 적절한 조치는 역할과 참여의 성격에 따라 달라질 수 있다. 단일 거래에서 고객을 대리하는 회계사와 장기적인 자문 관계에 있는 회계사 간에는 상황이 상당히 다를 수 있다.

65. 지속적인 모니터링 및 검토의 수준과 정도는 고객/거래위험에 대한 포괄적인 평가 및 고객과의 관계의 특성과 빈도에 따라 달라진다. 회계사는 권한 당국, 자율규제기관 또는 기타 신뢰할 수 있는 출처(회계사 추천 포함), 지정된 권한당국으로부터 받은 정보를 기반으로 특정 고객의 위험평가를 조정해야 할 수도 있다.

66. 회계사는 다양한 방식을 적용하여 고객별로 합리적이고 비례적인 ML/TF 위험을 평가해야 하며, 이는 회계사를 통하여 잠재적인 ML/TF 위험을 관리하기 위함이다.

67. 잠재적인 ML/TF의 전반적인 위험을 평가할 때 이러한 위험 범주(개별 또는 조합)에 부여된 가중치는 회계사 및/또는 회사가 제공하는 서비스의 규모, 정교함, 성격 및 범위에 따라 달라질 수 있다. 그러나 이러한 기준은 개별적으로가 아니라 전체적으로 고려할 필요가 있고, 회계사는 개별 관행과 합리적인 판단에 따라 각 위험 요소에 부여할 가중치를 독립적으로 평가해야 한다.

68. 보편적으로 인정되는 위험 범주는 없지만 이 지침서에 제공되고 있는 예시는 가장 일반적으로 식별되는 위험의 범주이다. 이러한 위험 범위를 적용하는 단일 방법론은 없으며 이러한 위험 범위의 적용은 잠재적인 ML/TF 위험평가 및 관리를 위한 프레임워크를 제공하기 위한 것이다. 소규모 회사 및 단독 개업자의 경우에는 제공하는 서비스를 살펴보는 것이 바람직하다(예 회사 관리 서비스 제공은 다른 서비스보다 더 큰 위험을 수반할 수 있음).

69. 범죄자들은 자산과 거래의 실소유권을 은폐하기 위해 다양한 기술과 메커니즘을 사용한다. 2014년 FATF 투명성 및 실제소유자 지침과 2018년 FATF 및 실제소유자 은폐에 관한 공동 보고서를 포함하여 이전 연구에서는 많은 일반적인 메카니즘과 방법론이 제시되어 있다.

부동산 중개업자를 위한 가이던스 (2022년) (RBA Guidance for the Real Estate Sector – FATF, 2022)

[주요 본문 내용 : 원문의 번호 부여]

Chapter 3. 부동산전문가를 위한 지침[5)]

101. 민간 부문에 대한 이 지침은 주로 부동산 매매와 관련하여 고객을 위한 거래에 관여하는 부동산 전문가를 위한 것이다.

102. 이 지침은 각 특정 상황 내에서 고려되어야 한다. 예를 들어 전담 전문가의 도움 없이 이러한 기능을 수행하는 소기업 또는 부동산 전문가는 그들의 사업을 위하여 관할권의 법률 및 규제 요구사항을 준수하는 동시에 규모에 따라 실현 가능한 방식으로 이러한 모범 사례를 구현하기 위한 조치를 취해야 한다.

3.1. 위험평가

103. 부동산 전문가는 그들의 비즈니스가 ML/TF 위험에 어떻게 노출될 수 있는지 이해하고 시스템이 이러한 위험을 처리하도록 설계 및 구현되었는지 확인해야 한다.

104. 위험평가를 통해 비즈니스 활동 과정에서 잠재적으로 노출될 수 있는 ML/TF 위험을 식별할 수 있다. 문서화된 위험평가에는 이러한 문제가 비즈니스에 미치는 영향을 고려하면서 현재 및 새로운 ML/TF 추세가 포함되어야 할 것이다.
위험 평가는 최신 상태로 유지되어야 하며 아래 요소와 관련이 있는 것으로 간주되는 기타 요소 또한 고려해야 한다.

· 지리적 위험 : FATF 또는 국가 당국이 고위험으로 식별한 지역
· 고객 위험 : 거래의 실제 당사자
· 거래 위험 : 자금 조달 방법 및 전달 경로를 포함한 거래 전반

5) 원본의 번호 준용

105. 부동산 사업은 고객 및 제공되는 서비스와 관련하여 사업에 내재된 위험에 대한 평가를 기준으로 해야 하며, 부동산 중개인의 우려 사항 및 고객의 의심 또는 일반적인 행동을 포함한 고위험을 평가할 필요가 있다.

106. 위험평가는 부동산 전문가 사업의 규모, 부동산 회사와 관련된 거래의 재정적 가치, 회사가 부동산 거래에 관여하게 된 방법 및 부동산 거래의 성격을 고려하는 접근 방식을 따라야 한다. (거래, 해외 구매인지 또는 상업용 또는 주거용 부동산과 관련된 것인지 여부 포함)

107. 부동산 부문과 관련하여 기타 DNFBPs 및 은행 등은 AML/CFT 위험에 대한 노출을 고려하는 RBA를 채택해야 한다.

3.2. 위험 요소

108. 부동산 사업에 대한 잠재적 위험을 식별할 때 다음 사항을 주요 위험 범주에 포함할 필요가 있다.

3.2.1. 지리적 위험

- 법인 및 자연인의 출신 국가를 포함하여 지리적 영역 및 기타 국가와 관련된 위험을 식별할 때 부동산 전문가 및 기타 관련 의무 주체는 지리적 요인을 고려하여 높은 위험이 존재하는지 여부를 판단해야 한다.
- 해당 국가의 AML/CFT 제도의 효율성 및 결함이 있는 것으로 식별되었는지 여부
- 해당 지역의 부동산과 관련된 위협과 취약성의 수준과 특성
- 적절한 AML/CFT 법률 및 규정이 없는 것으로 확인된 국가에 대한 법적 투명성 및 기존 법적 프레임워크 준수 수준
- 해당 국가 또는 부동산 전문가가 활동하는 국가와 연관된 UN 및 국제기구에서 발표한 경제 또는 금융 제재, 금수 조치 또는 유사한 조치의 대상인지 여부
- 부동산이 위치한 곳
- 구매자와 판매자의 소재지 및 해당 국가 내 비즈니스 관계의 성격과 목적
- 자금이 해외에서 발생하여 대면하지 않고 거래가 이루어졌는지 여부

3.2.2. 고객 위험

109. 은행과 함께 부동산 전문가는 고위험 상황을 포함하여 고객과 관련된 위험 정도를 고려해야 한다.

· 구매자 또는 판매자가 예를 들어 부패, 조직범죄 또는 심각한 사기에 연루되었거나 테러 활동에 자금을 제공하거나 지원한다고 신뢰할 수 있는 출처에 의해 파악된 고위험 국가 출신인지 여부

· 고객이 금융제재 대상에 포함되어 있는지 또는 UN과 같은 국제기구에서 채택한 제재, 금수 조치 또는 유사한 조치의 대상인지 여부

· 구매자가 부동산 구매와 관련된 투자 프로그램에 의한 시민권을 갖고 있는지 여부

· 고객이 자금세탁/테러지원 위험과 연관성이 있는지 여부

나. 특정비금융사업자에 주요 국제기구 및 단체의 AML/CFT의무 가이던스 개요

국제변호사협회(미국/유럽 등 주요 변호사 협회 공동)의 AML가이드북 (2014년) (A Lawyer's Guide to Detecting and Preventing Money Laundering, 2014)

[발간 배경]

- 자금세탁 및 테러 자금 조달은 생명과 사회에 심각한 위협을 가하며 폭력을 초래하는 범죄 행위이다. 사회에서 변호사의 역할과 고유한 직업 및 기타 의무와 기준을 고려할 때 변호사라는 직업군은 항상 정직하게 행동하고 법치를 준수하며 범죄 행위를 저지르지 않도록 주의해야 한다. 이를 위해 변호사는 돈세탁 및 테러자금조달 활동을 위해 법조계를 오용하려는 범죄자의 위협에 대한 인식을 늘 가지고 있어야 하며 현상 파악이 빨라야 한다. 변호사협회의 경우, 법조계를 교육하는 데 있어 핵심적인 역할을 하지만 개인 변호사와 법률회사는 자금세탁방지(AML) 의무를 인식하고 준수해야 할 책임이 있다.

- 전 세계 어딜 가나 변호사라면 자신의 본국이 적용하고 있는 자금세탁이나 기타 금융 사기 관련 법률은 물론이고 변호하고 있는 "고객"에 대한 윤리를 지켜야 하고 혹시 업무 수행에 있어 개선사항이 있으면 이를 위해 지속적으로 교육을 받도록

노력을 하여야 한다. 특히 범죄자들의 자금세탁 및 테러자금조달 활동이 더욱 빠르게 정교해지고 있고 진화되고 있기 때문에 더욱 그러하다.

- 인식, 경계, 위험 신호 인식 및 주의야말로 자금세탁 및 테러자금조달에 대한 의심스러운 상황을 평가하는 변호사의 최선의 도구라고 볼 수 있다. 이러한 상황은 일부 국가에서 변호사가 고객을 제대로 "확인"하지 못하거나 필요한 경우 의심스러운 거래를 보고하지 않아 자금세탁 지원 범죄로 유죄 판결을 받을 수 있다.

[발간 취지]

- 2009년 자금세탁 규모는 세계 국내 총생산(GDP)의 2.7%(또는 미화 1조 6,000억 달러)에 달한다는 보도 자료가 나올 정도로 상황이 심각하다. 자금세탁 및 테러자금조달을 방지하기 위한 조치는 이러한 활동 중 하나에 연루된 범죄자가 자금의 출처와 목적지를 숨기면서 자금이체를 시도하므로 상당 부분 중복된다.

- 본 가이드는 자금세탁방지("AML")에 대한 준수에 초점을 맞추고, 테러자금조달 관련 부문에서는 법적인 서비스를 제공하는 직업군(특히 변호사)의 역할 문제를 포괄적으로 다루는 것을 목적으로만 하지 않는다. 하지만 변호사가 테러자금조달 방지나 예방 과정에 있어 어떠한 인식과 자세를 갖춰야 하는 부분을 논의하기로 한다.

[주요내용]

- 변호사는 범죄자의 자금세탁 활동을 돕는 데 오용될 수 있으며, 범죄자는 범죄 기반 금융, 기업 및 부동산 거래에 합법성을 부여하기 위해 법률 서비스(금융시스템 포함)를 찾고 있고, 불법자금을 전달하기 위해 점점 더 정교하고 복잡한 수단을 찾고 있다.

- 동 가이드에서는 변호사는 자금세탁의 위험은 국가/지리적 위험, 고객위험, 서비스 위험에서 기인함을 강조하고 있다.

변호사가 취약한 5가지 유형

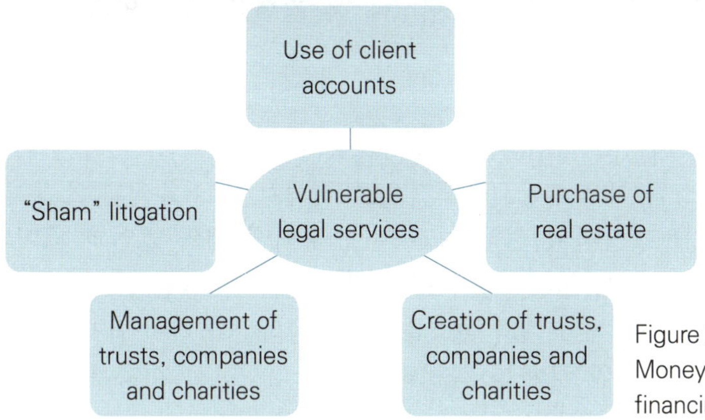

Figure 2 :
Money laundering and terrorist financing susceptible legal sevices

출처 : 국제변호사협회 가이드북(2014), p.24.

OECD 조세범죄 및 화이트칼라 범죄를 조장하는 전문가 단속 가이던스 (2021)

[개요]

- 많은 금융범죄는 법적, 재정적 구조의 설계에 도움을 줄 수 있는 변호사, 회계사, 금융기관 등의 일부 전문적 조력자에 의해 발생된다. 고객에게 불법행위를 조장하고 범죄 기회를 제공하는 소수의 전문가는 법치주의와 법률 및 금융 시스템에 대한 신뢰와 공정한 경쟁을 훼손함으로써 지속적인 위험을 발생시킨다. 따라서, 금융범죄의 기회를 만들고 범죄행위를 은폐하는 전문 조력자를 표적화하여 이들의 활동을 차단해야 범죄활동을 원천적으로 해결할 수 있다.

- 이 보고서에서는 전문 조력자에 대한 정부의 대응책을 5가지로 제시하고 있다. 5가지의 대응책은 ① 전문 조력자의 역할 이해, ② 전문 조력자의 식별 방안, ③ 전문 조력자 차단을 위한 법과 규제, ④ 전문 조력자 억제 방안, ⑤ 전문 조력자 대응을 위한 국내외 다자간 노력 등이다.

[조세 및 금융범죄에서의 전문 조력자의 역할]

- 조세 및 금융범죄에 있어 전문 조력자는 세무사, 변호사 및 법률 고문, 회계사, 재무 고문, 금융기관, 회사 실립 및 등록 대리인, 공증인, 신탁 관리자, 신탁 및 기업 서비스 제공자 등을 모두 포함한다. 전문 조력자에 대한 구체적인 정의는

존재하지 않으나, 이들은 법률 및 재무에 있어 전문성을 갖고, 세금 및 경제활동 관련 조사 회피를 위해 불투명한 구조를 형성해 본 경험을 갖고 있다는 공통 특성이 있다.

- 전문 조력자가 제공하는 서비스 대부분은 합법적으로 이루어지지만, 이들은 여러 방식으로 불법적 서비스를 제공한다. 구체적으로 이들은 실소유권과 소득 및 자산을 숨기고 그 출처를 위장하기 위해 여러 관할 구역에 해외 법인과 페이퍼 컴퍼니를 설립하여 소유권과 통제 구조를 복잡하게 만든다. 이들은 또한 허위의 이사와 수탁자, 주주 등을 설정해 고객의 실소유권을 위장하는가 하면 납세 회피나 부당한 세금 환급을 위해 허위 문서를 작성하기도 한다. 신설 회사를 설립해 자산을 옮기고 기존 회사를 청산하는 방식으로 사기 범죄를 저지르기도 한다.

[전문 조력자 식별 방안]

- 전문 조력자로 인해 발생하는 위협을 해결하기 위해서는 이들에 대한 정보를 포착하고 식별할 수 있는 절차적 방안이 마련되어야 한다. 전문 조력자의 활동이 사업 감사부터 민사 및 형사 절차까지 영역에서 활동할 수 있는 만큼, 전문 조력자에 대한 인식을 확대해야 할 필요가 있다.

- 전문 조력자에 대한 인식을 확대하고 위협을 측정하기 위해서는 이들의 활동을 식별, 기록, 측정해야 한다. 국가는 범죄행위를 나타낼 수 있는 의심스러운 행동 패턴과 추세를 식별하고 데이터와 정보를 활용하여 이에 대한 지표를 개발하여야 한다.

- 이미 여러 국가는 데이터 분석과 감사 활용을 위해 해외 서비스 제공업체 및 회사와 관련된 전문 조력자에 대한 정보를 수집하고 있으며 회피 구조를 위한 'Hot spot'으로 알려진 해외 관할권이 동일한 전문 조력자에 의해 반복적으로 형성되고 있다는 것을 확인할 수 있다. 이러한 권역은 새로운 전략에 따라 변동될 수 있으므로, 국가적 대응 전략을 수립하여 새로운 정보에 유연하게 적응할 수 있어야 한다.

- 구체적으로 전문 조력자 활동 식별을 위해,
  · 데이터 마이닝 정보 활용을 통한 특정 관할 구역의 공통 고객 및 구조 분석, STR 정보분석을 통한 반복적 거래와 전문가 및 고객식별, 의심스러운 구조 및 거래에 대한 세무 행정 공무원의 보고 체계를 갖추어야 한다.

· 자발적 공개 프로그램을 통한 정보 수집, 페이퍼 컴퍼니 및 의심스러운 이사진에 대한 내부 데이터베이스 생성, 내부고발 보고서 활용, 정부 기관과의 문서 진위 확인, 납세자 신원확인, 세금에 대한 데이터베이스인 OECD APT 디렉터리 확인 등의 방식을 활용할 수 있다.

[전문 조력자 차단을 위한 법과 규제]

- 변호사, 세무사, 공증인, 회계사는 법률로 부여된 전문적 특권과 그들의 전문적인 기술을 바탕으로, 법률 및 금융시스템의 게이트키퍼로서 활동한다. 국가는 이들이 법에 따라 업무를 수행하도록 해야 한다.

- 또한, 법집행기관과 사법제도를 지원하여 전문지식과 특권을 사용하여 범죄행위를 위한 구조를 설계하는 소수의 전문 조력자를 처벌할 수 있는 법적 체제를 마련해야 한다. 전문 조력자의 범죄행위를 처벌하기 위한 형사 제재뿐 아니라 감독 규제 기관을 통한 민사적 대응, 금지 명령 및 해고를 통해 전문 조력자의 범죄행위 개입을 막아야 한다.

- 일부 국가에서는 특별법을 통해 전문 조력자의 행위에 대해 금융범죄에 대한 방조, 교사보다 더 높은 형벌을 받도록 규정하고 있다(호주, 프랑스 및 영국과 같은 일부 국가에 대해서는 전문 조력자에 대한 형사처벌과 별개로 민사적 제재 조항도 존재).

- 국가는 조세 및 금융범죄의 전문 조력자를 범죄행위의 주체로 규정하고 처벌하는 법안을 제정하고, 범죄 수준에 따라 이들에게 부여된 전문적 특권을 해제하는 등 이들에 대한 벌금 이상의 강력한 제재를 확대하여 범죄행위의 억제 효과가 있도록 해야 한다. 시간이 오래 걸리고 복잡한 금융범죄에 대한 수사의 특성을 고려해 공소시효를 적절히 설정해야 한다. 또한, 수사에 있어 전문 감독기관이 협력하고 개입할 수 있는 법적 근거를 검토할 필요가 있다.

- 많은 국가에서는 AML/CTF를 위해 변호사협회나 국제회계윤리이사회(IESBA) 등의 전문 기관에 행동 강령과 윤리적 의무를 부과하고 있다. 이러한 전문 기관은 전문직 구성원들의 위법 행위에 대해 보고받고 면허 정지 및 구성원 추방 등의 제재를 가할 수 있다.

- FATF 표준은 DNFBP에 대해 AML과 CTF를 위한 모니터링과 감독을 요구하고 있으며 FATF 표준을 시행하고 있는 감독·규제 체제에 적용한다면, 전문 조력자의 금융범죄를 효과적으로 차단할 수 있다.

- 전문 감독·규제 기관을 통해 부적절한 신탁 및 회사 서비스 제공업체의 전문가를 제거함으로써 전문 조력자의 면허 및 특권 남용을 방지할 수 있다. 일부 국가에서는 이사 자격 박탈에 대한 공개 명부가 있어, 자격이 박탈된 이사가 다른 국가에서 이사로 활동하지 못하게 하는 장치로 활용하기도 한다. 즉 이러한 사항은 정부 및 국가 간 정보 공유를 통해 추가 범죄의 발생을 방지할 수 있게 한다.

[전문 조력자 억제 방안]

- 사후 해결 방안과 더불어, 전문 조력자 남용으로 인한 위험을 인식하고 자발적인 규정 준수 문화를 확산시켜 범죄활동을 저지하기 위한 선제적 예방 전략도 중요하다.

- 정부 및 언론 보도와 온라인 세미나 및 교육, 기관 협력을 통한 정기적 공공-민간 대화 등의 의사소통 전략을 통해 위험을 알리고 자발적으로 규정을 준수할 필요가 있다. 고위험 전문 조력자에 대해서는 맞춤형 상담과 교육을 통해 억제 효과는 물론 서비스 활동과 규범에 대한 가시성도 높일 수 있다.

- 아울러, 세간의 이목을 끄는 금융범죄에 대해 범죄자에 대한 처벌 및 제재조치를 대중에게 공개하여, 범죄자의 최후를 공개하고 공정한 조세 제도에 대한 대중의 신뢰를 강화하여 유사한 범죄를 저지할 수 있다.

- 기업의 책임을 높이는 것도 중요하다. 영국의 경우 2017년 새로운 법안을 도입하여 내부적으로 기업 범죄 발생을 막지 못한 기업에 대해 형사 책임과 시스템 및 통제 문화에 대한 개선의 책임을 부과하고 있다. 이는 기업이 조직 내부의 행동에 책임을 지고 적절한 시스템을 통해 통제하도록 사회적 의무를 부과하는 것이다.

- 기업에 부적절한 소득 신고 및 세금 공제, 의도적인 정보 누락 등에 대해 자발적으로 정보를 제출하고 신고할 기회를 제공할 필요가 있다. 이는 세수를 증대시킬 뿐만 아니라, 전문 조력자를 식별하여 위협의 규모와 특성에 대한 구조적 이해를 높일 수

있다. 또한 내부고발 및 익명 제보를 활성화고, 수사 및 기소에 핵심 정보를 제공하는 사람들에게 처벌 면제 등 인센티브 제공 시 국가가 고급 정보에 대한 접근성을 높일 수 있다.

- 중개자 및 납세자를 대상으로 하는 공시 의무 규정을 통해 특정 형태의 약정을 만들어내거나 거래에 관여하는 경우, 관련 규제기관에 보고하도록 법적으로 규정함으로써, 금융범죄를 제지하고 범죄 발생 초기 단계에 개입하여 대처할 수 있다.

[전문 조력자 대응을 위한 국내외 다자간 노력]

- 법집행기관의 단독적인 대응은 전문 조력자 관련 문제를 포괄적으로 해결할 수 없으므로, 전문 조력자와 관련된 문제에는 정부 전체 및 다자간 접근이 요구되며, 국가는 타 관할 구역의 기관 및 국제적으로 협력할 필요가 있다.

- 금융범죄의 예방과 적발, 수사와 기소 및 범죄자산 회수까지의 절차에는 세무서부터 금융 규제기관, 금융 정보기관, 경찰과 검사까지 다양한 기관이 개입하게 된다. 전문 조력자의 예방과 식별, 범죄 차단 및 기소까지 일관되게 구현하기 위해서는 자발적인 정보 공유 시스템, 데이터에 대한 직집적인 액세스, 사례 교환 등의 기관 간 능동적인 정보 공유가 가능한 메커니즘이 마련되어야 한다.

- 국가는 이러한 메커니즘의 형성을 위해, 보고 및 정보 공유를 위한 법적 체제를 마련하고, 기관의 역할 및 보유 정보 관리에 대해 담당자 배치 및 충분한 교육·훈련이 이루어지도록 지원해야 한다. 더불어, 효율적인 정보 공유에 대한 운영 지침을 제공해야 하며, 관련 기관은 합동 조사팀을 꾸려 인력을 파견하고, 전문 조력자 문제의 대응이라는 공동의 이해관계를 목적으로 광범위한 전문 지식과 기술, 경험을 효율적으로 활용해야 한다.

- 중앙 정보센터를 통해 기관의 정보 수집과 분석을 집중화함으로써 정보 공유 및 협력을 효과적으로 만들어야 한다. 또한 국제적 차원의 노력도 중요한데 조세 회피를 포함한 금융범죄가 국경을 넘나들며 자금을 이동시키는 등 범세계적 문제인 만큼, 국제협력을 통해 국경 밖에서 일어나는 활동에 대해서도 집중해야 한다.

- 전 세계 160개 이상의 조세 정보의 투명성과 교환에 관한 글로벌 포럼에 가입하여 국제 표준의 효과적인 이행 보장을 위해 노력하고 있고, 정보교환이 신속하게 이루어지고 있으나, 상호 행정 지원에 대한 다자간 협약 또는 협력 협정 등을 통해 국가 간 금융자산 정보의 교환이 활발히 이루어질 수 있도록 해야 할 필요가 있다.

- 호주, 캐나다, 네덜란드, 영국, 미국의 5개 국가는 국제 조세범죄 및 자금세탁 방지를 위해 J5 세계 조세 집행 합동참모본부, Joint Chiefs of Global Tax Enforcement를 구성하였다. 이를 통해 2020년부터는 세무 관련 사례와 암호화 및 사이버 전문지식을 바탕으로, 정보를 신속하게 공유하고 역량을 강화하며 통화 범죄, 사이버 범죄 및 세계 조세 회피의 대응 활동을 수행하고 있다.

[결론]

- 조세 회피, 뇌물 수수, 부패와 같은 화이트칼라 범죄는 복잡한 법적 구조를 바탕으로 변호사, 회계사, 금융기관등의 전문 조력자의 금융거래를 통해 은폐될 수 있다.

- 본 보고서는 금융범죄를 조장하는 전문 조력자에 대응하기 위해 국가가 수행할 수 있는 다양한 전략과 조치를 제시한다. 향후 전문 조력자가 수행하는 해로운 역할과 이를 단속하는 국내외적 조치와 더불어 화이트칼라 범죄를 조장하는 전문가를 억제하고 차단하며, 수사하고 기소하기 위한 대응 전략이 요구된다.

WORLD ECONOMIC FORUM /“Gatekeepers A Unifying Framework” (2021년)

[개요 : 불법 금융 흐름 대응을 위한 게이트키퍼 통합]

- 통합 체제(Unifying Framework)는 불법 금융 흐름의 방지와 차단을 위해 배치된 중개인(gatekeeper)을 위한 가치 기반 자체 규제 체제로, 다음과 같은 5가지 방안을 제시하고 있다.

  ① 명확하고 구체적인 최신 정책 수립
  ② 효과적인 기업 실사 추진
  ③ 교육과 인센티브를 통한 청렴 문화 조성

④ '내부고발' 문화 육성
⑤ 산업 및 부문 간 협업

- 또한, 게이트키퍼 산업의 3원칙으로 청렴성(Integrity), 투명성(Transparency), 책임성(Accountability) 실현을 목적으로 하고 있다. 예술 전문가와 은행가, 공인중개사 등 민간 전문가 집단에서 형성된 가치 중심의 자체 규제 체제는 게이트키퍼 산업의 3원칙 실현을 위해 필수적이다.

- 게이트키퍼 자체 규제에 대한 교차적, 범국가적 접근은 전 세계적 불법 금융 흐름을 막는 데 도움을 주고 있다. 이를 위해 게이트키퍼는 5가지 방안을 준수하고 시행해야 한다. 산업별 유관협회는 정부 기관의 강제력 없이도, 산업 차원의 행동 윤리 규범을 만들고, 자체적인 규제 조치를 부과할 수 있다. 물론 산업 규모 및 특수성에 따라 구체적인 구현 방식은 다를 수 있어도, 우수 사례는 널리 적용될 수 있다.

[게이트키퍼의 정의]

- '파나마페이퍼'와 '핀센파일'을 포함한 사건들은 국제 자금세탁, 금융사기, 부정범죄, 조세회피, 범죄 및 테러 자금조달과 관련해 전문 산업의 역할에 큰 관심을 집중시켰다. 범죄자들이 부정 수익을 자금이동하기 위해서는 회계사, 예술 고문, 은행가, 기업 서비스 제공자, 변호사, 명품 판매자, 공증인, 자산관리사 및 공인중개사 등 민간 부문의 중개인을 필요로 한다.

- '게이트키퍼' 단어는 불법 거래를 조장하면서도 차단한다는 이중적 잠재성을 의미한다. 전문가(중개인)들은 금융시장에 접근해 복잡한 회사구조를 만들고, 페이퍼 컴퍼니를 관리하며 부정 수익의 출처를 세탁할 수 있다. 반대로 이들은 적절한 기업 실사를 통해 불법 금융 흐름을 방지하고 차단할 수도 있다.

- 게이트키퍼의 기회는 명백할 수 있지만, 불법자금의 이동과 투자 활동을 보면 일상적 업무와는 큰 차이가 없다. 자택 구입, 예술 투자, 새로운 회사 설립과 같은 완벽한 합법 거래는 부정 수익의 정당성을 확보하면서도 불법 활동을 도울 수 있다. 적절한 지식과 정책 및 절차가 없으면 전문가의 부패 행위에 대한 고객과 거래 식별, 조치와 보고가 어려워질 수 있다.

[게이트키퍼의 잠재성 활용]

- 게이트키퍼의 잠재력 활용 시도는 항상 특정 국가 및 산업을 대상으로만 하는 규제로 이루어져 왔다. 하지만, 업종의 다양화와 국가별로 다른 규제 체제는 효과적인 게이트키퍼 활용을 어렵게 하고 있음. 일부 국가의 전문가들은 고도의 규제를 받지만, 다른 국가들은 범죄가 의심되는 행위를 보고하거나 자산 출처를 확인할 적극적 의무가 없다.

- 결국, 높은 비용을 투자함에도 부정 범죄자가 시장을 조작하고 공공서비스를 약화시키며, 수조 달러를 낭비하면서 게이트키퍼 스스로의 명성을 손상시키는 결과를 가져올 수 있다. 세간의 이목을 끌었던 사건들은 게이트키퍼의 고의 또는 과실로, 개발도상국과 중산층 국가의 불법자금이 공공 투자와 거리가 먼 금융기관으로 흘러가는 결과를 보여주고 있다.

- 불법 자금흐름의 대응에 있어서, 게이트키퍼의 잠재성을 활용하면 자금세탁, 부패, 금융사기, 조세회피, 범죄 및 테러 자금조달에 관한 거래로 인한 막대한 비용을 줄이고 시장 효율성을 증대할 수 있다.

- 전문가 협회는 협력 강화와 산업 종사자의 행동 및 문화적 변화에 중추적 역할을 하며, 통합체제는 청렴성과 투명성, 책임성을 유지하는 방안에 대한 시행을 목표로 하고 있다. 자체 규제와 공동 의무이행을 통해 게이트키퍼들은 전문적 능력과 기술을 바탕으로 불법 금융 흐름을 방지하고 전 세계적으로 효율성과 복지를 향상시킬 수 있을 것이다.

[게이트키퍼 전문가를 통합체제로 접근시킬 때의 이점]

- 첫째, 통합 체제는 공동 인식과 행동을 불러일으켜 법적 규제 준수와 더불어 청렴성, 투명성, 책임성의 3원칙을 실현할 수 있도록 하는 내부 정책과 인센티브에 더 중점을 두어 위험과 법 위반에 대한 위험을 인식할 수 있도록 한다.

- 둘째, 게이트키퍼의 역할과 책임에 관한 공동의 가치 기반 접근법은 게이트키퍼 산업 전반에 있어 신뢰 구축과 동시에 교차 산업 및 범국가적 협력을 가능하게 한다. 불법 금융 흐름에는 초국가적, 교차 산업별 대응이 요구되지만, 현재의 세분된 산업별 규제는 여러 지역에 걸치는 활동을 효과적으로 포착할 수 없을 뿐더러 대응하기도 어렵다.

- 통합체제는 불법 금융 흐름을 최소화하고 청렴성을 강화해 준다. 부패와 자금세탁은 수사와 기소, 자산 회수까지 사회와 정부, 민간 부문 전반에 높은 경제 피해를 주므로, 통합체제의 시행은 부정행위 방지를 넘어 기소로 인한 비용도 줄일 수 있을 것이다.

- 이를 통하여, 게이트키퍼는 부정행위에 대한 사전 예방 접근 방식을 채택하여 비용과 시간을 모두 절약할 수 있다. 더불어 인권 존중과 기업 환경, 사회 관리 기준의 중요성이 높아지는 상황에서 통합체제는 게이트키퍼의 사회적 인식을 강화하고, 나중에 등장할 수 있는 규제에 대한 방해물 극복에도 도움을 줄 수 있다.

[미래지향적 고려]

- 통합체제의 효과 극대화를 위해서는, 산업별 지침, 그리고 단속 기관의 체제와 동일한 방향성을 가져야 한다. 효율적인 시장 형성을 위해서 자율 규제와 정부 규제는 상호보완적으로 작동해야 한다.

- 태스크포스는 산업 리더들의 통찰력과 이해관계자의 협력을 바탕으로 하는 범국가적 부문별 지침을 다룬다. 강력한 감독 및 법 집행 구조와 더불어 일관된 체제의 조정과 실행에 대한 정부에의 촉구가 중요하다. 아울러, 정부와 게이트키퍼 산업의 정보 공유와 공공-민간 협력을 위한 관계 구축도 필요하다.

[게이트키퍼 대책 위원회]

- 세계경제포럼 반부패위원회와 글로벌미래위원회 각각 반부패위원회(World Economic Forum Partnering Against Corrupt Initiative, PACI)와 글로벌미래위원회(Global Future Council on Transparency and Anti-Corruption)가 소집한 산업 리더들로 구성된 교차 부문별 대책 위원회는 사업체의 청렴성이라는 위원회 의제와 함께 통합체제를 개발한다. 대책 위원회는 세계은행과 UNODC 자산회수위원회 UNODC 자산회수위원회(UNODC Stolen Asset Recovery Initiative)의 지원을 받아 금융, 투자, 기업법, 예술 및 골동품 시장, 부동산 분야 리더들로 구성되었으며 게이트키퍼를 위한 체제 형성을 목표로 하고 있다.

[통합 체제]

- 통합체제의 3원칙은 청렴성, 투명성, 책임성을 말한다. 실질적인 정책 없이는 3원칙이 지켜질 수 없으므로, 5가지 방안 시행은 그 자체가 목적이 아니라 3원칙 달성을 위한 수단으로 받아들여져야 한다. 5가지 방안은 청렴성, 투명성, 책임성 달성을 위해 현재 통합 체제의 기초가 되며, 모든 게이트키퍼는 통합 체제를 받아들이고, 3원칙과 다음의 5가지 방안을 구현하도록 유도되어야 할 것이다.

① 명확하고 구체적인 최신 정책 수립

게이트키퍼는 투명성, 청렴성, 책임성 달성을 위한 명확하고 구체적인 정책을 수립해야 한다. 기업과 전문가 협회는 고객 이익보다 청렴성을 우선시하도록 내부 정책을 개정하고 직원에게 공개적으로 이용할 수 있도록 해야 하며, 최고 경영진들은 명확한 소통과 적극적 수용을 활성화해야 한다. 규범과 정책이 모호하면 윤리성의 구분이 어려워지므로, 부정 방지 및 자금세탁방지 정책이 구체적이고 명확할수록 의식적이거나 잠재적인 이기적 행동의 합리화는 감소 된다.

게이트키퍼는 시장과 고객, 그리고 부정 사례와 방법의 내외부적 변화에 대응해 철저한 위험평가를 매년 시행하고 조직과 고객 내에서의 취약성이 나타내는 방식을 이해해야 한다. 일부 위험은 몇십 년간 지속되거나, 지리적 패턴과 부패 자금의 방향성이 변동되기도 한다. 또한, 블록체인 및 암호화폐와 같은 디지털 세계 금융 시스템의 발전으로 위험의 지속적 재평가와 내부 정책 및 방안, 직원 교육의 변화가 요구되며, 충분한 자금의 지원도 필수적이다.

② 효과적인 기업 실사 추진

불법자금의 유통을 막기 위해 게이트키퍼는 고객 네트워크와 자산의 출처를 이해해야 한다. 게이트키퍼는 항상 적절한 기업 실사를 수행해야 하며, 고객과 거래 과정의 특성에 따라 특정 상황에서는 높은 수준의 기업 실사가 필요하다.

정치지도자 및 관련자, 고액 거래, 복잡하고 불투명한 조직 구조, 금융범죄 가능성이 높은 경우와 같이 위험이 절대적으로 높다면 게이트키퍼는 더 체계적으로 실사에 참여해야 한다. 위험 판단과 관계없이, 경제적으로 의미가 없어 보이는 거래나, 핵심 정보의 미제공 등 위험 신호가 발생한다면, 게이트키퍼는 위험 신호를 빠르게 인식하고 실사 강화를 위해 개인적 접근 방식을 적용해야 한다. 실사는 부정 사례 및 동향 변화에 맞게 체계적이고 개별화되어야 한다.

법인에 대한 서비스 제공에 있어, 게이트키퍼는 법인의 실제소유자를 알아야 한다. 법인을 실질적으로 소유하고 통제하는 '실질 주주'를 중심으로 투명성 강화를 위한 법적 규제 조치가 전 세계 시장에 적용되고 있다. 하지만, 게이트키퍼는 입법부의 대처만 기다리지 말고, 주주의 소유권 비공개를 해결하기 위한 시스템을 구축하고, 정보의 균일한 수집과 유지를 위한 절차를 개발하여 장기적으로 위험을 줄이고 비용을 절감할 수 있을 것이다.

③ 교육과 인센티브를 통한 청렴 문화 조성

게이트키퍼는 조직 구조 내에서 청렴 문화를 조성해야 한다. 기업 문화는 합의 형성과 성공에 필요한 것들을 모두 내포하여 행동과 의사결정에 중요한 역할을 수행하므로 기업은 가치, 리더십, 규범, 인센티브와 같은 기업 문화가 투명성과 반부패를 어떻게 강화하거나 약화시킬 수 있는지에 주의를 기울여야 한다.

청렴 문화 형성을 위한 조직 내부 교육과 인센티브 등의 실질적인 방안은 기업 문화와 우선 사항을 알리는 데 중요한 역할을 한다. 직원과 계약자들은 투명하고 정직한 사업 시행에 인센티브를 받아야 하며, 고위 경영진은 이를 적절히 감독해야 한다. 모든 직원은 게이트키퍼 산업 내 불법자금의 위험에 대한 최신 교육과 훈련도 받아야 하고, 청렴성 유지의 의무는 기업 구조의 일부가 아닌, 모든 직원의 책임으로 통합되어야 한다. 아울러 직원들은 취약성을 이해하고 부정 범죄의 부당 압력에 저항할 준비가 되어 있어야 한다.

④ 내부고발 문화 육성

게이트키퍼는 개방적인 의사소통을 강화하고, 내부고발에 대한 오명을 벗겨야 한다. 개방적인 조직 문화는 의심 행위가 사내에서 보고되고 처리될 가능성을 높여, 공공에 폭로됨으로써 발생하는 재정 비용 및 평판 악화를 줄일 수 있다.

게이트키퍼는 직원 모두가 내부적인 문제 전달 및 처리 과정을 인지하도록 함으로써 조직 내 내부고발 문화를 형성할 수 있다. 내부고발은 다양한 방법을 통해 이루어지고, 보고 내용이 내외부의 중립적인 기관에 의해 처리되도록 보장되어야 할 것이다. 게이트키퍼는 내부고발자의 익명성과 기밀성을 유지하고, 비밀적인 지침과 후속 조치로 보복으로부터 보호하며 내부고발자를 도와야 한다.

⑤ 산업 및 부문 간 협업

게이트키퍼는 국가 및 산업 전반에 걸친 협업과 소통 등 관련 전문가의 광범위한 네트워크를 적극적으로 활용해야 한다. 기존에 구분이 명확하고 정보 교환이 잘 이루어지지 않는 게이트키퍼 산업의 특성은 부정 범죄자들에 대한 이해를 어렵게 만들었다. 게이트키퍼는 서로 최고의 방안을 공유하여 시장 청렴성을 강화할 수 있으며, 장벽을 극복하고 혁신 도입에 도움을 줄 수 있다.

법적 한계선 내에서 고객정보를 공유하면 불법자금 차단에 소모되는 비용을 절감하고, 예기치 않은 새로운 법적 문제를 맞이할 위험을 줄일 수 있다. 게이트키퍼 산업에서의 대 통합적 협업은 전례가 없을 수 없지만, 이미 여러 기관들은 불법자금 제거를 위한 데이터베이스 공유와 정보 공유와 그 기준의 필요성을 인식하고 있다. 더불어, 개인정보 보호 기술의 발달은 법적 일탈 없이도 게이트키퍼 간에 투명한 협력을 가능하게 하고 있다.

게이트키퍼와 정부는 공공-민간 협력을 추진해야 한다. 정보 수집, 불법자금 탐지 및 관련 규정 시행에 있어 국가적 부정 및 자금세탁방지 시스템은 민간 부문에 많이 의존하고 있다. 기업 실사를 위한 데이터베이스 접근, 규제 기관과 관련 기관과의 소통 등 정부 기관과 게이트키퍼의 협력은 국경과 산업을 넘나드는 정보 검증에 발생하는 비용과 부수적 문제들을 줄일 수 있다.

12장

비영리단체(Non Profit Organization) 제도 이해

FATF의 40 권고사항 중 R.8에서는 비영리단체(Non Profit Organization, 이하 NPO)에 대해 다음과 같이 정의하고 있다.

각국은 FATF의 비영리단체(NPO) 정의에 해당하는 조직을 식별하고 이들의 테러자금조달 위험을 평가해야 한다. 각국은 위험기반접근방식(RBA)에 맞춰 합법적인 NPO 활동을 과도하게 방해하거나 억제하지 않으면서 집중적이고 비례적인 위험기반 조치를 취해야 한다. 이러한 조치의 목적은 다음과 같은 합법적인 단체로 위장한 테러리스트 조직을 포함하여 테러자금조달의 남용으로부터 해당 NPO를 보호하기 위함이다.

(a) 테러조직을 합법적 단체로 가장
(b) 자산동결조치를 회피하는 목적 등을 포함하여, 합법적인 단체를 테러자금 조달의 통로로 이용
(c) 합법적 목적의 자금을 테러조직으로 전용하는 것을 은폐

FATF의 R.8 NPO에 대한 주석서에서는 NPO가 ML/TF 위험을 예방하고 악용되는 것을 방지하기 위해서는 각국의 조치로서 다음의 4가지 방법을 제시하고 있다.

① NPO에 대한 교육 및 지원 (outreach)
② NPO에 대한 관리감독 (supervision)
③ NPO에 대한 효과적인 조사 및 정보수집 (investigation)
④ 국제적인 협력체계 수립 (international cooperation)

특히, 2023년 11월 FATF는 NPO에 대하여 집중적이고 비례적이며 위험에 기반한 조치가 NPO에 대한 TF(테러자금 지원) 남용을 식별, 예방 및 퇴치하는 효과적인 접근 방식의 핵심임을 강조하며 권고사항과 주석서를 개정하였다. 그 주요 내용은 다음과 같다.

[정기적인 NPO 식별 및 NPO의 TF 위험평가]

R.8은 비영리 영역에서 활동하는 단체 전체에 적용되는 것이 아니고, FATF의 NPO 정의에 해당하는 단체에만 적용되며, 적용되는 비영리단체 중 극히 일부만이 TF 남용에 따른 "고위험"에 해당할 수 있다고 정의하고 있다.

[NPO에 대한 집중적이고 비례적인 RBA 적용]

NPO 부문의 다양성과 TF 남용의 위험 정도가 다양하다는 점을 고려할 때, 위험기반 접근법(RBA)의 적용은 필수적이다. 다수의 NPO는 이미 TF 위험을 완화하기 위한 적절한 자체 규제조치 및 관련 내부통제 체계를 갖추고 있는 경우도 있으므로 권한당국의 추가 조치가 필요하지 않을 수 있다.

[NPO에 대한 합법적 활동의 보호]

각 국가의 감독당국은 합법적인 NPO 활동에 대한 국가 조치가 미치는 잠재적 영향을 고려해야 한다. NPO에 대한 과도한 규제는 NPO의 합법적인 활동 및 필요한 서비스 제공을 저해하여 경제적 권리와 기타 인권에 영향을 미칠 수 있기 때문이다.

FATF의 개정 권고사항 8은 각국의 NPO에 대한 감독 또는 모니터링을 요구하고 있지만 NPO를 보고 주체로 지정하여 고객 실사를 수행하도록 요구하거나 감독할 필요는 없음을 명시하고 있다.

FATF는 NPO에 대한 ML/TF 위험 및 남용에 대하여 다음과 같은 가이던스를 통하여 지침과 사례를 제시하고 있다.

Risk of terrorist abuse in non-profit organisations (2014년 6월)

- 테러조직과 비영리 조직은 매우 다른 목표를 가지고 있지만 유사한 자원 조달 구조에 의존하는 경우가 많다. 자금, 자재, 인력 및 대중의 영향력은 비영리 조직(NPO)의 핵심 자원이다. 테러리스트 조직은 자신들의 대의를 증진하기 위해

동일한 자원을 추구하므로 NPO는 테러리스트나 테러리스트 네트워크의 남용에 의해 상대적으로 취약해질 수 있다.

- FATF R.8은 국가들이 NPO가 테러자금조달을 위해 남용되지 않도록 자국의 법률과 규정을 검토할 것을 요구한다. 이 유형 보고서에서는 NPO가 테러리스트 남용의 위험에 처한 방법과 위치를 자세히 조사하였고, 국내 및 국제적으로 NPO 부문의 테러 남용 방법과 위험에 대한 인식을 높이기 위해 법집행기관, 기타 정부 관련자 및 NPO로부터 수집한 의견뿐만 아니라 사례 연구를 제시하고 있다.

Money laundering and terrorist financing risks (2021년 5월)

- FATF 권고사항의 주요 요구사항 중 하나는 국가가 자금세탁(ML) 및 테러자금조달(TF) 위험을 식별, 평가 및 이해하는 것이다. 이러한 위험을 제대로 이해하면 국가는 위험을 완화하는 자금세탁방지 및 테러자금조달 방지 조치를 구현할 수 있다. 이러한 위험기반접근방식은 FATF 기준의 효과적인 구현의 핵심이며 금융기관, DNFBPs, NPO 등에도 적용된다.

- 많은 국가에서는 국가 자금세탁 및 테러자금조달 위험평가의 형태로 금융시스템에 대한 ML/TF 위험에 대한 정보를 공개하고 있다. 다만, 국가 위험평가의 공개는 FATF 표준의 필수 요구사항은 아니다.

- 그러나, 이러한 정보를 공유하면 ML/TF 위험에 대한 전 세계적인 이해가 높아질 것이며 국가가 자신의 취약점이 어디에 있는지 식별, 평가 및 이해하는 데 도움이 될 수 있다.

Best Practices on Combating the Abuse of Non-Profit Organisations (2023년 11월)

- FATF는 R.8의 수정 사항을 반영하고 합법적인 NPO 활동을 부당하게 방해하거나 방해하지 않으면서 관련 NPO를 테러자금조달을 위한 남용으로부터 보호하는 최선의 방법에 대하여 국가, NPO 및 금융기관이 이해할 수 있도록 모범 사례를 업데이트했다.

13장

금융정보분석원(FIU) 일반 개요

FATF가 각국에 대한 FIU 설립 의무는 제3차 라운드 상호평가 (2004년 - 2013년)에서 반영되었다. 우리나라는 특정금융정보법과 공중협박자금조달금지법을 제정한 2001년에 FIU(2001년 11월28일)도 함께 설립하여 현재에 이르고 있다.

FIU의 기능 및 역할에 대하여 살펴보면, FIU는 특히 국경을 넘는 테러 네트워크의 재정 운영을 식별하고 그들의 재정적 후원자를 알아내는 데 중요한 역할을 한다. FIU는 테러범죄와 네트워크 그리고 테러조직의 계획을 밝히는 데 매우 중요하다. 국제기준 규범의 부족으로 회원국들의 FIU는 그 기능, 역량 및 권한과 관련해 현저한 차이를 유지하고 있다. 각국은 가상화폐 오용 등을 포함하여 테러와 관련된 금융조사를 다루기 위해 보다 효율적이고 조직화된 접근방식 보장을 위해 노력하여야 한다. 그러나 현재의 차이점이 FIU의 활동, 특히 정보, 조사, 사법활동 그리고 국제협력담당 당국을 지원하는 예방분석을 개발할 수 있는 능력에 영향을 미쳐서는 안 된다.

업무 수행 시, FIU는 정보에 접근할 수 있어야 하며 법집행기관과의 적절한 협력을 통해 지연 없이 정보를 교환할 수 있어야 한다. 범죄가 의심되는 모든 경우, 특히 테러자금과 관련된 경우, 정보는 과도한 지체 없이 직접적이고 신속하게 전달되어야 한다. 따라서 FIU 간의 권한과 협력을 명확히 함으로써 FIU의 효과와 효율성을 더욱 향상시키는 것이 필수적이다.

FIU는 모든 관계기관으로부터 FIU의 기능과 관련한 모든 필요한 정보를 얻을 수 있어야 한다. 정보에 대한 자유로운 접근은 자금의 흐름을 제대로 추적하고 불법 네트워크와 흐름을 조기에 발견할 수 있도록 보장하는 것이 필수적이다.

FIU가 자금세탁이나 테러자금과 관련해 의심스러운 부분에 근거해 관계기관으로부터 얻고자 하는 추가 정보는 FIU에 보고된 이전의 의심스러운 거래보고서에 의해 촉발될 수도 있지만, FIU의 자체분석, 관련 당국이 제공한 정보 또는 다른 FIU가 보관하고 있는 정보와 같은 다른 수단에 의해 촉발될 수도 있다.

그러므로, FIU는 그 기능과 관련한 맥락에서 사전보고 없이도 관련 당국으로부터 정보를 얻을 수 있어야 한다. 여기에는 FIU의 분석적 맥락에서의 관련 당국을 향한 무분별한 정보요청은 포함되지 않고, 충분히 정의된 조건에 근거한 정보요청만이 포함된다. 또한 FIU는 다른 유럽연합(EU)에 속한 FIU의 요청에 의해 정보를 얻을 수 있고 요청한 FIU와 정보를 교환할 수 있어야 한다.

FIU의 목적은 자금세탁 및 테러자금조달 방지를 위해 의심스러운 거래와 근본적인 범죄활동 간의 연결고리 구축을 목적으로 받는 정보를 수집 및 정보분석하고 관할당국에 자금세탁 관련 전제범죄 또는 테러자금조달을 의심할 근거가 있는 분석결과와 추가 정보를 배포하는 것이다. FIU는 자발적 또는 요청에 의해서나 범죄의 확인 시 관련근거 부족과 같은 이유로, 국내 형사법과 관련한 범죄의 정의 또는 특정범죄 관련 참조내용 부족 등으로 다른 FIU와 정보교환을 자제하거나 거부해서는 안 된다.

마찬가지로, FIU는 배포기능을 효과적으로 수행할 수 있도록 범죄관련 근거의 유형에 관계없이 관할기관에 정보를 전달하기 위해 다른 FIU와 사전에 정보교환에 동의해야 한다. FIU는 유럽연합(EU)법으로 포함되지 않은 조세범죄와 같은 특정 전제범죄(근거범죄)의 국가별 정의의 차이에 따라 정보를 교환하는 데 어려움을 겪는다고 보고하였다. 그러한 차이는 상호 정보교환, 권한당국으로의 배포 등 본 지침에 정의된 정보사용을 방해해서는 안 된다.

FIU는 FIU 간의 정보교환을 위해 국제자금세탁방지기구(FATF)의 권고안 및 Egmont 원칙에 따라 자금세탁과 관련된 전제범죄 및 테러리스트 자금조달과 관련하여 제3국의 FIU와 가장 광범위한 국제협력을 신속하고, 건설적이며, 효과적으로 보장하여야 한다.

가. FATF의 R.29와 주석서

FATF R.29 FIU

- 각국은 (a) 의심스러운 거래보고와 (b) 자금세탁 및 관련 전제범죄와 테러자금조달과 관련된 기타 정보의 수집과 분석 그리고 분석된 정보의 제공을 담당하는 중앙행정기관(national centre)으로 FIU를 설립하여야 한다.

- FIU는 보고기관(reporting entities)으로부터 추가 정보를 취득할 수 있어야 하고 제반 기능을 제대로 수행하기 위하여 필요한 금융, 행정 및 법집행 정보에 시의적절하게 접근할 수 있어야 한다.

FATF R.29 금융정보분석원(FIU) 주석서 (원문의 번호 부여)

29.1 각국은 의심거래보고(STR); 자금세탁, 관련 전제범죄 및 테러자금조달 관련 기타 정보를 수취·분석하고, 이러한 분석 결과를 제공하는 기능을 담당하는 FIU를 설립한다.

29.2 FIU는 보고기관으로부터 다음의 정보 등을 보고받는 중앙기관 역할을 맡는다:

(a) R.20, R.23에서 규정한 의심거래보고;

(b) 국내법에 규정된 기타 정보(고액현금거래보고, 전신송금 보고, 기타 금액기준 신고·공개 등)

29.3 FIU는

(a) FIU는 보고기관들이 FIU에 보고하는 정보 이외에도, FIU의 필요에 따라, 추가적인 정보를 보고기관으로부터 취득·사용할 수 있어야 한다.

(b) FIU의 업무를 적절히 수행하기 위해 필요한 금융, 행정 및 법집행 관련 정보에 최대한 폭넓게 접근할 수 있어야 한다.

29.4 FIU는 다음 업무를 수행한다:

(a) (기초분석) 활용·취득 가능한 정보를 이용해 특정 대상을 식별하고, 특별한 활동 또는 거래를 추적하며, 대상과 범죄·자금세탁·전제범죄 또는 테러자금조달 범죄수익 간의 관계를 결정

(b) (전략분석) 다른 권한당국이 제공한 자료 등 활용·취득 가능한 정보를 이용해 자금세탁 및 테러자금조달과 관련된 동향 및 패턴 식별

29.5 FIU는 정보 및 분석결과를, 자발적으로 혹은 요청 시, 관계 권한당국에 제공할 수 있어야 한다. 이러한 제공은 안전하고 보안이 확보된 전용 채널을 통해 이루어져야 한다.

29.6 FIU는 정보를 다음과 같이 보호해야 한다.

(a) FIU는 정보에 대한 접근은 물론, 처리 보관 제공 보호 절차를 포함하여 정보의 보안 및 비밀에 대한 규정을 구비하여야만 한다.

(b) FIU는 직원들에게 필요한 등급의 기밀취급 권한을 부여하고 민감정보 기밀정보의 처리 제공에 따른 책임을 이해하도록 해야 한다.

(c) FIU는 IT시스템을 포함하여 시설 및 정보에 대한 제한적 접근을 책임져야 한다.

29.7 FIU는 다음을 통해 독립적인 운영권과 재량권을 확보해야 한다.

(a) 특정 정보의 분석, 요청 또는 제공 결정에 대한 재량권을 포함한 FIU의 업무를 자유롭게 수행할 수 있는 권한과 능력 확보

(b) 정보교환을 위해, FIU가 독립적으로 국내 권한당국 또는 외국 권한당국과 협정 등을 체결할 능력

(c) FIU를 기존 정부기관의 일부로 설립 가능. 다만, 이러한 경우, FIU의 핵심 기능은 다른 기관의 기능과 구분될 수 있어야 함

(d) FIU는 그 기능을 수행하기 필요한 자원을 확보할 수 있어야 함. 또한, 운영의 독립성을 저해할 수 있는 정치·정부·산업계의 부당한 간섭 등에서 자유로워야 함

나. 우리나라의 금융정보분석원 일반 개요

설립, 기능 및 역할

- FIU는 2001년 11월, 당시 재정경제부 소속 기관으로 자금세탁방지 업무를 담당하였고, 2008년 정부조직 개편에 따라, 금융위원회 소속으로 이관되며 공중협박자금조달금지 영역까지 확대되었다.

- 금융정보분석원은 금융위원회, 법무부, 행정안전부, 국세청, 관세청, 경찰청, 선거관리위원회, 대법원 등 관계기관의 전문인력으로 구성되어 운영되고 있으며, 금융회사등으로부터 ML/TF 거래를 수집·분석하여 불법거래, ML/TF와 연관된다고 판단되는 금융거래를 법집행기관에 제공하는 업무를 수행하고 있고, 금융회사등의 의심거래보고업무에 대한 감독 및 검사, 외국 FIU와의 협조 및 정보교류 등을 담당하고 있다.

FIU의 업무

- AML/CFT 정책수립 및 법령 개정 : 특정금융정보법
- 심사분석 업무 : 금융회사등의 CTR/STR 심사분석
- 감독 및 검사 업무 : 금융회사등에 대한 감독 및 검사
- 대외협력 업무 : 외국 FIU 및 국제기구 등과의 협력
- 전산시스템 구축 및 보안 업무 : 특정금융거래정보의 효율적인 관리 운영
- 기타 협의회 운영 등 : AML/CFT 관련 정책협의회, 정책자문위원회, 법집행기관 협의회, 유관기관 협의회 등

FIU관련 특정금융정보법 주요 조항

법 제3조(금융정보분석원)

① 다음 각 호의 업무를 효율적으로 수행하기 위하여 금융위원회 소속으로 금융정보분석원을 둔다.

1. 제4조 · 제4조의2 및 제9조에 따라 보고받거나 통보받은 사항의 정리·분석 및 제공
2. 제4조·제4조의2·제5조·제5조의2·제5조의3·제5조의4 및 제8조에 따라 금융회사등이 수행하는 업무에 대한 감독 및 검사
3. 제4조제6항제2호에 따른 외국금융정보분석기구와의 협조 및 정보교환
4. 제7조에 따른 가상자산사업자의 신고에 관한 업무
5. 제15조의2에 따른 외국 금융감독 · 검사기관과의 협조 및 정보교환
6. 「공중 등 협박목적 및 대량살상무기확산을 위한 자금조달행위의 금지에 관한 법률」에 따른 업무
7. 제1호부터 제6호까지의 업무와 관련된 업무로서 대통령령으로 정하는 업무

② 금융정보분석원은 그 권한에 속하는 사무를 독립적으로 수행하며, 그 소속 공무원은 이 법과 「공중 등 협박목적 및 대량살상무기확산을 위한 자금조달행위의 금지에 관한 법률」에 따른 업무 외에 다른 업무에 종사하지 못한다.

③ 금융정보분석원의 정원(다른 기관 소속 공무원의 정원을 포함한다) · 조직 및 운영 등에 필요한 사항은 업무의 독립성, 정치적 중립성 등을 고려하여 대통령령으로 정한다.

④ 금융정보분석원의 장(이하 "금융정보분석원장"이라 한다)은 제1항의 업무 수행과 관련하여 다음 각 호의 사항을 매년 정기국회에 보고하여야 한다. 1. 제4조에 따라 금융회사등으로부터 보고를 받은 건수

2. 제10조에 따라 특정금융거래정보의 제공을 요구받은 건수 및 제공한 건수
2의2. 제10조의2에 따른 통보 및 통보유예 현황에 관한 통계자료
3. 제11조에 따라 외국금융정보분석기구와 정보를 교환한 건수
4. 그 밖에 금융정보분석원 업무와 관련된 통계자료

동법 시행령 제5조(금융정보분석원의 업무)

① 법 제3조제1항제7호에서 "대통령령으로 정하는 업무"란 다음 각 호의 업무를 말한다.

1. 자금세탁행위와 공중협박자금조달행위의 동향 및 방지대책에 관한 조사 · 연구
2. 자금세탁행위와 공중협박자금조달행위의 방지를 위한 금융회사등에 대한 교육훈련 지원 및 상담
3. 자금세탁행위와 공중협박자금조달행위의 방지를 위한 국내외 협력증진 및 정보교류

② 금융정보분석원장은 법 제4조의2제1항 · 제2항에 따라 금융회사등이 보고하는 정보 및 법 제10조제1항에 따른 특정금융거래정보(이하 "특정금융거래정보"라 한다)의 효율적인 보고·관리 및 활용을 위한 전산시스템을 구축하고, 전산시스템의 보호 및 보안에 필요한 대책을 마련해야 한다.

③ 금융정보분석원장은 다음 각 호의 사항을 협의·조정하기 위하여 금융정보분석원 및 검찰청·고위공직자범죄수사처·경찰청·해양경찰청·행정안전부·국세청·관세청·중앙선거관리 위원회·금융위원회·국가정보원의 소속 공무원을 구성원으로 하는 협의회를 설치·운영할 수 있다.

1. 국가 차원의 자금세탁행위 및 공중협박자금조달행위 위험평가 및 대책 검토
2. 법 제10조제1항 · 제2항 및 제4항에 따라 제공된 특정금융거래정보의 활용결과에 관한 적정성 검토
3. 금융정보분석원의 효율적 운영에 필요한 사항
4. 그 밖에 법 제3조제1항에 따른 금융정보분석원의 업무 중 협의·조정이 필요하다고 금융정보석원장이 인정하는 사항

④ 금융정보분석원장은 자금세탁행위 방지 및 공중협박자금조달행위 금지 관련 국제협약과 국제기구의 권고사항을 고려하여 다음 각 호에 관한 세부내용을 정하여 고시할 수 있다.

1. 법 제5조제1항제1호에 따른 내부 보고체제의 수립에 관한 사항
2. 법 제5조제1항제2호에 따른 업무지침의 작성 및 운용에 관한 사항
3. 법 제5조제1항제3호에 따른 임직원의 교육 및 연수에 관한 사항
4. 법 제5조의2제1항 각 호에 따른 확인조치에 관한 사항
5. 법 제5조의4에 따른 자료 및 정보의 보존에 관한 사항

⑤ 제3항에 따른 협의회의 운영 등에 필요한 세부사항은 금융정보분석원장이 정한다.

금융정보분석원(FIU)의 조직과 업무분장

- 2021년 FIU는 가상자산사업자의 관리·감독 및 자금세탁방지 제도운영 효율화를 위해 조직을 개편하고 인력을 확충하였다. 가상자산사업자 관리·감독 및 자금세탁방지 제도개선 등 특정금융정보법 개정에 따른 법정 사무 전담을 위해 「금융위원회와 그 소속기관 직제」를 개정하여 가상자산검사과 등 직위를 신설하여 현재에 이르고 있다.

금융정보분석원 조직과 업무분장

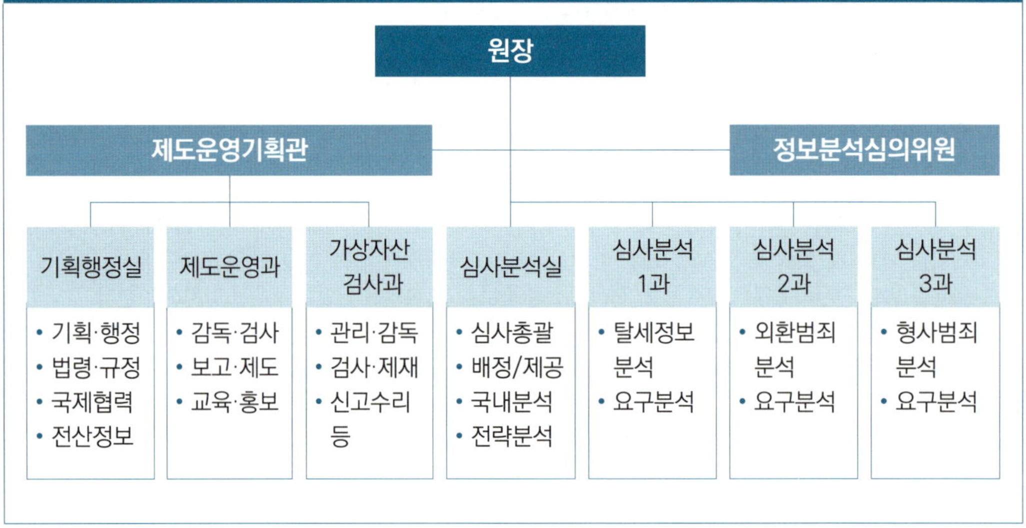

FIU관련 금융위원회와 그 소속기관 및 직제 시행규칙 주요내용

- 가상자산검사과는 별도 직제 운영 (2023년 8월 현재)

제11조 (금융정보분석원)

① 생략

② 금융정보분석원에 기획행정실·제도운영과·심사분석실·심사분석1과·심사분석2과 및 심사분석3과를 둔다.

제12조 (기획행정실)

① 생략

② 기획행정실장은 다음 사항을 분장한다.

1. 자금세탁방지제도에 관한 정책과 주요업무계획의 종합 · 조정
2. 특정금융거래정보 보고제도의 운영 및 전산시스템의 개발·관리 업무의 총괄·조정
3. 특정금융거래정보의 수집·처리 체계의 개선에 관한 사항

4. 금융기관 등 및 외국금융정보분석기구로부터 제공되는 특정금융거래정보의 접수
5. 특정금융거래정보의 수집 관련 기록보존에 관한 사항
6. 자금세탁방지 관련 국제협력의 총괄 · 조정
7. 외국금융정보분석기구와의 정보교류 및 협력
8. 자금세탁방지 관련 국제기구와의 정보교류 및 협력
9. 국제기구의 회원국 간 자금세탁방지제도 및 그 운영의 평가에 관한 사항
10. 외국의 자금세탁방지제도 및 그 운영에 관한 정보 수집
11. 자금세탁방지 등에 관한 법령질의 회신의 총괄
12. 자금세탁방지 등에 관한 법규집·백서의 편찬 및 발간
13. 자금세탁방지제도 및 그 운영에 관련된 자문위원회 운영
14. 자금세탁방지 등과 관련한 홈페이지 운영 및 민원처리
15. 자금세탁방지 관련 통계 및 행정자료의 유지 · 관리 및 분석
16. 금융기관 등에 대한 과태료의 부과 및 징수에 관한 사항
17. 금융정보분석원의 예산·국회·인사·경리·서무·복무감사·보안 및 기록관 운영에 관한 사항
18. 전산시스템 개발·관리 및 이용에 관한 사항
19. 특정금융거래정보 분석 시스템 개발 및 전산처리
20. 금융기관 등이 보고한 정보의 전산처리
21. 외국환거래자료, 신용정보 및 관계행정기관으로부터 제공받은 자료 등의 전산처리
22. 외국금융정보분석기구로부터 수집한 정보의 전산처리
23. 금융정보분석원 홈페이지 개발 및 관리
24. 공중협박자금 조달금지 관련 금융거래 제한대상자 지정 및 취소
25. 공중협박자금 조달금지 관련 금융거래의 허가
26. 그 밖에 금융정보분석원의 다른 실 또는 과의 주관에 속하지 아니하는 사항

제13조 (제도운영과)

① 생략

② 제도운영과장은 다음 사항을 분장한다.

1. 금융기관 등의 보고책임자 임명 등 보고제도의 운영
2. 금융기관 등으로부터 보고제도 개선에 관한 의견 수렴
3. 금융기관 등의 혐의거래보고 관련 업무지침의 작성 및 제공
4. 금융기관 등에 대한 보고대상 금융거래의 참고유형 제공 등 업무처리 지원에 관한 사항
5. 자금세탁방지 관련 금융기관 등에 대한 감독 및 검사 정책의 수립 및 시행
6. 금융정보분석원장으로부터 검사업무를 위탁받은 기관과의 검사업무 협력 및 조정
7. 자금세탁방지 관련 금융기관 등에 대한 교육계획의 수립 및 시행
8. 자금세탁방지 관련 주요정책 및 제도에 관한 홍보계획의 수립 및 시행

제14조 (심사분석실)

① 생략

② 생략

③ 심사분석실장은 다음 사항을 분장한다.

1. 심사분석제공업무의 총괄·조정
2. 심사분석제공업무지침의 수립·분석 및 평가
3. 심사분석업무의 종결처리 및 금융기관에 대한 자료제공의 요청 등에 대한 지휘
4. 특정금융거래정보의 배당
5. 수사기관 등·외국금융정보분석기구의 정보제공 요구의 접수 및 배당
6. 수사기관 등·외국금융정보분석기구에 대한 정보제공
7. 금융기관 등이 의무적으로 보고하는 국내 특정금융거래정보의 심사분석
8. 특정금융거래정보에 대한 전략적 심사분석
9. 심사분석기법의 연구·개발 및 지도
10. 자금세탁범죄의 동향분석 및 대처방안 연구 및 배포
11. 그 밖에 심사분석업무와 관련하여 심사분석1과·심사분석2과 및 심사분석3과의 주관에 속하지 아니하는 사항

제15조 (심사분석1과)

① 생략

② 심사분석1과장은 다음 사항을 분장한다.

1. 외국환거래 등을 이용한 조세범죄 관련 특정금융거래정보의 심사분석
2. 국세청장의 정보제공 요구에 따른 특정금융거래정보의 심사분석
3. 심사분석1과 소관 심사분석 내용의 기록 및 관리
4. 조세범죄와 관련된 자금세탁행위 유형 및 참고사례 연구
5. 조세범죄 관련 심사분석 기법의 연구 및 개발
6. 제1호 및 제2호와 관련된 금융기관 등에 대한 자금세탁방지 교육 및 연수의 지원

제16조 (심사분석2과)

① 생략

② 심사분석2과장은 다음 사항을 분장한다.

1. 금융기관 등이 보고하는 대외 특정금융거래정보의 심사분석
   (심사분석1과의 주관에 속하는 것은 제외한다)
2. 관세청장의 정보제공 요구에 따른 특정금융거래정보의 심사분석
3. 외국금융정보분석기구의 정보제공 요구에 따른 대외 특정금융거래정보의 심사분석
4. 외국금융정보분석기구가 제공하는 대외 금융거래 관련 정보의 심사분석
5. 심사분석2과 소관 심사분석 내용의 기록 및 관리
6. 대외금융거래를 통한 자금세탁행위 유형 및 참고사례 연구
7. 대외특정금융거래정보에 대한 심사분석기법의 연구 및 개발
8. 제1호부터 제4호까지와 관련된 금융기관 등에 대한 자금세탁방지 교육 및 연수의 지원

제17조 (심사분석3과)

① 생략

② 심사분석3과장은 다음 사항을 분장한다.

1. 금융기관 등이 임의적으로 보고하는 국내 특정금융거래정보의 심사분석
2. 금융위원회 · 검찰총장 및 경찰청장의 정보제공 요구에 따른 특정금융거래정보의 심사분석

3. 외국금융정보분석기구의 정보제공 요구에 따른 국내 특정금융거래정보의 심사분석
4. 외국금융정보분석기구가 제공하는 국내 금융거래 관련정보의 심사분석
5. 심사분석3과 소관 심사분석 내용의 기록 및 관리
6. 국내 금융거래를 통한 자금세탁행위의 유형 및 참고사례 연구
7. 국내 특정금융거래정보에 대한 심사분석기법 연구 및 개발
8. 제1호부터 제4호까지와 관련된 금융기관 등에 대한 자금세탁방지 교육 및 연수의 지원

14장

감독·검사 및 제재 개요

특정금융정보법에서는 금융회사등에 대하여 AML/CFT 의무를 부과하고 있으며, 동법과 동법 시행령 관련 조항 및 행정규칙에 해당하는 「특정 금융거래정보 보고 및 감독규정」, 「자금세탁방지 및 공중협박자금조달금지에 관한 업무규정」, 「검사 및 제재 규정」 등을 법적근거로 금융회사등에 대한 감독 및 검사, 제재를 시행하고 있다.

FIU는 가상자산과 카지노 업권에 대해서는 직접 검사를 실시하고 있고, 감독·검사의 효율화를 위하여 금감원 등 11개 검사수탁기관을 통하여 은행, 증권, 보험, 전자금융, 대부, 상호금융업계 등에 대해 검사를 실시하고 있다. 이러한 금융회사등에 대한 검사 결과에 따라 AML/CFT의무 위반에 대해서는 제재를 시행하고 있다.

가. 감독·검사

FIU는 감독·검사의 총괄기관으로서 11개 기관(행안부, 과기정통부, 중기부, 관세청, 금감원, 농협/수협/신협/신협, 새마을금고, 제주도청 등)의 검사수탁기관으로서 검사 권한을 위탁(또는 병행 위탁)하고 있다. 검사수탁기관은 대상 기관에 대한 검사 및 조치를 하고 그 결과를 FIU에 통보하고 있다.

검사수탁기관별 검사 대상 금융회사

수탁기관	과기정통부	중기부	행안부	관세청	제주도청	금감원
검사대상	우체국	벤처투자회사, 벤처투자조합	새마을금고 중앙회	환전업자	(제주) 카지노 사업자	은행, 증권, 보험 등

수탁기관	농협	수협	산림조합	신협	새마을금고
검사대상	단위 조합				단위 금고

검사 절차

- (연간검사 계획 수립)
  FIU원장은 매년 연간 감독·검사 정책방향 등을 정하여 검사수탁기관의 장에게 통보한다.

- (분기검사 계획) 검사수탁기관의 장은 분기별로 이전 직전분기 검사실적, 검사대상 금융회사등에 대한 검사결과, 조치사항 및 다음분기 검사계획을 FIU원장에게 통보하여야 한다.

- (사전통지) 금융회사등에 대한 효율적인 감독·검사를 위하여 검사 및 검사수탁기관의 장은 사전에 이를 통지하여야 한다.

- (검사) 효율적인 감독·검사를 위하여 금융회사등의 관계자에 대한 출석, 진술요구, 금융거래 기록 등의 관련 자료 제출 요구를 할 수 있다.

- (조력을 받을 권리) 검사를 받는 금융회사등의 임직원은 문답서 및 확인서 작성 시 변호사 또는 전문지식을 갖춘 조력자의 도움을 받을 수 있다.

- (검사결과의 통보) 검사기관 및 검사수탁기관의 장은 금융회사등에 대하여 검사를 실시한 경우에는 그 검사 결과를 FIU원장에게 통보하여야 한다.

- (검사후 시정조치) 검사기관 및 검사수탁기관의 장은 금융회사등에 필요한 조치를 직접 취하거나 해당 금융회사등의 장에게 필요한 조치를 취할 것을 요구할 수 있다.

감독·검사 관련 특정금융정보법 주요 조항

동법 제15조 (금융회사등의 감독·검사 등)

① 금융정보분석원장은 제4조, 제4조의2, 제5조, 제5조의2, 제5조의3, 제5조의4 또는 제8조에 따라 금융회사등이 수행하는 업무를 감독하고, 감독에 필요한 명령 또는 지시를 할 수 있으며, 그 소속 공무원으로 하여금 금융회사등의 업무를 검사하게 할 수 있다.

② 금융정보분석원장은 제1항에 따른 검사 결과 이 법 또는 이 법에 따른 명령 또는 지시를 위반한 사실을 발견하였을 때에는 해당 금융회사등에 대하여 다음 각 호의 어느 하나에 해당하는 조치를 할 수 있다.

1. 위반 행위의 시정명령
2. 기관경고
3. 기관주의

③ 금융정보분석원장은 제1항에 따른 검사 결과 이 법 또는 이 법에 따른 명령 또는 지시를 위반한 사실을 발견하였을 때에는 위반 행위에 관련된 임직원에 대하여 다음 각 호의 구분에 따른 조치를 하여 줄 것을 해당 금융회사등의 장에게 요구할 수 있다.

1. 임원: 다음 각 목의 어느 하나에 해당하는 조치
   가. 해임권고
   나. 6개월 이내의 직무정지
   다. 문책경고
   라. 주의적 경고
   마. 주의
2. 직원: 다음 각 목의 어느 하나에 해당하는 조치
   가. 면직
   나. 6개월 이내의 정직
   다. 감봉
   라. 견책
   마. 주의

④ 금융정보분석원장은 다음 각 호의 어느 하나에 해당하는 경우에는 해당 금융회사등의 영업에 관한 행정제재처분의 권한을 가진 관계 행정기관의 장에게 6개월의 범위에서 그 영업의 전부 또는 일부의 정지를 요구할 수 있다.

1. 제2항제1호에 따른 시정명령을 이행하지 아니한 경우
2. 제2항제2호에 따른 기관경고를 3회 이상 받은 경우
3. 그 밖에 고의 또는 중대한 과실로 자금세탁행위와 공중협박자금조달행위를 방지하기 위하여 필요한 조치를 하지 아니한 경우로서 대통령령으로 정하는 경우

⑤ 제4항에 따른 요구를 받은 관계 행정기관의 장은 정당한 사유가 없으면 그 요구에 따라야 한다.

⑥ 금융정보분석원장은 대통령령으로 정하는 바에 따라 한국은행총재 또는 금융감독원장이나 그 밖에 대통령령으로 정하는 자에게 위탁하여 그 소속 직원으로 하여금 제1항에 따른 검사와 제2항 및 제3항에 따른 조치를 하게 할 수 있다.

⑦ 제1항 또는 제6항에 따라 감독 · 검사를 하는 자는 감독 · 검사에 필요한 경우에는 금융회사등의 장에게 금융거래등의 정보나 제4조 및 제4조의2에 따라 보고한 정보를 요구할 수 있다. 이 경우 정보의 요구는 필요한 최소한에 그쳐야 한다.

⑧ 제1항 또는 제6항에 따라 검사를 하는 자는 그 권한을 표시하는 증표를 지니고 이를 관계인에게 보여주어야 한다.

⑨ 제7항에 따라 금융회사등의 장에게 금융거래등 정보를 요구하는 경우에는 「금융실명거래 및 비밀보장에 관한 법률」 제4조제6항 및 제4조의3제3항을 준용한다.

동법 제15조의2 (외국 금융감독·검사기관과의 업무협조 등)

① 금융정보분석원장(이하 이 조에서 제15조제6항에 따라 금융정보분석원장의 권한을 위탁받은 자를 포함한다)은 외국 금융감독 · 검사기관(제4조·제4조의2·제5조·제5조의2·제5조의3 또는 제5조의4에 따른 금융회사등의 의무를 감독·검사하는 업무를 수행하는 외국의 기관을 말한다. 이하 이 조에서 같다)이 외국의 법령(자금세탁행위 방지 및 공중협박자금조달행위 금지 관련 국제협약과 국제기구의 권고사항을 반영한 외국의 법령을 말한다. 이하 이 조에서 "외국법령"이라 한다)을 위반한 행위에 대하여 목적·범위 등을 밝혀 이 법에서 정하는 방법에 따른 감독·검사를 요청하는 경우 이에 협조할 수 있다. 이 경우 금융정보분석원장은 상호주의 원칙에 따라 감독·검사자료를 외국 금융감독·감사기관에 제공하거나 이를 제공받을 수 있다. 〈개정 2020. 3. 24.〉

② 금융정보분석원장은 다음 각 호의 요건을 모두 충족하는 경우에만 제1항 후단에 따라 외국 금융감독·검사기관에 감독·검사자료를 제공할 수 있다.

1. 외국 금융감독·검사기관에 제공된 감독·검사자료가 제공된 목적 외의 다른 용도로 사용되지 아니할 것
2. 감독·검사자료 및 그 제공사실의 비밀이 유지될 것. 다만, 감독·검사자료가 제공된 목적 범위에서 외국법령에 따른 처분 또는 그에 상응하는 절차에 사용되는 경우에는 그러하지 아니하다.

③ 제1항에 따른 감독·검사의 경우 제15조제7항을 준용한다.

동법 시행령 제15조 (감독·검사 등)

① 법 제15조제4항제3호에서 "대통령령으로 정하는 경우"란 금융회사등이 금융거래 등의 상대방 또는 그의 관계자와 공모하여 법 제4조제1항 또는 제4조의2제1항·제2항에 따른 보고를 하지 않거나 거짓으로 하여 금융거래 질서를 해치거나 해칠만한 상당한 우려가 있다고 인정되는 경우를 말한다.

② 법 제15조제6항에서 "대통령령으로 정하는 자"란 과학기술정보통신부장관·행정안전부장관·산업통상자원부장관·중소벤처기업부장관·관세청장·제주특별자치도지사·농업협동조합중앙회장·수산업협동조합중앙회장·산림조합중앙회장·신용협동조합중앙회장 및 새마을금고중앙회장을 말한다.

③ 법 제15조제6항에 따라 금융정보분석원장은 같은 조 제1항에 따른 검사, 같은 조 제2항제2호·제3호에 따른 조치와 같은 조 제3항제1호다목부터 마목까지 및 같은 조 제3항제2호에 따른 조치요구에 관한 업무를 다음 각 호의 구분에 따라 위탁한다.

1. 과학기술정보통신부장관: 「우체국예금·보험에 관한 법률」에 따른 체신관서
2. 행정안전부장관: 「새마을금고법」에 따른 새마을금고중앙회
3. 중소벤처기업부장관: 「벤처투자 촉진에 관한 법률」 제2조제10호 및 제11호에 따른 중소기업창업투자회사 및 벤처투자조합
4. 관세청장 : 「외국환거래법」 제8조제3항제1호에 따라 등록한 환전영업자
5. 삭제 〈2017. 7. 26.〉
6. 삭제 〈2016. 3. 22.〉
7. 금융감독원장 : 다음 각 목의 금융회사등
   가. 한국산업은행 · 한국수출입은행 · 중소기업은행 및 「은행법」에 의한 은행
   나. 법 제2조제1호마목, 바목 및 카목에 따른 금융회사등
   다. 제2조제3호부터 제5호까지, 제7호, 제13호 및 제14호의 규정에 따른 금융회사등
   라. 「농업협동조합법」 제161조의11 및 제161조의12에 따른 농협은행, 농협생명보험, 농협손해보험 및 「수산업협동조합법」 제141조의4에 따른 수협은행
   마. 「수산업협동조합법」에 따른 수산업협동조합중앙회, 「신용협동조합법」에 따른 신용협동조합중앙회 및 「산림조합법」에 따른 산림조합중앙회
   바. 「외국환거래법」 제8조제3항제2호에 따라 등록한 소액해외송금업자
   사. 「농업협동조합법」에 따른 조합, 「수산업협동조합법」에 따른 조합, 「산림조합법」에 따른 조합, 「신용협동조합법」에 따른 신용협동조합(제8호부터 제11호까지의 규정에 따른 수탁기관이 실시한 검사 결과 해당 금융회사등에 대한 추가적인 검사가 필요하다고 금융정보분석원장이 인정하는 경우에 한정한다)
8. 농업협동조합중앙회장 : 「농업협동조합법」에 의한 조합
9. 수산업협동조합중앙회장 : 「수산업협동조합법」에 의한 조합
10. 산림조합중앙회장 : 「산림조합법」에 의한 조합
11. 신용협동조합중앙회장 : 「신용협동조합법」에 의한 신용협동조합
12. 새마을금고중앙회장: 「새마을금고법」에 따른 금고
13. 제주특별자치도지사: 「제주특별자치도 설치 및 국제자유도시 조성을 위한 특별법」 제243조 제1항 또는 제244조제1항에 따라 허가를 받아 카지노업을 하는 카지노사업자

④ 수탁기관의 장은 위탁받은 업무를 수행하기 위하여 필요한 경우에는 검사 및 검사결과에 따른 조치의 기준·계획·절차 등을 정할 수 있다. 이 경우 금융정보분석원장은 검사 및 검사결과에 따른 조치의 기준·계획·절차 등에 적용되는 지침을 정할 수 있으며, 수탁기관의 장은 그 지침에 따라야 한다.

⑤ 수탁기관의 장은 제4항 전단에 따라 검사 및 검사결과에 따른 조치의 기준·계획·절차 등을 정한 때에는 그 내용을 금융정보분석원장에게 통보하여야 한다.

⑥ 금융정보분석원장은 금융회사등에 대한 검사업무의 효율적인 수행을 위하여 필요한 경우에는 수탁기관의 장과 협의하여 금융정보분석원의 소속 직원으로 하여금 수탁기관의 검사업무에 필요한 지원을 하게 할 수 있다.

⑦ 수탁기관의 장은 검사를 한 때에는 그 결과(검사에 따른 조치결과를 포함한다)를 금융정보분석원장에게 통보하여야 한다.

동법 시행령 제16조(민감정보 및 고유식별정보의 처리)

금융정보분석원장(법 제7조제8항 및 제15조제6항에 따라 금융정보분석원장의 권한을 위탁받은 자를 포함한다)은 다음 각 호의 사무를 수행하기 위하여 불가피한 경우 「개인정보 보호법 시행령」 제18조제2호에 따른 범죄경력자료에 해당하는 정보, 「신용정보의 이용 및 보호에 관한 법률」 제2조제1호의2가목2)의 정보가 포함된 자료를 처리할 수 있다.

1. 법 제4조에 따른 불법재산 등으로 의심되는 거래의 보고 등에 관한 사무
2. 법 제4조의2에 따른 금융회사등의 고액 현금거래 보고에 관한 사무

2의2. 법 제7조제1항·제2항, 같은 조 제3항제3호·제4호 및 같은 조 제4항·제6항에 따른 신고 · 변경신고 및 그 갱신 등에 관한 사무

3. 법 제9조에 따른 외국환거래자료 등의 통보에 관한 사무
4. 법 제10조에 따른 수사기관 등에 대한 정보 제공에 관한 사무

4의2. 법 제10조의2에 따른 특정금융거래정보 제공사실의 통보에 관한 사무(「개인정보 보호법 시행령」 제18조제2호에 따른 범죄경력자료에 해당하는 정보는 제외한다)

5. 법 제11조에 따른 외국금융정보분석기구와의 정보 교환 등에 관한 사무
6. 법 제13조에 따른 자료 제공의 요청 등에 관한 사무
7. 법 제15조에 따른 감독 · 검사에 관한 사무
8. 법 제15조의2에 따른 외국 금융감독 · 검사기관과의 업무협조 등에 관한 사무

나. 제재

특정금융정보법령에서는 AML/CFT위반에 대한 제재의 종류는 법령에 규정되어 있고 이에 대한 제재 조치별로 부과 사유를 구체적으로 나열하고 있다. 아울러, 양정에 대한 기준은 '특정 금융거래정보 보고 등에 관한 검사 및 제재규정(이하 검사 및 제재규정)에 명시되어 있다.

기관 제재

- 금융회사등의 법규위반 정도에 비례하여 시정명령, 영업 전부 또는 일부 정지요구(6월 이내), 기관경고, 기관주의 등이 규정되어 있다(검사 및 제재규정 제14조).

인적 제재 (임직원 제재)

- FIU원장이 검사결과에 따라 금융회사등의 임원에 대하여 해당 금융회사등의 장에게 요구할 수 있는 조치의 종류 및 사유는 해임권고, 직무정지, 문책경고, 주의적 경고, 주의가 있다.

제재의 감면과 가중

- (감면) FIU원장과 검사수탁기관의 장은 금융회사등에 대한 제재 및 임직원에 대한 조치요구를 함에 있어서 사후 수습, 공적, 자진신고, 시정 여부 등을 참작하여 감경하거나 면제할 수 있다.

- (가중) 금융회사등이 최근 3년 이내에 4회 이상 기관주의 이상의 제재를 받고도 관련 법규를 다시 위반한 경우, 1단계 가중할 수 있다.

  임원이 최근 3년 이내에 문책경고 또는 2회 이상의 주의적 경고조치를 받고도 다시 주의적 경고 이상에 해당하는 행위를 한 경우에는 해당 금융회사의 장에게 요구할 수 있는 조치를 1단계 가중할 수 있다.

  직원이 최근 3년 이내에 2회 이상의 조치를 받고도 다시 위법 또는 부당한 행위를 한 경우에는 해당 금융회사의 장에게 요구할수 있는 조치를 1단계 가중할 수 있다.

제재 절차

- (제재조치 또는 건의) 검사수탁기관의 장은 검사결과 적출된 지적사항에 대하여 조치내용을 결정하여 FIU원장에게 제재를 건의하거나 직접 조치한다.

- (제재심의위원회 심의) FIU원장은 과태료, 시정명령 등 제재관련 사항에 대한 심의를 위해 제재심의위원회를 통하여 심의한다. (10인 이내의 민간위원이 구성되며 심의 위원회에는 2인 이상이 포함되어 개의)

- (사전통지 및 의견진술) FIU원장 또는 검사수탁기관의 장이 제재조치를 하는 때에는 제재의 내용 등을 제재 대상자에게 사전통지하고 일정기간을 정하여 구술 또는 서면에 의한 의견진술 기회를 주어야 한다.

- (불복 및 이의신청) 금융회사등 또는 그 임직원에 대하여 제재를 한 경우에는 FIU원장 및 검사수탁기관의 장은 그 제재에 대하여 이의신청, 행정심판, 행정소송의 제기 등 불복을 할수 있는 권리에 관한 사항을 제재대상자에게 알려주어야 한다.

[제재권 및 위탁 현황]

구분	제재종류	제재권자	
		FIU원장	검사수탁기관
기관	시정명령	○	
	(관계부처장에 대한) 영업정지 요구	○	
	과태료	○	
	기관경고·기관주의		○
임원	해임권고·직무정지	○	
	문책경고·주의적 경고·주의		○
직원	면직·정직·감봉·견책·주의		○

제재 관련 특정금융정보법 관련 조항

동법 제16조 (벌칙)

다음 각 호의 어느 하나에 해당하는 자는 5년 이하의 징역 또는 5천만원 이하의 벌금에 처한다.

1. 제4조제5항 또는 제13조제3항의 요건에 해당하지 아니함에도 불구하고 직권을 남용하여 금융회사등이 보존하는 관련 자료를 열람 · 복사하거나 금융회사등의 장에게 금융거래등 관련 정보 또는 자료의 제공을 요구한 자
2. 제12조제1항을 위반하여 직무와 관련하여 알게 된 특정금융거래정보, 제5조의3에 따라 제공받은 정보, 제13조에 따라 제공받은 정보 또는 자료 및 제15조제7항에 따라 제공받은 정보를 다른 사람에게 제공 또는 누설하거나 그 목적 외의 용도로 사용한 자 또는 특정금융거래정보, 제5조의3에 따라 제공받은 정보, 제13조에 따라 제공받은 정보 또는 자료 및 제15조제7항에 따라 제공받은 정보를 제공할 것을 요구하거나 목적 외 의 용도로 사용할 것을 요구한 자
3. 제12조제1항을 위반하여 제10조제8항의 정보분석심의회에서 알게 된 사항을 다른 사람에게 제공 또는 누설하거나 그 목적 외의 용도로 사용한 자 또는 이를 제공할 것을 요구하거나 목적 외의 용도로 사용할 것을 요구한 자

동법 제17조 (벌칙)

① 제7조제1항을 위반하여 신고를 하지 아니하고 가상자산거래를 영업으로 한 자(거짓이나 그 밖의 부정한 방법으로 신고를 하고 가상자산거래를 영업으로 한 자를 포함한다)는 5년 이하의 징역 또는 5천만원 이하의 벌금에 처한다. 〈신설 2020. 3. 24.〉
② 제7조제2항을 위반하여 변경신고를 하지 아니한 자(거짓이나 그 밖의 부정한 방법으로 변경신고를 한 자를 포함한다)는 3년 이하의 징역 또는 3천만원 이하의 벌금에 처한다.
③ 다음 각 호의 어느 하나에 해당하는 자는 1년 이하의 징역 또는 1천만원 이하의 벌금에 처한다.
  1. 제4조제1항 및 제4조의2제1항·제2항에 따른 보고를 거짓으로 한 자
  2. 제4조제6항을 위반한 자

동법 제18조 (징역과 벌금의 병과)

제16조 및 제17조에 규정된 죄를 범한 자에게는 징역과 벌금을 병과(竝科)할 수 있다.

동법 제19조 (양벌규정)

법인의 대표자나 법인 또는 개인의 대리인, 사용인, 그 밖의 종업원이 그 법인 또는 개인의 업무에 관하여 제17조의 위반행위를 한 경우에는 행위자를 벌하는 외에 그 법인 또는 개인에 대하여도 해당 조문의 벌금형을 과(科)한다. 다만, 법인 또는 개인이 그 위반행위를 방지하기 위하여 해당 업무에 관하여 상당한 주의와 감독을 게을리하지 아니한 경우에는 그러하지 아니하다.

동법 시행령 제17조 (과태료의 부과기준)

법 제20조제1항 및 제2항에 따른 과태료의 부과기준은 별표 2와 같다.

■ 특정 금융거래정보의 보고 및 이용 등에 관한 법률 시행령 [별표 2]

〈개정 2021. 3. 23.〉

과태료의 부과기준 (시행령 제17조 관련)

1. 일반기준

금융정보분석원장은 위반행위의 정도, 위반행위의 동기와 그 결과 등을 고려하여 제2호에 따른 과태료 금액을 감경 또는 면제하거나 2분의 1의 범위에서 가중할 수 있다. 다만, 가중하는 경우에도 법 제20조제1항 및 제2항에 따른 과태료 금액의 상한을 초과할 수 없다.

2. 개별기준

(단위 : 만원)

위반행위	근거 법조문	과태료 금액
가. 금융회사등이 법 제4조제1항제1호·제2호를 위반하여 보고를 하지 않은 경우	법 제20조제2항제1호	1,800
나. 금융회사등이 법 제4조의2제1항·제2항을 위반하여 보고를 하지 않은 경우	법 제20조제2항제1호	900
다. 금융회사등이 법 제5조제1항을 위반하여 같은 항 각 호에 따른 조치를 하지 않은 경우	법 제20조제1항제1호	6,000
라. 금융회사등이 법 제5조의2제1항제1호를 위반하여 확인 조치를 하지 않은 경우	법 제20조제2항제2호	1,800
마. 금융회사등이 법 제5조의2제1항제2호를 위반하여 확인 조치를 하지 않은 경우	법 제20조제1항제2호	6,000
바. 금융회사등이 법 제5조의4제1항을 위반하여 자료 및 정보를 보존하지 않은 경우	법 제20조제2항제3호	1,800
사. 가상자산사업자가 법 제8조를 위반하여 조치를 취하지 않은 경우	법 제20조제1항제3호	6,000
아. 금융회사등이 법 제15조제1항부터 제3항까지 또는 제6항에 따른 명령·지시·검사에 따르지 않거나 이를 거부·방해 또는 기피한 경우	법 제20조제1항제4호	10,000

주요내용 종합정리

1. 자금세탁방지 및 테러자금조달금지 법률체계 이해

- FATF 40 권고사항에서 제시한 각국의 핵심적인 조치사항
  - 위험의 확인, 정책과 국내적 조정의 발전
  - 자금세탁, 테러자금조달, 확산금융을 추적
  - 금융부문과 다른 지정된 분야를 위한 예방조치를 적용
  - 권한당국(예 수사·법집행·감독 당국)과 조치 기구들의 권한과 책임을 정립
  - 법인과 신탁등 법률관계의 투명성과 정보 활용성을 강화
  - 국제협력을 촉진

2. 금융실명법과 특정금융정보법 이해

- 금융실명법
  - (배경) 제3차 금융실명제 추진으로 1993년 금융실명제 실시
  - (주요 특징) 실지명의 확인, 차명 금융거래 금지, 금지행위, 제재, 소유권 등

- 특정금융정보법
  - (배경) 제2차 외환자유화 조치에 따른 불법자금 대응을 위하여 2001년 시행
  - (주요 특징) 자금세탁의 전제범죄의 규율의 범위를 확립하고 자금세탁행위의 처벌 및 범죄수익의 몰수·추징 등을 명시하였고, 자금세탁의 전제범죄를 범위를 규정(열거주의, 전제범죄의 종류, 범죄수익 등의 범위 등)을 규정하였다.

3. 범죄수익은닉규제법과 테러자금금지법(확산금융) 이해

- 범죄수익은닉규제법
  - (배경) 범죄수익으로 인한 자금세탁규제 및 몰수·추징을 위하여 2001년 시행
  - (주요 특징) 자금세탁의 전제범죄의 규율의 범위를 확립하고 자금세탁행위의 처벌 및 범죄수익의 몰수·추징 등을 명시하였고, 자금세탁의 전제범죄 범위(열거주의, 전제범죄의 종류, 범죄수익 등)를 규정하였다.

- 테러자금금지법
  - (공중협박자금의 정의) 국가·지방자치단체 또는 외국 정부(국제기구 포함)의 권한행사를 방해하거나 의무 없는 일을 하게 할 목적으로 또는 공중을 협박할 목적으로 하는 일정한

유형의 폭력·파괴행위에 이용하기 위하여 모집·제공되거나 운반·보관된 자금이나 재산을 의미한다(테러자금금지법 제2조).

- (주요 법률 조항) 동법 제4조 금융거래등제한대상자 지정, 제5조 금융회사등 및 그 종사자의 의무, 제5조의2 금지행위

• 확산자금조달금지 제도
  - (정의) 대량살상무기(Weapon Mass Destruction, 이하 WMD)의 제조, 획득, 보유, 개발, 수출, 환적, 중개, 운송, 이전, 비축 또는 화학적·생물학적 사용 등(기술 및 이중용도 제품 포함)에 대해, 또는 국내법 및/또는 국제의무를 위반하는 것을 의미

4. 무역기반자금세탁(TBML) 이해

• TBML 정의
  - 자금의 불법적인 출처를 합법화하거나 범죄활동에 자금을 조달하기 위한 노력의 일환으로서 무역거래를 통해 범죄수익을 숨기고 자금을 이동시키는 과정

• TBML 단속을 위한 기본 6대 원칙
  ① 기존 자금세탁프로그램에 TBML을 포함할 것
  ② FATF 발간 TBML 보고서를 활용할 것
  ③ 국내 세관당국과 기타 자금세탁 감독기관 간 협력강화
  ④ 공인된 방식으로 무역정보를 수집 및 교환하고 정보보호법령을 준수할 것
  ⑤ 무역정보 국제협력 채널 구축
  ⑥ 합법적인 무역 활동을 저해하지 않을 것

• TBML 주요 가이던스
  - (2020년) FATF 무역기반 자금세탁 업데이트 : 동향 및 발전
  - (2020년) 세관에 대한 TBML 가이드라인
  - (2021년) 무역기반 자금세탁 위험지표 등

5. 가상자산사업자를 위한 제도 이해

- 자금이동규칙(Travel Rule) 주요 특징
  - 송금기관과 수취기관의 의무 : 국가는 송금기관이 송금인의 정보(필수 정보를 검증하여)와 수취인의 정보(필수 정보를 검증하지 않고)를 수집, 보관 후 수취기관에 전송(거래 발생 전 or 동시에 & 안전하게)하도록 해야 한다.

  - 수취기관은 송금인 정보(필수 정보를 검증하지 않고)와 수취인 정보(필수 정보를 검증하여)를 수집 및 보관해야 하며, 송금기관은 수취인에 대해, 수취기관은 송금인에 대해 sanctions screening을 해야 함. 거래를 모니터링하고 이상징후 발생 시 보고해야 한다.

  * 필수 정보의 종류
    · 송금인 이름
    · 송금인 계좌번호 (거래에 사용되는) - 지갑주소
    · 송금인의 물리적 주소 or 국가실명번호 or CI or 생년월일
    · 수취인 이름
    · 수취인 계좌번호 (거래에 사용되는) - 지갑주소

- 유럽연합(EU)의 암호자산시장(Market in Cripto Asset, 이하 MiCA)에 관한 법률 (MiCA Regulation의 목적과 구성)
  - MiCA는 제1조에서 "자산준거 토큰 및 이머니 토큰이 아닌 암호자산, 자산준거 토큰 그리고 이머니 토큰의 일반대중에 대한 권유 및 거래플랫폼에서의 매매거래에 대한 허용에 관하여, 그리고 암호자산서비스 제공자들에 관하여 통일된 요건을 규정"한다고 그 목적을 밝히고 있다.

  - MiCA는 유럽연합의 기존 금융서비스 법규에서 다루지 않던 암호자산에도 적용할 여지가 있는 회원국의 제도적 틀을 대체하고 있는데, 암호자산을 크게 세 가지로 구분하고 있다.
    ① 자산준거 토큰이나 이머니 토큰이 아닌 암호자산
    ② 자산준거 토큰
    ③ 이머니 토큰으로 구분하여, 지급 또는 투자의 수단으로서의 수용도 등

- 가상자산 관련 특정금융정보법 시행령 주요 조항
  - 제1조의2 가상자산거래의 범위, 제10조의10 가상자산이전 시 정보제공, 제10조의11 가상자산사업자의 신고, 제10조의12 (신고의 불수리), 제10조의13 신고등의 직권 말소, 제10조의14 영업의 정지, 제10조의15 신고의 유효기간, 제10조의18 실명확인입출금 계정의 개시, 제10조의20 가상자산사업자의 조치 등

6. 특정비금융사업자(DNFBPs)를 위한 제도 이해

- FATF는 제4차 라운드 상호평가(2014년-2022년)에서 특정비금융사업자에 대한 위험기반 접근방식 및 효과성 평가에 대해 중점을 두고, 특정비금융사업자의 AML/CFT 의무 이행을 위한 업권별 가이던스들을 제시하였다.
  - (2019년) 법률가를 위한 RBA 가이던스
  - (2019년) 회계사를 위한 RBA 가이던스
  - (2019년) 신탁회사 등을 위한 RBA 가이던스

7. 비영리단체 (Non Profit Organization) 제도 이해

- 2023년 FATF의 개정된 NPO의 정의
  - 각국은 FATF의 비영리단체(NPO) 정의에 해당하는 조직을 식별하고 이들의 테러자금 조달 위험을 평가해야 한다. 각국은 위험기반접근방식(RBA)에 맞춰 합법적인 NPO 활동을 과도하게 방해하거나 억제하지 않으면서 집중적이고 비례적인 위험기반 조치를 취해야 한다. 이러한 조치의 목적은 다음과 같은 합법적인 단체로 위장한 테러리스트 조직을 포함하여 테러자금조달의 남용으로부터 해당 NPO를 보호하기 위함이다.

- NPO가 ML/TF 위험을 예방하고 악용되는 것을 방지하기 위해서는 각국의 조치로서 4가지 방법

  ① NPO에 대한 교육 및 지원 (outreach)

  ② NPO에 대한 관리감독 (supervision)

  ③ NPO에 대한 효과적인 조사 및 정보수집 (investigation)

  ④ 국제적인 협력체계 수립 (international cooperation)

8. 금융정보분석원(FIU) 개요

- FATF R.29 금융정보분석원(FIU)
  - 각국은 (a) 의심스러운 거래보고와 (b) 자금세탁 및 관련 전제범죄와 테러자금조달과 관련된 기타 정보의 수집과 분석 그리고 분석된 정보의 제공을 담당하는 중앙행정기관(national centre)으로 FIU를 설립하여야 한다.
  - FIU는 보고기관(reporting entities)으로부터 추가 정보를 취득할 수 있어야 하고 제반 기능을 제대로 수행하기 위하여 필요한 금융, 행정 및 법집행 정보에 시의적절하게 접근할 수 있어야 한다.

9. 감독·검사 및 제재 개요

- 감독·검사 기관
  - FIU는 감독·검사의 총괄기관으로서 11개 기관(행안부, 과기정통부, 중기부, 관세청, 금감원, 농협/수협/신협/산림조합, 새마을금고, 제주도청 등)의 검사수탁기관으로 검사권한을 위탁(또는 병행 위탁)하고 있다. 검사수탁기관은 대상 기관에 대한 검사 및 조치를 하고 그 결과를 FIU에 통보하고 있다.

- 검사 절차
  - (연간검사 계획 수립) FIU원장은 매년 연간 감독·검사 정책방향 등을 정하여 검사수탁기관의 장에게 통보한다.
  - (분기검사 계획) 검사수탁기관의 장은 분기별로 이전 직전분기 검사실적, 검사대상 금융회사등에 대한 검사결과, 조치사항 및 다음 분기 검사계획을 FIU원장에게 통보하여야 한다.
  - (사전통지) 금융회사등에 대한 효율적인 감독·검사를 위하여 검사 및 검사수탁기관의 장은 사전에 이를 통지하여야 한다.
  - (검사) 효율적인 감독·검사를 위하여 금융회사등의 관계자에 대한 출석, 진술요구, 금융거래 기록 등의 관련 자료 제출 요구를 할수 있다.
  - (조력을 받을 권리) 검사를 받는 금융회사등의 임직원은 문답서 및 확인서 작성 시 변호사 또는 전문지식을 갖춘 조력자의 도움을 받을 수 있다.
  - (검사결과의 통보) 검사기관 및 검사수탁기관의 장은 금융회사등에 대하여 검사를 실시한 경우에는 그 검사 결과를 FIU원장에게 통보하여야 한다.

- (검사후 시정조치) 검사기관 및 검사수탁기관의 장은 금융회사등에 필요한 조치를 직접 취하거나 해당 금융회사등의 장에게 필요한 조치를 취할 것을 요구할 수 있다.

• 제재
  - 제재의 종류 : 기관제재, 인적제재, 제재의 감면과 가중
  - 제재 절차
  · (제재조치 또는 건의) 검사수탁기관의 장은 검사결과 적출된 지적사항에 대하여 조치내용을 결정하여 FIU원장에게 제재를 건의하거나 직접 조치한다.
  · (제재심의위원회 심의) FIU원장은 과태료, 시정명령 등 제재관련 사항에 대한 심의를 위해 제재심의위원회를 통하여 심의한다. (10인 이내의 민간위원이 구성되며 심의 위원회에는 2인 이상이 포함되어 개의)
  · (사전통지 및 의견진술) FIU원장 또는 검사수탁기관의 장이 제재조치를 하는 때에는 제재의 내용 등을 제재 대상자에게 사전통지하고 일정기간을 정하여 구술 또는 서면에 의한 의견진술 기회를 주어야 한다.
  · (불복 및 이의신청) 금융회사등 또는 그 임직원에 대하여 제재를 한 경우에는 FIU원장 및 검사수탁기관의 장은 그 제재에 대하여 이의신청, 행정심판, 행정소송의 제기 등 불복을 할 수 있는 권리에 관한 사항을 제재대상자에게 알려주어야 한다.

연습문제

1. 다음 중 AML/CFT 관련 처벌 법률로 맞는 것은?
   ① 금융실명법
   ② 특정금융정보법
   ③ 금융회사지배구조법
   ④ 테러자금금지법

2. 금융회사등이 취급하는 예금·적금·부금(賦金)·계금(契金)·예탁금·출자금·신탁재산·주식·채권·수익증권·출자지분·어음·수표·채무증서 등 금전 및 유가증권과 그 밖에 이와 유사한 것으로서의 용어의 정의는?
   ① 실지명의
   ② 금융거래
   ③ 안전자산
   ④ 금융자산

3. 비영리단체의 약어로 맞는 것은?
   ① Non Profit Organization
   ② Non Project Organization
   ③ Non Profit Orientation
   ④ Non Project Orientation

4. 불법금융 흐름 대응을 위한 게이트키퍼의 통합을 주제로 발표한 보고서는?

① 부동산 중개업자를 위한 가이던스 (2022년)

② 국제변호사협회 (미국/유럽 등 주요 변호사협회 공동)의 AML가이드북 (2014년)

③ WORLD ECONOMIC FORUM /"Gatekeepers A Unifying Framework" (2021년)

④ OECD 조세범죄 및 화이트칼라 범죄를 조장하는 전문가 단속 가이던스 (2021)

5. 금융정보분석원의 업무영역으로 맞는 것은?

① AML/CFT 정책수립 및 법령 개정 : 마약거래 방지법

② 대외협력 업무 : 외국 FIU 및 국제기구 등과의 협력

③ 회계감사 업무 : 금융회사등의 재무현황 분석

④ 정보보호 및 보안 업무 : 가상자산거래소들의 정보보호시스템 모니터링

정답/해설

1. 정답 : ④
①, ②, ③ AML/CFT 처벌 법률이 아니다.

2. 정답 : ④
①, ②, ③은 금융자산의 용어 정의가 아니다.

3. 정답 : ①
②, ③, ④는 잘못된 용어의 정의이다.

4. 정답 : ③
①, ②, ④는 게이트키퍼에 대한 보고서가 아니다.

5. 정답 : ②
①은 특정금융정보법이어야 옳다.
③은 일반적인 회계부서 업무이다.
④는 가상자산거래소들의 정보보호시스템 모니터링을 하지 않는다.

자금세탁 방지제도

부록

[부록 1] 유럽연합(EU)의 제5차 자금세탁방지지침(5th AMLD) 영문 원문

DIRECTIVES

DIRECTIVE (EU) 2018/843 OF THE EUROPEAN PARLIAMENT AND OF THE COUNCIL of 30 May 2018

amending Directive (EU) 2015/849 on the prevention of the use of the financial system for the purposes of money laundering or terrorist financing, and amending Directives 2009/138/EC and 2013/36/EU

THE EUROPEAN PARLIAMENT AND THE COUNCIL OF THE EUROPEAN UNION,

Having regard to the Treaty on the Functioning of the European Union, and in particular Article 114 thereof,

Having regard to the proposal from the European Commission,
After transmission of the draft legislative act to the national parliaments,

Having regard to the opinion of the European Central Bank,

Having regard to the opinion of the European Economic and Social Committee,

Acting in accordance with the ordinary legislative procedure,

Whereas:

(1) Directive (EU) 2015/849 of the European Parliament and of the Council (4) constitutes the main legal instrument in the prevention of the use of the Union financial system for the purposes of money laundering and terrorist financing. That Directive, which had a transposition deadline of 26 June 2017, sets out an efficient and comprehensive legal framework for addressing the collection of money or property for terrorist purposes by requiring Member States to identify, understand and mitigate the risks related to money laundering and terrorist financing.

(2) Recent terrorist attacks have brought to light emerging new trends, in particular regarding the way terrorist groups finance and conduct their operations. Certain modern

technology services are becoming increasingly popular as alternative financial systems, whereas they remain outside the scope of Union law or benefit from exemptions from legal requirements, which might no longer be justified. In order to keep pace with evolving trends, further measures should be taken to ensure the increased transparency of financial transactions, of corporate and other legal entities, as well as of trusts and legal arrangements having a structure or functions similar to trusts ('similar legal arrangements'), with a view to improving the existing preventive framework and to more effectively countering terrorist financing. It is important to note that the measures taken should be proportionate to the risks.

(3) The United Nations (UN), Interpol and Europol have been reporting on the increasing convergence between organised crime and terrorism. The nexus between organised crime and terrorism and the links between criminal and terrorist groups constitute an increasing security threat to the Union. Preventing the use of the financial system for the purposes of money laundering or terrorist financing is an integral part of any strategy addressing that threat.

(4) While there have been significant improvements in the adoption and implementation of Financial Action Task Force (FATF) standards and the endorsement of the work of the Organisation for Economic Cooperation and Development on transparency by Member States in recent years, the need to further increase the overall transparency of the economic and financial environment of the Union is clear. The prevention of money laundering and of terrorist financing cannot be effective unless the environment is hostile to criminals seeking shelter for their finances through non-transparent structures. The integrity of the Union financial system is dependent on the transparency of corporate and other legal entities, trusts and similar legal arrangements. This Directive aims not only to detect and investigate money laundering, but also to prevent it from occurring. Enhancing transparency could be a powerful deterrent.

(5) While the aims of Directive (EU) 2015/849 should be pursued and any amendments to it should be consistent with the Union's ongoing action in the field of countering terrorism and terrorist financing, such amendments should be made having due regard to the fundamental right to the protection of personal data, as well as the observance and application of the proportionality principle. The Communication from the Commission to the European Parliament, the Council, the European Economic and Social Committee and the Committee of the Regions entitled 'The European Agenda on Security' indicated the need for measures to address terrorist financing in a more

effective and comprehensive manner, highlighting that the infiltration of financial markets allows for the financing of terrorism. The European Council conclusions of 17–18 December 2015 also stressed the need to take rapidly further action against terrorist financing in all domains.

(6) The Communication from the Commission to the European Parliament and to the Council entitled 'Action Plan for strengthening the fight against terrorist financing' underscores the need to adapt to new threats and to amend Directive (EU) 2015/849 accordingly.

(7) Union measures should also accurately reflect developments and commitments undertaken at international level. Therefore, UN Security Council Resolution (UNSCR) 2195 (2014) on Threats to international peace and security and UNCSRs 2199(2015) and 2253(2015) on Threats to international peace and security caused by terrorist acts, should be taken into account. Those UNSCRs deal with, respectively, the links between terrorism and transnational organised crime, preventing terrorist groups from gaining access to international financial institutions and expanding the sanctions framework to include Islamic State in Iraq and Levant.

(8) Providers engaged in exchange services between virtual currencies and fiat currencies (that is to say coins and banknotes that are designated as legal tender and electronic money, of a country, accepted as a medium of exchange in the issuing country) as well as custodian wallet providers are under no Union obligation to identify suspicious activity. Therefore, terrorist groups may be able to transfer money into the Union financial system or within virtual currency networks by concealing transfers or by benefiting from a certain degree of anonymity on those platforms. It is therefore essential to extend the scope of Directive (EU) 2015/849 so as to include providers engaged in exchange services between virtual currencies and fiat currencies as well as custodian wallet providers. For the purposes of anti-money laundering and countering the financing of terrorism (AML/CFT), competent authorities should be able, through obliged entities, to monitor the use of virtual currencies. Such monitoring would provide a balanced and proportional approach, safeguarding technical advances and the high degree of transparency attained in the field of alternative finance and social entrepreneurship.

(9) The anonymity of virtual currencies allows their potential misuse for criminal purposes. The inclusion of providers engaged in exchange services between virtual currencies and fiat currencies and custodian wallet providers will not entirely address the issue of anonymity attached to virtual currency transactions, as a large part of the virtual currency environment will remain anonymous because users can also transact without such providers. To combat the risks related to the anonymity, national Financial Intelligence Units (FIUs) should be able to obtain information allowing them

to associate virtual currency addresses to the identity of the owner of virtual currency. In addition, the possibility to allow users to self-declare to designated authorities on a voluntary basis should be further assessed.

(10) Virtual currencies should not to be confused with electronic money as defined in point (2) of Article 2 of Directive 2009/110/EC of the European Parliament and of the Council (1), with the larger concept of 'funds' as defined in point (25) of Article 4 of Directive (EU) 2015/2366 of the European Parliament and of the Council (2), nor with monetary value stored on instruments exempted as specified in points (k) and (l) of Article 3 of Directive (EU) 2015/2366, nor with in-games currencies, that can be used exclusively within a specific game environment.
Although virtual currencies can frequently be used as a means of payment, they could also be used for other purposes and find broader applications such as means of exchange, investment, store-of-value products or use in online casinos. The objective of this Directive is to cover all the potential uses of virtual currencies.

(11) Local currencies, also known as complementary currencies, that are used in very limited networks such as a city or a region and among a small number of users should not be considered to be virtual currencies.

(12) Business relationships or transactions involving high-risk third countries should be limited when significant weaknesses in the AML/CFT regime of the third-countries concerned are identified, unless adequate additional mitigating measures or countermeasures are applied. When dealing with such cases of high-risk and with such business relationships or transactions, Member States should require obliged entities to apply enhanced customer due diligence measures to manage and mitigate those risks. Each Member State therefore determines at national level the type of enhanced due diligence measures to be taken with regard to high-risk third countries. Those different approaches between Member States create weak spots on the management of business relationships involving high-risk third countries as identified by the Commission. It is important to improve the effectiveness of the list of high-risk third countries established by the Commission by providing for a harmonised treatment of those countries at Union level. That harmonised approach should primarily focus on enhanced customer due diligence measures, where such measures are not already required under national law. In accordance with international obligations, Member States should be allowed to require obliged entities, where applicable, to apply additional mitigating measures complementary to the enhanced customer due diligence measures, in accordance with a risk based approach and taking into account the specific circumstances of business relationships or transactions. International organisations and standard setters with competence in the field of preventing money laundering and combating terrorist financing may call for the application of appropriate countermeasures to protect the international financial system from the ongoing and

substantial risks relating to money laundering and terrorist financing emanating from certain countries. In addition, Member States should require obliged entities to apply additional mitigating measures regarding high-risk third countries identified by the Commission by taking into account calls for countermeasures and recommendations, such as those expressed by the FATF, and responsibilities resulting from international agreements.

(13) Given the evolving nature of threats and vulnerabilities relating to money laundering and the financing of terrorism, the Union should adopt an integrated approach on the compliance of national AML/CFT regimes with the requirements at Union level, by taking into consideration an effectiveness assessment of those national regimes. For the purpose of monitoring the correct transposition of the Union requirements in national AML/CFT regimes, the effective implementation of those requirements and the capacity of those regimes to achieve an effective preventive framework, the Commission should base its assessment on the national AML/CFT regimes, which should be without prejudice to assessments conducted by international organisations and standard setters with competence in the field of preventing money laundering and combating terrorist financing, such as the FATF or the Committee of Experts on the Evaluation of Anti-Money Laundering Measures and the Financing of Terrorism.

(14) General purpose prepaid cards have legitimate uses and constitute an instrument contributing to social and financial inclusion. However, anonymous prepaid cards are easy to use in financing terrorist attacks and logistics.
It is therefore essential to deny terrorists this means of financing their operations, by further reducing the limits and maximum amounts under which obliged entities are allowed not to apply certain customer due diligence measures provided for by Directive (EU) 2015/849. Therefore, while having due regard to consumers' needs in using general purpose prepaid instruments and not preventing the use of such instruments for promoting social and financial inclusion, it is essential to lower the existing thresholds for general purpose anonymous prepaid cards and to identify the customer in the case of remote payment transactions where the transaction amount exceeds EUR 50.

(15) While the use of anonymous prepaid cards issued in the Union is essentially limited to the Union territory only, that is not always the case with similar cards issued in third countries. It is therefore important to ensure that anonymous prepaid cards issued outside the Union can be used in the Union only where they can be considered to comply with requirements equivalent to those set out in Union law. That rule should be enacted in full compliance with Union obligations in respect of international trade, especially the provisions of the General Agreement on Trade in Services.

(16) FIUs play an important role in identifying the financial operations of terrorist networks, especially cross-border, and in detecting their financial backers. Financial intelligence might be of fundamental importance in uncovering the facilitation of terrorist offences and the networks and schemes of terrorist organisations. Due to a lack of prescriptive international standards, FIUs maintain significant differences as regards their functions, competences and powers. Member States should endeavour to ensure a more efficient and coordinated approach to deal with financial investigations related to terrorism, including those related to the misuse of virtual currencies. The current differences should however not affect an FIU's activity, particularly its capacity to develop preventive analyses in support of all the authorities in charge of intelligence, investigative and judicial activities, and international cooperation. In the exercise of their tasks, FIUs should have access to information and be able to exchange it without impediments, including through appropriate cooperation with law enforcement authorities. In all cases of suspected criminality and, in particular, in cases involving the financing of terrorism, information should flow directly and quickly without undue delays. It is therefore essential to further enhance the effectiveness and efficiency of FIUs, by clarifying the powers of and cooperation between FIUs.

(17) FIUs should be able to obtain from any obliged entity all the necessary information relating to their functions. Their unfettered access to information is essential to ensure that flows of money can be properly traced and illicit networks and flows detected at an early stage. The need for FIUs to obtain additional information from obliged entities based on a suspicion of money laundering or financing of terrorism might be triggered by a prior suspicious transaction report reported to the FIU, but might also be triggered through other means such as the FIU's own analysis, intelligence provided by competent authorities or information held by another FIU. FIUs should therefore in the context of their functions be able to obtain information from any obliged entity, even without a prior report being made. This does not include indiscriminate requests for information to the obliged entities in the context of the FIU's analysis, but only information requests based on sufficiently defined conditions. An FIU should also be able to obtain such information on a request made by another Union FIU and to exchange the information with the requesting FIU.

(18) The purpose of the FIU is to collect and analyse the information which they receive with the aim of establishing links between suspicious transactions and underlying criminal activity in order to prevent and combat money laundering and terrorist financing, and to disseminate the results of its analysis as well as additional information to the competent authorities where there are grounds to suspect money laundering, associated predicate offences or financing of terrorism. An FIU should not refrain from or refuse the exchange of information to another FIU, spontaneously or upon request, for reasons such as a lack of identification of an associated predicate offence, features of criminal national laws and differences between the definitions of

associated predicate offences or the absence of a reference to particular associated predicate offences. Similarly, an FIU should grant its prior consent to another FIU to forward the information to competent authorities regardless of the type of possible associated predicate offence in order to allow the dissemination function to be carried out effectively. FIUs have reported difficulties in exchanging information based on differences in national definitions of certain predicate offences, such as tax crimes, which are not harmonised by Union law. Such differences, should not hamper the mutual exchange, the dissemination to competent authorities and the use of that information as defined by this Directive. FIUs should rapidly, constructively and effectively ensure the widest range of international cooperation with third countries' FIUs in relation to money laundering, associated predicate offences and terrorist financing in accordance with the FATF Recommendations and Egmont Principles for Information Exchange between Financial Intelligence Units.

(19) Information of a prudential nature relating to credit and financial institutions, such as information relating to the fitness and properness of directors and shareholders, to the internal control mechanisms, to governance or to compliance and risk management, is often indispensable for the adequate AML/CFT supervision of such institutions. Similarly, AML/CFT information is also important for the prudential supervision of such institutions.

Therefore, the exchange of confidential information and collaboration between AML/CFT competent authorities supervising credit and financial institutions and prudential supervisors should not be hampered by legal uncertainty which might arise as a result of the absence of explicit provisions in this field. Clarification of the legal framework is even more important since prudential supervision has, in a number of cases, been entrusted to non-AML/CFT supervisors, such as the European Central Bank (ECB).

(20) Delayed access to information by FIUs and other competent authorities on the identity of holders of bank and payment accounts and safe-deposit boxes, especially anonymous ones, hampers the detection of transfers of funds relating to terrorism. National data allowing the identification of bank and payments accounts and safe-deposit boxes belonging to one person is fragmented and therefore not accessible to FIUs and to other competent authorities in a timely manner. It is therefore essential to establish centralised automated mechanisms, such as a register or data retrieval system, in all Member States as an efficient means to get timely access to information on the identity of holders of bank and payment accounts and safe-deposit boxes, their proxy holders, and their beneficial owners. When applying the access provisions, it is appropriate for pre-existing mechanisms to be used provided that national FIUs can access the data for which they make inquiries in an immediate and unfiltered manner. Member States should consider feeding such mechanisms with other information deemed necessary and proportionate for the more effective mitigation of risks relating to money laundering and the financing of terrorism. Full confidentiality should be

ensured in respect of such inquiries and requests for related information by FIUs and competent authorities other than those authorities responsible for prosecution.

(21) In order to respect privacy and protect personal data, the minimum data necessary for the carrying out of AML/CFT investigations should be held in centralised automated mechanisms for bank and payment accounts, such as registers or data retrieval systems. It should be possible for Member States to determine which data it is useful and proportionate to gather, taking into account the systems and legal traditions in place to enable the meaningful identification of the beneficial owners. When transposing the provisions relating to those mechanisms, Member States should set out retention periods equivalent to the period for retention of the documentation and information obtained within the application of customer due diligence measures. It should be possible for Member States to extend the retention period on a general basis by law, without requiring case-by-case decisions. The additional retention period should not exceed an additional five years. That period should be without prejudice to national law setting out other data retention requirements allowing case-by-case decisions to facilitate criminal or administrative proceedings. Access to those mechanisms should be on a need-to-know basis.

(22) Accurate identification and verification of data of natural and legal persons are essential for fighting money laundering or terrorist financing. The latest technical developments in the digitalisation of transactions and payments enable a secure remote or electronic identification. Those means of identification as set out in Regulation (EU) No 910/2014 of the European Parliament and of the Council (1) should be taken into account, in particular with regard to notified electronic identification schemes and ways of ensuring cross-border legal recognition, which offer high level secure tools and provide a benchmark against which the identification methods set up at national level may be checked. In addition, other secure remote or electronic identification processes, regulated, recognised, approved or accepted at national level by the national competent authority may be taken into account. Where appropriate, the recognition of electronic documents and trust services as set out in Regulation (EU) No 910/2014 should also be taken into account in the identification process. The principle of technology neutrality should be taken into account in the application of this Directive.

(23) In order to identify politically exposed persons in the Union, lists should be issued by Member States indicating the specific functions which, in accordance with national laws, regulations and administrative provisions, qualify as prominent public functions. Member States should request each international organisation accredited on their territories to issue and keep up to date a list of prominent public functions at that international organisation.

(24) The approach for the review of existing customers in the current framework is risk-based. However, given the higher risk of money laundering, terrorist financing and associated predicate offences associated with certain intermediary structures, that approach might not allow for the timely detection and assessment of risks. It is therefore important to ensure that certain clearly specified categories of existing customers are also monitored on a regular basis.

(25) Member States are currently required to ensure that corporate and other legal entities incorporated within their territory obtain and hold adequate, accurate and current information on their beneficial ownership. The need for accurate and up-to-date information on the beneficial owner is a key factor in tracing criminals who might otherwise be able to hide their identity behind a corporate structure. The globally interconnected financial system makes it possible to hide and move funds around the world, and money launderers and terrorist financers as well as other criminals have increasingly made use of that possibility.

(26) The specific factor determining which Member State is responsible for the monitoring and registration of beneficial ownership information of trusts and similar legal arrangements should be clarified. Due to differences in the legal systems of Member States, certain trusts and similar legal arrangements are not monitored or registered anywhere in the Union. Beneficial ownership information of trusts and similar legal arrangements should be registered where the trustees of trusts and persons holding equivalent positions in similar legal arrangements are established or where they reside. In order to ensure the effective monitoring and registration of information on the beneficial ownership of trusts and similar legal arrangements, cooperation between Member States is also necessary. The interconnection of Member States' registries of beneficial owners of trusts and similar legal arrangements would make this information accessible, and would also ensure that the multiple registration of the same trusts and similar legal arrangements is avoided within the Union.

(27) Rules that apply to trusts and similar legal arrangements with respect to access to information relating to their beneficial ownership should be comparable to the corresponding rules that apply to corporate and other legal entities. Due to the wide range of types of trusts that currently exists in the Union, as well as an even greater variety of similar legal arrangements, the decision on whether or not a trust or a similar legal arrangement is comparably similar to corporate and other legal entities should be taken by Member States. The aim of the national law transposing those provisions should be to prevent the use of trusts or similar legal arrangements for the purposes of money laundering, terrorist financing or associated predicate offences.

(28) With a view to the different characteristics of trusts and similar legal arrangements, Member States should be able, under national law and in accordance with data

protection rules, to determine the level of transparency with regard to trusts and similar legal arrangements that are not comparable to corporate and other legal entities. The risks of money laundering and terrorist financing involved can differ, based on the characteristics of the type of trust or similar legal arrangement and the understanding of those risks can evolve over time, for instance as a result of the national and supranational risk assessments. For that reason, it should be possible for Member States to provide for wider access to information on beneficial ownership of trusts and similar legal arrangements, if such access constitutes a necessary and proportionate measure with the legitimate aim of preventing the use of the financial system for the purposes of money laundering or terrorist financing.

When determining the level of transparency of the beneficial ownership information of such trusts or similar legal arrangements, Member States should have due regard to the protection of fundamental rights of individuals, in particular the right to privacy and protection of personal data. Access to beneficial ownership information of trusts and similar legal arrangements should be granted to any person that can demonstrate a legitimate interest. Access should also be granted to any person that files a written request in relation to a trust or similar legal arrangement which holds or owns a controlling interest in any corporate or other legal entity incorporated outside the Union, through direct or indirect ownership, including through bearer shareholdings, or through control via other means. The criteria and conditions granting access to requests for beneficial ownership information of trusts and similar legal arrangements should be sufficiently precise and in line with the aims of this Directive. It should be possible for Member States to refuse a written request where there are reasonable grounds to suspect that the written request is not in line with the objectives of this Directive.

(29) In order to ensure legal certainty and a level playing field, it is essential to clearly set out which legal arrangements established across the Union should be considered similar to trusts by effect of their functions or structure. Therefore, each Member State should be required to identify the trusts, if recognised by national law, and similar legal arrangements that may be set up pursuant to its national legal framework or custom and which have structure or functions similar to trusts, such as enabling a separation or disconnection between the legal and the beneficial ownership of assets. Thereafter, Member States should notify to the Commission the categories, description of the characteristics, names and where applicable legal basis of those trusts and similar legal arrangements in view of their publication in the Official Journal of the European Union in order to enable their identification by other Member States. It should be taken into account that trusts and similar legal arrangements may have different legal characteristics throughout the Union. Where the characteristics of the trust or similar legal arrangement are comparable in structure or functions to the characteristics of corporate and other legal entities, public access to beneficial ownership information would contribute to combating the misuse of trusts and similar legal arrangements,

similar to the way public access can contribute to the prevention of the misuse of corporate and other legal entities for the purposes of money laundering and terrorist financing.

(30) Public access to beneficial ownership information allows greater scrutiny of information by civil society, including by the press or civil society organisations, and contributes to preserving trust in the integrity of business transactions and of the financial system. It can contribute to combating the misuse of corporate and other legal entities and legal arrangements for the purposes of money laundering or terrorist financing, both by helping investigations and through reputational effects, given that anyone who could enter into transactions is aware of the identity of the beneficial owners. It also facilitates the timely and efficient availability of information for financial institutions as well as authorities, including authorities of third countries, involved in combating such offences. The access to that information would also help investigations on money laundering, associated predicate offences and terrorist financing.

(31) Confidence in financial markets from investors and the general public depends in large part on the existence of an accurate disclosure regime that provides transparency in the beneficial ownership and control structures of companies. This is particularly true for corporate governance systems that are characterised by concentrated ownership, such as the one in the Union. On the one hand, large investors with significant voting and cashflow rights may encourage long-term growth and firm performance. On the other hand, however, controlling beneficial owners with large voting blocks may have incentives to divert corporate assets and opportunities for personal gain at the expense of minority investors. The potential increase in confidence in financial markets should be regarded as a positive side effect and not the purpose of increasing transparency, which is to create an environment less likely to be used for the purposes of money laundering and terrorist financing.

(32) Confidence in financial markets from investors and the general public depends in large part on the existence of an accurate disclosure regime that provides transparency in the beneficial ownership and control structures of corporate and other legal entities as well as certain types of trusts and similar legal arrangements. Member States should therefore allow access to beneficial ownership information in a sufficiently coherent and coordinated way, by establishing clear rules of access by the public, so that third parties are able to ascertain, throughout the Union, who are the beneficial owners of corporate and other legal entities as well as of certain types of trusts and similar legal arrangements.

(33) Member States should therefore allow access to beneficial ownership information on corporate and other legal entities in a sufficiently coherent and coordinated way,

through the central registers in which beneficial ownership information is set out, by establishing a clear rule of public access, so that third parties are able to ascertain, throughout the Union, who are the beneficial owners of corporate and other legal entities. It is essential to also establish a coherent legal framework that ensures better access to information relating to beneficial ownership of trusts and similar legal arrangements, once they are registered within the Union. Rules that apply to trusts and similar legal arrangements with respect to access to information relating to their beneficial ownership should be comparable to the corresponding rules that apply to corporate and other legal entities.

(34) In all cases, both with regard to corporate and other legal entities, as well as trusts and similar legal arrangements, a fair balance should be sought in particular between the general public interest in the prevention of money laundering and terrorist financing and the data subjects' fundamental rights. The set of data to be made available to the public should be limited, clearly and exhaustively defined, and should be of a general nature, so as to minimise the potential prejudice to the beneficial owners. At the same time, information made accessible to the public should not significantly differ from the data currently collected. In order to limit the interference with the right to respect for their private life in general and to protection of their personal data in particular, that information should relate essentially to the status of beneficial owners of corporate and other legal entities and of trusts and similar legal arrangements and should strictly concern the sphere of economic activity in which the beneficial owners operate. In cases where the senior managing official has been identified as the beneficial owner only ex officio and not through ownership interest held or control exercised by other means, this should be clearly visible in the registers. With regard to information on beneficial owners, Member States can provide for information on nationality to be included in the central register particularly for non-native beneficial owners. In order to facilitate registry procedures and as the vast majority of beneficial owners will be nationals of the state maintaining the central register, Member States may presume a beneficial owner to be of their own nationality where no entry to the contrary is made.

(35) The enhanced public scrutiny will contribute to preventing the misuse of legal entities and legal arrangements, including tax avoidance. Therefore, it is essential that the information on beneficial ownership remains available through the national registers and through the system of interconnection of registers for a minimum of five years after the grounds for registering beneficial ownership information of the trust or similar legal arrangement have ceased to exist. However, Member States should be able to provide by law for the processing of the information on beneficial ownership, including personal data for other purposes if such processing meets an objective of public interest and constitutes a necessary and proportionate measure in a democratic society to the legitimate aim pursued.

(36) Moreover, with the aim of ensuring a proportionate and balanced approach and to guarantee the rights to private life and personal data protection, it should be possible for Member States to provide for exemptions to the disclosure through the registers of beneficial ownership information and to access to such information, in exceptional circumstances, where that information would expose the beneficial owner to a disproportionate risk of fraud, kidnapping, blackmail, extortion, harassment, violence or intimidation. It should also be possible for Member States to require online registration in order to identify any person who requests information from the register, as well as the payment of a fee for access to the information in the register.

(37) The interconnection of Member States' central registers holding beneficial ownership information through the European Central Platform established by Directive (EU) 2017/1132 of the European Parliament and of the Council (1) necessitates the coordination of national systems having varying technical characteristics. This entails the adoption of technical measures and specifications which need to take account of differences between registers. In order to ensure uniform conditions for the implementation of this Directive, implementing powers should be conferred on the Commission to tackle such technical and operational issues. Those powers should be exercised in accordance with the examination procedure referred to in Article 5 of Regulation (EU) No 182/2011 of the European Parliament and of the Council (2). In any case, the involvement of Member States in the functioning of the whole system should be ensured by means of a regular dialogue between the Commission and the representatives of Member States on the issues concerning the operation of the system and on its future development.

(38) Regulation (EU) 2016/679 of the European Parliament and of the Council (3) applies to the processing of personal data under this Directive. As a consequence, natural persons whose personal data are held in national registers as beneficial owners should be informed accordingly. Furthermore, only personal data that is up to date and corresponds to the actual beneficial owners should be made available and the beneficiaries should be informed about their rights under the current Union legal data protection framework, as set out in Regulation (EU) 2016/679 and Directive (EU) 2016/680 of the European Parliament and of the Council (1), and the procedures applicable for exercising those rights. In addition, to prevent the abuse of the information contained in the registers and to balance out the rights of beneficial owners, Member States might find it appropriate to consider making information relating to the requesting person along with the legal basis for their request available to the beneficial owner.

(39) Where the reporting of discrepancies by the FIUs and competent authorities would jeopardise an on-going investigation, the FIUs or competent authorities should delay the reporting of the discrepancy until the moment at which the reasons for not

reporting cease to exist. Furthermore, FIUs and competent authorities should not report any discrepancy when this would be contrary to any confidentiality provision of national law or would constitute a tipping-off offence.

(40) This Directive is without prejudice to the protection of personal data processed by competent authorities in accordance with Directive (EU) 2016/680.

(41) Access to information and the definition of legitimate interest should be governed by the law of the Member State where the trustee of a trust or person holding an equivalent position in a similar legal arrangement is established or resides. Where the trustee of the trust or person holding equivalent position in similar legal arrangement is not established or does not reside in any Member State, access to information and the definition of legitimate interest should be governed by the law of the Member State where the beneficial ownership information of the trust or similar legal arrangement is registered in accordance with the provisions of this Directive.

(42) Member States should define legitimate interest, both as a general concept and as a criterion for accessing beneficial ownership information in their national law. In particular, those definitions should not restrict the concept of legitimate interest to cases of pending administrative or legal proceedings, and should enable to take into account the preventive work in the field of anti-money laundering, counter terrorist financing and associate predicate offences undertaken by non-governmental organisations and investigative journalists, where appropriate. Once the interconnection of Member States' beneficial ownership registers is in place, both national and cross-border access to each Member State's register should be granted based on the definition of legitimate interest of the Member State where the information relating to the beneficial ownership of the trust or similar legal arrangement has been registered in accordance with the provisions of this Directive, by virtue of a decision taken by the relevant authorities of that Member State. In relation to Member States' beneficial ownership registers, it should also be possible for Member States to establish appeal mechanisms against decisions which grant or deny access to beneficial ownership information. With a view to ensuring coherent and efficient registration and information exchange, Member States should ensure that their authority in charge of the register set up for the beneficial ownership information of trusts and similar legal arrangements cooperates with its counterparts in other Member States, sharing information concerning trusts and similar legal arrangements governed by the law of one Member State and administered in another Member State.

(43) Cross-border correspondent relationships with a third-country's respondent institution are characterised by their on-going, repetitive nature. Accordingly, Member States, while requiring the adoption of enhanced due diligence measures in this particular context, should take into consideration that correspondent relationships do not include

one-off transactions or the mere exchange of messaging capabilities. Moreover, recognising that not all crossborder correspondent banking services present the same level of money laundering and terrorist financing risks, the intensity of the measures laid down in this Directive can be determined by application of the principles of the risk based approach and do not prejudge the level of money laundering and terrorist financing risk presented by the respondent financial institution.

(44) It is important to ensure that anti-money laundering and counter-terrorist financing rules are correctly implemented by obliged entities. In that context, Member States should strengthen the role of public authorities acting as competent authorities with designated responsibilities for combating money laundering or terrorist financing, including the FIUs, the authorities that have the function of investigating or prosecuting money laundering, associated predicate offences and terrorist financing, tracing and seizing or freezing and confiscating criminal assets, authorities receiving reports on cross-border transportation of currency and bearer-negotiable instruments and authorities that have supervisory or monitoring responsibilities aimed at ensuring compliance by obliged entities. Member States should strengthen the role of other relevant authorities including anti-corruption authorities and tax authorities.

(45) Member States should ensure effective and impartial supervision of all obliged entities, preferably by public authorities via a separate and independent national regulator or supervisor.

(46) Criminals move illicit proceeds through numerous financial intermediaries to avoid detection. Therefore it is important to allow credit and financial institutions to exchange information not only between group members, but also with other credit and financial institutions, with due regard to data protection rules as set out in national law.

(47) Competent authorities supervising obliged entities for compliance with this Directive should be able to cooperate and exchange confidential information, regardless of their respective nature or status. To this end, such competent authorities should have an adequate legal basis for exchange of confidential information, and collaboration between AML/CFT competent supervisory authorities and prudential supervisors should not be hampered unintentionally by legal uncertainty which may stem from a lack of explicit provisions in this field. The supervision of the effective implementation of group policy on AML/CFT should be done in accordance with the principles and modalities of consolidated supervision as laid down in the relevant European sectoral legislation.

(48) The exchange of information and the provision of assistance between competent authorities of the Members States is essential for the purposes of this Directive. Consequently, Member States should not prohibit or place unreasonable or unduly

restrictive conditions on this exchange of information and provision of assistance.

(49) In accordance with the Joint Political Declaration of 28 September 2011 of Member States and the Commission on explanatory documents, Member States have undertaken to accompany, in justified cases, the notification of their transposition measures with one or more documents explaining the relationship between the components of a directive and the corresponding parts of national transposition instruments. With regard to this Directive, the legislator considers the transmission of such documents to be justified.

(50) Since the objective of this Directive, namely the protection of the financial system by means of prevention, detection and investigation of money laundering and terrorist financing, cannot be sufficiently achieved by the Member States, as individual measures adopted by Member States to protect their financial systems could be inconsistent with the functioning of the internal market and with the prescriptions of the rule of law and Union public policy, but can rather, by reason of the scale and effects of the action, be better achieved at Union level, the Union may adopt measures, in accordance with the principle of subsidiarity as set out in Article 5 of the Treaty on European Union. In accordance with the principle of proportionality, as set out in that Article, this Directive does not go beyond what is necessary in order to achieve that objective.

(51) This Directive respects the fundamental rights and observes the principles recognised by the Charter of Fundamental Rights of the European Union ('the Charter'), in particular the right to respect for private and family life (Article 7 of the Charter), the right to the protection of personal data (Article 8 of the Charter) and the freedom to conduct a business (Article 16 of the Charter).

(52) When drawing up a report evaluating the implementation of this Directive, the Commission should give due consideration to the respect of the fundamental rights and principles recognised by the Charter.

(53) Given the need to urgently implement measures adopted with a view to strengthen the Union's regime set in place for the prevention of money laundering and financing of terrorism, and seeing the commitments undertaken by Member States to quickly proceed with the transposition of Directive (EU) 2015/849, the amendments to Directive (EU) 2015/849 should be transposed by 10 January 2020. Member States should set up beneficial ownership registers for corporate and other legal entities by 10 January 2020 and for trusts and similar legal arrangements by 10 March 2020. Central registers should be interconnected via the European Central Platform by 10 March 2021. Member States should set up centralised automated mechanisms allowing the identification of holders of bank and payment accounts and safe-deposit boxes by 10

September 2020.

(54) The European Data Protection Supervisor was consulted in accordance with Article 28(2) of Regulation (EC) No 45/2001 of the European Parliament and of the Council (1) and delivered an opinion on 2 February 2017.

(55) Directive (EU) 2015/849 should therefore be amended accordingly,

HAVE ADOPTED THIS DIRECTIVE:

(이하 수정된 조항은 EUR-Lex Document 32018L0843 참조)

[부록 2] 홍콩 은행연합회 TBML 가이드 영문본 (annex 제외) (2016년)

The Hong Kong Association of Banks Guidance Paper on Combating Trade-based Money Laundering

1 February 2016

This Guidance Paper on Combating Trade-based Money Laundering (Guidance Paper) has been developed by the Hong Kong Association of Banks (HKAB) with input from the Hong Kong Monetary Authority (HKMA). The practices recommended in this Guidance Paper do not form part of the Guideline on Anti-Money Laundering and Counter-Terrorist Financing (for Authorized Institutions) (AMLO Guideline).

However, the HKMA considers that the adoption of these practices will assist authorized institutions (AIs) in not only meeting the legal and regulatory obligations under the Anti-Money Laundering and Counter-Terrorist Financing (Financial Institutions) Ordinance (AMLO) and the AMLO Guideline, but also in implementing effective measures to further mitigate their money laundering and terrorist financing (ML/TF) risks. AIs should also take appropriate measures to ensure compliance with Hong Kong's sanctions regime, and obligations under Hong Kong law in respect of weapons of mass destruction (WMD) proliferation. In addition to meeting requirements under Hong Kong laws, these practices will also help AIs operating internationally to meet relevant overseas sanctions regimes that are applicable to them.

The HKMA therefore expects every AI to give full consideration to the adoption of the practices that this paper recommends where necessary, to improve their anti-money laundering and counter-terrorist financing (AML/CFT) systems, taking into consideration the ML/TF risks to which they are exposed.

1 Introduction

1.1 Trade-based money laundering has been recognised by the Financial Action Task Force (FATF) in its 2006 study as one of the main methods by which criminal organisations and terrorist financiers move money for the purpose of disguising its origins and integrating it back into the formal economy. A number of other competent authorities and industry groups, such as the Wolfsberg Group, have also highlighted the risks in this area.

1.2 Trade is an important part of the Hong Kong economy. Hong Kong's role as an international financial centre, and confidence in the integrity of the banking sector may be adversely affected if AIs do not have appropriate systems and controls to manage various risks which may arise in the provision of financial services to support this important aspect of the Hong Kong economy.

1.3 The recommendations set out in this Guidance Paper are supplementary to, and do not supplant, any relevant legislation, codes, guidelines or rules applicable to AIs. They are neither intended to, nor should be construed as, an exhaustive list of the means of meeting AIs' statutory and regulatory requirements, nor does it provide prescriptive guidance on specific transactions or relationships. In particular, this Guidance Paper must be read together with the following legislation, as well as related subsidiary legislation and guidance:

(a) AMLO;
(b) Organized and Serious Crimes Ordinance (Cap. 455);
(c) Drug Trafficking (Recovery of Proceeds) Ordinance (Cap. 405);
(d) United Nations (Anti-Terrorism Measures) Ordinance (Cap. 575);
(e) United Nations Sanctions Ordinance (Cap. 537); and
(f) Weapons of Mass Destruction (Control of Provision of Services) Ordinance (Cap.526).

1.4 It is open to AIs to take alternative measures to manage relevant risks relating to ML/TF,sanctions and WMD proliferation. HKAB recommends that such alternative measures, and the rationale for adopting them, be appropriately documented, bearing in mind the HKMA's expectation for AIs to give full consideration to the practices specified in this Guidance Paper.

2. About Trade-based Money Laundering Key Concepts

2.1 "Trade-based money laundering" was originally defined by FATF in 2006 as 'the process of disguising the proceeds of crime and moving value through the use of trade transactions in an attempt to legitimize their illicit origins.'

2.2 The FATF Paper on Best Practices (2008) broadened the definition to include terrorist financing, such that the current FATF concept is defined as follows:

"[Trade-based money laundering] and terrorist financing (TBML/FT) refer to the process of disguising the proceeds of crime and moving value through the use of trade transactions in an attempt to legitimize their illegal origin or finance their activities."

2.3 This definition recognises that terrorist organisations also engage in a variety of criminal activities, ranging in scale and sophistication from low-level crime to serious organised crime.

2.4 This Guidance Paper refers to this expanded concept as "trade-based money laundering". However, it is not intended to be limited to ML/TF. As noted in the introduction and in paragraphs 1.3 and 1.4, sanctions1 and WMD proliferation risks should also be mitigated. As a result, references to "ML/TF" in this Guidance Paper should be read broadly to include these issues, where appropriate.

2.5 The crux of this concept is the use of trade transactions to facilitate ML/TF. For the purposes of this Guidance Paper, the term "trade transactions" is intended to be interpreted broadly to refer to both domestic and international transactions in respect of goods or services between a buyer and a seller. The precise scope of the concept relies on the individual AI's own judgment, using a reasonable approach. Indicative examples of certain typical products and services provided by AIs (as intermediaries in trade transactions) are set out in paragraph 2.7. A reference to "trade-related activities" in this Guidance Paper refers to activities carried out by AIs involving trade transactions.

2.6 The focus of this Guidance Paper is on the trade-related activities of AIs with their customers and relevant third parties, which can include non-banking entities. However, AIs should also consider the trade-based money laundering risks of their bank-to-bank relationships, and take appropriate steps as necessary.

Trade Products

2.7 While there is no exhaustive list of trade-related products and services, some indicative examples of products or services that typically fall within the scope of "trade finance" services provided by AIs, and therefore within the scope of this Guidance Paper, include:

- Bank guarantees
- Documentary collections
- Financing under open account transactions
- Forfaiting and risk participation
- Import/export loans
- Packing loans
- Pre-shipment loans
- Structured trade financing
- Trust receipts
- Warehouse financing
- Import/export invoice discounting
- Letters of credit ("L/C")
- Financing for transactions under L/Cs

In addition to the above examples, AIs should consider, based on their own business activities and internal classifications, what other products and services fall within the ambit of "trade transactions".

2.8 The types of products and services offered by a particular AI should be factored into relevant risk assessments and related controls, as described in paragraphs 3 and 7. Annex A also describes a typical L/C structure. Who is the Customer?

2.9 Trade is a complex and specialised area. There are multiple parties with interconnecting relationships and intricate structures. The essential questions required to assess whether customer due diligence ("CDD") requirements under the AMLO may apply, such as "who is the customer?" or "has a business relationship been established?" can be difficult to answer definitively.

2.10 There is no "one size fits all" approach. However, generally, AIs need to identify who the customer is and determine whether a customer relationship exists between an AI and a particular party in the context of particular trade-related arrangements. Indicative factors of a customer relationship may include the following:
(a) Who instructs the AI?
(b) What is the nature and degree of connectivity between the AI and the person?
(c) What are the precise activities conducted by the AI?
(d) In what capacity does the AI carry out those activities?
(e) Who benefits from the AI's services?
(f) Which other parties are involved and what are their roles?
(g) How are financial matters structured by the AI, such as the booking of revenue and profit, handling of operational costs and making of payments?
(h) What is the legal structure and how is it documented and treated from a tax perspective by the AI?
(i) What broader rights and obligations apply to the trade transaction, including under internationally accepted standards that are adopted by the industry?

2.11 Annex A describes the two key parts of a typical L/C transaction structure and who would typically constitute the "customer" in certain relationships. Importantly, structures vary and reasonably minor changes in facts can impact the "customer" assessment.

2.12 Some AIs may act as trade finance operation hubs to provide a range of services for their offshore branches or other banks. AIs acting in this capacity should assess whether a business relationship exists with the outsourcing branch or third party bank and the underlying customers, and whether correspondent banking controls are required.

Broader AML/CFT Obligations

2.13 Even where there is no "customer" relationship for the purposes of the AMLO, AIs should remain mindful of their broader AML/CFT obligations under Hong Kong law. This includes having appropriate procedures identifying the steps to be taken in relation to non-customer third parties, such as beneficiaries (or recipients) of an L/C issued by an AI, and where appropriate having regard to the level of ML/TF risk involved. Such procedures may include, for example, checking public sources of information and internet searches. Paragraph 6 and Part 2 of Annex B also describe recommended approaches to transaction screening generally.

3. Trade-based Money Laundering Controls

Key Principles

3.1 Establishing and maintaining adequate and appropriate risk-based controls to address tradebased money laundering risks are an essential element of AIs' trade-related activities.

Specifically, section 19(3) of the AMLO requires AIs to establish and maintain effective procedures not inconsistent with the AMLO for the purposes of carrying out key duties under Schedule 2 to the AMLO,2 in respect of each kind of customer, business relationship, product and transaction.

3.2 Accordingly, AIs should develop written policies and procedures to assess and mitigate ML/TF risks arising from their trade-related customers and activities ("Trade Controls").

3.3 Key principles relating to Trade Controls are as follows:

(a) Institutional / Business-level Risk Assessment – AIs should adopt a risk-based approach to their assessment of risks in relation to trade-related activities, as well as the formulation and implementation of Trade Controls. The risk assessment may form part of the AI's own institutional risk assessment or a distinct trade-related risk assessment, which gives appropriate consideration to ML/TF risks, sanction and WMD proliferation risks. The risk assessment should be well documented and kept up-to-date. Reference should be made to the HKMA circular dated 19 December 2014.3

(b) Customer / Transaction-level Risk Assessment – AIs should perform customerlevel or (for non-customers) transaction-level risk assessment by making reference to the risk-based approach as set out in Chapter 3 of the AMLO Guideline and, based on the assessment results, conduct appropriate CDD and ongoing monitoringmeasures by making reference to Chapters 4 and 5 of the AMLO Guideline respectively. See paragraph 4 for further details.

(c) Coverage – Trade Controls should set out the AI's methodology for assessing,monitoring and mitigating trade-related activities, including specific types of transactions, having regard to assessed risk levels. This methodology should take into account the suggested practices described in Part 2 of Annex B and include necessary information and documentation. Trade Controls should also take into account AI's own sanction policies which may specify various measures or restrictions in relation to sanction regimes in respect of particular countries, products or services.

(d) Red Flags – When developing their Trade Controls, AIs should take into account relevant red flag indicators. A non-exhaustive list of red flags indicators is provided in Part 3 of Annex B. AIs should consider assessing which red flags in Part 3 of Annex B are applicable, and may also adopt additional or different indicators or risk factors that are appropriate having regard to their own business coverage, scale of operations and particular scenarios. In order to identify concerns at an early stage, where possible and appropriate, red flags should be considered at the prerelationship and pre-transaction levels. Relevant staff should also be made aware of, and be required to escalate red flags that are identified after the relationship has been established and/or after transactions have been carried out.

(e) Review and Escalation Procedures – Trade Controls should set out clear red flag review and escalation procedures. These should include higher levels of authority for trade transactions that have been identified with higher risk factors. They should also specify the suspicious transaction reporting mechanisms involving the money laundering reporting officer ("MLRO"). See paragraph 8 for further details.

(f) Exception Reports – AIs should make use of rule-based exception reports or detection scenarios to the extent reasonably practicable. See paragraph 7 and Part 2 of Annex B for further details.

(g) Roles and Responsibilities – Trade Controls should ensure clear division of roles and responsibilities and ownership of risks relating to critical functions.

(h) Documentation – Trade Controls should require decisions relating to trade transactions, workflow procedures and red flags to be documented appropriately for audit trail purposes, having regard to the record-keeping standards in Part 3 of Schedule 2 to the AMLO and Chapter 8 of the AMLO Guideline.4 They should also include mechanisms to ensure that customer information, including applicable trade processes and relevant updates, is captured in the relevant AI's customer database, in order to facilitate the assessment and ongoing monitoring of customer activities.

(i) Management Oversight – AIs should involve senior management in the design and implementation of Trade Controls, as part of senior management's general oversight over ML/TF risk management. Reports that provide senior management a useful view of how trade-based money laundering risks are arising and being managed should form part of regular and ad hoc reporting requirements. Subject to the importance of trade-related activities in the AIs' operations, AIs may also consider placing trade-based money laundering within the remit of a regional or global committee that addresses financial crime and/or trade-related activities.

3.4 Additional recommended content for Trade Controls is set out in the paragraphs below relating to risk assessment, CDD, transaction screening and monitoring, suspicious transaction reporting, risk awareness and training.

3.5 Trade Controls need not be documented in a single set of policies and procedures, but they should be readily identifiable by and made known to relevant staff members who engage in trade-related activities.

Internal Escalation Procedures

3.6 Trade Controls should provide clear guidance on a good transaction review process. For reference, a sample review process is outlined as follows :

(a) "Level 1" review by trade processors with a good knowledge of international trade, customers' expected activity and a sound understanding of trade-based money laundering risks, who are responsible for assessing ML/TF risks in each transaction and escalating potentially suspicious transactions.

(b) "Level 2" review by staff with specialist expertise able to further assess the merits of an escalation from a Level 1 processor and the relevant suspicion itself. These staff members are likely to require extensive knowledge of trade-based money laundering risk and make appropriate use of third-party data sources to verify key information.

(c) A "Level 3" compliance / investigation team takes referrals from Level 2 processors. This team may conduct a further investigation to determine additional measures which may be required to mitigate a risk, and whether the obligation to make a suspicious transaction report arises. Where there are unacceptable ML/TF risks, AIs should not process the transaction.

The sample review process is not intended to be prescriptive. AIs should tailor their own review process to their particular needs. Smaller operations are likely to require fewer stages of review due to the volumes of transactions involved and the nature of their businesses.

Communication, Update and Review

3.7 AIs should ensure that relevant staff in front line and operational units are made aware of Trade Controls and kept informed of updates. Communication between such staff is also important in relation to accounts and relationships generally (see paragraph 5.4).

3.8 AIs should also conduct periodic reviews of their Trade Controls to ensure they reflect current laws and regulations, business needs and (if applicable) industry trends.

3.9 AIs should conduct independent reviews on Trade Controls, including sample testing, to assess their effectiveness and adequacy. This review should be conducted by Compliance and Internal Audit, in accordance with the requirements of paragraphs 2.16 to 2.17a of the AMLO Guideline. External review may also be considered, depending on the risks of ML/TF and the size and nature of the AI's business.

3.10 Trade Controls should also address, where relevant, how staff should handle descriptions which are unclear or worded in a foreign language and/or non-Latin script as part of traderelated activities.

4. Risk Assessment and the Risk-based Approach

4.1 AIs should adopt a risk-based approach to CDD. This includes taking into account the four overarching risk factors of country, customer, product / service and delivery / distribution channel, as set out in Chapter 3 of the AMLO Guideline, together with any other relevant factors that come to an AI's attention in the context of their trade-related activities. In this respect, AIs should make reference to the typical trade-based money laundering typologies in Part 1 of Annex B, having regard to their business coverage, scale of operation and particular scenarios.

4.2 Due to the paper-based nature of many trade transactions and the limitations of automated transaction monitoring in a trade context (as to which, see paragraph 7.6), such risk assessments are comparatively reliant on the judgment of staff. Trade-related riskassessments should therefore be carried out by well-trained processing staff, with appropriate supervision from experienced staff.

4.3 AIs should also make available appropriate tools to staff to conduct trade-related risk assessments. The precise tools that are appropriate for a particular AI or business line will depend on the nature of the relevant business and ML/TF risks involved. They may include products and services provided by reputable third party service providers. Such tools may be developed internally or obtained from reputable and reliable third parties.

4.4 Once a risk assessment has been carried out, AIs should apply the appropriate level of CDD corresponding to the assessed level of ML/TF risk, including enhanced due diligence for high risk customers, in accordance with Schedule 2 to the AMLO and Chapter 4 of the AMLO Guideline.5 Risk assessments also inform the level and degree of transaction screening and monitoring conducted – see paragraphs 6 and 7 for further details.

5. Trade-related CDD Requirements

5.1 Knowing customers is a key part of the controls required to mitigate trade-based money laundering risks. CDD is particularly important for AIs to manage and monitor the risks associated with customers on an ongoing basis throughout the relationship.

5.2 AIs should have Trade Controls that clearly set out the coverage and use of appropriate CDD and other information collected in accordance with the AMLO and AMLO Guideline. This facilitates the assessment and identification of anomalies, and helps to manage the customer on-boarding process and applying risk mitigation measures, where appropriate.

5.3 Without limiting the scope of the AMLO or AMLO Guideline, key customer information related to trade-based activities that is collected may include, but is not limited to, the customer's:

(a) business nature, such as major products, jurisdictions and markets;
(b) delivery / transportation mode for goods or services;
(c) major suppliers and buyers;
(d) products and services to be utilised from the AI;
(e) anticipated account activities;
(f) anticipated major methods and terms of payment and settlement;
(g) internal customer risk assessment ratings by the AI;
(h) any previous suspicious transaction reports filed with relevant authorities, to the extent possible bearing in mind legal and regulatory constraints, including the need to avoid the risk of tipping-off; and
(i) other information from the relationship manager or other relevant staff.

5.4 Given the dynamic nature of the trade cycle and that customers' trade-related activities may change over the course of the business relationship, CDD information should be updated in accordance with section 5 of Schedule 2 to the AMLO and Chapter 4 of the AMLO Guideline. This will generally require an appropriate level of information-sharing between front line staff and staff in operational units during both the customer on-boarding and ongoing review processes.

5.5 Where anomalies regarding customer's trade-related activities are identified at any stage, AIs should consider obtaining further information to assess whether there may be a legitimate explanation to allay the concern. A situation that constitutes an anomaly may not necessarily give rise to, or elevate, the risk of trade-based money laundering. In particular, if there is a legitimate explanation for the anomaly, there may be no such risk implications.

5.6 AIs should ensure proper documentation and record keeping of both the initial CDD assessment and any updated information and explanations. This should include customer information, any decisions made, and any rationale for a decision.

6. Transaction Screening as Part of Trade-related Activities

Principles of Transaction Screening as Part of Trade-related Activities

6.1 Trade Controls should include policies and procedures for transaction screening and relevant alert handling procedures for trade-related activities.

6.2 These should:

(a) follow the guidance in paragraph 2 of the HKMA Guidance Paper on Transaction Screening, Transaction Monitoring and Suspicious Transaction Reporting (HKMA Transactions Guidance Paper) and Chapter 6 of the AMLO Guideline;

(b) include methodologies to detect specific trade-based red flags, common trade typologies and scenarios and sanctions. Part 1 of Annex B provides non-exhaustive guidance on typical typologies and the fields that should be screened and Part 3 of Annex B provides non-exhaustive examples of red flags; and

(c) include screening procedures that provide guidance on dealing with alerts relating to "hits" on particular companies, individuals, commodities, dual-use goods, 6 bills of lading / airway bills and countries.

Sanctions, Terror and High Risk Jurisdiction Lists

6.3 AIs are required by the HKMA to maintain a database of names, particulars of terrorist suspects and designated parties, which should consolidate the various lists that have been made known to it and with which the AI is bound to comply. In addition, AIs should ensure that their designated parties database and sanctioned jurisdictions list are updated in a timely manner. Further details of these obligations are set out in Chapter 6 of the AMLO Guideline and paragraph 2.3 of the HKMA Transactions Guidance Paper.

6.4 AIs should also be alert to persons and transactions associated with high risk jurisdictions and high risk goods / services. The concepts of "high risk jurisdiction" and "high risk goods / services" (or similar) should be properly stated in specific written guidance to staff, ideally within the Trade Controls. Trade Controls should also require a more in-depth investigation into the propriety and authenticity of such transactions.

Shipments and "Dual-use Goods"

6.5 AIs should perform "voyage checks" and "port checks" for the purpose of managing ML/TF risks in transactions involving the shipment of goods using a risk-based approach. Appropriate circumstances for such checks may include, for example, where the shipment involves high risk jurisdictions or raises red flags, such as those set out in Part 3 of Annex B. These checks should be performed to help verify:

(a) the existence of the shipment, to help address the risk of fraud or ML/TF; and

(b) shipment routes, to help address the risk of sanctions violations or WMD proliferation.

6.6 In such cases, AIs should have regard to:

(a) information that may be available directly from customers or other transaction parties; and

(b) publicly available sources of information that are available at no or minimal direct cost, such as information available on the internet.

6.7 Where information or documents in relation to a shipment requested by AIs is not provided (or otherwise available), AIs should establish a process to follow up with the customer and take reasonable steps to obtain the relevant information and any necessary supporting documents.

6.8 "Dual-use Goods" are items that have both commercial and military or proliferation applications. Specialist knowledge is often required to determine whether or not goods have a dual use.

6.9 While this is a complex area, AIs should nevertheless have measures in place, as part of their risk-based systems and controls that can assist in the identification and escalation (for further review) of dual-use goods in trade transactions, taking into account other relevant red flags in a transaction. AIs should therefore consider what policies and procedures may be appropriate in relation to dual-use goods, having regard to the nature and scale of their traderelated activities, as a means to demonstrate effectiveness in this area.

6.10 A number of publicly available sources of information can be used to help identify dual-use goods. For example, for a list of goods of interest, AIs may refer to the "Dual-use Goods List"maintained under the Import and Export (Strategic Commodities) Regulations.

Manual Screening to Supplement Automated Systems

6.11 Trade Controls should supplement automated screening with manual screening. AIs should also have procedures that utilise information gathered during the CDD process in screening, and capture new or amended information received through the life of a transaction.

Handling Alerts

6.12 As alerts arise, AIs should have Trade Controls to ensure appropriate handling and management of:

(a) alerts of possible matches from name screening; and

(b) transactions connected with sanctioned or high risk jurisdictions, or embargoed goods/services.

Reference may be made to paragraphs 2.8 to 2.11 of the HKMA Transactions Guidance Paper on transaction screening generally.

6.13 Relevant staff should:

(a) review the alerts or transactions concerned to check whether any suspicious or prohibited activities are involved and to determine whether the possible matches are genuine hits for further appropriate action;

(b) follow the AI's internal escalation procedures – see paragraph 3.6; and

(c) maintain a written record of the fact of, and the rationale for, the release of an alert concerning a potential name match or transaction. This should confirm that the staff member had in fact checked, for example, whether the particulars of the trade transaction and/or payment message(s) actually indicated the involvement of designated parties, sanctioned activities or other matters of concern to the

AI. Further guidance on this subject is set out in paragraph 2.11 of the HKMA Transactions Guidance Paper.

7. Transaction Monitoring as Part of Trade-related Activities

Principles of Transaction Monitoring as Part of Trade-related Activities

7.1 The purpose of transaction monitoring is to alert AIs to activities which appear to be unusual or suspicious for further examination and investigation.

7.2 AIs should establish an effective transaction monitoring mechanism to identify unusual or suspicious trade-based activities. The scope and complexity of the monitoring process should be determined using a risk-sensitive approach. Reference may be made generally to contents of Chapter 3 of the HKMA Transactions Guidance Paper in this respect.

7.3 AIs should take into account the nature of their trade-related products and services, the common trade-based ML/TF typologies and red flags in designing appropriate trade-related monitoring mechanisms. A non-exhaustive list of typical typologies and red flags are provided in Parts 1 and 3 of Annex B. Staff should be made aware that trade-based money laundering techniques generally rely on collusion between the seller and buyer, since the intended outcome from the arrangements is often to obtain value in excess of what would be expected from an arm's length transaction. In certain cases, the collusion may arise where the buyer and seller are controlled by the same person.

7.4 AIs should periodically assess and review their transaction monitoring systems in the context of their trade-related activities, taking into account changes in business operations and developments in ML/TF methods. Paragraph 3.11 of the HKMA Transactions Guidance Paper provides further guidance.

7.5 Trade Controls should include senior management oversight over the development and implementation of the transaction monitoring system, in accordance with paragraph 3.7 of the HKMA Transactions Guidance Paper. Staff should collate key financial crime metrics and trends that are relevant to trade transactions for distribution to all relevant staff including senior management and frontline teams.

Manual Screening is a Crucial Supplement

7.6 AIs should be aware of the limitations of automated systems. In particular, owing to the complexity involved in trade-related activities, transaction monitoring involves a higher level of human effort and judgment for the effective identification of unusual or suspicious activities. Automated systems should only act as a "complement" to those efforts.

7.7 As with monitoring generally, AIs should determine the appropriate degree of automation based on the size, nature and complexity of its business on trade products and services. Paragraphs 3.6 to 3.9 of the HKMA Transactions Guidance Paper provide additional details regarding automated transaction monitoring.

8. Suspicious Transaction Reporting

Filing an STR As Soon As Possible

8.1 Chapter 7 of the AMLO Guideline and paragraph 4 of the HKMA Transactions Guidance Paper provide substantial practical guidance in relation to filing suspicious transaction reports ("STRs"). This applies equally in relation to suspicious transactions and scenarios encountered as part of trade-related activities. Where knowledge or suspicion arises, an STR should be filed with the Joint Financial Intelligence Unit ("JFIU") in a timely manner.

8.2 As with other types of transactions and scenarios, it may be appropriate to undertake further enquiries before an STR is filed. If the AI obtains what it considers to be a satisfactory explanation of the trade transaction or scenario, it may conclude that there are no grounds for suspicion and take no further action. In all cases, the steps taken should be balanced against the risk of tipping-off.

8.3 Where the AI's enquiries do not provide a satisfactory explanation of the relevant transaction or scenario, it may conclude that there are grounds for suspicion. AIs should follow the JFIU's "SAFE" (ie Screen-Ask-Find-Evaluate) approach to identify suspicious activities for reporting.

8.4 AIs should always file an STR when required to do so under the relevant ML/TF legislation. However, between the filing of the STR and receiving feedback from the JFIU, the AI may decide, upon further analysis, that there are no reasonable grounds to believe that the circumstances involve ML/TF under any applicable legislation, and that the relevant transaction and/or continued account operation or other dealings may therefore proceed.

Internal Reporting and the Role of the MLRO

8.5 AIs should ensure that reporting lines to the MLRO are as short as possible, with the minimum number of people between the staff with the suspicion and the MLRO, as required by paragraph 7.24 of the AMLO Guideline.

8.6 The MLRO and persons assisting the MLRO are expected to:

(a) consult relevant trade processing or other specialised staff in appropriate situations to assist the MLRO to assess escalated reports and otherwise discharge their responsibilities, but in no circumstances may such staff filter out such reports;

(b) undertake the following when assessing whether or not to file a STR in a potential trade-based money laundering situation:

(i) reviewing trade finance documents, for example, bills of lading and commercial invoices;

(ii) conducting company verifications and media searches;

(iii) conducting client account activity reviews;

(iv) reviewing existing CDD files and, where required, obtaining information from relationship management teams who may further reach out to customers to the extent possible, bearing in mind the risk of tipping-off; and (v) reviewing the results of any available screening and monitoring processes; and

(c) based on the information obtained as part of 8.6(b), re-assess the customer risk and make adjustment to the risk rating, if appropriate.

9. Risk Awareness and Trade Specific ML/TF Training

9.1 Comprehensive risk awareness and training programs are an integral part of effective AML/CFT risk mitigation. Chapter 9 of the AMLO Guideline provides guidance on AML/CFT training generally. As part of this, AIs should ensure that relevant staff understand the phenomenon of trade-based money laundering, how it may arise in the context of the AI's business and related Trade Controls.

9.2 More specifically, AIs should ensure that key issues specific to trade-based money laundering are periodically and effectively communicated to relevant staff. This may include, for example:

(a) typical trade transactions and structures, to ensure that key trade-related concepts, arrangements, documentation and parties are understood;

(b) typical typologies in relation to trade-based money laundering;

(c) the AI's Trade Controls, including recent or upcoming updates;

(d) emerging risks in trade-based money laundering;

(e) regulatory expectations drawn from guidelines, circulars, seminars and (if applicable) specific engagement with the AI;

(f) industry trends and best practices in combating trade-based money laundering;

(g) case studies and/or information sharing on trade-based money laundering; and

(h) common red flags.

9.3 AIs should identify and engage staff members who will require trade-based money laundering training. Relevant staff may include relationship managers, staff involved in selling products related to trade-related activities, the MLRO and trade operation teams. In addition to front line staff who are responsible for identifying and escalating potential trade-based money laundering, staff within control functions such as compliance, risk and internal audit may also require training. This list is not exhaustive and AIs may identify other staff that fit into this category.

9.4 Such persons may also be able to provide, or contribute to, training depending on their background, role and experience.

9.5 Role-based training should also be included for staff involved in day-to-day trade processes. Such staff may include, for example, relationship managers and trade-related operations teams. The goal of role-based training is to educate staff about the specific risks and responsibilities applicable to them, to assist in preventing, identifying, mitigating and reporting potential trade-based money laundering. For example, a document checker in trade operations will require greater in-depth training on irregular data that may be found on invoices, L/Cs and other trade finance-related documents, which they would be expected to handle on a day-to-day basis.

9.6 In this respect, trade-based money laundering training should be bespoke. Staff training should be refreshed at regular intervals and relevant training records should be properly retained.

※ 제3장 각국 및 권한당국에의 FATF 국제기준 적용
제4장 가상자산사업자 및 기타 가상자산 활동 참여·가상자산사업자에 대한 국가별 규제·감독 접근법

제3장 각국 및 권한당국에의 FATF 국제기준 적용 (원문의 번호 준용)

95. 제3장에서는 가상자산 및 가상자산사업자(VASPs)와 관련된 FATF 권고사항들이 각국과 권한당국에 어떻게 적용되는지를 설명하고, 국제기준상 가상자산 활동과 관련된 위험의 식별·완화, 예방조치의 적용, 인·허가/등록 의무의 적용, 금융회사의 관련 금융활동에 대한 감독에 준하는 효과적인 감독의 이행, 효과적·억제적 제재의 마련, 국내·외 협력 활성화 등에 초점을 맞추고 있다. 가상자산·VASPs와 관련된 ML/TF 위험을 해소하기 위해 각국이 정부당국과 국제협력을 어떻게 이용할 것인지를 이해하는 데 FATF 권고사항 거의 전체가 직접적 연관성이 있으며, 가상자산·VASPs와 직접적 혹은 명시적 연관성은 없는 권고사항이라도 여전히 그들과 전혀 무관하지는 않으며 적용될 수도 있다.

96. INR.15에서 기술하는 바와 같이 FATF 권고사항상 의무가 가상자산·VASPs에 전면적으로 적용된다. 즉 AML/CFT 규제를 받는 다른 기관들에게 적용되는 의무가 모두 포함되며, 규제는 VASPs가 관여돼 있는 금융활동을 기반으로 국제기준상 가상자산 활동이나 업무와 관련된 ML/TF 위험과 관련하여 적용된다.

97. 본 장에서는 또한 VASPs 감독당국의 위험기반접근법(RBA) 적용에 대해서도 검토한다.

가상자산·가상자산사업자 맥락에서의 권고사항 적용

위험기반접근법 및 국가적 조정

98. 권고사항1. FATF 권고사항은 각국이 위험기반접근법(RBA)을 적용함으로써 ML/TF 위험에 대한 예방·완화 조치들이 자국 내에서 확인된 위험에 부합하도록 해야 한다고 강조한다. 이러한 RBA하에서 각국은 가상자산을 이용한 더욱 고위험의 상황이나 활동에 대해 의무사항을 강화해야 한다. 2015 VC 지침 당시에도 논의됐듯 특정한 가상자산 금융활동의 유형, 예컨대 P2P 거래나 VASPs 활동이나 운영, 집권형/분산형 가상자산의 구별 및 그들이 규제를 받고 있는 VASP의 통제 대상인지 여부 등은 각국이 가상자산 관련 ML/TF 위험을 평가할 때 고려해야 할 핵심 측면임에는 변함이 없을 것이다. 가상자산·VASP는 익명성이 강화되고 가상자산 자금 흐름을 파악하기 어려워질 수 있는 점 및 효과적인 감독 및 고객확인·검증을 포함한 CDD 수행이 힘들다는 점 등 때문에 국가별 배경상황에 따라 대체로 ML/TF 고위험으로 간주되어 필요시 모니터링 및 강화된 고객확인조치를 적용해야 할 수도 있다.

99. 권고사항 1에서는 각국이 자국의 ML/TF 위험을 확인·이해·평가하고 효과적으로 그 위험을 완화할 수 있는 조치를 취하도록 하고 있다. 이 의무는 권고사항 15 '새로운 기술' 관련 위험에도

적용되며, 가상자산 및 국제기준상 가상자산 활동·업무·상품·서비스 등을 제공하거나 그에 관여된 VASPs 관련 위험도 예외가 아니다. 권한당국이 국제기준상 가상자산 활동(예를 들면 가상자산 결제, 이체, 발행 등)을 대상으로 AML/CFT 정책을 수립하고, 또 관련 가상자산 기술 및 새로운 상품·서비스에서의 혁신을 지원하는 데에는 적절하고 필요한 경우 공공·민간 부문 협력이 도움이 될 수 있다. 권한당국이 AML/CFT 자원을 배분하고 우선순위를 매기는 데에 있어서도 이러한 협력이 도움이 될 수 있다.

100. FATF는 2020년 10월 권고사항 1과 주석을 개정하여 국가, 금융기관, DNFBPs에 국제기준상 정의된 PF 위험을 평가하도록 의무를 부과하였다. 2021년 6월, FATF는 권고사항 15 주석을 개정하여 PF 의무사항이 VASP에게도 적용되도록 명확히 설명했다. 이러한 의무들을 확실히 하기 위하여, FATF는 2021년 PF 위험평가 및 완화 지침서를 공개하였다. 이 지침은 국가 및 VASP의 PF 위험평가·완화에 관한 내용을 다룬다. 각국은 가상자산 ML/TF/PF 위험을 확인·평가·완화하기 위한 효과적인 조치를 취해야 한다.

101. 각국의 당국들은 조정을 통해 가상자산 활동·상품·서비스 등에 대한 위험평가를 실시해야 하며, VASPs 관련 위험 및 경우에 따라 해당국 내 VASP 업계 전반에 대한 위험에 대해서도 평가를 수행해야 한다. 위험평가를 통해 ① 모든 유관기관이 어떤 가상자산 상품·서비스가 어떻게 기능하는지, 그리고 AML/CFT 차원 규제대상 영역에 해당하고 또 영향을 미칠 수 있는지를 이해할 수 있어야 하고(송금과 결제 방식, 가상자산 키오스크, 상품, 증권이나 기타 발행 활동 등. VASP 정의 참고) 또한 ② 유사한 위험 프로파일의 유사 상품·서비스에 적용하는 유사 AML/CFT 조치들을 적극 추진해야 한다. 위험평가를 이행할 때, 가상자산, VASP, 이들의 기반기술에 대한 이해도가 높은 사람이 참여하는 것이 특히 중요하다.

102. VASP 부문이 진화하면서 각국은 국제기준상 가상자산 활동 대상 AML/CFT 조치와 그 밖에 다른 규제·감독 조치(이를테면 소비자 및 투자자 보호, 건전성, 네트워크 IT 보안, 세금 등 관련 조치) 사이의 관계를 조사하는 것을 고려해야 한다. 다른 부문에서의 조치가 ML/TF 위험에 영향을 미칠 수 있기 때문이다. 가상자산의 채택이 이렇게 계속 확대된다면 각국은 이런 차원에서 국제기준상 가상자산 활동과 VASPs(및 가상자산 부문에서 운영 중인 다른 의무이행 개체들)를 대상으로 포괄적인 장·단기 정책적 노력을 기울일 것을 고려해야 한다.

103. 각국은 VASPs(및 다른 의무이행 개체들)가 국제기준상 가상자산 활동 혹은 특정 가상자산 상품·서비스의 제공 및 관여 시 관련된 ML/TF 위험을 확인·평가하고 그 위험을 완화하기 위해 효과적인 조치를 취하도록 해야 한다. VASPs가 법적으로 허용되는 경우 해당국과 VASPs, 금융회사와 DNFBPs(가상자산 활동에 관여되거나 가상자산 상품·서비스를 제공하는 금융회사나 DNFBPs 포함)는 관련 ML/TF 위험을 평가하고 RBA를 적용하여 해당 위험을 적절히 예방·완화하는 조치가 이행되도록 해야 한다.

104. 가상자산과 마찬가지로, 대중화 및 P2P 거래 사용 가능성이 높은 스테이블코인의 ML/TF 위험을 지속적이고 미래 지향적인 방식으로 분석하는 것이 중요하다. 신제품 개발 시, VASP 및 다른 의무이행 기관은 시장 출시 전에 ML/TF 위험을 평가하고, 완화 정책을 보유해야 한다. 예를 들어, 이용자의 익명 거래 범위 제한, 어레인지먼트(arrangement) 접근 가능 인물 통제, AML/CFT 방지책 마련 여부 및 방법 통제, 어레인지먼트 내의 의무이행 기관의 AML/CFT 의무사항 준수

여부 확인, 소프트웨어를 통한 의심거래활동 모니터링 및 감지 등이 완화정책에 포함될 수 있다. 감독기관은 신고/인·허가를 부여하기 전에 지속적으로 이러한 완화조치가 마련되어 있는지 확인해야 한다. 상품이 출시되고 나면, 상품 위험을 완화하는 것이 더욱 어려워진다.

P2P 거래

105. 제2장에서 제시한 바와 같이, 각국은 P2P 거래와 관련된 ML/TF 위험을 비롯해 자국에서 P2P 거래가 어떻게 이용되고 있는지 이해해야 한다. 회원국은 P2P 거래 위험에 대한 이해도를 높이기 위해 다음과 같은 조치를 고려해볼 수 있다:
   a) VASP 및 P2P부문 대표자 등 민간 부문에 대한 아웃리치 (예 P2P 거래에 관한 AML/CFT 요건에 대한 자문)
   b) 감독당국, FIU, 법집행당국 담당자 대상 교육 실시
   c) 블록체인 분석 등 방법론과 도구 개발 장려를 통한 P2P 시장 메트릭스(metrics) 및 위험완화 솔루션 수집 및 평가와 위험 방법론을 통한 의심거래 확인 및 프로그래머/개발자들의 참여 등을 통한 언호스티드/호스티드 지갑 현재까지, FATF는 VA 주소만을 통해 어떤 상황에서도 정확하게 수취인 지갑을 관리하는 VASP를 확인하기 위한 목적의 기술적으로 증명된 수단에 대해 아는 바가 없다.

106. P2P거래 관련 평가된 위험 혹은 특정 유형에 따라, 각국은 국가적인 차원에서 위험을 완화할 수 있는 적절한 방안을 고려 및 이행해 볼 수 있다. 방안은 다음과 같다:
   a) P2P 활동 및 의무/비의무이행 기관 사이의 가상자산 활동의 가시성을 제고하는 통제조치(가상자산등을 이용한 통화거래 신고 또는 이체와 관련한 기록보관 규정 등) 보고의무는 해당 유형의 거래가 야기하는 관련 ML/TF 위험 완화를 목적으로 하는 FATF의 개인 국경 간 거액의 현금 물리이체에 대한 보고의무와 유사하다. (권고사항 32)
   b) 비수탁형 지갑 거래를 중심으로 가상자산 운영 공간에서 활동하는 VASP와 개체에 대한 지속적인 감독 강화 (예를 들면, VASP가 해당 거래와 관련한 규정을 이행했는지 확인할 수 있는 임점/비임점 감독)
   c) RBA에 따라 용인 가능하다고 간주되는 주소/출처 간의 거래만을 촉진하도록 VASP에 의무부과
   d) VASP 및 다른 의무이행 기관 간의 거래만을 수용하도록 VASP 의무부과
   e) 비의무이행 기관 간 거래를 허용하는 VASP에 추가 AML/CFT 요건 적용(예를 들면, 강화된 기록보관 및 EDD 의무사항 등)
   f) VASP가 P2P 참여 및 촉진하는 고객을 접할 때 위험기반접근법을 적용하는 것의 중요성을 강조한 지침 및 적절한 경우 위험평가, 지표 및 유형론 출판 등
   g) 공개지침서 및 권고안 발행 및 P2P 거래의 위험 인식제고를 위한 캠페인 진행(특정 사용자 평가, 관측된 행동 패턴, 지역/지방 위험, 규제기관 및 법집행기관으로부터 받은 정보 등)

107. FATF는 비수탁형 지갑 간의 P2P 거래 외에도 다음과 같은 추가 조치가 필요한 잠재적 위험을 확인했다: AML/CFT 법체계가 취약하거나 부재한 국가 내 가상자산(AML/CFT 예방조치 이행이 미흡함), 분산형 거버넌스 구조가 있는 가상자산(AML/CFT 조치 적용 능력을 가진 중개기관이 부재할 수 있음). 이로 인해 해당 국가나 VASP는 이러한 위험에 기반하여 관련 규정, 감독, 혹은 적절한 통제체계 내의 미흡한 부분을 찾아 이를 보완해 줄 수 있도록 해당 국가나 VASP에 적합한 맞춤식 거래 보호수단을 도입해야 할 수도 있다. 추가적 정보는 FATF의 G20 스테이블코인 보고서를 참고한다. 대중화 가능성이 높은 스테이블코인처럼 위험성이 큰 경우가 이에 해당한다

대중화 및 P2P 관련 ML/TF 위험에 관한 추가적인 정보는 문단 40을 참고한다.

가상자산·VASPs 금지 및 제한

108. 각국은 자체 위험평가 결과와 국가 차원의 규제 맥락을 감안하여 본 지침에서는 언급되지 않는 다른 정책적 목표(소비자 및 투자자 보호, 건전성, 통화정책 등) 추구를 위해 VA활동, VASP, 비의무이행 기관이 수행하는 가상자산 활동을 금지하거나 제한할 수 있는 재량이 있다. 여기에는 관련 활동에 대한 일반적인 금지조치 혹은 제한, 또는 용납할 수 없는 수준의 위험을 가할 것으로 여겨지는 상품 혹은 서비스에 대한 특정 금지조치 혹은 제한사항이 포함된다.

109. 각국은 가상자산 활동 및 VASP를 금지하거나 제한하기에 앞서, VA 및 VASP 관련 ML/TF 위험을 이해해야 한다. 가상자산 활동이나 VASP를 금지하는 것을 고려하는 국가들은 그러한 금지가 자국의 ML/TF 위험에 어떤 영향을 미치는지를 고려해야 한다. 어떤 국가의 해당 부문의 활동 금지, 제한, 규제 여부와는 상관없이 전반적인 ML/TF 위험 완화 차원에서는 추가적 조치가 유용할 수 있다. 예를 들어 가상자산 활동과 VASP가 금지된 국가라면, 해당국에서는 불법적으로 운영되는 VASP(혹은 가상자산 활동에 관여하고 있는 다른 의무이행 개체들)를 식별하고 비례적·억제적 제재를 가하며 이들과 해외 기반 VASP에 의해 해당 국가에게 제공될 서비스를 평가하는 것이 완화조치가 될 수 있겠다. 금지 혹은 제한하는 경우라도 해당국의 위험 프로파일을 바탕으로 아웃리치 및 집행 조치는 물론 가상자산 활동 및 VASP 운영의 국경 초월적 특성(예를 들면 해외 가상자산 결제나 이체 등)을 고려하는 위험 완화 전략 등은 여전히 의무사항이다. 각국은 관련 ML/TF 위험 및 그러한 금지/제한조치 집행이 빠르게 진행될 수 있음을 감안할 때, 의사결정의 토대가 되는 위험평가를 주기적으로 재고려해야 한다.

110. 권고사항 2. 권고사항 2에서는 VASP 부문 포함 AML/CFT/CPF 정책에 대한 국가적 협력·조정을 요구하고 있으며, 따라서 국제기준상 가상자산 활동을 규제·감독하는 맥락에서 본 권고사항은 간접적으로 각국에 적용될 수 있다. 각국은 여러 기관이 합동으로 참여하는 실무그룹이나 태스크포스 등의 체계를 통해 정책결정자들과 규제당국, 감독당국, FIU, 법집행당국 등이 서로간에, 또 다른 유관 권한당국들과 협력하여 효과적 정책·규제·기타 조치들을 수립·이행하여 국제기준상 가상자산 활동과 VASPs 관련 ML/TF/PF 위험을 해결하도록 해야 한다. AML/CFT 의무 및 「개인정보 보호법」이나 기타 유사법(예를 들어 정보보안/현지화 등)과의 호환성 보장을 위해 관련 당국과의 협력 및 조정도 그러한 노력에 해당될 수 있다. 이동이 매우 쉽고 국경 초월적인 가상자산의 특성, 그리고 국제기준이 적용되거나 규제를 받는 가상자산 활동에 여러 규제기관(송금, 증권, 상품, 파생 활동 등을 규제하는 권한당국 등)이 개입될 수 있는 점 등 때문에 국가적 협력·조정은 가상자산 맥락에서 특히 중요하다. 또한 수사를 개진하고 여러 기관의 다양한 도구를 이용해 사이버 및/또는 가상자산 생태계상 문제를 해결하는 맥락에서도 가상자산 사안 관련 국가적 협력은 필수적이다.

가상자산 취급과 관련하여 자금 혹은 가치 기반 용어들의 해석

111. 각국은 FATF 권고사항 적용 목적으로 '재산(property)', '수익(proceeds)', '자금(funds)', '자금이나 기타 자산(funds or other assets)' 다른 '상응하는 가치(corresponding value)' 등 권고사항에 등장하는 모든 자금 혹은 가치 기반 용어들에 가상자산도 포함되는 것으로 생각해야 한다. 특히 각국은 권고사항 3~8, 30, 33, 35, 38상의 관련 조치를 가상자산 맥락에서 적용하여

가상자산이 ML/TF나 PF에 남용되는 것을 막도록 하고, 가상자산을 이용한 범죄의 수익 전부에 대해 조치를 취해야 한다. 위에 언급한 특정 권고사항들은 자금이나 가치 기반 용어들 혹은 기타 유사 용어들에 대한 내용이 포함된 것들로(표면적으로는 VASPs나 비슷한 의무이행 개체들에게 직접 적용이 안 될 것처럼 보일 수도 있으나 사실상 이 부문에서 적용 가능함) 각각 ML범죄, 몰수와 잠정조치, TF 범죄, 정밀금융제재, 비영리단체, 법집행기관의 권한, 제재, 국제협력 관련 내용이다.

112. 권고사항 3. 권고사항 3 이행을 위해서는 액수와는 상관없이 가상자산 맥락을 포함해 어떤 형태의 재산에든 ML 범죄가 적용될 수 있어야 한다. 이때 재산이란 직접적으로 범죄수익을 나타내는 것이다. 해당 재산이 범죄수익임을 증명할 때 꼭 특정인의 전제범죄 유죄판결을 필요로 해서는 안 되며, 가상자산 관련 수익의 경우에도 이는 예외가 아니다. 따라서 각국은 적용 가능한 ML 범죄 조치의 범위를 가상자산을 이용한 범죄수익에까지 확대해야 한다.

113. 권고사항 4. 유사하게 "(a) 세탁된 자금, (b) 자금세탁행위, 기타 전제범죄로부터 발생한 범죄수익과 동 범죄행위에 사용되었거나 사용될 수단, (c) 테러자금조달행위로 발생한 범죄수익과 동 범죄행위에 사용되었거나 사용될 예정인 수단, (d) 이에 상응하는 가치의 재산"과 관련된 몰수 및 잠정조치도 가상자산에 적용된다.

114. 법화 및 상품에 적용할 수 있는 몰수나 잠정조치의 경우, 법집행기관은 자산이 범죄활동에서 유래한 것임을 입증할 수 있는 근거가 있거나 근거가 이미 확인된 경우 긴급(temporary) 자산 동결을 요청할 수 있어야 한다. 동결기간을 연장하거나 자산의 몰수를 요청하기 위해서는 법원 명령을 받아야 한다.

115. 권고사항 5. 유사하게 권고사항 5의 TF범죄는 가상자산 포함 "모든 자금 또는 다른 자산"에 적용돼야 하며, 해당 자금이나 자산의 출처가 합법적인지 불법적인지의 여부는 상관없다(INR.5 참고).

116. 권고사항 6. 각국은 제재대상자의 자금이나 기타 자산(가상자산 포함)을 지체 없이 동결하여 테러 및 테러자금조달 관련 정밀금융제재와 관련 있는 제재대상자가 이용할 수 있거나 그 대상자의 이익을 위해 사용될 수 있는 자금이나 기타 자산(가상자산 포함)이 없도록 해야 한다.

117. 권고사항 7. 각국은 확산금융 관련 정밀금융제재 맥락에서 제재대상자의 자금이나 기타 자산(가상자산 포함)을 지체 없이 동결하여 제재대상자가 이용할 수 있거나 그 대상자의 이익을 위해 사용될 수 있는 자금이나 기타 자산(가상자산 포함)이 없도록 해야 한다.

118. 권고사항 8. 각국은 또한 권고사항 8에서 기술하듯 TF 남용으로부터 비영리단체를 보호하기 위해 위험기반접근법에 따라 조치를 적용해야 하며, 이때 비밀리에 테러조직으로의 자금 전파에 가상자산이 이용되는 경우도 포함된다(R.8(c) 참고).

119. 본 지침 3.1.2에 언급된 모든 자금 혹은 가치 기반 용어들에 적용된다는 맥락에서 권고사항 30 역시 국제기준상 가상자산 활동 및 VASPs에 적용된다. 각국은 다른 유형의 재산이나 범죄수익과 마찬가지로 권한당국이 몰수대상이거나 몰수대상이 될 가능성이 있는, 혹은 범죄수익으로 의심되는 가상자산 관련 재산을 신속하게 식별·추적하고 동결·압수를 위한 조치를 개시할 책임을

갖도록 해야 한다. 각국은 자국 법체계상의 가상자산 분류와는 상관없이(즉 특정국의 재산 관련법상의 가상자산 분류와는 상관없이) 권고사항 30을 이행해야 한다.

120. 권고사항 33. 각국이 관리하는 통계에는 권한당국이 접수·제공하는 의심거래보고 관련 통계는 물론 권한당국의 동결·압수·몰수 재산에 대한 통계도 포함돼야 한다. 따라서 가상자산 및 VASPs 맥락에서도 권고사항 33이 이행돼야 하며, 각국은 VASPs 및 은행 등 다른 의무이행 개체들로부터 VASPs, 가상자산, 가상자산 활동 등과 관련하여 권한당국에 제출하는 의심거래보고에 대한 통계도 관리해야 한다. 각국은 자금 혹은 가치 기반 용어가 포함된 다른 권고사항(R.3~8, 30, 35, 38)의 경우와 마찬가지로 권한당국이 동결·압수·몰수하는 모든 가상자산에 대한 통계도 관리해야 하며, 이때 해당국에서 재산관련 자국법상 가상자산을 어떻게 분류하는지 여부는 상관없다. 각국은 의심거래보고 및 관련 통계를 업데이트하여 수사 및 금융 분석을 활성화할 수 있는 가상자산 관련 지표를 포함하는 것을 고려해야 한다.

121. 권고사항 35. 각국에 권고사항 6, 8, 23이 적용되는 자연인·법인 중 AML/CFT 의무를 이행하지 못한 이들에게 적용할 수 있는 효과적이고 비례적이며 억제적인 여러 제재를 갖추도록 하고 있다. 이와 유사하게 INR.15 중 6번 문단에서 기술하듯 각국은 VASPs(및 가상자산 활동에 관여하는 다른 의무이행 개체들) 중 AML/CFT 의무를 준수하지 못한 이들에게 부과할 수 있는 제재를 갖추어야 한다. 그러한 제재는 금융회사와 DNFBPs 및 다른 자연인·법인의 경우와 마찬가지로 VASPs뿐만 아니라 경우에 따라 그 관리자와 고위 경영진에게도 적용할 수 있어야 한다.

122. 권고사항 38. 역시 자금 혹은 가치 기반 용어들을 포함하고 있고 가상자산 맥락에서도 적용되나, 보다 자세한 내용은 본 지침 3.1.8. '국제협력' 부분 및 INR.15의 8번 문단의 내용에서 보듯 권고사항 37~40 이행 부분에 기술돼 있다.

인·허가 혹은 등록

123. 각국은 VASPs의 인·허가 및/또는 등록을 담당하는 1개 혹은 그 이상의 당국을 지정해야 한다.

124. FATF 국제기준에 따라 각국은 VASP의 인허가/등록에 유연성을 적용할 수 있다. 각국은 기존 제도 안에서 VASP의 인허가/등록을 실시할지, 아니면 새로운 법제도를 마련할지 결정해야 한다. 기존 법체계를 이용하면 이행 시기를 앞당길 수 있고 관련 절차 운영과 관련해 규정 준수에 대한 기존 지식을 활용할 수 있다는 장점이 있다. 각국은 또한 MVTS 등의 기존 인허가/등록 시스템이 기능적이고 VASP에 적절하다면 기존의 시스템을 용이하게 적용해볼 수 있다. 그러나 새로운 법체계를 마련하면 VASP라는 적용대상 확정이 가능하며 VASP에 적용불가한 기존 법조항을 불필요하게 포함시키지 않을 수 있다. 예를 들어, 해당 법체계가 수립된다면 AML/CFT 분석과 기존의 금융서비스 부문과는 다른 가상자산 섹터의 위험 및 완화요소와 관련해 기술적 측면에 더 큰 무게를 실을 수 있다. 기존의 인허가/등록 시스템이 VASP의 위험을 충분히 완화한다는 점은 필수적으로 사전에 확인해야 한다. 각국이 가상자산 및 VASP만을 대상으로 한 법과 규정을 신규 도입했다 해도 이 보다는 인허가/등록제도를 신규로 도입하는 것이 더 합리적인 결정이 될 수 있다. 국가별로 다양한 가상자산, VASP 활동 및 관련 ML/TF 위험에 대한 평가를 바탕으로 인허가/등록 요건, 법제도 유형 및 규범성을 결정해야 한다.

인허가/신고대상 VASP 유형

125. INR.15의 3번 문단에 따라, VASPs는 최소 그 개설국(들)에서 인·허가를 받거나 등록을 해야 한다. 법인 개설과 관련한 증명으로는 INR.24 각주 40번.
회사의 창설 혹은 공공등기부·상업등기부 혹은 기타 유사한 회사나 법인격 있는 개체 등기부 등록 등 같이 자국 내에서 법인격이 있는 개체의 존재를 공식화하는 데에 사용되는 다른 기제, 공증이나 다른 공무원의 인정, 회사의 부속정관 또는 정관의 제출, 회사 납세번호 부여 등이 있다.

126. VASP가 자연인인 경우 사업장이 소재한 국가에서 인·허가를 받거나 등록이 되어야 한다. 인·허가나 등록 결정은 국가별로 여러 가지 요소를 고려할 수 있다. 자연인의 사업장은 그 사업이 주로 운영되는 곳 혹은 그 사업 관련 장부와 기록이 보관되는 곳은 물론 해당 자연인이 거주하는 곳(즉 자연인이 현재 물리적으로 위치, 소재하거나 거주하는 곳) 등으로 규정될 수 있다. 자연인이 자기 거주지에서 사업을 운영하거나 사업장이 확인되지 않는 경우 이를테면 주 거주지가 사업장으로 간주될 수 있다. 또한 사업장에 대해서는 하나의 잠재적 고려요소로 서버의 소재지도 포함될 수 있다.

127. 각국은 VASP가 상품 및/또는 서비스를 제공하거나 영업활동을 실시하는 해당 국가에서의 인허가/등록을 완료할 것을 의무화할 수도 있다. 그렇게 되면 관련 국가 내 감독당국은 해당 국가 내에서 체류 및 거주하는 이들이 접근하거나 이용할 수 있는 서비스를 제공하는 VASP나 해당 국가 내에 직원 또는 경영진이 상주하는 VASP를 대상으로 인허가/등록을 의무화할 수 있다. FATF 국제기준은 이들 각 개체에 대한 적용 범위의 명시를 의무화하고 있지 않지만 가상자산의 국경 초월적 성격을 고려할 때 각국 정부는 효과적으로 관련 위험을 완화할 수 있을 것이다. 가상자산은 법인 설립 소재지와 무관하게 해당 가상자산에 접근 가능한 모든 국가에 그에 따른 위험을 전파하는 것이기 때문에, 되도록 포괄적인 적용 범위를 부여하는 것이 안전성을 높일 수 있는 길이다.

128. 법인등록을 하지 않은 국가에서 제품 및/또는 서비스를 제공하는 VASP를 적발하기 위해 감독당국은 일련의 관련 기준을 적용할 수 있다. 사무실 및 서버의 위치(콜센터와 같은 고객 영업활동 포함), 특정 국가/시장 대상 홍보 활동, VASP 웹사이트 및/또는 모바일 애플리케이션에 사용되는 문구, VASP가 특정 국가에 보유한 배포망(예 고객 발굴 또는 해당국 체류 고객의 대면 방문을 위해 중개사업자를 지정한 경우), 고객에게 특정 정보 요청 시 드러나는 특정 국가 정보 등이 그것이다.

인허가/등록 VASP 확인 방법

129. 각국은 법적으로 필요한 인허가/등록 없이 가상자산 활동 또는 영업활동을 수행하는 자연인 또는 법인 확인을 대상으로 필요한 조치를 시행하고, 가상자산 활동 또는 영업활동(예 고객에게 가상자산을 제공하는 은행)을 이행하는 전통적인 의무이행 기관 등도 고려하여 적절한 제재를 도입해야 한다. 각국 내 관련 당국은 VASP 업계와 관련 가상자산 활동 또는 영업활동에 참여하는 기타 의무이행 기관을 모니터링하거나 관련 가상자산 상품 또는 서비스를 제공하는 체계를 갖춰야 한다. 또, VASP 및 기타 의무이행 기관에게 관계 기관에 인허가/등록 의무를 고지할 수 있도록 하는 적절한 채널을 갖추게 한다. 또한 인허가/등록 미실시 VASP(및 가상자산 활동에 관여하는 기타 의무이행 기관)를 확인 및 제재를 담당하는 기관을 지정해야 한다. 앞서 본 지침에서 언급됐듯 가상자산 활동이나 VASP를 금지하기로 한 국가들의 경우라도 권고사항 15의

의무사항에 따라 법적 의무를 이행하지 않은 자연인·법인을 확인하고 조치를 취하기 위한 도구와 권한을 갖춰야 한다.

130. 인허가 및/또는 등록 없이 영업활동을 하는 자연인과 법인을 적발, 수사하기 위해 각국은 가용할 수 있는 도구와 자원의 범위를 점검해야 한다. 예를 들어 각국은 다음을 고려해야 한다:
a) 블록체인 또는 분산 원장 분석 도구 및 기타 조사 도구 또는 역량
b) 미등록 혹은 미인가/등록 개체의 광고, 홍보성 커뮤니케이션, 제휴프로그램, 기타 호객행위를 식별하기 위한 웹 스크래핑 혹은 공개정보
c) 미인가/미신고된 특정 기업에 대한 일반대중, 의무이행 기관 혹은 업계 내 정보 (공개 피드백을 받기 위한 채널 등)
d) 은행 제공 수사단서 등 보고기관에서 제공한 FIU 정보나 기타 정보를 이용해 미등록 혹은 무허가 자연인 또는 법인 VASP 확인 가능
e) 과거 인허가/등록 신청이나 거절 이력에 대한 미공개 가용정보
f) 국제협력을 통해 확보한 정보 등(국제 상대기관으로부터 받은 팁 등) 법집행기관 및 정보기관의 보고 내역

VASPs 인허가/등록 허가 시 고려사항

131. 인허가/등록을 마친 VASP는 관련 기관에서 설정한 적절한 인허가/등록 기준을 충족해야 한다. 이러한 기준은 감독당국에게 해당 VASP가 AML/CFT 의무를 이행할 수 있다는 확신을 심어줄 수 있는 수준이어야 한다. 이를 위해 해당 기준에는 대부분의 금융회사에 대해 VASP 활동(가상자산 및 거래 유형, 표적고객, 유통채널 등)의 특성을 고려한 정책, 절차 및 조직을 포함하여 의무사항이 이행되거나 출시 후 이행될 것임을 입증하는 의무가 포함되어야 한다. 여기에는 이행직원의 역량과 신뢰도에 대한 평가가 포함될 수 있다. 이러한 기준을 통한 평가는 인허가/등록절차 진행기간이나 출시 전 위험 통제정책을 마련할 때 효율성을 높여줄 것이다.

132. 국가별로 VASP에 대한 인허가/등록 체계를 수립하는 과정에서 다수의 VASP가 한꺼번에 인허가/등록 신청을 할 수 있다. 원활한 인허가/등록 신청을 위해 관계 당국은 접수되는 신청건에 대해 우선순위를 지정하고 적절한 자원이 가용될 수 있도록 충분한 유연성을 가지는 방법도 고민해볼 수 있다. 국가별로 다양한 다른 요인을 고려할 수 있지만 판단과 역량에 따라 우선순위를 지정해야 한다.

133. 인허가나 등록 과정에서 권한당국은 범죄자나 공범들이 VASP의 지분을 보유하거나 실제 소유자가 되거나 상당부분 지배 또는 관리하는 것을 막기 위해 필요한 법적·규제적 조치들을 취해야 한다. 그러한 조치로는 VASPs에게 지분이나 사업 운영, 구조 등에 상당한 변화가 있는 경우 당국에 사전 승인을 받도록 하는 것 등이 포함될 수 있다.

134. 내포한 위험 수준에 따라, 당국은 효과적인 감독을 위해 인허가/등록을 원하는 VASP에 조건을 부과할 수도 있다. 그러한 조건에는 VASP 활동의 규모와 특성에 따라 상주 대표, 실질적인 경영진의 존재, 특정한 금융관련 의무 및/또는 보유한 마케팅 자료, 웹사이트 및 모바일 애플리케이션상에 VASP의 인허가/등록 사항 공개 요건, 권한당국의 외부위탁 기능 데이터 접근 가능 요건 및 하청업체의 소재지 등이 포함될 수 있다.

135. AML/CFT 기준 및 FATF 국제기준에 의한 제재 의무에 적용받는 다른 개체와 마찬가지로 VASP는 권고사항 15에 따라 새로운 제품 또는 서비스 설계 및 구축 시에 이들을 출시하기 전에 AML/CFT 준수관련 규정을 수립해야 한다. 따라서, 인허가/신고 단계에서의 위험평가와 철저한 완화정책 평가가 특히나 중요하다. 인허가/등록 절차가 개시되고 나면, 상품 및 서비스의 AML/CFT 완화조치는 마련된 그대로 유지되어야 하며 감독을 받아야 한다.

136. 각국은 홍보활동과 행사(교육 프로그램, 포럼, VA 생태계 '근무시간' 등)를 통해서 VASP에 AML/CFT 의무사항을 강조해볼 수 있다. 권고안 혹은 지침 등을 통한 법적제도를 통해 확실하게 전달하는 것 또한 이행문화를 이루어내는 데 또 다른 핵심 조치가 될 수 있다. 각국은 미등록, 미허가/인가 VASP에 대한 법집행 조치 홍보를 통한 유인책 효과도 고려해볼 수도 있다.

137. 또한, 재량에 따라 각국은 인허가/등록 요건을 즉각 이행하지 않는 해당 국가 내 모든 VASP를 고위험으로 지정할 수 있다. 유효한 인허가 제도가 부재한 국가에서 거래를 원하는 VASP가 감독당국의 고위험 사업자 지정을 받게 되면 추가 신고 요건이 발생할 수 있다. (제3장의 권고사항 10의 강화된 고객확인조치(EDD)에 대한 정보 및 제3장 및 4장의 권고사항 16의 상대 VASP 확인에 대한 정보 참조)

138. 모든 국가는 국가별로 적용 가능한 법적 및 규제 요건을 준수하는 문화를 장려해야 한다. 이렇게 하면 AML/CFT 외에도 투자자 및 소비자 보호, 시장 무결성, 건전성 의무사항 및/또는 국가 및 경제적 이익과 관련된 사항 등 다양한 정책 목표가 달성될 것이다. 이를 위해 일부 국가는 VASP가 AML/CFT 관련 승인과는 별개의 건전성 또는 기타 기관으로부터 인허가를 취득하는 것을 불허함으로써 이를 강조할 수 있다. 또한 VASP 및 당국이 예상 이용자 및 거래량 처리를 위해 AML/CFT 준수 기능에 충분한 자원을 투입하도록 해야 한다.

139. 앞서 언급했듯이, 대중화 가능성이 있고 P2P거래에 사용될 수 있는 스테이블코인 등의 ML/TF 위험은 지속적이고 전향적인 방법으로 분석되어야 하며, 그러한 어레인지먼트가 출시되기 전에 ML/TF 위험이 완화되어야 한다. VASP 또는 의무이행 기관이 스테이블코인 생성 혹은 사용을 원하는 경우, ML/TF 위험평가 및 완화는 인허가/등록 절차에 편입되어야 한다. 감독기관은 스테이블코인이 VASP 혹은 다른 의무이행 기관에 해당되는 개체를 포함하지 않는다고 주장할 수 있음을 각별히 주의해야 한다. 이는 출시 전 단계에서 특히 적용해볼 수 있는데, 출시하기 위한 자산을 생성 및 개발하는 절차는 자동화될 가능성이 거의 없다. 대중화 가능성은 모든 VASP의 인허가/등록절차 및 위험평가에서 아주 중요한 요소로 보아야 한다. 일반적으로, VASP 및 관련/출시하는 의무이행 기관 인허가/등록 절차의 경우 스테이블코인은 일반적으로 가상수단과 유사하다.

국내 및 해외 파트너와 협력

140. 앞서 권고사항 2 관련해서도 언급했듯, 여러 국가 당국들이 무허가/미등록 사업자나 활동 등에 대한 정보를 갖고 있을 수 있는 만큼 VASPs의 규제와 인·허가/등록에 관여된 이들 당국 간의 조정은 중요하다. 이는 한 국가 안에 VASP에 대해 단일 중앙제도가 아닌 다수의 인허가/등록 제도가 운영되고 있다면 특히 중요한 문제다.

141. 인허가/등록에 대한 국제적인 협력도 중요하다. 관계 당국은 이전에 인허가/등록된 VASP가 상대국에서 영업활동을 하고 있다는 사실을 전달해야 한다. 각국은 적절한 정보공유 채널을 통해

무허가/미등록 VASPs를 확인하고 이들에게 제재를 가할 수 있도록 해야 한다. 관련 당국은 'VASP 감독당국 간 정보 공유 및 협력 원칙'을 참고하여 인허가/등록 과정에서 상대국과의 협력하는 방법을 확인할 수 있다(제 6장 참조).

감독 혹은 모니터링

142. 권고사항 26 & 27. 아래 언급되겠지만 권고사항 15는 각국에 효과적인 AML/CFT 감독·모니터링 시스템을 VASPs에도 적용하도록 하고 있다. 권고사항 26과 27에서도 언급되지만, INR.15의 5번 문단에서도 유사하게 각국에 VASPs에 대해서도 AML/CFT 차원의 적절한 규제와 감독·모니터링이 적용되도록 하고 자신들의 ML/TF 위험에 부합하여 FATF 권고사항을 효과적으로 이행하도록 하고 있다. VASPs에는 국가차원의 AML/CFT 의무사항 이행을 점검하고 보장하는 효과적 시스템이 적용돼야 한다. 자율규제기구(SRB)가 아닌 위험기반 감독·모니터링을 수행할 의무가 있는 권한당국이 VASPs를 감독·모니터링 해야 한다. 자율규제기구(SRB)는 감독당국은 아니지만, 자율규제기구(SRB) 및 산업군은 감독당국의 VASP로의 연락, 정보공유, 아웃리치 촉진을 도와야 한다. 감독당국은 VASPs(및 가상자산 활동에 관여하는 다른 의무이행 개체들)를 감독·모니터링하고 이들이 AML/CFT 의무사항을 이행하도록 하는 적절한 권한을 보유해야 한다. 그러한 권한으로는 검사권, 문서와 기록 접근 권한, 정보제공을 요구할 권한, 징계성 제재 및 금전 제재 부과 권한 등이 있으며, 필요시 VASPs의 인허가등록을 취소/제한/정지하는 등의 권한도 이에 포함된다. 각국은 폭넓은 국제협력을 위해 자국의 VASP 감독 상대기관이 누구인지 해외 상대기관에게 명확히 해야 한다.

143. VASPs 활동의 국경 초월적인 특성과 서비스 제공, 특정 VASP를 특정 국적에 결부하며 생길 수 있는 문제들을 감안할 때, INR.15의 8번 문단의 언급처럼 관련 감독당국 간 국제협력은 또한 매우 중요하다(3.1.8 참고). 각국은 이 같은 측면에서 국제증권관리위원회나 바젤은행감독위원회 등의 국제 표준 정립 기구들의 자료를 지침삼아 활용할 수 있다. [예를 들어 바젤위원회 '효과적 은행감독을 위한 핵심준칙'의 원칙 3(협력과 협조) 및 13(본국 주재국 간 협력) 참고]

144. 아래 3.1.9에서 보다 자세히 논의하겠지만 DNFBPs가 VASP 활동에 관여하는 경우 각국은 해당 DNFBP에 FATF 권고사항에 따른 VASPs 관련 조치를 모두 적용해야 하며, 감독·모니터링도 예외가 아니다. 2.2에서도 언급됐듯 각국은 VASPs라는 용어를 '금융회사' 혹은 'DNFBPs'로 부를 수 있다. 그러나 각국이 VASPs를 어떤 용어로 부르는지와 상관없이 VASPs가 관여돼 있는 금융활동의 유형 및 이들이 제공하는 금융서비스의 유형에 따라 이들은 여전히 금융회사과 같은 수준의 규제·감독의 대상이 된다.

예방조치

145. INR.15의 7번 문단에서는 권고사항 10~21상의 예방조치가 모두 가상자산 및 가상자산 금융활동 맥락에서 각국 및 의무이행 개체들에 적용됨을 명확히 기술하고 있다. 그러나 권고사항 9, 22, 23 역시 이 부분에서 간접적으로 적용될 수 있으며 아래에도 잘 언급돼 있다. 따라서 아래 부분에서는 각국이 가상자산 맥락에서 예방조치를 어떻게 이행해야 하는지 추가적인 고려에 도움이 되고자 권고사항별로 설명을 제공한다. 이와 관련하여 4.1에서는 VASPs 및 가상자산 활동에 관여된 다른 의무이행 개체들이 아래 예방조치 및 FATF 권고사항 전반에 걸친 AML/CFT 조치들을 어떻게 이행해야 하는지 이들에게 특정된 지침을 제공한다.

146. 일반적으로 권고사항 10~21에 명시된 예방조치는 두 가지 특정 자격을 가진 금융회사와 동일한 방식으로 VASP에 적용된다. 첫째, VASP가 고객확인 작업 수행에 필요한 특정 금액 이상의 일회성 거래 금액은 USD/EUR 15,000이 아닌 USD/EUR 1,000이다. 둘째, 권고사항 16에 명시된 전신송금 규정은 개정 양식(트래블룰)상의 VASP 및 가상자산 송금에 적용된다. 이와 관련하여 하단에서 상세히 설명하도록 한다.

금융회사 비밀보장 법률

147. 권고사항 9는 금융회사의 비밀보장 법률이 FATF 권고사항 이행을 방해하지 않도록 하기 위한 목적이 포함된 것이다. 권고사항 9에서 명시적으로 VASPs를 포함하거나 언급하지는 않지만 금융회사와 마찬가지로 각국은 이와 유사하게 비밀보장 법률이 VASPs의 FATF 권고사항 이행을 방해하지 않도록 해야 한다.

고객확인

148. 권고사항 10. 각국 및 의무이행 개체들은 FATF 국제기준 및 자국법상 의무사항을 충족하도록 고객확인(CDD) 절차를 설계해야 한다. 고객확인 절차를 통해 VASPs(및 가상자산 활동에 관여하는 다른 의무이행 개체들)는 국제기준상 가상자산 활동이나 고객관계 혹은 특정 금액 이상의 일회성 거래와 관련된 ML/TF 위험을 평가할 수 있어야 한다. 초기 고객확인은 최소 법제도상 요구하는 수준에서 위험 기반으로, 그리고 신뢰할 만하고 독립적인 정보·데이터·문서 등을 바탕으로 고객 및 가능한 경우 해당 고객의 실제소유자를 확인하고 고객의 신원을 검증하는 과정으로 구성된다. 또한 고객관계의 목적과 애초의 특성 등을 필요시 이해하고 고위험 상황에서 추가 정보를 확보하는 것 역시 고객확인 절차의 일부다.

149. 실질적으로 VASPs가 계좌를 개설·관리할 수 있으며(즉 고객관계를 수립하고) 고객을 대리·대표해 국제기준상 가상자산 활동에 관여되거나 서비스를 제공 시 관련된 CDD 정보를 수집해야 한다. 그러나 VASP가 일회성 거래를 수행하는 경우에는 CDD 수행 기준금액이 INR.15의 7(a)에 따라 미화 1,000달러/1,000유로다. FATF는 가상자산 활동 관련 ML/TF 위험과 국경 초월적 특성을 감안하여 가상자산 관련 거래의 기준금액을 미화 1,000달러/1,000유로로 낮추기로 하였다.

150. 관계나 거래의 특성과 상관없이 각국은 VASPs가 고객과 거래관계를 개설할 때나 기준금액 면제와는 별개로 ML/TF 의심이 들 때, 또 기존에 확보한 신원정보의 진실성 및 적절성에 의구심이 있는 때 등 고객의 신원을 위험 기반으로 확인하고 검증할 수 있는 효과적인 절차를 갖추도록 해야 한다.

151. 일부 국가에서는 가상자산 키오스크(앞서 가상자산 서비스 및 사업모델 섹션에서 언급했듯 일명 가상자산 'ATM') 사용을 키오스크 사업자나 소유자/운영자와 해당 키오스크 이용 고객의 일회성 거래로 고려할 수 있다. 혹은 그러한 거래를 일회성 거래로 고려하지 않고 CDD 의무사항을 초래하는 국가도 있을 수 있다.

152. 앞서 말했듯 VA는 글로벌 리치(reach), 신속성, P2P 거래가능성, 강화된 익명성 및 거래 흐름이나 상대방을 파악하기 어려울 수 있는 점 등 특정 ML/TF 위험이 있다. 따라서 이들 특성을 감안하여 각국은 권고사항 10에서 요구하는 수준 이상으로 가상자산 이체나 VASP(및

은행 등 가상자산 활동에 관여되는 은행 등 다른 의무이행 개체들)가 수행하는 미화 기준금액 1,000달러/1,000유로 이하 기준의 일회성 거래 등 VA거래에 대해 자국법상의 범위 내에서 전면적으로 고객확인을 요구할 수 있다. 위험평가 결과(고위험 확인 등)를 기반으로 이러한 접근법을 취한다면 권고사항 1의 RBA에 부합한다고 할 것이다. 또한 각국은 규제·감독 체계 확립 과정에서 VASPs가 어떤 거래를 사실상 일회성으로만 수행되는 거래로 확인하고 보장하는지를 고려해야 한다. 일회성 거래를 어떻게 접근할 것인지 판단함에 있어, 각국은 VASP가 해당 국가에서 제공하는 상품과 서비스의 성격을 고려해야 한다. VASP가 가상자산 공간에서 일회성 거래에 대한 해당 국가의 접근법을 보여주기 위해 잔여 위험을 수용할 수 있는 경우, 각국 정부는 VASP에 저위험, 일회성 거래 가상자산 이체 내역을 확인해줄 것을 요청할 수 있다.

153. 권고사항 10의 주석에 언급돼 있듯 ML/TF 고위험으로 강화된 고객확인조치가 필요한 상황들이 있다. 가상자산 관련 활동 및 VASPs의 맥락에서 각국은 이를테면 국가나 지리적 기반의 위험 요소들을 고려해야 한다. 특정 국가에 위치한 VASPs 혹은 특정국에서 송금되거나 특정국과 관련 있는 가상자산 이체건은 ML/TF 고위험을 제기할 가능성이 있다(INR.10의 15(b) 참고).

강화된 고객확인 및 간소화된 CDD

154. VASP가 영업하거나 가상자산 이체가 발생한 어떤 특정 국가가 ML/TF 고위험을 제기하는지에 대해서는 일반적으로 합의된 정의나 방법론은 없으나, 다른 위험 요소와 함께 국가 특정 위험을 고려함으로써 잠재적인 ML/TF 위험을 판단하는 데 유용한 정보를 얻을 수 있다. 고위험 지표로는 다음 사항들이 있다.

a) '신뢰할 만한 출처'란 전 세계적으로 인지도 및 명성이 있는 국제기구나 기타 기구가 제공하는 정보로, 이들 정보는 공개되고 이용에 큰 제약이 없다. FATF와 FATF 유사 지역 기구 외에 IMF, 월드뱅크, 에그몽 그룹 등의 국제기구들이 이런 출처에 해당할 수 있으며 그 밖에도 다양한 기구들이 있을 수 있다. 이를 통해 테러리스트 행위에 자금이나 기타 지원을 제공한 것으로 확인된 국가나 지역, 혹은 테러리스트 조직으로 지정된 조직이 소재한 국가나 지역
b) 신뢰할 만한 출처를 통해 조직범죄, 부패, 혹은 기타 범죄 수준이 심각한 것으로 확인된 국가로 불법약물, 인신매매, 밀수, 불법도박 등의 거점/중간지 등도 해당
c) 유엔 등 국제기구의 제재, 엠바고, 혹은 유사 조치가 적용되는 국가
d) 신뢰할 만한 출처를 통해 정부역할, 법집행, 규제체계가 약한 것으로 확인된 국가들로, FATF 공식성명에서 AML/CFT 체계가 미비한 것으로 확인된 국가, 특히 VASP 및 고객관계와 거래 시 VASP 및 기타 의무이행 기관의 각별한 주의가 필요한 국가 등이 포함

155. 각국은 또한 가상자산 상품, 서비스, 거래 혹은 전달 채널 등과 관련된 위험 요소를 고려해야 하며, 그러한 위험 요소로는 해당 활동에 가명이나 '익명 거래', '비대면 거래관계 혹은 거래' 및/또는 '알 수 없거나 관련이 없는 제3자로부터의 지급' 등이 있다(INR.10의 15(c) 및 본 지침서 31번 문단에 제시된 고/저 위험 지표 등 참고). 가상자산의 거의 대부분이 위 요소 중 1개 혹은 그 이상을 포함한다는 사실로 인해 각국이 가상자산 상품, 서비스, 거래, 혹은 전달 체계의 바로 그 특성에 기반하여 이 부문 활동을 원래 고위험인 것으로 결정할 수도 있다.

156. 그러한 경우, 혹은 다른 경우라도 위에 언급된 요소들과 관련하여 제기될 수 있는 고위험을 완화할 수 있는 강화된 고객확인조치(EDD)에는 아래와 같은 조치들이 있다.

a) 신분증 번호 등 고객에게서 받은 신원정보를 제3자 데이터베이스나 기타 신뢰할 만한 출처의

정보로 강화

b) 잠재적으로 고객의 IP 주소를 추적함

c) 블록체인 분석 등 분석 상품 사용 등에서 FATF는 현재까지 모든 상황에서 정확하게 비수탁형 지갑을 관리 및 소유한 사람을 확인할 수 있는 정도의 기술적으로 증명된 수단이 없는 것으로 알고 있다. 각국은 이러한 점을 인지하고, 그러한 도구를 활용한 분석 결과를 참고정보 정도로만 고려해야 한다.

d) 고객의 거래 프로파일과 일치하는 활동 정보 강화 차원에서의 인터넷 검색. 단, 정보 수집은 자국 개인정보 보호 관련법 체계 내에서 진행돼야 한다. 2015 VC 지침 44번 문단, 2013년 신규 결제 상품 및 서비스에의 위험기반접근법 적용 지침(2013.6) 66번 문단 참고)

157. 각국은 또한 INR.10의 20번 문단에서 제시하고 있는 EDD를 고려해야 한다. 즉 고객 및 거래관계 특성에 대한 추가 정보 확보, 고객의 자금 출처에 대한 정보 확보, 거래/거래 시도 건의 이유에 대한 정보 확보 및 해당 관계 및 거래에 대한 강화 모니터링 수행 등이다. 또한 각국은 법화 활동 중 비대면 거래(모바일 서비스 등)나 가상자산 거래에 상응하는 활동에 관여된 금융회사들이 위험을 평가하고 그에 따라 완화 정책을 수립할 수 있는 조치를 고려해야 한다.

158. 각국은 자국의 VASP가 고위험 고객 및 거래에 대한 추가적인 정보를 수집하여 위험기반접근법 방식으로 금지된 활동을 확인 및 방지하고 후속조치를 이행하도록 한다. 그러한 추가 정보는 다음과 같다:

a) 거래 또는 지불 목적

b) 항목의 특성, 최종 사용 또는 최종 사용자에 대한 세부 정보

c) 자금 소유권 증명

d) 거래 당사자 및 당사자 간의 관계

e) 재산 및/또는 자금의 출처

f) 상대방의 신원 및 실소유자

g) 수출 통제 문서 사본 또는 국제수출통제기관에서 발행한 기타 인허가 서류 및 최종 사용자 인증과 같은 수출 통제 자료

159. 각국은 VASP에게 정보공유를 통해 건별로 수사지원 혹은 방해하는 활동에 대해 알리되 진행 중인 수사를 방해하지 않도록 한다. VASP는 고객이 자신도 모르게 금지된 활동에 참여하는 상황을 발견한다면, 고객의 정보를 누설하지 않는 범위에서 추가적인 CDD 이행, 위험 완화, 금지된 거래활동 확인 시 거래 거절 및 STR 신고 등 적절한 조치를 취해야 한다.

최신 CDD 정보 유지

160. 또한 각국은 VASPs 및 가상자산 상품·서비스를 제공하거나 그에 관여된 다른 의무이행 기관들에게 특히 고위험 고객 혹은 가상자산 상품·서비스 유형의 경우 기존 기록 검토를 통해 고객확인 절차로 수집된 문서나 데이터, 정보 등의 최신성 및 관련성을 유지하고 지속적 고객확인을 수행하도록 해야 한다(VASPs 및 다른 의무이행 기관들에 대한 지속적 고객확인과 모니터링 의무는 제4장 추가 논의 참고). 이 같은 거래 및 기록 검토는 효과적인 감독에 필수요소이며 '트래블룰' 이행을 위한 관련 고객정보 전달에 중요한 데이터 자원이다(권고사항 16 참고).

기록 보관

161. 권고사항 11에서는 각국이 VASPs에게 모든 거래기록 및 고객확인조치를 각 거래를 재구성할 수 있고 관련 요소가 권한당국에 신속하게 제공될 수 있는 방식으로 최소 5년간 보관하게 하도록 요구하고 있다. 각국은 VASPs 및 가상자산 활동에 관여하는 다른 의무이행 기관에 거래 관련 기록과 고객확인조치를 통해 확보한 정보를 보관하도록 해야 한다. 보관해야 하는 그러한 정보로는 관련 당사자들의 신원확인과 관련된 정보, 공개키(혹은 그와 유사한 식별자), 관련 주소나 계좌(혹은 그와 유사한 식별자), 거래의 특성 및 일자, 이체금액 등이 있다. 각 기관들이 고객 신원을 적절히 확인할 수 있다면 특정 가상자산의 블록체인 혹은 기타 관련 분산원장에 대한 공개정보는 기록보관의 초석을 제공해줄 수 있다. 그러나 기록보관 시 가상자산 기반의 블록체인이나 기타 형태의 분산원장에만 의지해서는 권고사항 11 이행수준을 충족할 수 없다.

162. 예를 들어 블록체인이나 기타 유형의 분산원장에서 이용 가능한 정보를 통해 특정 지갑 주소로 거래를 추적하는 것이 가능할 수 있다. 단, 해당 지갑 주소와 개인의 이름을 바로 매칭하는 것은 어려울 수 있다. 지갑 주소에는 고유의 숫자 및 문자의 결합 형태로 된 이용자 코드(즉 공개키)가 있고 이는 분산원장에서 디지털 서명으로 활용된다. 그러나 그 주소와 실제 인물 혹은 자연인을 연결하려면 추가적인 정보가 필요하다.

정치적 주요인물(PEP)

163. 권고사항 12에서는 각국에 VASPs 등 의무이행 개체들이 적절한 위험평가 시스템을 갖추어 고객이나 실제소유자가 외국 PEPs '외국 PEPs'란 외국에서 고위 공직을 수행 중이거나 수행해 온 개인을 뜻하는 것으로, 예를 들면 국가나 정부의 수반, 고위 정치인, 정부/사법/군의 고위 관료, 국영기업의 고위 임원, 정당의 중요 관료 등이다(FATF 용어집). 인지 여부 혹은 외국 PEP와의 관련성이나 연관성을 판단하고, 그렇다고 하면 이들과의 거래 여부를 결정하거나 거래를 할 때 필요한 경우 자금 출처의 확인 등 일반적인 고객확인 절차(권고사항 10의 내용) 이상의 추가적인 조치를 취하도록 하고 있다.

환거래 계약 및 기타 유사 관계

164. 권고사항 13은 각국이 금융회사에 해외 환거래 관계를 맺는 경우 일반적인 CDD 외에 추가로 특정 조치를 적용하도록 하고 있다. 관련 주석 INR.13에서는 환거래은행 및 다른 유사한 국경 초월적 관계에 대해 금융회사는 일반적인 고객확인조치 외에 추가로 권고사항 13의 (a)~(e)를 적용해야 한다고 규정하고 있다.'다른 유사한 관계'에는 다른 MVTS 업자를 위한 중개자로 기능하는 자금 또는 가치 이전 서비스(MVTS) 사업자, 혹은 어떤 은행의 다른 MVTS 고객 계좌를 통해 은행 서비스 혹은 유사 서비스를 이용하는 MVTS 업자 등이 포함된다(2016년 FATF 환거래은행 관련 지침).

165. 권고사항13은 VASP에도 적용된다. 본 지침에서, '환거래 관계'란 VASP 간 혹은 VASP에서 금융기관으로 VASP 서비스를 제공하는 것을 의미한다. 은행부문과 마찬가지로, 그러한 환거래 관계는 지속적이고 반복되는 속성의 특징을 가진다 비거래고객 상황에서 일회성 거래 또는 단순한 메시징 관계(messaging relationships)는 환거래 계약관계에 해당되지 않는다(환거래 계약에 대한 FATF 지침의 13번 문단 참고).
   - 예를 들어, 그러한 관계에는 VASP가 또 다른 VASP로 플랫폼 기능과 내포된(nested) 서비스를

화이트 라벨링(white-labelling)하고 내포된 서비스를 제공하는 것을 포함한다(소규모 VASP에 계좌를 제공해 유동성 및 트레이딩 페어 접근 부여).

166. 환거래 관계는 다양한 서비스를 포함하며, 항상 동일한 수준의 ML/TF위험을 지니지는 않는다. VASP 부문 내 관계가 현재 혹은 미래에 국경 초월적인 환거래은행 관계에 유사한 특성을 가지는 만큼, 특히 VASP이 상대 VASP 내에 계좌를 보유한 내포된(nested) 관계의 경우, 각국은 그러한 관계를 개설하는 VASPs(및 가상자산 부문 내에서 운영 중인 다른 의무이행 개체들)를 대상으로 권고사항 13의 예방조치들을 이행해야 한다. 권고사항 13은 국경 간 환거래 관계의 ML/TF 위험 완화 조치를 포함한다. VASP에 적용함에 있어서, 각국은 국경 간 환거래 계약의 일부로써 상대 VASP 혹은 금융기관에 서비스를 제공하는 VASP에 다음을 요구해야 한다:

a) 어떠한 유형의 고객을 상대 VASP 혹은 금융기관이 국경 간 환거래 계약을 통해 서비스를 제공하고자 하는가 등 상대 VASP, 금융기관의 영업, AML/CFT 위험의 속성을 충분히 이해하기 위한 국경 간 환거래 계약을 맺고자 하는 상대 VASP 혹은 금융기관에 관한 충분한 정보 수집
b) 충분한 정보 수집 및 상대 VASP 혹은 금융기관의 평판, 적용받는 감독의 질, ML/TF 조사 및 규제조치 해당 유무 등 공개적으로 가용한 정보를 기반으로한 결정
c) 상대 VASP 혹은 금융기관의 AML/CFT 통제조치 평가
d) 신규 국경 간 환거래 관계 수립 이전 고위경영진의 승인 획득
e) 계좌 및 수탁형 지갑과 관련하여, 상대 VASP 및 금융기관의 고객이 직접적으로 사용할 수 있어 고객을 대리·대표하여 거래를 진행하고, 상대 VASP 및 금융기관은 그러한 고객에 대한 CDD 이행을 하며, 요청 시 관련 CDD 정보를 제공할 수 있음 (단, 양측 국가의 개인정보보호 및 데이터 규정이 허용하는 정도 수준)

167. 그러한 조치를 적용함으로써, 국경 간 환거래 관계의 VASP은 ML/TF 위험을 이해하고 적절한 위험기반 통제조치를 적용할 수 있다. AML/CFT 규제 및 VASP 감독이 부실하거나 부재한 국가의 VASP 국경 간 환거래 관계는 더 높은 ML/TF 위험을 지닐 가능성이 높다. 이처럼, 기반 고객의 존재를 모호하게 하거나, 상당히 많은 양의 거래와 3자 대금결제 집행 서비스를 제공하는 어레인지먼트가 있는 환거래 관계는 더욱 높은 수준의 ML/TF 위험을 가진다. 그러한 상황에서, 상대 VASP이 제공한 고객 특성을 확실하게 이해하고 집중적인 거래 모니터링을 수행한다면 적절한 위험완화의 하나의 좋은 예시가 될 것이다.

168. 권고사항 13은 동일한 수준의 국내 환거래 계약관계에는 적용되진 않지만, VASP은 그들을 위해 혹은 대리·대표하여 VA 활동을 수행하는 경우 권고사항 10에 따라 국내 상대기관 VASP에 대한 위험기반 CDD를 이행해야 한다. 거래관계의 속성 및 목적을 이해하기 위해, 위험 기반 고객확인이 이뤄질 수 있고, 상대기관의 AML/CFT 통제조치의 존재 및 품질과 거래관계를 통해 고객에게 제공되는 서비스를 고려해볼 수 있다. 국경 간 환거래 계약과 가장 두드러지는 차이점은 VASP은 동일 국가 내의 규제대상인 상대 VASP 또한 동일한 수준의 규제 및 감독 대상임을 알 수 있다는 점이다. VA 및 VASP의 속성을 고려할 때, 은행이 환거래계약 상대기관이 국내 혹은 국외인지 확인할 때 용이한 것 만큼 이들에게는 쉽지 않기 때문에, 각국은 VASP에게 상대기관이 국내 혹은 국외인지 확인을 어떻게 해야하는지에 관해 권고해줄 수 있다.

169. 좀 더 확실하게 말하자면, 권고사항 16 이행을 위한 상대기관 고객확인 이행은 국경 간 환거래 계약에 적용되는 의무와는 차이가 있다. 은행권과 다르게, 타인을 위해 혹은 대리·대표한 VA

이체가 VASP 간 발생할 수 있으며, 환거래 계약 혹은 다른 거래관계가 없더라도 이체할 수 있다. 그러한 상황에서, 이체에 관여하는 VASP는 상대기관 고객확인을 수행하여 상대기관이 트래블룰을 이행하고 ML/TF 위험 완화 조치를 적용함을 확인할 수 있다. 다만, VA 이체에 관여하는 두 VASP 간의 환거래 계약 관계는 상대기관 고객확인의 의무사항을 부분적으로 혹은 전면적으로 이행한다. 트래블룰에 따른 상대기관 VASP 고객확인 이행 방식에 관한 추가적인 정보는 권고사항 16을 참고한다.

MVTS

170. 권고사항 14에서는 각국이 자국 내 MVTS를 제공하는 자연인·법인이 등록을 하거나 인·허가를 받고 AML/CFT 조치를 이행하도록 하고 있다. 2015 VC 지침에서도 기술하고 있지만 즉, 이는 자국 내에서 영업 중인 MVTS의 등록/인·허가 의무 및 기타 AML/CFT 의무들의 이행 여부를 모니터링 대상에 포함하는 것이다. 그러나 권고사항 15의 등록과 인·허가 의무는 MVTS 활동에 관여된 이들은 물론 모든 VASPs에게 적용된다(이를테면 특정 국가에서 영업으로 가상화폐와 법화의 가상자산 교환 서비스를 제공하는 국내 개체).

171. 권고사항 14는 또한 MVTS 대리인에도 적용된다. 즉, VASP을 대리·대표하여 계약 혹은 지시에 따라 MVTS 활동을 수행하는 모든 자연인 및 법인이 해당됨을 의미한다. 그러한 어레인지먼트에서, 대리인은 당사자(principal)에 VASP 서비스를 제공하진 않지만, 대신 당사자(principal)를 대리·대표하여 제3자에게 서비스를 제공한다. VA 부문의 개체들은 비즈니스 모델에 따라 다른 개체를 대리·대표하기도 한다. 그러한 경우, 대리인을 사용하는 VASP은 AML/CFT 프로그램에 포함시키고 프로그램 이행 준수 여부를 모니터링해야 한다. 대리인은 권한당국에 인/허가를 받거나 등록해야 하며, 당사자(principal) VASP은 대리인과 운영하는 국가의 권한당국이 접근할 수 있도록 최신의 대리인 리스트를 보유하고 있어야 한다.

신기술

172. 권고사항 15. 2018년 10월 FATF는 개정 권고사항 15를 채택했다. 가상자산, 국제기준상 가상자산 금융활동, VASPs 등 맥락에서의 적용을 명확하게 하고자 개정 권고사항은 새로운 기술 맥락에서 각국 및 의무이행 개체들이 적용해야 할 기본적인 위험기반접근법과 관련 의무를 강화한다. 권고사항 15는 각국이 새로운 전달체계 등 새로운 상품과 업무를 개발할 때나 신규·기존 상품에 새로운 혹은 개발 중인 기술을 적용할 때 관련 ML/TF 위험을 확인·평가하도록 하고 있다. 본 권고사항에서는 특히 각국에 자국 내 인·허가를 받은 혹은 영업 중인 금융회사가 새로운 상품이나 업무를 내놓기 전, 또는 새로운 혹은 개발 중인 기술을 사용하기 전 관련 ML/TF 위험을 관리·완화하기 위해 적절한 조치를 취하도록 하고 있다.

173. 2018년 10월 개정사항은 나아가 권고사항 15의 목적에 맞게 각국이 가상자산에서 부상하는 위험을 관리·완화하고, VASPs가 AML/CFT 목적으로 규제를 받고 인·허가를 받거나 등록을 하며 FATF 권고사항에서 요구하는 관련 조치의 이행 여부를 모니터링 및 보장할 수 있는 효과적 시스템의 적용을 받도록 명시하고 있다. 2019년 6월 채택된 INR.15에서는 권고사항 15를 보다 명확히 설명하며 FATF 의무사항이 가상자산, 국제기준상 가상자산 활동, VASPs 등에 어떻게 적용되는지를 보다 구체적으로 정의하고 있다. 주석에 따른 적용 맥락으로는 관련 ML/TF 위험의 평가, 인·허가/등록, 감독·모니터링, 고객확인·기록보관·의심거래보고 등 예방조치, 제재 및 기타

집행 관련 조치들, 국제협력 등이다(부록 참고).

174. 가상자산 및 VASP 활동 맥락에서 각국은 자국 내에서 인·허가를 받았거나 영업 중인 VASPs가 AECs, 믹서, 텀블러, 프라이버시 월렛, 기타 가상자산의 송금인/수취인, 보유자, 실제소유자의 신원을 파악하기 어렵게 만드는 기술 등 익명성 강화 기술이나 체계를 이용하는 활동에 관여 시 생기는 위험을 스스로 관리·완화할 수 있도록 해야 한다. VASP가 그러한 활동에 관여하여 생길 수 있는 위험을 관리·완화할 수 없다면 해당 VASP는 그러한 활동에 관여하도록 허용돼서는 안 된다.

전신송금 및 '트래블룰'

175. 권고사항 16 및 그에 따른 주석은 테러리스트들이나 다른 범죄자들이 자금을 옮기기 위해 전자적으로 활성화된 자금 이체를 자유롭게 이용하는 것을 막고 이 같은 오용 사례가 발생하면 감지하기 위한 목적으로 포함시키게 되었다. 당시 FATF 가 초안 작성을 하며 '전신송금'이라 지칭했다. FATF 권고사항의 기능적 접근법에 따라 전신송금과 관련 메시지에 대한 권고사항 16의 의무사항은 그러한 서비스를 제공하는 모든 사업자들에게 적용된다. 가상자산 이체와 같이 전신송금과 기능적으로 유사한 서비스를 제공하거나 그러한 활동에 관여된 VASP도 해당 사업자에 포함된다.

권고사항 16의 개요 및 가상자산 및 VASP에 대한 적용

176. 권고사항 16에 따르면 송금인이나 수취인이 동일인인가와 무관하게, 수취인 금융기관의 수취인에게 자금을 전달하기 위해 전자방식을 통해서 금융기관이 송금인을 대리·대표하여 거래를 진행하는 것을 '전신송금'이라고 한다.

177. 권고사항 16은 전신송금 및 관련 메시지와 연관된 의무사항을 규정하며 이는 국내·외 전신송금에 모두 적용된다. 쉽게 말해, 각국의 권한당국은 금융회사가 전신송금 및 관련 메시지 전송 시 정확한 필수 송금인 및 수취인 정보를 포함시키도록 해야 한다. 금융회사는 또한 전신송금을 모니터링하여 필수 송금인 및/또는 수취인 정보가 누락된 경우를 적발하고 거래를 스크리닝하는 등 관련 UNSCR 결의안을 준수해야 한다(권고사항 6, 7 참조).

178. INR. 15에 명시된대로 각국은 권고사항 16을 가상자산 송금 및 VASP에 적용해야 한다. 각국은 전통적인 전신송금 이체와 가상자산 이체가 법화든 가상자산으로 이뤄지든 상관없이 권고사항 16을 적용해야 한다. 그러나, 가상자산이 지닌 고유한 기술적 특성을 감안해 권고사항 16은 INR.15의 7(b)에 명시한 바와 같이 개정된 방식을 이용해 가상자산에 적용한다. 가상자산 맥락에서 FATF의 전신송금 의무사항 적용을 트래블룰이라고 부른다.

179. 권고사항 16의 의무사항은 법화 거래, 가상자산 거래 여부와 상관없이 (a) 전통적인 전신송금 혹은 (b) VASP와 상대 의무이행 기관 간 가상자산 이체(두 VASP 간 혹은 VASP와 은행 또는 기타 금융회사와 같은 상대 의무이행 기관), 혹은 (c) VASP와 의무이행 대상이 아닌 기관(비수탁형 지갑 등) 간의 가상자산 이체 시에 VASP에 적용시켜야 한다. 권고사항 16의 전체 의무사항은 아래와 같이 (c)가 아닌 (a) 및 (b)에 적용된다. 각국은 모든 VA 이체를 주석1에 따라 VA 활동 및 VASP의 국경 간 속성을 고려하여 국내 전신송금이 아닌 국경 간 전신송금으로 간주해야 한다. 위의 (c)와 같이 비수탁형 지갑을 이용한 이체의 경우, 권고사항 16의 의무사항은 다음과 같이 특정 방식으로 적용된다.

180. VA이체와 관련한 거래비용은 트래블룰 범위에 해당되지 않는다. 따라서, VASP은 수취인이 VA이체 그 자체의 송금인이나 수취인이 아니기 때문에, 거래비용의 수취인을 확인할 필요가 없다. VASP가 실제로 이체된 가상자산의 양보다 더 많은 양의 가상자산을 송금하고, 그 차액은 송금한 VASP에 자동환불되는 기술적인 이유가 발생하는 경우가 있다. 그러한 경우, 환불은 송금 VASP 이체의 일부분으로 간주됨에 따라, 환불에 관해서는 수취 VASP에게 트래블룰이 적용되지 않는다.

송금인·수취인에 관한 필수적인 정확한 정보 획득, 보유, 제출 의무사항

181. 각국은 가상자산 이체에 관여된 송금기관(VASP이든 금융회사등 다른 의무이행 기관이든)이 정확한 필수 송금인 정보 및 필수 수취인 정보를 확보하고 보유하도록 하며, 가능한 경우 그 정보를 수취기관(VASP 혹은 금융회사 같은 기타 의무이행 기관 등)에 전송하도록 해야 한다. 나아가 각국은 INR.16(아래 상자 4. 참조)에서 명시한 바와 같이 수취기관(VASP 또는 금융회사등 기타 의무이행 기관 등)이 필수(이지만 정확할 필요는 없는) 송금인 정보와 정확한 필수 수취인 정보를 확보하고 보유하도록 해야 한다.

특정 표현 정의

INR. 15-7(b)의 가상자산/VASP에 대한 전신송금 규정 권고사항 16: 각국은 가상자산 이체건에 대해 송금 VASP가 정확한 필수 송금인 정보 및 필수 수취인 정보를 입수·보관할 수 있도록 하여야 한다.

각주: "INR.16의 6항, 혹은 가상자산 맥락에서 그와 유사한 정보."

INR. 16에서 사용되는 특정 용어에 대한 용어 정확성: 정확성이 검증된 정보를 설명하는 데 사용된다.

권고사항 16 및 주석

6. 모든 적법한 전신송금 진행 시 그와 함께 필수적으로 포함되어야 하는 사항은 아래와 같다
   (a) 송금인 이름
   (b) 거래를 처리하는 데 사용되는 송금인 계좌 번호
   (c) 송금인의 주소, 또는 신원정보번호, 고객 식별 번호, 생년월일 및 출생지
   (d) 수취인 이름; 그리고
   (e) 거래를 처리하는 데 사용되는 수취인의 계좌번호 등.

182. 송금기관이 확보하고 보유해야 하는 필수 정보는 다음과 같다:
   (a) 송금인 이름(송금하는 사람의 정확한(즉, 확인된) 성명);
   (b) 거래를 처리하는 데 사용되는 송금인의 계좌번호. 가상자산의 맥락에서 이는 가상자산의 '지갑주소'를 의미할 수 있다;
   (c) 송금기관에 송금인을 식별해주는 송금인의 물리적(지리적) 주소, 혹은 신원정보번호나 고객 식별번호(거래번호 아님) 및, 생년월일 및 출생지. 송금인의 지리적 주소 전송 시, 송금 VASP가 KYC 절차의 일부로써 정확성이 확인된 주소를 전달한다(위의 '고객확인' 참조);

(d) 수취인 이름(즉, 송금인이 가상자산 이체의 수취인으로 확인한 사람의 이름). 송금기관은 정확성을 확인할 필요는 없지만 의심거래보고 모니터링 및 제재 스크리닝을 위해 검토해야 한다.
(e) 거래를 처리하는 데 사용되는 수취인의 계좌번호. 가상자산의 맥락에서 이는 가상자산의 '지갑주소'를 의미할 수 있다.

183. 수취기관이 송금기관으로부터 확보하고 보유해야 하는 필수 정보는 다음과 같다:
(a) 송금인 이름(즉, 송금하는 사람의 이름). 수취기관에서 송금인 이름의 정확성을 확인할 필요는 없지만 STR 모니터링 및 제재 스크리닝을 검토할 필요가 있다;
(b) 거래를 처리하는 데 사용되는 송금인의 계좌번호. 가상자산의 맥락에서 이는 가상자산의 '지갑주소'를 의미할 수 있다;
(c) 송금기관에 송금인을 식별할 수 있는 송금인의 물리적(지리적) 주소, 혹은 신원정보번호나 고객 식별번호(거래번호 아님) 및 생년월일 및 출생지;
(d) 수취인 이름(예 송금인이 가상자산 이체의 수취인이라고 확인한 사람의 이름). 수취기관은 고객의 이름이 이전에 확인된 이력이 없다면 정확성을 위해 수취인의 이름을 확인해야 한다. 이에 따라, 수취기관은 송금기관으로부터 확보한 수취인의 이름 및 계좌번호가 수취기관에서 확인한 고객정보와 일치하는지 확인할 수 있다.
(e) 거래처리에 사용된 계좌가 있는 경우 수취인의 계좌번호. 가상자산의 맥락에서 이는 가상자산의 '지갑주소'를 의미할 수 있다.

그림1. 트래블룰에 따른 송금 및 수취 VASP에 대한 데이터 의무사항

데이터항목 및 의무조치	송금 VASP	수취 VASP
송금인 정보	• 필수, 즉, 필요한 데이터를 수취 VASP에 전송하는 것은 의무사항임. • 정확성, 즉, 송금 VASP는 고객확인 과정의 일부로 정확성을 확인해야 함.	• 필수, 즉, 수취 VASP는 송금 VASP으로부터 필요한 데이터를 확보해야 함. • 데이터 정확성 확보는 의무사항이 아님. 수취 VASP는 송금 VASP 측에서 데이터를 확인했다고 추측할 수 있음.
수취인 정보	• 필수, 즉, 필요한 데이터를 수취 VASP에 전송하는 것은 의무사항임. • 데이터 정확성 확보는 의무사항이 아니지만 송금 VASP는 의심이 제기되지 않도록 하기 위해 모니터링이 필요함.	• 필수, 즉, 수취 VASP는 송금 VASP으로부터 필요한 데이터를 확보해야 함. • 정확성, 즉, 수취 VASP는 필수 정보를 사전에 확인했어야 하며, 수신한 데이터의 일관성 여부를 확인해야 함.
필요 조치	• 송금인으로부터 필요한 정보를 확보하고 기록을 보유 • 수취인 이름이 제재 목록에 있는 이름인지 스크리닝을 통해 확인함. • 거래를 모니터링하고 의심이 제기되면 신고함.	• 송금 VASP로부터 필요한 정보를 확보하고 기록을 보존함. • 송금인 이름이 제재 목록에 있는 이름인지 스크리닝을 통해 확인함. • 거래를 모니터링하고 의심이 제기되면 신고함.

184. VASP는 해당하는 경우 수취기관에 필수 정보를 제출해야한다. 각국은 VASP 및 의무이행 기관 등 가상자산 이체 사업자들로 하여금 필수 송금인 정보 및 수취인 정보를 즉시 그리고 안전하게 전송하도록 하는 것이 필수적이다. 특히 가상자산 이체의 신속성과 국경 초월적 특성을 감안하면, 그리고 권고사항 16의 목적(및 송금인과 수취인 정보가 법화를 이용한 "[...] 전신송금에 동반돼야 한다"는 권고사항 16의 전통적 의무사항)에 부합하려면 더욱 필수적이다. 수취기관이 부재한 경우에도 VASP는 필요한 정보를 수집해야 한다(아래에 명시된 대로).

185. '즉시'란(INR.15 중 7(b) 맥락에서, 그리고 가상자산의 국경 초월적 특성과 글로벌 도달력, 신속한 거래 속도 등을 감안할 때) 사업자들은 필수 정보를 사전에, 이체거래 자체와 동시에 제공해야 한다는 뜻이다. VASP 및 다른 의무대상에 특정되는 해당 사안에 대해 추가 정보는 제4장을 참조한다.

186. 마찬가지로 INR.15 중 7(b) 맥락에서 '안전하게'란 사업자들이 필수 정보를 안전한 방식으로 전송 및 저장해야 한다는 뜻이다. 이는 필수 정보의 무결성 및 이용가능성을 보호하여 수취 VASP나 다른 의무이행 기관들의 여러 의무사항 중 기록보관 및 이러한 정보의 이용을 활성화하고 미인가 공개로부터 정보를 보호해야 한다는 것을 의미한다. 해당 용어는 권고사항 16 혹은 권고사항 9의 목적을 훼손시키기 위함은 아니지만, VASP는 상대 VASP가 트래블룰 정보를 충분히 보호할 수 없다는 합당한 평가를 할 경우 위험기반접근법을 적용하여 거래대상을 결정해야 한다(198번 문단). VASP이나 기타 의무이행 기관이 아닌 개체로부터(from) 혹은 개체로(to) 가상자산 이체를 송·수신하는 VASP은 이용자로부터 필수 송금인 및 수취인 정보를 획득해야 한다(수취인에게 정보를 제공하지 않는 경우도 포함) (203번 문단)를 내린 경우에는 예외사항이나 변경질자가 직합힐 수 있다.

187. FATF 국제기준에 따라 송금인 및 수취인 정보의 일괄적 전송은 즉시, 안전하게 전송된다는 전제하에 허용된다. 필수 정보의 사후 전송은 허용되지 않아야 한다(즉, 가상자산 이체 이전 또는 이체와 동시에 전송되어야 함). 각국은 VASP 또는 기타 의무이행 기관에게 일괄적으로 전송하더라도 가상자산 이체와 동시에 필수 정보를 전송해야 함을 명확히 해야 한다.

188. 해당 정보는 가상자산 이체에 직접 첨부될 필요는 없다. 정보는 '즉시 안전하게', 그리고 적절한 당국의 요청이 있을 시 전송 가능하다는 전제하에 INR. 15에서 언급된 것처럼 직접 혹은 간접으로 전송될 수 있다. FATF의 기술 중립적 접근법에 따라 필수 정보가 꼭 블록체인이나 다른 분산원장에서의 이체의 일환으로(혹은 그에 포함되어) 전달될 필요는 없다. 수취 VASP에 정보를 전송하는 것은 블록체인이나 다른 분산원장의 가상자산 이체 과정과는 전적으로 구별되는 과정이 될 수 있다. 송금·수취 기관이 권고사항 16의 의무를 이행할 수 있도록 하는 기술이나 솔루션이라면(그리고 당연히 FATF 권고사항의 다른 AML/CFT 의무 이행을 방해하지 않는다는 전제하에) 모두 수용할 수 있다. 각국은 권고사항 16의 이행을 위해 이용할 수 있는 기술이나 솔루션의 적용과 관련하여 민간부문과 함께 작업해야 한다(권고사항 16의 맥락에서 사업자 및 기타 이행의무 개체들에게 특정된 보다 자세한 정보는 제4장을 참고). VASP가 채택한 트래블룰 방식의 상호 운용성을 보장하고 전 세계적으로 트래블룰을 효과적으로 이행하기 위해 규제/권한당국 간, 민간 조직 간, 규제/권한당국-민간 조직 간의 협력 및 조정이 중요하다.

189. 법인의 경우, 지급결제 메시지의 추가 정보로 법인식별기호(LEI)를 선택적으로 사용할 수 있다. CPMI(환거래은행, 2016년 7월)과 BCBS(건전성 및 자금세탁/테러자금조달과 관련된 위험의 건전성 관리 가이드라인, 2020년 7월), "CPMI에서 권고한 바 대로 현재 관련 지불 메시지상에서 선택적으로 LEI를 지불 메시지의 추가 정보로 활용할 수 있어야 한다(즉, MT 202 COV 및 MT 103). 이용 가능한 경우, LEI 사용으로 메시지 내 정보만을 이용해 이체 송금인과 수취인이 누구인지 명확하게 식별 가능하다는 환거래은행의 판단에 힘을 실어줄 수 있다."

LEI의 선택적 허용에 앞서 각국은 현행 메시지 구조를 변경하지 않는 선에서 관련 가상자산 데이터 전송 메시지에 LEI를 포함할지 여부 및 방법에 대한 공통 시장 관행을 정의하기 위해 이해관계자[예 금융회사 영역의 지불결제실행그룹(PMPG), VASP 업계 협회, VASP 부문 실무 그룹]를 독려할 수 있다.

190. 각국은 권고사항 11에 명시된 기록보관 의무에 따라, 자국 체계 내 송금·수취 기관이 모두 적절한 당국의 요청이 있는 경우 위에 언급된 필수 정보를 제공할 수 있도록 해야 한다.

191. 각국은 FATF 국제기준에 따라 다양한 가상자산과 국제기준상 가상자산 활동관련 위험을 고려하여 가상자산 이체의 최소한도 기준금액을 미화 1,000달러/1,000유로로 정할 수 있다. 이같은 한도 도입을 결정한 국가의 경우 해당 한도 미만의 가상자산 이체 시에 준수해야 할 의무사항이 적어진다. 한도 미만의 가상자산 이체를 진행하는 경우, 각국은 VASP가 다음 정보를 수집하도록 한다:

(1) 송금인과 수취인의 이름;

(2) 각각의 가상자산 월렛 주소 또는 고유한 거래 참조 번호

192. ML/TF와 관련된 의심스러운 정황이 포착되지 않는 한 해당 정보는 확인할 필요가 없기 때문에 고객 관련 정보에 대한 확인 작업도 불필요하다.

가상자산 이체에 대한 제재 스크리닝

193. 각국은 송금·수취 기관 모두 동결조치를 취하고 제재대상자들과의 거래를 금지하도록 해야 한다. (즉, TFS 의무사항 이행을 위한 가상자산 이체와 관련된 고객 및 필수 정보 스크리닝) 송금기관은 권고사항 10의 고객확인의무에 따라 고객인 송금자에 대한 필수정보를, 수취기관은 고객인 수취인에 대한 필수정보를 보유해야 한다. 송금기관 및 수취기관은 고객 온보딩 시(및 이름 변경 시) TFS 의무 준수 여부를 확인하기 위해 고객의 이름을 스크리닝해야 한다. 그 다음 가상자산 이체 수행 시 상대방(송금인 또는 수취인)의 이름을 스크리닝해야 한다(위의 그림 1 참조).

194. 각국은 VASPs 또는 기타 의무이행 기관에게 정밀금융제재 의무 준수에 필요한 효과적인 통제 체계를 도입하도록 해야 한다. 해당 체계는 가상자산 이체의 특성을 고려해야 한다. 송금인과 수취인을 확인하는 데 필요한 정보는 가상자산 이체 시스템(예 블록체인)에 별도로 보관 가능하므로, 그러한 정보의 누락이나 의심 혹은 제재상 금지된 거래 적발을 위한 이체 스크리닝 과정이 생략된다 해도 가상자산 이체를 완료할 수 있다. 따라서 VASP 또는 기타 의무이행 기관은 필수 가상자산 이체 정보를 이러한 직접결제와 별도로 스크리닝해야 한다. 즉, VASP는 해당 사업자의 비즈니스 절차 및 가상자산의 기술적 특성에 적합한 완화조치 도입을 검토해볼 수 있다. 비록 블록체인 기술이 끊임없이 진화하고 있지만 VASP 혹은 기타 의무이행 기관은 다음과 같은 통제수단을 도입할 수 있다.

a) 스크리닝이 완료되고 우려가 제기되지 않음이 확인될 때까지 고객의 지갑 사용을 보류
b) 고객 지갑으로 연결되는 사업자 지갑으로 가상자산 이체를 수취하도록 하고 스크리닝이 완료되고 우려가 제기되지 않음이 확인된 이후, 이체 완료된 가상자산을 고객 지갑으로 이동

195. 각국은 이러한 전통적인 법화 이체와 다른 가상자산 이체의 성격을 인지해야 한다. 따라서 각국은 VASP 및 기타 의무이행 기관이 효과적인 감독을 활성화할 수 있도록 자체적으로 도입한 개선조치를 문서화하도록 해야 한다. 잠재적으로 각국은 의무이행 기관에 내부 AML/CFT 위험 평가의 일환으로 이를 함께 문서화할 것을 요청할 수 있다.

기타 VASP 간 가상자산 이체 및 상대 VASP 식별 및 확인

196. FATF는 각국이 가상자산 이체의 고유한 특성과 민간 부문의 트래블룰 솔루션으로서 향후 통제 체계를 고려하여 INR.15의 7(b)를 도입할 것으로 전망한다(제4장 권고사항 16 참조). 가상자산 이체는 월렛 주소들만을 이용해 중개자 없이도 블록체인에 대한 분산 합의를 통해 직접 정산할 수 있다. 그러나 VASP가 필요 정보를 다른 VASP로 전송하려면 상대 VASP를 식별하고 상대 VASP에 대한 확인작업을 실시해야 한다. VASP는 INR.15의 7(b)을 준수하는 데 필요한 정보를 상대방에게 전송하기 전에 상대 VASP를 확인해야 한다. 의심스러운 거래 이력이나 기타 정보 등(부정적인 언론보도, 규제 혹은 형벌금 정보 등)으로 인해 확인이 필요한 경우를 제외하고 VASP는 이전에 고객확인을 진행했던 VASP과 거래를 진행하는 경우 가상자산 이체 시마다 상대 VASP를 확인할 필요는 없다. 고객확인의 개념을 고려할 때, 각국은 VASP가 상대방 고객확인 정보를 주기적으로 또는 자체 규정한 위험 기반 통제 정책에 따라 관계에서 위험이 나타날 때 갱신할 것이라 예상할 수 있다. 따라서 의무이행 VASP가 해당 통제 수단을 도입할 것이라 추측할 수 있다. 이전에 언급했듯이, VASP는 고객확인 절차를 이용하여 상대기관이 공유된 정보의 기밀성을 보호할 수 있는지를 합리적으로 결정해야 한다.

197. 적시에 안전하게 상대방 확인을 실시하는 최선의 방법은 문제 제기이다. (FATF의 12개월 검토 보고서 61항 참조) 이 과정은 크게 세 단계로 나뉜다. 하단의 세 단계는 VASP가 반드시 취해야 하는 방지조치이기보다는 상대방 고객확인을 이행하는 방법에 대한 지침서로 볼 수 있다:
a) 1단계: 가상자산 이체 시 상대 VASP를 사용하는지 확인한다. 개인은 가상자산을 다른 VASP(예 수탁형 지갑을 보유한 수취인)로 이체하거나 비수탁형 지갑으로 이체하고자 할 것이다. 따라서 송금 VASP는 다른 VASP와 거래할지 여부를 결정해야 한다. 해당 결정절차는 단순히 AML/CFT 의무사항이기보다는 VA기반 기술에 따라 이뤄진다. 현재까지 FATF는 모든 상황, 그리고 가상자산 주소만을 이용해 빈틈없이 정확하고 적확하게 수취인 웰렛을 관리하는 VASP를 식별하는 기술적으로 입증된 수단을 알지 못한다.
b) 2단계: VASP는 이전 단계 이후에 상대 VASP의 '이름'만 알고 있기 때문에 상대 VASP를 식별한다. VASP는 그러한 데이터에 의존할 시기에 대한 정부 발표 가이드라인에 따라 신뢰할 수 있는 데이터베이스를 사용하여 상대 VASP를 자체적으로 식별할 수 있다;
c) 3단계: 상대 VASP가 고객 데이터를 전송하고 거래관계를 구축하는 데 적격한 대상인지 평가한다(상대 VASP 확인에 대한 자세한 내용은 제4장 권고사항 16과 해당 고객 데이터의 적절한 저장, 관리를 위한 기록보관에 대한 권고사항 11을 참조).

그림2. 상대 VASP 고객확인 일반절차의 개요

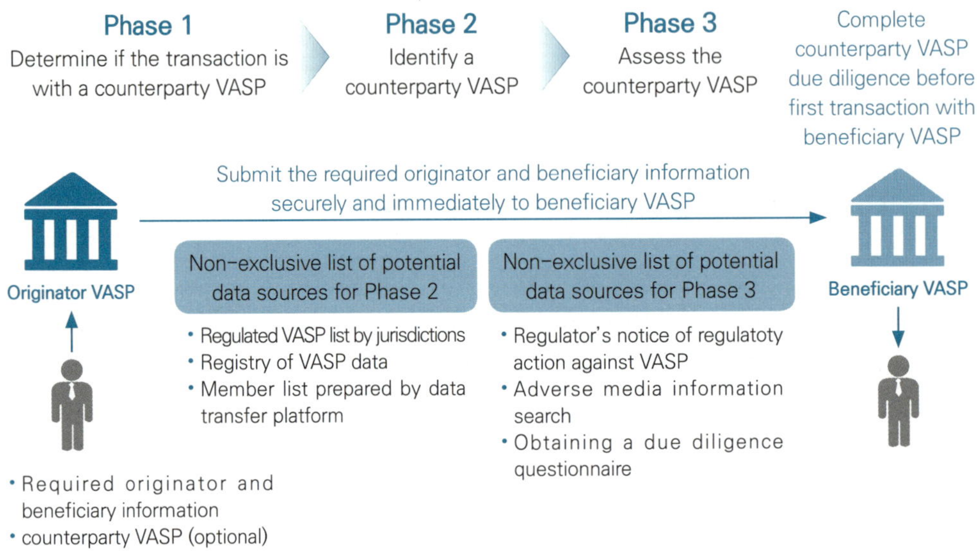

198. 본 지침의 범위를 명확히 하기 위해 권한당국은 VASPs가 먼저 거래관계를 맺는 상대 VASP를 평가하기 위해 '3단계'에서 예방조치를 이행한 다음 정기적으로 고객확인 결과를 검토하도록 해야 한다. 각국은 또한 상대 VASP를 식별하기 위해 '2단계'에 대한 신뢰할 수 있고 독립적인 정보 출처를 유지하여 VASP의 상대기관 VASP 확인을 돕도록 한다. VASP 목록, 실소유자 명부 및 BCBS 가이드라인에 언급된 기타 예시와 같은 규제 기관 목록이 포함될 수 있다. BCBS(2014, 2020년 개정) 건전성 및 자금세탁/테러자금조달과 관련된 위험의 건전성 관리: 감독당국 간 협력 사항 개정, 부록 2"
은행도 공공 출처를 이용한 정보 수집을 고려해야 한다. 여기에는 요청 은행의 감독당국 웹사이트, 인허가 과정에서 감독당국이 획득한 정보와 식별 데이터 간의 교차 확인, 또는 요청 은행에 부과된 잠재적인 AML/CFT 행정 제재 관련 웹사이트가 있다. 공개 등기부도 포함될 수 있다. (FATF 지침 25항 참조)

상대기관 고객확인이 갖는 효과적, 효율적 장점을 고려해 규제 기관 목록에 포함될 수는 있지만 VASP 이름과 등록된 VASP 주소지 포함에만 국한되어선 안 된다. 금융 업계에서 디지털화된 절차 사용이 증가하고 있다는 점을 고려할 때 각국은 기계 판독가능 형식을 사용하도록 권고해야 한다. 자국 내 (FATF 권고사항의 정의에 따라) 금융회사로 인허가를 받았거나 신고·등록되어 있는 자연인 혹은 법인의 경우에는 VASP에 대해 별도의 허가나 등록 의무를 부과할 필요가 없다. 그러한 제도를 갖춘 국가는 불필요한 위험 회피를 위해 해당 금융기관이 지정된 VASP 목록에 포함되지 않았음은 물론이고 동일한 규제기관의 감독을 받지 않고 있음을 명확하게 전달할 수 있다.

199. 또한 각국은 VASP가 채택한 위험 완화 조치가 다를 수 있음을 인정하면서 VASP가 거래 대상에 대해 위험 기반 결정을 내려야 함을 명확히 해야 한다. 일반적으로 이러한 비즈니스 결정은 AML/CFT 관점의 위험 기반 분석을 기반으로 각 개별 VASP가 내리며 데이터 저장, 보안, 거래관계의 수익성을 포함한 기타 규정 준수 문제를 고려한다. 송금기관은 수취인 국가의 규제 부재에도

불구하고 계약상으로 수취인으로부터 트래블룰 이행을 요구할 수 있다. 자체 재량에 따라 각국은 인허가/등록 의무를 효과적으로 이행하지 않은 국가 내의 모든 VASP를 고위험으로 지정하는 것도 고려할 수 있다.

200. FATF는 각국이 가능한 빠른 시일 내에 INR.15의 7(b)을 시행할 것으로 예상한다. 각국은 트래블룰 의무사항 시행에 단계적인 접근법을 적용하여 자국의 VASP가 필수적인 시스템을 이행할 수 있도록 충분한 시간을 주어야 하지만, VASP가 그 사이에 가상자산 이체로부터 발생하는 ML/TF 위험을 적절히 완화하기 위한 대안조치를 보유하도록 해야 한다. 각국은 필요한 정보를 안전하게 전송하기 위해 가상자산 이체가 지닌 고유한 특성과 민간 부문을 위한 해결책 제시 측면에서 통제 체계의 개발을 고려해야 한다. 그럼에도 불구하고 각국은 VASP에 대한 AML/CFT 체계를 다양한 속도로 구현하고 있다. 다시 말해 일부 국가는 자국 내 VASP에게 다른 국가(예: 일출 문제)에 앞서 트래블룰을 준수하도록 의무화하기도 한다. 이는 VASP가 트래블룰이 아직 시행되지 않은 국가의 VASP를 어떻게 취급할 것인지에 대한 고민을 안겨줄 것이다. 수취국가 내에 규정이 없다 해도 송금기관은 계약이나 영업 관행을 근거로 수취인이 트래블룰을 준수하도록 요청할 수 있다. 일반적으로 이러한 비즈니스 결정은 위험 기반 분석을 기반으로 각 개별 VASP에서 내리게 된다. VASP가 INR. 15 중 7(b)에 따라 이행하는 준수 수준이 그러한 결정의 일부분을 구성한다. VASP 및 금융기관은 각 개별 고객/상대 VASP의 ML/TF 위험 수준과 거래 상대방/고객 VASP가 이행한 모든 적용 가능한 위험 완화 조치를 고려해야 한다.

201. 트래블룰과 관련된 '일출(sunrise) 문제'를 감안할 때 각국은 VASP가 제시하는 비즈니스 모델 평가를 위해 위험 기반 접근 방식을 채택해야 한다. 각국은 VASP가 수반하는 ML/TF 위험을 적절하게 관리하기 위해 취한 위험 완화 조치가 충분한 지 여부 등 트래블룰 준수의 전반적 맥락을 고려해야 한다. 특정 국가의 규정에 관계없이 VASP는 트래블룰 의무사항을 준수하기 위해 강력한 통제 조치를 도입할 수 있다. 그 예는 다음과 같다. 가상자산 이체를 고객 기반(즉, 동일한 VASP 내 가상자산의 내부 이체)으로 제한하여 고객 기반 외부에 있는 확인된 일방 당사자 이체만 허용(즉, 송금인·수취인이 동일인으로 확인됨)하고 거래 모니터링을 개선한다. 각국의 관련 규제 도입 및 이행 자체로도 중요하지만, 국내법상 관련 규정이 없다고 해서 VASP가 자체적으로 도입한 조치도 효과가 없을 것이라 단정할 수는 없다.

가상자산의 '중개 VASP'로의/로부터 이체

202. 전신송금과 유사하게 현재 혹은 머지 않은 미래에 가상자산 이체를 지원하는 '중개 VASP', 다른 중개 이행의무 기관이나 금융회사등 가상자산 이체 체인 내에서 중개 요소를 이용하는 가상자산 이체 시나리오가 등장할 수 있다 명확히 말하면, VASP, 금융기관 혹은 기타 중개 의무이행기관이 일련의 가상자산 이체 시 중개 요소/역할로써 가상자산 이체를 촉진하고 특정 활동/사업이 본 지침서에 따라 VASP으로 분류되는 경우, '중개 VASP'으로 분류된다.

각국은 INR.15에서 기술하듯 그러한 중개기관(VASP든 다른 의무이행 기관이든)이 권고사항 16의 의무사항을 준수하도록 해야 하며 이때 의무에는 모든 가상자산 이체를 적법한 국외 전신송금으로 취급하는 것도 포함된다. 전통적 법화의 해외송금을 처리하는 전통적 중개 금융회사가 전신송금에 모든 필수 송금인 및 수취인 정보가 포함되도록 하는 것처럼, 중개 VASP나 다른 가상자산 이체를 활성화하는 유사 중개 기관 역시 VA 이체 체인을 따라 필수 정보가 전송되도록 하고 필수 기록을 보관하며 요청이 있을 시 적절한 당국에 해당 정보를 제공하도록 해야 한다. 마찬가지로, 기술적 제약으로 인해 필수 송금인 또는 수취인 정보가 필수 데이터 전송 시 남아 있지 않은 경우, 수신 중개 VASP가 송금 VASP 또는 다른 중개 VASP로부터 수신한 모든 정보에 대한 기록을 최소 5년간 보관해야 한다. 가상자산 이체에 관여하는 중개기관 역시 송금·수취 VASP(혹은 가상자산 이체거래를 활성화하는 다른 송금·수취 의무이행 개체들)처럼 의심거래를 확인하고 동결 조치를 취하며 제재대상자와의 거래를 금지해야 한다는 일반적인 의무사항을 이행해야 한다.

비수탁형 지갑으로/에서의 가상자산 이체

203. 가상자산 이체가 전통적 법화의 전신송금과는 달리 VASP이든 금융회사등 다른 의무이행 기관이든 이행의무 개체 2곳(이체거래의 양측)이 꼭 포함하지는 않을 수 있음을 FATF는 인지하고 있다. 가상자산 이체건에서 한쪽만 의무이행 기관인 경우(예를 들어 송금 VASP나 다른 의무이행 기관이 가상자산을 송금인을 대신하거나 위하여 송금하는데 이때 수취인은 수취기관의 고객이 아닌 가상자산 이체를 비수탁형 지갑으로 수취하는 가상자산 이용자)라 하더라도 각국은 여전히 의무이행 개체가 자신들의 고객(경우에 따라 송금인 혹은 수취인)과 관련하여 권고사항 16의 의무를 따르도록 해야 한다. 각국은 VASP가 그러한 가상자산 이체를 강화된 조사 및 제약을 요하는 고위험 거래로 간주하도록 요청하는 것도 고려해야 한다.

204. FATF는 가상자산 송금이체의 경우 VASP와 금융회사가 의무이행 기관이 아닌 개인 사용자에게 필수 정보를 보낼 것으로 예상하지 않는다. VASP나 다른 의무이행 기관이 아닌 기관으로부터 가상자산 이체를 수취하는 VASP의 경우(이를테면 개별 가상자산 이용자로부터 비수탁형 지갑으로 이체) 필수 송금인 및 수취인 정보를 확보해야 한다. 각국은 자국 내 VASP 또는 기타 의무이행 기관이 의심거래보고 등에 대해 효과적인 조사를 실시하고 특히 제재 이행 요건 충족을 위한 수단을 구현할 수 있도록 의무화하며(다음의 권고사항 20 논의 참조), 위에서 논의한 바와 같이 비수탁형 지갑을 통한 그러한 이체에 관한 추가적 제약이나 통제를 부과할 수 있다.

제3자 의존

205. 권고사항 17에 따라 각국은 의무이행 개체들이 새로운 거래를 개시 및/또는 고객의 신원을 확인하고 검증하는 과정 등 고객확인 절차 중 일부를 수행하기 위해 제3자에게 의존하는 것을 허용하도록 하고 있다. 그러나 제3자는 권한당국의 AML/CFT 관련 감독과 모니터링을 받는 규제 대상으로 고객확인 및 기록보관 의무 이행을 위한 조치들을 갖추고 있어야 한다. 또한 제3자에게 의존한다고 해서 위반 시 의무이행 기관의 의무나 책임을 완화시켜주지 않는다.

206. 각국은 VASPs의 권고사항 15상 지위에 따라 VASPs가 제3자로 기능하는 것을 허용할 수 있다. 의무이행 개체들은 제3자가 규제를 받는 대상인지 여부를 확인하는 것 외에도 추가적으로 위험기반으로 제3자를 선정해야 한다. 제3자 VASPs라고 할 때 각국 및 의무이행 개체들은 제3자가 잠재적으로 제기할 수 있는 위험, 거래나 업무의 특성, 제3자 VASP의 고객군이나 타깃 시장, 필요시 사업 파트너 등을 고려해야 한다. VASP가 사업의 개시를 위해 다른 VASP에 의존하거나 특히 가상자산 이체 맥락에서 고객확인 수행과 관련하여 VASP-VASP 간 의존하는 경우에는 권고사항 16의 의무사항에 부합하고 또 이를 준수해야 한다.

내부통제 및 해외 지점과 자회사

207. 권고사항 18은 각국이 VASPs 등 의무이행 개체들에게 AML/CFT 정책과 절차의 효과성 및 국내 그리고 경우에 따라 해외에 있는 모든 영업점·부서·지점·자회사의 위험관리 품질을 확립하는 것과 관련하여 내부통제를 갖추도록 할 것을 요구하고 있다. 그러한 내부통제에는 명확한 AML/CFT 책임소재와 관리자 수준의 준법감시인 등 적절한 거버넌스 마련, 현지법에 따라 직원의 진실성을 모니터링하는 통제, 지속적인 직원 훈련, 시스템 점검을 위한 (외부 혹은 내부) 감사 기능 등이 모두 포함돼야 한다.

고위험 국가

208. 권고사항 19는 FATF가 EDD가 필요한 국가들이라고 강조하는 고위험 국가들 출신의 자연인과 법인과 거래관계 및 거래를 할 때 VASPs 등 의무이행 개체들이 EDD를 적용하도록 각국에 요구하고 있다. 이 의무사항은 가상자산 활동 및 VASPs의 국경 초월적인 특성을 감안할 때 특히 유의미하다.

STRs 및 기밀누설

209. 권고사항 20에 따라 금융회사는 자금이 범죄수익이거나 테러자금조달과 관련이 있는 것으로 의심되거나 그렇게 믿을만한 합리적 이유가 있는 경우 그러한 의심을 즉각 관련 FIU에 보고해야 한다. 따라서 각국은 VASPs는 물론 가상자산 활동에 관여되는 다른 의무이행기관들이 의심거래를 보고하도록 해야 한다(VASPs 및 다른 의무이행 개체들에 특정된 정보는 제4장을 참고).

210. 예방조치의 적용 관련하여 INR.15의 7번 문단 내용에 부합하고 위 권고사항 16에서 논의됐듯, 각국은 VASPs가 운영 중인 국가 내에서 권고사항 16의 모든 관련 요소들을 이행하도록 해야 한다(마찬가지로 추가 정보는 제4장을 참고).

211. VASPs 및 가상자산 활동에 관여하는 다른 의무이행 기관들을 대상으로 이미 종합적인 AML/CFT 의무를 적용하는 국가들에서 가상자산 관련한 의심거래보고가 법집행기관의 수사 노력에는 물론 가상자산 생태계 내 사업자와 활동을 보다 잘 이해하고 분석할 수 있도록 FIU의 능력을 개선하는 데 아주 중요하게 작용함을 보여준 바 있다. 2017년 미국 BTC-e 사례가 대표적. BTC-e는 법화 및 가상자산의 교환거래를 취급하고 랜섬웨어·해킹·신원도용·조세사기·공직부패·마약밀반입 등을 이용한 거래를 활성화한 인터넷 기반 송금업자다. 미국 법집행기관은 예금기관과 VASPs(특히 거래소들)가 보고한 의심거래들을 통해 BTC-e가 사용한 전자지갑 주소를 확인할 수 있었고, 그 거래소를 통한 불법적 수익의 흐름을 감지하여 조치를 취할 수 있었다.
각국은 기존 보고체계나 형식을 개선하여 사업자 및 다른 의무이행기관들이 장치식별기(device identifier), 관련 시간 기록이 포함된 IP주소, 가상자산 지갑 주소, 거래 해시 등 가상자산 활동과 관련될 수 있는 구체적인 지표들을 보고하도록 할 필요성을 고려해야 한다.

212. VASP가 수취인에 대해 확인된 필수 정보를 제출할 필요는 없지만(위의 권고사항 16 참조) VASP가 확인한 데이터 불일치로 인해 처리하는 데이터의 정확성이 의심되는 상황이 발생할 수 있다. 이러한 불일치는 블록체인 분석 도구를 이용해 식별할 수 있다; 상대 VASP가 제공한 정보; 외부 당국; 또는 거래 내역 및 기록을 근거로 한다. 고객(송금 VASP의 경우) 또는 송금 VASP(수취 VASP)가 정확하지 않거나 불완전한 정보를 제공하여 발생한 오류로 인해 불일치가

발생한 경우, 요청된 거래 또는 동일 고객 관련 정보를 함께 심사하여 의심이 제기될 만한지 파악해야 한다. 그러한 인식은 FIU, LEA와 조사당국에 매우 귀중한 정보가 될 수 있다. 따라서 각국은 자국 내 VASP에게 의심거래보고에 대한 효과적인 조사를 실시하고 제재 이행 요건을 충족하기 위한 체계를 확립하도록 의무화해야 한다.

213. 권고사항 21은 비밀누설 금지 및 기밀유지 조치로 FATF 권고사항 중 금융회사에 적용 가능한 조치 관련 내용이다. 각국은 그러한 조치들을 예방조치의 적용과 관련한 INR.15의 7번 문단에서 기술하듯 VASPs에도 적용해야 한다. 권고사항 21에서 구체적으로 제시하듯 정보공개 제한 위반과 관련하여 VASPs, 그 대표자, 관리자, 직원들은 가능한 경우 민·형사상의 책임으로부터 법적 보호를 받아야 하고 법적으로 의심거래 보고사실을 공개(혹은 '기밀누설')하지 못하도록 해야 한다.

법인·법률관계의 투명성과 실제소유자

214. 권고사항 24 & 25. FATF 용어집에서는 VASPs를 VASP 정의에서 구체적으로 적시하는 활동이나 영업을 영업으로 수행하는 '자연인이나 법인'이라고 정의하고 있다. 권고사항 24, 25는 각국이 자금세탁 및 테러자금조달에 법인과 법률관계가 남용되는 것을 막기 위한 조치를 취하도록 하고 있다. 따라서 각국은 금융회사·DNFBPs의 경우와 마찬가지로 VASPs의 남용을 막기 위한 조치를 취해야 하고 R.10과 22의 의무사항을 수행하는 VASPs에 의한 실제소유자 및 통제 관련 정보를 이용할 수 있도록 하는 조치를 고려해야 한다.

실무운영 및 법집행

215. 권고사항 29. VASPs(혹은 가상자산 영역에서 운영하는 전통적인 금융회사나 국제기준상 가상자산 활동에 관여하는 다른 의무이행 개체들)가 권고사항 20에 따라 보고한 의심거래는 FIU에 제출돼야 한다. 또한 각국 FIU는 VASPs 포함 자국 내 보고기관으로부터 추가적인 정보를 확보할 수 있어야 하고 FIU가 본연의 기능을 적절히 수행하는 데 필요한 금융, 행정, 법집행 정보를 적시에 이용할 수 있어야 한다.

216. 권고사항 30은 권고사항별 분석 중 위 자금 혹은 가치 기반 용어 부분에 언급돼 있다.

217. 권고사항 31. 금융회사·DNFBPs와 마찬가지로 각국 및 권한당국은 VASPs가 보유한 모든 필요한 문서와 정보를 이용할 수 있는 권한을 확보할 수 있어야 하고, 이때 그 권한에는 기록의 제공을 위한 강제조치의 사용도 포함된다. 이들은 VASPs 등의 자연인 또는 법인이 가상자산 계좌나 지갑을 보유 혹은 통제하는지 여부를 확인하기 위한 효과적 체계와 권한당국이 소유자에게 사전 통지 없이 가상자산 포함 자산을 확인할 수 있는 절차를 두도록 하는 체계를 갖춰야 한다. 권고사항 31의 적용은 각국 및 권한당국이 국제기준상 가상자산 활동과 VASPs 관련 ML/TF 위험을 해소하고 완화하는 데 특히 중요하다.

218. 권고사항 32. 각국은 국제기준상 가상자산 활동과 VASPs에 권고사항 32의 적용을 고려할 때 위험기반접근법(RBA)을 취해야 한다. 특히 각국은 RBA하에서 (a) VASPs의 활동과 가상자산을 이용한 활동이 물리적인 금전적 도구의 이동이라는 범위에 해당하는지 여부와 (b) 그런 자산이 해외로 이동할 때 이에 대한 신고 의무와 적발 체계를 실질적으로 어떻게 확립할 것인지 및 자국 내에서 ML/TF 위험을 어떻게 완화할 것인지 등을 고려해야 한다.

219. 권고사항 30과 마찬가지로 권고사항 33은 위 자금 혹은 가치 기반 용어 부분에 언급돼 있다.

220. 권고사항 34는 각국이 가상자산 활동 및 VASPs 관련 ML/TF 위험은 물론 가상자산 자체와 관련된 위험을 확인·해소하기 위한 접근법에 필수 요소다. 관련 권한당국은 VASPs(및 전통적 금융회사등 다른 이행의무 개체들)가 국가 차원의 AML/CFT 조치를 적용하고 특히 (가상-법화 거래든 가상-가상 거래든) 의심거래를 적발·보고할 수 있도록 가이드라인을 확립하고 피드백을 제공해야 한다.

국제협력

221. 권고사항 36~40. 가상자산 활동 및 VASP 부문의 국경 초월성, 이동성 등의 특성을 감안할 때 각국 및 권한당국의 국제협력 권고사항 36~40 이행, 특히 R.37~40에 제시된 각국 및 권한당국이 적용할 수 있는 조치들은 매우 중요하다. 또한 국제협력 관련 의무사항을 효과적으로 이행하는 것은 어떤 특정 국가에서 가상자산 활동을 제공하는 사업자가 규제가 더 많을 법한 다른 국가들의 사업자들과 비교해 불공정 경쟁의 이익을 누리지 못하도록 그 능력을 제한하고 이익이 되는 국가를 찾아가는 행위(jurisdiction shopping/hopping)나 규제차익을 제한하는 차원에서도 중요하다

222. VASP 부문에 대한 효과적 규제·감독·집행에는 글로벌 차원의 접근법과 각국을 아우르는 평준화된 규제 체계가 필요하단 점을 인식하여 INR.15의 8번 문단에서는 권고사항 37~40 적용이 가상자산·국제기준상 가상자산 활동·VASPs 관련 위험을 완화하는 데에 중요함을 강조하고 있다. 각국은 국제협력 중에서도 특히 상대국과 협력하고 형사사법공조를 제공할 수 있도록 필요한 도구들을 갖추고(R.37), 가상자산 형태는 물론 VASP 활동과 관련된 기타 전통적 자산 형태의 범죄수익과 수단을 확인·동결·몰수할 수 있도록 해야 하며(R.38), 가상자산 관련 범죄나 불법 행위에 관여된 불법 행위자들 맥락에서 효과적인 인도 공조를 제공해야 한다(R.39).

223. 금전 혹은 가치 기반 용어들을 포함하는 다른 권고사항들과 마찬가지로 각국은 가상자산 맥락에서 '자금세탁, 전제범죄 혹은 테러자금조달에서의 사용으로부터 세탁된 재산, 수익, 그에 사용된 도구, 혹은 그 사용을 위해 시도된 도구 및 그에 상응하는 가치의 재산'과 관련하여 몰수와 잠정조치들을 적용할 수 있어야 한다.

224. INR.15의 8번 문단에서는 또한 구체적으로 VASPs 감독당국들이 즉시 그리고 건설적으로 해외 당국들과 정보를 교환하도록 하고 있으며, 정보교환에 감독당국의 성격이나 지위, 혹은 VASPs를 부르는 용어의 차이나 그 지위와는 영향을 주지 않는다(위 3.1.4 및 3.1.8 참고).

225. 국제협력은 인·허가/등록은 특정 국가에서 하고 상품·서비스는 다른 국가에 위치한 고객들에게 '역외'로 제공하는 VSAPs의 맥락에서 유의미하다. 각국 FIU가 서로 협력하고 특히 적시에 국경 초월적 가상자산 활동 혹은 VASP 영업 관련 의심거래보고에 대해 관련 정보를 교환하는 것이 중요하다. 자국 내 VASPs에 대한 충분한 감독·규제 통제를 통해 각국은 가상자산 부문에서 수사 지원 및 국제적인 협력을 보다 원활히 할 수 있다. 현재로서는 많은 국가에서 규제나 수사능력이 부족하고 이는 각국이 유의미한 국제협력을 제공할 때 장애물이 될 수 있다. 또한 여러 국가에서 법체계상 특정 가상자산 관련 ML/TF 활동이 범죄화 되어 있지 않아 쌍방가벌성이 요구되는 경우 효과적인 사법공조를 제공하기 어려울 수 있다.

226. 또한 감독당국의 협력 방안에 대한 추가 지침을 위해 당국은 정보 공유 및 VASP 감독 간의 협력 원칙을 고려해야 한다(제6장 참고).

DNFBPs가 국제기준상 가상자산 활동에 관여 또는 그런 활동을 제공하는 경우

227. DNFBP가 VASP 활동에 관여하는 경우(예를 들어 카지노가 가상자산 기반 게이밍을 제공하거나 다른 가상자산 활동·상품·서비스 등에 관여하는 경우), 각국은 해당 개체에 FATF 권고사항 중 VASPs에 적용되는 모든 조치를 적용해야 한다. 예를 들어 권고사항 22, 23에는 특정 DNFBP 유형에 대해 적용해야 하는 고객확인, 기록보관 및 기타 의무사항을 제시하며, 적용대상은 (a) 카지노 (b) 부동산 중개업자 (c) 귀금속상 (d) 변호사, 공증인 기타 독립적 법률 전문 및 회계사, (e) 신탁 및 회사서비스업자 등이다. 권고사항 22는 구체적으로 R.10, 11, 12, 15, 17의 의무사항이 DNFBPs에 적용된다고 언급하고 있다. 따라서 VASP 활동에 관여하는 DNFBPs의 규제·감독 및 이들에 대한 예방조치 적용을 고려할 때 각국은 VASPs 관련 여러 권고사항 중에서도 특히 R.10, 11, 12, 15, 17을 참고하고 그에 따라 적절한 고객확인, 기록보관 및 기타 조치를 적용해야 한다. 또한, 각국은 VASP 활동을 수행하는 DNFBPs가 VASP 활동 관련 신고/인허가를 받도록 해야 한다.

228. 이와 유사하게 권고사항 28은 각국 및 권한당국이 FATF 권고사항에 명시된 대로 DNFBPs에 규제·감독 조치를 적용하도록 하고 있다. 앞서 언급한 것처럼 각국은 VASP 활동에 관여하는 DNFBPs 포함 VASPs에 DNFBP 수준 감독이 아닌 금융회사가 받는 규제·감독과 유사한 수준의 감독·규제를 적용해야 한다. DNFBP가 국제기준상 VASP 활동에 관여하는 경우(예를 들어 가상자산 상품·서비스를 제공하는 카지노, 혹은 국제기준상 가상자산 활동에 관여하는 카지노 등) 각국은 모든 VASPs에 적용되는 더 높은 감독 수준을 그 DNFBP에 적용해야 하는데("DNFBP 플러스" 감독), 그 수준이란 즉 권고사항 26과 27에서 언급된 금융회사에 대한 규제·감독과 동일한 수준이다. 이 경우 해당 개체는 자국에서 그러한 개체·기관·상품·서비스 등을 지칭/사용/분류하는 용어와는 상관없이 본질적으로 DNFBP가 아닌 특정 금융활동에 관여하는 VASP이다. 각국이 이러한 접근법을 채택한다면 전 세계적으로 VASP 부문에서 규제 수준이 평준화될 수 있을 것이고 이들에 대한 감독도 이들이 관여/제공하는 활동에 부합하고 적절한 수준이 될 것이다. VASP의 정의에 대한 추가 정보를 위해서는 위 제1장을 참고한다.

VASPs 감독·모니터링 관련 위험기반접근법

ML/TF 위험 이해

229. AML/CFT에 대한 위험기반접근법(RBA)의 목적은 ML/TF 위험 확인, 이해, 평가와 각국 및 관련 의무이행 개체들이 확인하는 ML/TF 위험 수준과 상응하는 예방·완화 조치를 마련하는 것이다. 감독의 경우 RBA는 감독당국의 자원배정에 활용된다. 또한 감독당국을 통해 결국은 VASPs의 RBA 적용에 도움이 되도록 적용되기도 한다.

230. FATF는 2021년 3월 위험기반 AML/CFT 감독 지침을 발표했다. 이 문서는 감독당국이 위험기반 감독을 광범위하게 수행하는 데 도움이 되는 지침을 제시한다. 뿐만 아니라 VASP 감독기관을 위한 추가 지침과 실질적인 제언도 포함되어 있다. 이 문서는 여기에서 본 지침과 함께 검토해야 한다.

231. 효과적인 위험기반 정책은 한 국가의 정책, 법적·규제적 입장을 반영하는 것이다. 국가적 정책, 법적·규제적 체계에는 또한 금융포용, 금융안정성, 금융건전성, 금융소비자 보호, 시장 경쟁 등 해당국이 추구하는 금융부문의 정책 목표가 보다 광범위한 맥락에서 반영돼야 한다. 국가적 체계상 VASPs가 RBA를 적용하도록 할 때에는 또한 VASP 부문의 특성, 다양성, 성숙도, 위험 프로파일은 물론 개별 VASP 관련 ML/TF 위험과 특정 가상자산 상품·서비스·활동 등도 반영돼야 한다.

232. 감독당국들은 또한 가상자산 부문 내 위험을 평가할 때 가상자산 시장, 그 구조, 금융시스템 내에서의 역할, 해당국의 경제상황 등에 대해 보다 깊은 이해를 바탕으로 해당 부문의 위험을 평가해야 한다. 이를 위해서는 본 지침의 시작 부분에서 언급된 가상자산 서비스나 사업모델 중 여러 가상자산 관련 사업자들과 활동을 규제·감독하는 데 감독당국들에 필요한 실용적 기술과 전문성을 확보할 수 있도록 훈련, 인력, 기타 자원 등이 필요할 수 있다.

233. 감독당국은 가상자산 상품·서비스·활동 및 VASPs 관련 ML/TF 위험을 식별·평가하기 위해 다양한 출처의 정보를 활용해야 한다. 다양한 출처로는 각국의 NRA 및 부문별 위험평가, 자국 내 혹은 해외 유형론과 감독 전문성, FIU 지침과 피드백 등을 대표적으로 예로 들 수 있다. 권한당국이 자국 내 VASP 부문이나 더 광범위한 가상자산 생태계를 적절하게 이해하지 못하는 경우 권한당국이 VASP 부문 및/또는 가상자산 환경과 관련하여 보다 구체적인 부문별 위험평가를 수행하여 국가적 차원에서 관련 ML/TF 위험을 이해할 수 있도록 하고 VASPs가 수행해야 할 기관 내 평가에도 정보를 제공해야 한다.

234. 다수의 국가에서 자국 내 감독을 보완하기 위해 블록체인 분석 서비스를 사용하거나 사용 가능성을 탐색하고 있다. 이 서비스는 감독당국이 개별 VASPs을 평가할 때 어떤 부분에 주목해야 하는 지 안내하고 기업 활동을 바탕으로 위험도별로 VASPs을 분류할 수 있게 하는 등 다양하게 활용할 수 있다. 해당 도구 사용은 비용이 발생하며 모든 가상자산을 모든 벤더에서 취급하는 것은 아니다. 블록체인 분석은 VASP 및 일부 금융기관에서 위험 노출을 모니터링하기 위해 널리 사용된다(예 믹서 서비스를 통과한 가상자산 이체 또는 프라이버시 지갑으로부터의 가상자산 이체). 다른 방식으로는 이용불가한 투명성을 허용한다면, 그러한 도구 사용 시에 개인정보 보호 및 데이터 보호에 대한 잠재적 영향을 고려해야 한다(예 공공부문 블록체인에서).

235. 효과적인 RBA를 위해서는 ML/TF 위험에 대한 정보를 이용할 수 있는 것이 가장 기본이다. 권고사항 1(INR.1.3 참고)에서는 감독당국을 포함하여 각국이 지속적으로 해당국의 ML/TF 위험을 확인·평가하여 VASPs 포함 금융회사와 DNFBPs 등이 AML/CFT 위험평가를 수행할 때 이용할 수 있는 정보를 제공하도록 하고 있다. 각국(감독당국 포함)은 위험평가 결과를 최신으로 유지하고 위험평가 결과에 대한 적절한 정보를 VASPs를 포함해 모든 관련 권한당국, 금융회사, DNFBPs 등에 제공해야 한다. VASP 부문 내에서 일부 가상자산 상품·서비스·활동 관련 ML/TF 위험을 확인할 능력이 잠재적으로 제한된 경우 각국 및 감독당국은 해당부문과 협업을 통해 위험을 이해하고 민간부문이 자체적으로 위험을 이해할 수 있도록 한다. 필요한 정보와 지원의 수준은 VASP 부문의 역량에 따라 달라질 수 있다.

236. 감독당국이 개별 VASP 혹은 특정 가상자산 상품·서비스·활동을 살펴볼 때 고려해야 하는 요소로는 해당 VASP의 상품과 서비스, 사업모델, 지배구조, 금융·회계 관련 정보, 전달 채널, 고객 프로파일, 지리적 위치, 영업소재국, VASP의 AML/CFT 조치 이행 여부 등이 있으며 거래

파악이나 VASPs·감독당국의 효과적 AML/CFT 조치 이행을 어렵게 하는 특정 가상자산 토큰 혹은 상품 관련 위험 등도 고려해야 한다. 감독당국은 또한 위험관리 정책 수준, 내부 감독체계 작동수준 등 VASP의 내부통제도 검토해야 한다. AML/CFT 맥락에서 관련이 있을 수 있는 다른 정보로는 VASP의 관리 및 컴플라이언스 기능의 적절성 등이 있겠다.

237. 건전성 감독당국이 VASPs나 국제기준상 가상자산 활동에 관여하는 다른 의무이행 개체들에 건전성 규제를 적용하는 그런 국가라면(즉 VASPs가 은행, 보험사, 증권사, 투자사 등과 같이 '핵심원칙' FATF 권고사항에서 '핵심원칙(core principle)'이란 바젤은행감독위원회의 '효과적인 은행 감독을 위한 핵심 원칙', 국제증권위원회의 '증권감독의 목적과 원칙', 국제보험감독자협의회의 '보험감독원칙' 등을 의미한다.
위 정보는 이들 감독당국을 통해 어느 정도 확보할 수 있으며, 따라서 여러 기관에 책임소재가 있는 경우 건전성 감독당국과 AML/CFT 감독당국 사이에 정보공유 및 협업이 필요하다. VASPs의 인·허가/등록은 국가적 차원에서, 감독·집행은 주정부 차원에서 공유하는 형태 등의 다른 규제모델에서는 정보공유에 검사결과 공유도 포함돼야 한다.

238. 경우에 따라 감독당국(해외 감독당국, 결제 시스템이나 도구/증권/상품/파생 등의 감독당국 등 포함), FIU, 법집행기관 등 다른 이해관계자들로부터의 정보 역시 어떤 VASP가 자신의 ML/TF 위험을 효과적으로 관리하고 있는지 여부를 판단하는 데 도움이 될 수 있다. (광범위한 배경 검토작업 없이) 등록만 하면 되는 체계라도 여전히 법집행 및 규제기관들이 어떤 VASP의 존재나 사업라인, 해당 사업자의 가상자산 상품이나 서비스 및/또는 그 통제 관심사 등을 파악하도록 할 수 있다.

239. 감독당국들은 VASP 부문 및 VASPs 모두에 대해 위험 프로파일 평가를 주기적으로 검토해야 한다. VASPs의 환경에 상당한 변화가 있거나 새로운 관련 위협이 부상하는 경우에도 마찬가지다. VASPs나 보다 광범위한 VASP 부문 대상 국가 차원의 감독 관행 및 특정 가상자산 상품·서비스·사업모델 등과 관련한 ML/TF 위험에 대한 각국 사례는 본 지침 제5장에서 확인할 수 있다.

ML/TF 위험 완화

240. FATF 권고사항에서는 감독당국들에 ML/TF 고위험 부문에 감독 자원을 더 많이, 더 우선적으로 할당하도록 하고 있다. 이는 즉 감독당국들이 해당 부문과 개별 VASP의 ML/TF 위험 수준을 기반으로 평가의 주기 및 강도를 결정해야 한다는 뜻이다. 감독당국들은 고위험이 될 소지가 있는 부분을 우선 고려해야 하며, 이는 개별 VASP 수준에서든 특정 유형의 VASP 또는 고위험 국가에 의해 혹은 고위험 국가에서 운영하는 VASP에 대해서든 모두 적용될 수 있다(개별 VASP의 경우 VASP가 제공할 수 있는 특정 상품·서비스·사업라인 등. 예를 들어 VASP의 거래 파악이나 고객확인조치 이행을 어렵게 하는 AECs, 믹서·텀블러 등의 특정 가상자산 또는 가상자산 서비스. 특정 부문의 VASPs 경우 예를 들면 가상-가상 금융활동 위주 혹은 그 활동만 활성화하거나 거래 등의 파악을 어렵게 하는 특정 가상자산 상품·서비스를 제공하는 VASPs, 혹은 개인을 위하여 또는 대신하여 수취기관 등과 같은 다른 규제대상의 사용자가 아닌, 개인 사용자에게 가상자산을 이체할 것을 촉진시키는 VASPs 등). 이 부문 전체를 고위험으로 분류하기로 한 국가라도 고객기반, 상대 국가, 적용 가능한 AML/CFT 통제 등을 바탕으로 이 부문 내 개별 VASPs의 분류를 이해하고 설명을 할 수 있어야 한다.

241. 위험기반 체계에서는 모든 VASPs가 다 같은 AML/CFT 통제를 쓰지는 않으며 불법수익의 이체나 교환거래가 포함된 고의성 없는(unwitting) 개별적·단독적(single, isolated) 사건들을 기반으로 꼭 어떤 VASP의 AML/CFT 통제가 건전하지 않은 것은 아님을 권한당국이 인식하는 것이 중요하다. 반면 VASPs는 RBA가 유연하게 적용된다는 뜻이 효과적인 AML/CFT 통제를 적용해야 의무의 면제를 뜻하는 것은 아님을 이해해야 한다.

242. 감독당국들의 접근법 조정 사례는 아래와 같다.

a) AML/CFT 감독·모니터링 유형의 조정: 감독당국들은 모든 관련 위험 및 컴플라이언스 정보를 확인하기 위해 임점/비임점 채널을 모두 이용해야 한다. 다만 체계상 허용된 범위 내에서 VASPs에 대한 임점/비임점 감독·모니터링을 적절히 조정할 수 있다. 고위험 상황이라면 비임점 감독만으로는 부적절할 수 있다. 그러나 이전 검사 결과(임점/비임점 무관) ML/TF 위험이 낮은 것으로 감독당국이 판단한 경우 고위험 VASPs에 자원을 집중적으로 배정할 수 있다. 이 경우 저위험 VASPs를 대상으로는 거래 분석 및 질문지 등을 통한 비임점 감독이 진행될 수 있다.

b) 지속적 AML/CFT 감독·모니터링 주기 및 강도의 조정: 감독당국들은 확인된 위험에 부합하여 AML/CFT 검사 주기를 조정해야 하고, 정기적 검토 및 사안에 따른 비정기적 AML/CFT 감독(예를 들면 신뢰할 만한 내부고발이 있었거나 법집행기관의 정보가 있는 경우, 금융보고 분석이나 기타 감독결과 등이 있는 경우)을 병행해야 한다. 감독 관련 다른 RBA 고려 요소로는 지리적 위치, 등록/인·허가 상태, 고객기반, 거래 유형(가상-법화 거래, 가상-가상 거래 등), 가상자산 유형, 제공하는 계좌수·지갑·수익·상품·서비스(투명성이 높은 서비스 vs AECs 등 거래파악을 어렵게 하는 상품·서비스) 등, 과거 컴플라이언스 미이행 기록 및/또는 관리 측면에서의 상당한 변화 등이 있다.

c) AML/CFT 감독·모니터링 및 보고의무 강도의 조정: 감독당국들은 확인된 위험에 맞게 적절한 평가 강도와 범위를 결정해야 하며, 평가 목적은 VASP의 남용을 막기 위한 VASP의 정책 및 절차의 적절성을 평가하는 것이다. 강도 높은 감독이라면 VASP의 위험평가·보고·기록보관 관련 정책 및 절차의 이행을 검증하기 위한 상세 시스템 및 문서 점검, 내부감사, 실무급 직원·고위경영진 및 이사회와의 면담 등을 예로 들 수 있다.

243. 감독당국들은 감독·검사 결과를 바탕으로 ML/TF 위험평가를 업데이트해야 하고, 필요한 경우 AML/CFT 감독 접근법 및 AML/CFT 규정과 지침의 적절성도 검토해야 한다. 감독당국들은 기밀유지 관련 기준이나 의무에 위배되지 않는 선에서 필요한 경우 감독 결과를 VASP에게 전달하여 그들의 RBA 품질을 향상시킬 수 있도록 해야 한다.

일반적 접근법

244. 감독당국들은 VASP가 직면하거나 VASP 부문과 관련된 ML/TF 위험을 이해해야 한다. 감독당국은 사업라인이나 특정 가상자산 상품·서비스·활동의 위험 수준을 전반적으로 이해하고 있어야 하며, 특히 고위험 상품·서비스·활동에 대해서는 철저한 이해가 동반돼야 한다.

245. 감독당국들은 감독·검사자들이 VASP의 정책·절차·통제가 해당 VASP의 위험평가와 관리 절차 측면에서 적절하고 비례적인지 평가하기 위해 충분한 훈련을 받고 도구를 갖추고 있도록 해야 한다. VASP 부문 내 조치들의 전반적인 강도에 대해 감독·검사자들의 이해를 돕는 차원에서 각국은 VASP의 AML/CFT 프로그램에 대한 비교분석을 수행하여 개별 VASP의 통제 수준에 대한 정보를 제공하는 것을 고려해야 한다.

246. RBA 맥락에서 감독당국들은 어떤 VASP의 AML/CFT 조치 이행수준 및 위험평가 프로그램이 ① 규제 의무사항을 충족하고 ② 적절하고 효과적으로 관련 위험을 완화·관리하는지 판단해야 한다. 이 과정에서 감독당국들은 해당 VASP의 자체 위험평가 내용을 고려해야 한다. 다수의 인·허가/등록을 갖추고 여러 국가에서 영업하는 VASPs의 경우, 자연인·법인의 VASP 인·허가/등록을 결정할 때 감독당국은 국제기준상 가상자산 활동의 국경 초월적 특성을 감안하여 해당 VASP가 노출된 위험 및 그러한 위험이 적절히 완화되는 정도 등을 고려해야 한다.

247. 감독당국들은 검사 절차의 일환으로 어떤 VASP의 AML/CFT 통제에 대한 검사 결과 및 판단내용을 전달해야 하고 VASPs에 적용되는 법적·규제적 의무를 준수하기 위해 필요한 것으로 사료되는 조치들을 명확하게 소통해야 한다. 가상자산 금융활동이 여러 개의 권한당국의 권할에 해당하는 국가에서는 해당국 내 감독당국들 간에 필요시 서로 협력하여 VASPs 및 가상자산 활동에 관여하거나 가상자산 상품·서비스를 제공하는 다른 의무이행 기관들에 대해 자신들의 기대를 명확히 소통해야 한다. 특히 규제를 받는 여러 가상자산 활동에 관여하는 VASPs(이를테면 가상자산 송금업자나 증권·상품·파생 활동 등), 혹은 은행·증권·상품 혹은 기타 규제당국이 개입될 수 있는 가상자산 금융활동의 맥락에서 이 부분은 중요하다.

248. VASP에서 AML/CFT의 취약점이 확인되는 경우, 감독당국은 미흡한 부분의 개선 및 재발 방지를 위해 도입한 조치를 추적하고 평가해야 한다. 규제 위반이 발생한 경우, 감독당국은 준수 미흡으로 인해 야기될 수 있는 위험을 완화하는 데 적용할 수 있는 규제 및 감독 측면의 다양한 조치를 마련해야 한다. 여기에는 VASP 활동에 대한 경고, 조치 공문, 명령, 합의, 행정적 제재, 벌금 및 기타 제약 및 조건 등이 포함될 수 있다. 완화되지 않은 위험이라는 맥락에서 식별된 위반의 심각도 수준을 고려하여 전반적인 조치를 적용해야 한다. 시스템에 가장 심각한 ML/TF 위험을 초래하는 결함을 최우선적으로 대응해야 한다. 억제적, 비례적, 효과적 제재 적용에 대한 추가 지침은 금융 부문 및 법집행기관의 AML/CFT 감독당국의 효과적 감독 및 집행에 대한 FATF의 지침을 참조한다.

249. 스테이블코인에 관여하는 VASP 또는 금융회사는 가상자산 또는 금융 자산과 동일한 방법으로 적절한 감독을 받아야 한다. 다른 가상자산과 마찬가지로 해당 가상자산에 대한 위험평가가 과정에 있어야 한다. 감독당국에 따르면, 스테이블코인은 수반되는 감독의 유형과 강도로 인해 더 높은 위험을 내포한 경향이 있다. 스테이블코인을 금융 자산으로 인정한다면, 그러한 결정에 따라, 기타 유사하게 분류된 다른 모든 자산과 같은 방법으로 감독되어야 한다. 이러한 맥락에서는 가상자산 이체의 국경 초월적 특성을 감안할 때, VASP 감독당국 간 국제 협력이 매우 중요하다.

지침

250. 감독당국들은 VASPs의 법적·규제적 의무사항 준수에 대한 기대를 전달해야 하고 필요시 관련 이해관계자들과 자문 과정을 거치는 것을 고려할 수 있다. 이 같은 과정은 원하는 결과를 기반으로

한 높은 수준의 의무, 위험기반 의무, VASPs가 특정 AML/CFT 통제를 어떻게 가장 적절히 적용할 수 있는지와 관련된 법규나 세부 지침을 어떻게 해석하는지에 대한 정보 등의 형태로 진행될 수 있다.

251. 감독당국 및 기타 권한당국들은 가상자산 기술 전문가로부터의 지도 및 정보를 고려하여 VASPs의 관련 사업모델이나 운영, 이들의 잠재적 ML/TF 위험 노출, 특정 가상자산 유형이나 국제기준상 가상자산 활동과 관련된 ML/TF 위험 등을 보다 깊이 이해하고 완화조치의 적절성 여부를 판단할 수 있다.

252. 앞서 언급되었듯 VASP 부문에 지침과 피드백을 제공하는 것은 필수적이며 권고사항 34의 의무사항이기도 하다. 지침에는 VASPs가 평가를 수행하고 위험완화·의무이행 관리체계를 개발하여 관련법·규제 의무를 충족하도록 하는 모범관행이 포함될 수 있다. 감독당국들과 VASPs 간에 지속적·효과적인 소통을 지원하는 것은 성공적인 RBA 이행의 필수요소다.

253. VASPs 감독당국들은 또한 다른 국내 규제·감독 당국들과의 연락을 통해 VASPs의 법적 의무에 대한 일관된 해석을 보장하고 VASPs 간, 또 VASPs와 금융회사·DNFBPs 등 다른 이행의무 개체들 간의 공정성을 추구하는 것을 고려해야 한다. 감독당국이 1개기관 이상인 경우(예를 들어 건전성 감독당국과 AML/CFT 감독당국이 다른 기관이거나 같은 기관 내 다른 부서인 경우 등)에는 이 같은 조정이 특히 중요하다. 이는 또한 여러 상품·서비스를 제공하거나 혹은 특정 국가 내에서 각기 다른 규제·감독권에 해당되는 다양한 금융활동에 관여하는 VASPs의 맥락에서도 특히 중요하다. 지침의 여러 출처는 VASPs 사이에서 규제차익의 기회, 허점, 혹은 불필요한 혼란을 생성해서는 안 된다. 지침이 단일 기관에서 제공되지 않는다 하여 VASPs 간에 규제차익이나 헛점, 불필요한 혼란이 생성돼서는 안 된다. 가능한 경우 국내 관련 규제·감독 당국들이 합동으로 지침을 마련하는 것을 고려해야 한다.

교육·훈련

254. 훈련은 최전방의 감독기관부터 관리자, 이사회까지 모든 직급의 감독·검사자들이 VASP 부문 및 현재 존재하는 다양한 사업 모델을 이해하도록 하는 차원에서 중요하다. 특히 감독당국들은 감독·검사 인력의 훈련을 통해 VASP의 ML/TF 위험평가 수준을 평가하고 자체 위험평가결과를 바탕으로 한 해당 VASP의 AML/CFT 정책·절차·내부통제 등의 적절성, 비례성, 효과성, 효율성 등을 고려할 수 있도록 해야 한다. 블록체인 및 기타 분석 등 기존 및 신흥 기술에 관한 훈련 또한 유용하다.

255. 훈련을 통해 개체와 상호소통하는 방법과 같은 이슈를 다루고, 감독·검사 인력은 VASP의 위험평가 수준과 해당 VASP의 AML/CFT 통제의 적절성·비례성에 대해 공고한 판단을 내릴 수 있어야 한다. 또한 감독 권한당국이 여러 기관이거나 국가적 감독 모델이 통합적 형태가 아닌 경우 국가 차원에서의 감독 접근법상 일관성 유지가 훈련의 목표가 되어야 한다.

256. 이와 유사하게 각국은 공공-민간 부문 훈련 및 협력을 통해 실무 및 기타 권한당국은 물론 업계에 가상자산 및 VASP 활동과 관련하여 다양한 사안에 대해 교육하고 인식을 제고하는 것을 고려해야 한다.

정보교환

257. 공공·민간부문 간 정보교환은 중요하며, 가상자산 및 VASP 활동 맥락에서의 국가적 AML/CTF 전략에 중요한 부분을 형성해야 한다. 공공기관들은 가능한 경우 위험 정보를 공유하여 VASPs의 위험평가에 정보를 제공할 수 있도록 해야 한다. 가상자산 부문에서 위험과 관련하여 공공 및 민간부문이 공유할 수 있는 정보의 유형은 다음과 같다.
   a) ML/TF 위험평가
   b) 자금세탁 또는 테러자금조달에의 VASPs 남용 유형론 및 방법론, 특정 가상자산 활동과 다른 특정 가상자산 활동(이를테면 자금세탁이나 테러자금조달 맥락에서의 가상자산 이체 또는 교환거래 활동 vs 가상자산 발행 활동) 혹은 보다 일반적인 가상자산과의 비교분석
   c) 의심거래보고 및 다른 관련 보고의 품질 및 유용성에 대한 일반적 피드백
   d) 가상자산 활동이나 VASP 거래와 관련하여 의심스러운 지표에 대한 정보
   e) 공개된 특정 정보. 비밀유지 계약 등 관련 보호조치가 적용될 수도 있음
   f) 권고사항 6에 따라 자산이나 거래가 동결 대상인 국가, 자연인-법인, 단체 등

258. 또한, 각국은 VASPs 포함 민간부문과의 정보공유를 통해 이들이 법집행기관이나 다른 정부기관의 정보 요청의 성격을 보다 잘 이해할 수 있게 하거나 그러한 요청의 특성을 가늠하여 VASPs가 가능한 경우 권한당국에 보다 정확하고 구체적인 정보를 제공할 수 있도록 하는 방법을 고려해야 한다.

259. 국내 은행, 증권, 상품, 파생 부문 및 VASP 부문의 감독당국들 간의 협력, 법집행기관, 정보기관, FIU와 VASP 감독당국 간의 협력, FIU와 VASP 부문 감독당국 간의 협력과 정보교환 역시 효과적인 VASPs 감독·모니터링에 중요하다.

260. 이와 유사하게 권고사항 40에 부합하여 당국 간 국제적 정보공유 및 민간부문의 해외 상대방과의 정보공유는 VASPs의 국경 초월적 특성 및 글로벌 도달력을 감안할 때 이 부문에서 대단히 중요하다. 또한 권한당국의 협력 방안에 대한 추가 지침을 위해 당국은 정보 공유 및 VASP 감독 간의 협력 원칙을 고려해야 한다(제6장 참고).

제4장 VASPs 및 기타 가상자산 활동 참여·제공 개체에의 FATF 국제기준 적용

261. FATF 권고사항은 각국 및 VASPs는 물론 은행, 증권 매매·중개업자, 기타 금융회사등 국제기준상 가상자산 관련 서비스나 금융 활동 혹은 업무를 제공하는 기타 의무이행 개체(이하 '기타 의무이행 개체')에 모두 적용된다. 따라서 제4장에서는 VASPs 및 국제기준상 가상자산 활동에 관여하는 기타 의무이행 개체들에게 특정된 추가적 지침을 제공한다.

262. 권고사항 1에 따라 ML/TF 위험을 확인·평가하고 그 위험을 완화하기 위해 효과적인 조치를 취하는 것 외에 VASPs와 국제기준상 가상자산 활동에 참여하는 기타 의무이행 개체들은 고객확인(CDD) 등 특히 위 제3장에 언급된 권고사항 9~21의 예방조치를 모두 적용해야 한다. 이와 유사하게 DNFBPs가 국제기준상 가상자산 활동에 관여하는 경우 INR.15 및 위 3.1.9에 언급된 자신들의 AML/CFT 의무를 인지하고 있어야 한다.

263. 아래 각각의 예방조치 및 FATF 권고사항과 관련된 내용들은 VASPs 및 기타 의무이행 개체들을 대상으로 특정 사안에 대해 구체적인 추가 지침을 제공하기 위한 목적으로 작성됐다. 즉 제3장에서와 같이 예방조치 내 FATF 권고사항마다 한 문단을 할애하지 않았다고 해서 각 권고사항이나 예방조치가 VASPs 및 가상자산 활동에 관여하거나 그러한 활동을 제공하는 기타 의무이행 개체들에게 적용되지 않는다는 뜻은 아니다.

264. 일반적으로 권고사항 9~21에 명시된 예방조치는 두 가지 특정 자격을 지닌 금융기관과 동일한 방법으로 VASPs에 적용된다. 첫째, VASP가 고객확인 작업 수행에 필요한 특정 금액 이상의 일회성 거래 금액은 USD/EUR 15,000이 아닌 USD/EUR 1,000이다. 두 번째로, 권고사항 16의 전신송금 규정은 약간의 변형이 된 방식(트래블룰)으로 VASP 및 VA에 적용된다. 하단에서 더욱 상세하게 설명하기로 한다.

고객확인

265. 권고사항 10에서는 금융회사가 모든 고객들을 대상으로 이행해야 하는 고객확인(CDD) 조치들을 기술하고 있다. 즉 고객 신원확인, 확인된 신원의 신뢰할 만하고 독립적인 출처의 문서·데이터·정보 등을 통한 검증, 실제소유자 확인, 거래관계의 목적 및 원래 성격에 대한 정보의 확보 및 이해, 해당 관계에 대한 지속적 확인과 거래에 대한 철저한 조사 등이 그것이다.

CDD 이행 시기

266. 권고사항 10은 또한 거래관계 수립 시 등 금융회사가 CDD 조치를 이행해야 하는 상황들을 제시한다. 즉 지정 기준금액 이상의 일회성 거래를 수행하는 경우(가상자산 거래의 경우 미화 1,000달러/1,000유로), 권고사항 16 및 그 주석의 일회성 전신송금 거래를 수행하는 경우(역시 가상자산 거래의 경우 미화 1,000달러/1,000유로), ML/TF가 의심되는 경우, 기존에 확보한 고객 신원정보의 진실성 혹은 적절성에 의구심이 드는 경우 등이다. 각국이 (제3장에서 언급된 것처럼) 일회성으로 보이는 가상자산 거래나 가상자산 이체 등을 모두 권고사항 16의 적용 목적으로 적법한 국외 전신송금으로 취급하여 자국 법체계상 최소한도 기준금액인 미화 1,000달러/1,000유로를 채택할 수는 있으나 강조돼야 할 부분은 은행, 증권 매매·중개업자, 기타 금융회사등은 국제기준상 가상자산 활동에 관여하는 경우에도 여전히 각각의 고객확인 기준금액을 준수해야 한다는 점이다. 카지노 등 국제기준상 가상자산 활동에 관여하는 DNFBPs의 경우 일회성 전신송금 거래에 일회성 거래의 최소한도 기준금액인 미화 1,000달러/1,000유로를 적용해야 한다. 제3장에서도 언급됐지만 각국의 맥락에서 VASPs는 고객을 수락하고 거래를 활성화할 때 운영 절차와 과정을 수립하는 것과 관련하여 거래가 어느 정도 꾸준한(즉 비일회성) 기반이 아닌 일회성 기반으로만 수행되는지를 어떻게 결정하고 보장하는지 여부를 고려해야 한다.

267. 비록 카지노와 귀금속상이 일회성 거래와 일회성 전신송금 거래에 대해 고객확인을 수행해야 하는 기준금액은 각각 미화 3,000달러/3,000유로, 미화 15,000달러/15,000유로지만 국제기준상 가상자산 혹은 VASP 활동에 참여하는 DNFBPs의 경우에는 INR.15에 명시된 고객확인이 적용돼야 한다(즉, 일회성 거래 및 일회성 전신송금 거래의 경우 최소 기준금액인 미화 1,000달러/1,000유로).

CDD 이행 방법

268. VASPs와 기타 의무이행 개체들은 관계의 성격이나 가상자산 거래의 성격과는 상관없이 효과적으로 고객확인을 이행하고 위험 기반으로 고객의 신원을 확인·검증할 수 있는 고객확인 절차를 갖춰야 한다. 고객확인을 수행해야 하는 상황은 해당 고객과 거래관계 수립, 기준금액과 상관없이 ML/TF 의심이 있는 경우, 기존에 확보된 신원 정보의 진실성 및 적절성에 의심이 드는 경우 등이다.

269. 권고사항 10의 의무사항을 이행하여 고객확인을 수행하는 과정에서는 다른 의무이행 개체들과 마찬가지로 VASPs도 자국법에 따라 필요한 고객확인·검증 정보를 확보하고 검증해야 한다. 일반적으로 필요한 고객확인 정보로는 고객의 성명 정보 외에 물리적 주소나 생년월일, 고유 국가 신원번호(주민등록번호나 여권번호) 등의 식별자들이 있다. 자국법상 의무에 따라 다르지만 VASPs에게 또한 거래관계를 수립할 때(즉 온보딩 시) 고객의 신원 검증, 계좌 이용을 위한 고객 신원 인증, 해당 고객의 사업 및 위험 프로파일 판단 및 거래관계에 대한 지속적 고객확인 수행, 해당 고객 및 고객의 금융활동과 관련된 ML/TF 위험을 완화할 수 있는 추가 정보를 수집하도록 할 수도 있다. 이미 일부 VASPs가 수집하고 있는, 핵심 신원정보는 아닌 추가 정보로는 시간대가 적힌 IP 주소, 지리적 정보, 기기식별자, 가상자산 지갑 주소, 거래 해시 등이 있다.

270. 국제기준상 가상자산 활동의 경우 VASPs의 고객 및 실제소유자 정보의 검증은 관계 수립 전이나 수립 단계 중에 마무리돼야 한다. 2015 VC 지침 45번 문단 참고.

271. VASP가 적절한 수준의 고객확인조치를 적용할 수 없는 경우, 권고사항 10은 VASP가 거래관계를 맺거나 일회성 거래를 진행하지 않거나, 혹은 이미 존재하는 거래관계를 종료하도록 한다; 또 고객이라면 의심거래보고를 고려해야 한다.

272. VASPs와 기타 의무이행 개체들은 고객확인조치 적용 맥락에서 확보한 정보에 대한 전체론적 관점을 기반으로(앞서 언급한 전통적 정보 및 비전통적 정보 모두 해당) 적절한 경우 고객 위험 프로파일을 준비할 수 있어야 한다. 고객의 프로파일을 통해 지속적 모니터링이 필요하다면 그 수준과 유형을 결정하게 될 것이고, 거래관계의 개설/지속/종료 결정의 근거가 마련될 것이다. 위험 프로파일은 고객 수준(이를테면 거래 활동의 성격과 규모, 예치된 가상 자금의 출처 등)에서나 특정 성향을 공유하는 고객 그룹 수준(유사한 가상자산 거래를 수행하거나 같은 가상자산을 이용한 고객 그룹 등)에서 적용될 수 있다. VASPs는 주기적으로 거래관계의 고객 위험 프로파일을 업데이트하여 적정 수준의 고객확인을 적용해야 한다.

273. VASP가 ML/TF 의심 때문에 거래 관계를 수립 또는 지속하지 않거나 거래를 하지 않기로 한 가상자산 주소를 발견한 경우, 해당 VASP는 자국법상의 범위 내에서 '블랙리스트 지갑 주소' 목록 작성을 고려해야 한다. VASP는 지속적 모니터링의 일환으로 고객 및 상대방의 지갑 주소가 위와 같은 블랙리스트에 해당하지 않는지 스크리닝해야 한다. VASP는 자체적으로 위험기반 평가를 하고, 블랙리스트와 일치하는 결과가 있는 경우 추가적인 완화·예방조치가 필요한지 판단해야 한다.

274. VASPs와 국제기준상 가상자산 활동에 관여하는 기타 이행의무 개체들은 앞서 권고사항 1의 적용 관련하여 언급했듯 자국 규제체계에서 허용 또는 요구하는 범위 내에서 개별

거래관계·상품·서비스 및 가상자산 활동 관련 ML/TF 위험에 부합하여 고객확인조치의 적용범위를 조정할 수 있다. 따라서 VASPs 및 다른 이행의무 개체들은 제3장에서 언급됐듯 거래관계 혹은 가상자산 활동 관련 위험이 높은 경우 그러한 정보를 검증할 수 있도록 확보하는 정보의 양이나 유형을 확대해야 한다. 이와 유사하게 VASPs 및 기타 이행의무 개체들은 해당 거래관계나 활동과 관련된 위험이 낮은 경우 고객확인조치의 적용을 간소화할 수 있다. 그러나 VASPs 및 기타 이행의무 개체들은 자연인 또는 법인이 그 가상자산 활동이나 서비스를 일회성 혹은 아주 제한적인 선에서 수행한다는 전제만으로 간소화된 CDD를 적용하거나 다른 예방조치의 면제를 적용하지 않을 수 있다(INR. 1.6(b) 참고). 또한 간소화된 CDD 조치는 자금세탁이나 테러자금조달 의혹이 있거나 특정 고위험 시나리오가 적용되는 경우에는 허용되지 않는다(제3장 잠재적으로 고위험 시나리오 관련 설명 참고).

지속적인 CDD 및 모니터링

275. 위험기반의 지속적 모니터링이란 어떤 거래가 VASP(또는 기타 이행의무 개체)의 고객 및 거래관계의 성격·목적에 대한 정보와 일치한지 여부를 판단하기 위해 거래를 분석한다는 뜻이다. 거래 모니터링에는 또한 고객 프로파일상 변화(고객 행동, 상품 사용, 관여 액수 등)의 확인 및 프로파일 정보를 최신으로 유지하는 것 등이 포함되며, 이 경우 강화된 고객확인조치의 적용이 필요할 수도 있다. 거래 모니터링은 가상자산 거래 맥락을 포함하여 잠재적으로 의심스러운 거래를 확인하는 과정에서 필수적인 요소다. 고객 프로파일상 예상되는 행동에 부합하지 않는 거래, 또는 평소 거래 패턴과는 사뭇 다른 거래는 잠재적으로 의심스러울 수 있다.

276. 모니터링은 지속적 기반으로 수행돼야 하고, 특정 거래로 인해 모니터링이 필요한 경우도 있을 수 있다. 주기적으로 많은 거래가 발생한다면 자동화 시스템이 유일하게 현실적인 모니터링 방법일 수 있으며, 이상 거래로 표시되면 해당 거래가 의심거래인지 인간/전문가 분석을 거쳐야 한다. VASPs와 기타 의무이행 개체들은 자신들의 운영 룰을 이해하고 정기적으로 검증해야 하며, 운영 룰에 가상자산·상품·서비스·가상자산 금융 활동 관련 확인된 ML/TF가 반영되는지를 확인해야 한다.

277. VASPs와 기타 이행의무 개체들은 기관별 위험평가와 그들이 허용하는 종류의 거래 등 개별 고객 위험 프로파일(예를 들어 비수탁형 지갑 또는 이전에 P2P거래를 진행한 지갑과의 거래)에 맞춰 모니터링 범위와 정도를 조정해야 한다. 만약 비수탁형 지갑으로/으로부터의 이체가 용인될 수 없을 만큼 위험도가 높다고 판단되면, VASPs는 그러한 지갑에 강화된 모니터링을 적용하거나 지갑과의 거래를 제한 혹은 불허할 것을 고려해야 한다. 고위험 상황에는 (제2, 3장에 언급됐듯) 강화된 모니터링이 필요하고, 강화된 모니터링은 VASP와 고객 또는 상대방 간의 즉각적 거래 이상으로 확장돼야 한다. 모니터링 시스템의 적절성 및 VASPs와 기타 이행의무 개체들의 모니터링 수준 조정을 필요로 하는 요소들은 AML/CFT 위험 프로그램에 관련성을 유지하고 있는지 주기적으로 검토돼야 한다.

278. RBA 모니터링을 통해 VASPs 및 기타 의무이행 개체들은 검토 활동을 결정하는 금전적 혹은 기타 기준을 세울 수 있다. 해당 목적으로 정의된 상황이나 기준은 확립된 위험 수준에 비춰 적절성 여부의 판단을 위해 정기적인 검토가 이뤄져야 한다. VASP 및 기타 의무이행 개체들은 경우에 따라 고객 분류 및 각 고객군의 위험 수준을 정하는 데 사용되는 그 기준과 범위를 기록하고 명시해야 한다. 각기 다른 고객(이나 가상자산 상품) 부문의 모니터링 주기 및 강도를

결정하는 데 적용되는 기준 역시 투명해야 한다. 이를 위해 VASPs와 기타 이행의무 개체들은 모니터링 결과와 제기된/해결된 의문이 있는 경우 그 내용을 기록, 보유하고 관련 인사 및 국가적 권한당국과 소통해야 한다.

정치적 주요인물(PEPs)

279. 권고사항 12. 국내 PEPs와 국제기구 PEPs의 경우, VASPs와 같은 의무이행 개체들은 합리적인 조치를 취해 고객 혹은 실제소유자가 국내 혹은 국제기구 PEP인지를 판단하고 그런 다음 거래관계의 위험을 평가해야 한다. 국내 PEPs 및 국제기구 PEPs와의 고위험 거래관계에 대해 VASPs 및 기타 의무이행 개체들은 외국 PEPs에게 적용가능한 조치와 일관성이 있는 추가 조치들을 취해야 하며, 여기에는 필요시 재산과 자금의 출처를 확인하는 것 등도 포함된다.

환거래은행 및 기타 유사한 관계

280. 권고사항 13. '환거래은행'은 일회성 거래를 포함하지 않으며 (제3장의 권고사항 13 참조), 오히려 지속적이고 반복적인 특성이 특징이다. VASP는 상대 VASP 관계의 특성을 정의 및 평가하고 환거래은행과 유사한 활동을 수행하고 있는지 여부를 검토한 후 관리체계를 수립해야 한다. 확인된 고위험 거래 상대 VASP 관계에 대한 권한당국의 견해를 고려하는 것도 그러한 활동에 해당될 수 있다. 상대 VASP 확인 절차에 대한 추가 정보는 권고사항 16에 명시되어 있다.

전신송금 및 '트래블룰'

281. 권고사항 16. 제3장에서 언급됐듯 해당 부문의 사업자들은 권고사항 16('트래블룰')의 의무사항을 준수해야 한다. 여기에는 의심거래를 확인·보고하고 동결 조치를 취하며 제재대상자와의 거래 금지를 위해 가상자산 이체와 관련하여 필수 송금인·수취인 정보를 확보·보유·제출하는 의무가 포함된다. 이 의무사항들은 고객을 대리·대표하여 가상자산 이체를 송금·수신하는 VASPs 및 금융회사등 기타 의무이행 개체 모두에게 적용된다.

데이터 제출 기술

282. FATF는 기술 중립적이며 권고사항 16 이행을 위해 사업자들이 적용해야 하는 특정 기술이나 소프트웨어 접근법을 정하지 않는다. 앞에서도 언급했듯 송금·수취 기관(거래에 나와 있는 경우)이 AML/CFT 의무를 이행할 수만 있다면 어떤 기술이나 소프트웨어 솔루션이든 허용된다. 예를 들어 (권고사항 16의 다른 의무사항 이행 외에 추가로) 필수 정보를 확보·보유·전송하기 위한 솔루션은 가상자산 이체의 기반이 되는 분산원장기술(DLT) 거래 프로토콜에 내장된 코드일 수도 있고, DLT 플랫폼 상위에서 운영되는 코드일 수도 있고(이를테면 스마트 계약, 다중서명, 혹은 기타 다른 기술 이용 등), 독립적인(즉 DLT 아님) 메시징 플랫폼 혹은 애플리케이션 프로그램 인터페이스(API)일 수도 있으며, 권고사항 16의 조치 이행을 위한 다른 효과적인 수단일 수도 있다.

283. 이러한 기술적 해결책으로 인해 VASP가 다음과 같은 주요 조치를 이행할 수 있으며 VASP는 효과적이고 효율적으로 자금이동규칙을 준수할 수 있을 것이다:

a) VASP가 가상자산 이체를 위해 상대 VASP의 위치 파악이 가능하다.

b) DLT 플랫폼에서 가상자산 이체가 수행되는 시점에 즉시 정확한 필수 송금인· 수취인 정보 전송이

가능하다.

c) VASP가 합리적으로 많은 양의 거래를 효과적이고 안정적인 방법으로 다수의 지점으로 전송 가능하다.

d) VASP가 데이터를 안전하게 전송할 수 있다. 즉, 기록보관을 용이하게 하기 위해 필수정보에 대한 무결성과 가용성을 유지한다.

e) 수취 VASP 또는 기타 의무이행 기관의 이러한 정보에 대한 오용을 막고 국내 개인정보 및 데이터 보호법에 따라 정보의 무단공개를 예방한다.

f) 아래와 같은 목적에 따라 상대 VASP와의 추가 후속 조치를 지원할 수 있도록 VASP에 통신 채널을 제공한다.- 상대 VASP에 대한 확인 및 특정거래에 대한 정보 요청을 통해 해당 거래가 고위험 또는 금지된 활동에 개입된 것인지 확인한다.

284. VASP 또는 기타 의무이행 기관은 위의 통신 인프라를 통해 확보한 정보를 고려하여 효과적으로 거래를 조사하여 STR를 확인할 수 있는 체계를 확립해야 한다. 이는 다른 고객정보, 거래 내역 및 거래 상대 VASP가 고객으로부터 얻은 추가 거래 데이터가 결합되면 구현할 수 있다. VASP는 또한 제재 의무에 따라 거래를 스크리닝해야 한다. 이 절차에 대한 추가 정보는 본 지침의 제3장 권고사항 16 논의를 참조한다. VASP 또는 기타 의무이행 기관이 자금이동규칙 준수에 필요한 기술적 해결책 도입을 검토 중이라면 위와 같은 사항을 고려해야 한다.

285. VASPs 및 다른 의무이행 개체들은 가상자산 이체 시 송금기관이든 수취기관이든 권고사항 16 및 구체적으로 INR.15의 7(b)상 의무사항을 준수하기 위해 현재 상용화된 기술을 어떻게 이용할 것인지 고려해야 한다. 가상자산 이체 시 사업자들이 수취인 신원확인을 할 수 있고 DLT 플랫폼에서 가상자산 이체가 수행되기 전 필수 송금인·수취인 정보를 거의 실시간으로 전송할 수 있게 하는 기반 기술은 아래와 같다.

a) 공개키/개인키. 전송에 관여하는 개체마다 쌍으로 생성되며 전송 초기에 암호화/암호화 해제되어 전송인/수취인만이 암호를 풀고 정보를 확인할 수 있게 되어 있음. 공개키는 아무나 이용할 수 있고 개인키는 키 생성자만 알고 있음

b) 전송 계층 보안/보안 소켓 계층(TLS/SSL) 연결. 연결을 시작할 때 당사자들간 공개키/개인키를 사용하며 이메일, 웹브라우징, 로그인, 금융거래 등 인터넷상의 거의 모든 이동을 보안화함. 이때 웹서버와 브라우저 사이에서 이동하는 모든 데이터의 개인정보는 안전하게 보호되도록 함

c) X.509 인증서. 인증당국이 관리하는 디지털 인증서로 X.509 PKI 표준을 사용하여 공개키가 그 인증서 내 사용자·컴퓨터·서비스 신원에게 해당됨을 검증함. 전 세계적으로 공공·민간부문에서 널리 사용됨

d) X.509 속성인증서. 속성(이름, 생년월일, 주소, 고유식별번호 등)을 암호화할 수 있는 것으로 X.509 인증서에 암호화되어 첨부되어 있고 속성 인증 당국이 관리

e) API 기술. 소프트웨어 애플리케이션 개발과 관련하여 루틴, 프로토콜, 도구 등을 제공하며 소프트웨어 구성요소가 상호작용하는 방식을 구체화함

f) 기타 상용 기술 혹은 잠재적 소프트웨어나 데이터 공유 솔루션 등

상대 VASP 식별 및 확인

286. 모든 VASP가 같은 것은 아니다. 즉, 소규모의 독립 기업에서 대규모 다국적 기업에 이르기까지 규모가 다양하다. 마찬가지로 VASP에 대한 국가별 AML/CFT 시스템도 엄밀히 따지면 모두 다르며 각국은 자신만의 속도로 관련 조치를 도입하고 있다. 한 부문 내의 존재하는 여러 기관은

해당 기관의 제품, 서비스, 고객, 지역, VASP의 관할구역 내 AML/CFT 체제 및 보유한 규정 준수 프로그램의 효과 등 다양한 요인에 따라 그로인한 위험 수준이 달라진다. VASP는 자체적으로 확인한 ML/TF 위험이 어떤 영향을 미치는지 분석한 후 이해한 다음 이러한 위험을 완화하고 관리하는 데 필요한 적절한 조치를 취해야 한다. 따라서 위험평가는 AML/CFT 조치를 위험 수준에 따라 적용할 수 있는 토대를 제공한다.

287. VASP에 대한 FATF 국제기준이 전 세계적으로 이행되기 전까지는 이러한 형태의 관계를 꾸준히 관리하는 것은 쉽지 않을 것이다. 이행의 중요성이 강조되는 대목인 동시에 이행 수준이 낮은 국가에 기반을 둔 VASP와 거래 시 해당국의 VASP 거래의 집중 모니터링, 거래 제한 적용, 또는 수시로 강도 높은 확인 실시 등 추가적 관리 조치 도입이 필요할 수 있음을 나타낸다. 예시로 고객 기반 가상자산 거래로 제한하는 VASP(동일 VASP 간 내부적인 가상자산 이체), 고객 기반 외부에서 오직 확인된 당사자의 이체만 허용(발행인 및 수취인이 동일인으로 확인되는 경우) 및 강화된 거래 모니터링이 있다. 그렇게 하지 않으면 VASP는 이행 수준이 약하거나 미이행 국가의 VASP와 거래관계를 유지해야 하는 지를 놓고 힘든 결정을 할 수밖에 없을 것이다.

288. VASP와 금융회사는 본 지침과 함께 FATF 환거래은행 서비스 지침을 함께 검토해야 한다. 상대 VASP 관계가 환거래은행 관계가 아니더라도 상대방 확인 방식이 비슷하기 때문에 VASPs에 유익할 것이다. 따라서 본 지침은 권고사항 13에 명시된 과정을 참조하였다.

289. 새로운 상대 VASP 관계를 구축할 때 VASP는 권고사항 10과 13에 명시된 정보를 상대 VASP로부터 직접 확보할 수도 있다. 이 경우, 해당 권고사항에 명시된 의무사항에 따라 해당 정보를 확인해야 한다. 법인 및 법률관계의 신원 및 실소유자 확인에 필요한 잠재적으로 신뢰할 만하고 독립적인 정보 출처로서 다음을 고려할 수 있다: 등기부등본, 권한당국이 보유한 기관 설립 및 규제 목록(이용 가능한 경우 각국 권한당국이 보유한 VASP 목록)과 관련한 등기부, 실소유자 등기 및 BCBS 계좌개설 일반지침에 언급된 기타 예시 (부록 4, 계좌개설 일반지침, www.bis.org/bcbs/publ/d505.htm.)

290. 위험 수준에 대한 잠재적 정보 출처의 예시는 다음을 포함하지만 이에 국한되지는 않는다: 요청 금융기관이 사업을 수행하는 본국 또는 현지국의 AML/CFT 법 규정과 적용방식, 법적 결정 및/또는 규제 혹은 법집행 사항에 대한 공개 데이터베이스, 증권거래소에 제출한 연차보고서, 국가 평가 보고서 또는 규정 준수 정도를 측정하고 ML/TF 위험(FATF, FSRB, BCBS, IMF 및 세계은행)이 발행한 기타 정보, 국제 협력 검토 그룹과 연계한 FATF가 발행한 목록, 저명한 신문, 저널 또는 기타 오픈 소스 전자 매체, 제3자 데이터베이스, 국가 또는 초국가적 위험평가 결과, 요청 금융기관의 관리 및 준수 책임자, 규제 기관과 관리당국이 발표한 공개정보

291. VASP는 자신의 고객정보를 범죄자 또는 재제 대상에게 제공하지 않도록 상대 VASP의 AML/CFT 관리 수준을 평가해야 하고 VASP가 민감한 정보를 적절히 보호할 수 있는지 신뢰하기 위한 합당한 근거를 고려해야 한다. 이는 FATF 권고사항 13 중 (b)호에 명시된 과정과 유사하지만 보다 위험기반 방식을 취하고 있다. 실제로 이러한 평가는 상대방의 AML/CFT 시스템과 관리체계 검토를 포함할 수 있다 예를 들어, 은행부문에서 환거래은행 의무를 이행하기 위해 사용되는 도구 중 하나는 울프스버그(Wolfsberg) 설문이다. 이는 상대 VASP 확인 측면 잠재적 체계에 있어 출발점을 제공해준다. 평가 시 상대방의 AML/CFT 통제수준이 독립적인 감사(외부

또는 내부) 대상인지도 확인해야 한다. VASP는 상대 VASP가 이용자 정보를 안전하게 처리하지 않을 것이라는 합당한 믿음이 있지만 동시에 AML/CFT 위험이 용인할 수 있는 수준이라고 생각하는 경우, 이체를 진행하되 이용자 정보를 송신하지 않는 등 변경된 절차를 적용해야 한다. 이러한 경우, VASP는 요청이 있을 경우 관련 감독당국에 의해 그 관리설계를 적절히 검토를 받을 수 있는 변경된 절차를 파악해야 한다.

292. VASP는 INR.15의 7(b)항 준수를 위한 필수정보 전송에 앞서 상대 VASP를 확인해야 한다. VASP는 매 가상자산 이체 시마다 상대 VASP 확인 작업을 할 필요는 없다. 하지만 주기적으로 또는 자체 규정한 RBA에 따라 관계에서 위험이 나타날 때 상대에게 자신의 정보를 계속해서 제출할지 결정하기 위해 확인정보를 갱신해야 한다.

필수 정보 제출

293. INR.15 7(b)항에도 언급돼 있듯 VASPs 및 가상자산 이체에 관여하는 기타 의무이행 개체들이 안전한 방식으로 필수 정보를 제출하여 가상자산 이체와 관련된 이용자 정보를 미승인 공개로부터 보호하고 수취기관들은 가상자산 의심거래를 식별하며 동결조치를 취하고 제재대상자와의 거래를 금지하는 등 효과적으로 AML/CFT 의무사항을 준수할 수 있도록 하는 것은 중요하다. 또한 특히 가상자산 활동의 국경 초월적 특성과 글로벌 도달력, 거래 속도 등을 감안하면 사업자들이 필수 정보를 즉시(즉, 이체 자체와 동시에) 제출하는 것이 필수적이다. (추가 정보를 위해서는 제3장 트래블룰의 내용 참고)

294. VASP는 INR. 16에 명시된 대로 관련 송금인과 수취인 정보를 전송해야 한다. 각국은 가상자산 이체 최소한도 기준금액을 설정할 수 있으며 이체 금액이 최소한도 미만인 경우에는 ML/TF 의심이 형성된 경우를 제외하고 고객과 수취인 정보에 대한 확인은 불필요하다. 즉, USD/EUR 1,000 미만 또는 해당 금액에 상응하는 현지 통화 또는 현지 규정에 정의된 바에 따른 금액의 일회성 가상자산 이체 시, INR.16 의무사항이 적용되며, 송금인과 수취인의 이름, 각각의 월렛 주소 혹은 고유한 거래 참조 번호가 요구된다. 그러나, 이러한 정보는 ML/TF 관련 의심스러운 상황이 있는 경우가 아니라면 확인할 필요가 없으며, 해당 경우에는 고객관련 정보를 확인하여야 한다.

언호스티드 월렛과 가상자산 이전

295. VASP 및 의무 개체는 미의무 개체(언호스티드 월렛 등)로의 이전을 수행할 수 있다. 이러한 상황에서, VASP는 다른 VASP로부터 관련 정보를 얻을 수 없기 때문에 자신의 고객들로부터 송금인과 수취인에 대한 필수 정보를 획득해야 한다. 해당 이전은 거래 모니터링 및 정밀금융제재 이행 등 넓은 범위의 VASP AML/CFT 의무에 해당한다.

296. VASP는 언호스티드 월렛과의 가상자산 이전 또는 관련 P2P 거래의 위험을 인식해야 한다. 해당 거래는 익명성, 휴대성, 이동성, 거래 속도, 사용성에 대한 제한 부족 때문에 불법행위자에게 매력적일 수 있다. 따라서 VASP는 자신의 언호스티드 월렛 거래에 대한 데이터를 수집하고, 해당 거래가 자신들의 위험 수준 중 어느정도인지 결정하기 위해 필요한 정보를 감시 및 평가하고, 이러한 거래/개인고객에 적합한 위험기반 통제를 적용하고, STR 의무를 이행해야 한다(제3장 권고사항 20 참고). AML/CFT 목적으로 인허가/등록/감독을 받지 않는 VASP가 야기하는 위험을 고려했을 때 비슷한 논리를 적용할 수 있는데, 이들은 FATF 가상자산/VASP 국제기준을 아직 이행하지 않는 국가에 기반을 두고 있기 때문이다.

297. VASP는 자신의 위험 분석에 맞추어 언호스티드 월렛에게 제한, 통제, 금지를 추가적으로 가할 수 있다. 가능한 방법은 아래와 같다.

a) 언호스티드 월렛과의 거래에 가해진 특정 위험에 대해 기존의 위험기반 통제 체제 개선(특정 사용자, 확인된 이행 패턴, 국지적 위험, 규제 및 법 집행 관련 정보 등을 고려하여)

b) 오직 VASP 및 기타 의무개체와의 거래 및 VASP가 신뢰할 수 있다고 평가한 언호스티드 월렛과/혹은 거래 허용 가능성에 대한 연구

내부통제 및 해외 지점과 자회사

298. 권고사항 18. AML/CFT 관련 RBA를 성공적으로 이행하고 효과적으로 운영할 수 있을지 여부는 고위 경영진의 강력한 리더십에 달려있으며, 여기에는 VASP 부문 전반에 걸친 RBA 개발 및 이행에 대한 감독도 포함된다. 권고사항 18은 또한 경우에 따라 특히 이례적인 거래나 활동과 관련하여 그룹 내에서 정보공유를 하도록 하고 있다.

299. VASP 및 기타 의무이행 개체들은 위험을 관리하고 완화하기에 적절한 AML/CFT 프로그램과 시스템을 유지해야 한다. AML/CFT 통제의 성격과 범위를 결정하는 것은 여러 가지 요소들이지만 그중에서도 VASP의 사업의 성격·규모·복잡성, 지리적 다양성을 포함한 운영의 다양성, 고객기반·상품·활동 프로파일, 운영부문별 위험 수준 등을 들 수 있다.

STR보고와 기밀누설

300. 권고사항 20. VASPs 및 가상자산 활동·상품·서비스에 관여하거나 그를 제공하는 기타 이행의무 개체들은 가상자산 관련 거래를 포함하여 이례적이거나 의심스러운 자금의 이동이나 거래, 혹은 불법 활동에 개입될 여지가 보이는 활동을 추후 분석할 수 있도록 걸러내는 능력을 갖춰야 하며, 이때 거래나 활동의 유형이 법화-법화 거래든 가상-가상 거래든, 법화-가상, 가상-법화 간 거래든지의 여부는 상관없다. VASPs 및 기타 의무이행 개체들은 적절한 시스템을 갖추어 그러한 자금이나 거래가 적시에 철저히 조사되고 의심스러운 자금 혹은 거래인지 여부에 대해 판단을 내릴 수 있어야 한다.

301. VASPs 및 기타 의무이행 개체들은 가상자산 및/또는 사업자 등이 개입되거나 이들과 관련한 자금이나 거래를 포함하여 의심스러운 자금 또는 거래를 권한당국이 구체적으로 제시하는 방법으로 즉각 FIU에 보고해야 한다. VASPs와 기타 의무이행 개체들이 의심을 제기하고 궁극적으로 FIU에 보고하기 위해 두고 있는 절차에는 이 점이 반영돼야 한다. VASPs와 기타 의무이행 개체들이 의심을 제기하는 과정에는 위험민감성 기반의 정책과 절차를 적용할 수 있지만 일단 ML/TF 의심이 형성되면 그러한 의심은 거래금액이나 거래 완료 여부와는 상관없이 보고돼야 한다. 따라서 VASPs와 기타 의무이행 개체들이 의심거래보고 의무 자체는 위험기반이 아니며 보고행위 자체만으로 다른 AML/CFT 의무가 없어지는 것도 아니다. 또한 VASPs 및 기타 의무이행 개체들은 다른 국가에서 영업을 할 때에도 이들에게 적용되는 의심거래보고 의무를 준수해야 한다.

302. INR.15 및 권고사항 16에 따라 가상자산 자금이나 전신송금의 송금 및 수취 양측을 모두 관장하는 VASP(나 기타 의무이행 개체)의 경우, 해당 VASP나 기타 의무이행 개체는 송금 및 수취 양측 정보를 모두 고려하여 그 정보를 통해 의심이 제기되는지 여부를 판단하고 필요한 경우 적절한

FIU에 의심거래를 보고하고 해당 거래 정보를 그 FIU에 제공해야 한다. 필수 송금인·수취인 정보가 부족하다면 가상자산 혹은 VASPs가 관여된 이체가 의심스러운지, 따라서 FIU에 보고해야 하는지 여부를 평가하는 데 한 가지 요소로 고려돼야 한다. 가상자산이나 VASPs가 포함된 거래에 관여하는 전통적 금융회사등 기타 의무이행 개체의 경우에도 이는 마찬가지다.

303. VASP가 VASP 또는 기타 의무이행 기관이 아닌 기관으로부터 가상자산 이체를 수취하는 경우 VASP가 상대방에 대한 추가 정보 또는 고객에게 정보를 요청할 수 있다. 이때, VASP는 고객이 적시에 요청받은 수준의 문서/정보를 제공할 것을 기대한다. 고객이 해당 요청에 응하지 않으면 VASP는 고객이 거래의 건전성을 합리적으로 설명할 수 없다는 우려를 제기하고 해당 고객에 대한 의심거래보고를 하도록 만들 수 있다. 그렇게 되면 정보 요청에 이어 필요하다고 판단 시 고객의 속성과 위험 프로파일을 재평가할 수 있다.

304. 범죄 행위를 암시하는 가상자산 의심지표에 대한 추가 정보는 FATF 자금세탁·테러자금조달 가상자산 의심지표를 참고한다. 이러한 지표는 VASP 및 기타 의무이행 기관이 가상자산과 관련된 의심스러운 거래를 적발하고 보고하는 데 활용할 수 있다. 핵심 지표는 다음과 같다.

a) 익명성 강화 기술 - 믹서, 텀블러 또는 AECs
b) 지리적 위험 - 범죄자는 가상자산에 대한 국내 법규정이 취약하거나 부재한 국가를 이용할 것이다.
c) 거래양상 - 보고를 피하기 위해 구조화된 거래 또는 불규칙적, 비정상적, 특이한 거래 등이 포함된다.
d) 거래 규모 - 액수와 빈도 측면에서 논리적인 사업적 설명이 불가한 경우
e) 송금인이나 수취인 프로파일
f) 자금 또는 재산의 출처

참고문헌

1. 금융실명제 (2020년, 나남, 육성으로 듣는 경제기적편찬위원회)
2. 글로벌자금세탁방지론 (2021년, 지코사이언스, 고철수/최규진)
3. 알기 쉬운 자금세탁방지제도 (2009년, Fine all Korea, 이민섭/전치활 외1명)
4. 유럽연합의 암호자산시장에 관한 법률 (2023년, 업비트 투자자보호센터)
5. 자금세탁방지 및 테러자금조달금지 제도 해설 (2006년, IMF/World Bank)
6. 자금세탁방지 전제범죄 해설집 (2010년, 금융정보분석원 심사분석실)
7. 자금세탁방지제도의 이해 (2011년, 박영사, 장일석)
8. 홍콩 은행연합회 TBML가이던스 (2016년)
9. 자금세탁방지법 강의 (2021년, 박영사, 차정현)
10. 자금세탁방지가이드 (2023년, 금융연수원, 고철수/김춘규)
11. 한국의 금융제도 (2011년, 한국은행)
12. Basel Committee Declare (1988년)
13. Combating -TF-Abuse-NPO (2023년, FATF)
14. FATF 40주석서 (2012년)
15. FATF 국제기준 해설 (2017년, 박영사, 이귀웅)
16. FIU 2022년 연차보고서 (2023년, FIU)
17. NPO가 테러자금조달에 악용될 위험을 방지하기 위한 연구(2018년, 김장 법률사무소)
18. The 5th EU AML Directive (2017년, EU)
19. UN Anti-Corruption Convention (1988년, UN)
20. United Nations Convention Against Illicit Traffic In Narcotic and Psychotropic Substance (1988년, UN)
21. United Nations Convention Against Transnational Organized Crime (2000년, UN)

저자 고 철 수 (1편 1~3장, 2편)

학력 | 싱가포르경영대학교 자산관리학 석사
동국대학교 국제통상학과 무역학 박사

경력 | 재정경제부 경제정책국/정책조정국/대외경제국
금융위원회 구조개선정책국/위원장실/자본시장국/금융정책국
개인정보보호위원회 조사조정국 (파견)
금융정보분석원(FIU) 기획행정실/제도운영과
FATF/APG · FATF/MONEYVAL 국가상호평가자 자격 취득(2016년/2019년)
FATF 일본 국가상호평가자 활동(2020년)
(現) 김앤장 법률사무소 전문위원(금융)

저서 | 업무에 활용하는 자금세탁방지(AML/CFT) 가이드 (한국금융연수원, 2016-2025)
카지노를 위한 자금세탁방지제도 이해 (한국카지노업관광협회, 2021)
글로벌 자금세탁방지론 (지코사이언스, 2021)

저자 최 규 진 (1편 4~5장)

학력 | 고려대학교 국제대학원 석사
동국대학교 무역학과 경영학 박사

경력 | 한국산업증권 국제영업부
모간스탠리(Morgan Stanley)증권 서울지점 업무부
바클레이즈캐피탈(Barclays Capital)증권 서울지점 업무부
씨엘에스에이증권 싱가포르(CLSA Transaction Management Singapore) 업무부
(現) 씨엘에스에이(CLSA)코리아증권㈜ 준법감시인
(現) 한국거래소 준법감시협의회(ACOF) 부회장
(現) 한국거래소 분쟁조정심의위원회 위원

저서 | 증권회사 리서치 바로쓰기(Writing Securities Research: A Best Practice Guide / Jeremy Bolland)
(도서출판 동연, 2014)
글로벌 자금세탁방지론 (지코사이언스, 2021)

감수자 노 은 옥

학력 | 서울대학교 석사

경력 | 한국수출보험공사
서울대학교 법학전문대학원 금융법무과정 수료

자금세탁방지 제도

1판 1쇄	2024년 3월 7일	**주 소**	(03053) 서울특별시 종로구 삼청로 118
3판 1쇄	2025년 3월 14일	**전 화**	02)3700-1500
저 자	고철수, 최규진	**홈페이지**	www.kbi.or.kr
발 행 인	이준수	**등 록**	1990년 4월 20일(제1-1040호)
발 행 처	한국금융연수원 출판미디어사업부	**정 가**	22,000원
		I S B N	978-89-287-8240-6 13320

※ 본 도서는 한국금융연수원의 허가 없이 무단 전재 또는 복사를 금하며, 적발 시 저작권법에 의하여 민·형사상의 책임 등 불이익을 당할 수 있습니다.
※ 도서의 오류내용(오탈자 등)을 제보해주시어 채택되신 분께는 소정의 상품을 보내드리오니 독자 여러분들의 많은 참여 바랍니다. (상세정보 www.kbi. or.kr 참조)
※ 본 도서의 내용은 한국금융연수원의 견해와 다를 수 있습니다.

한국금융연수원 자격검정시험 안내

•「국가공인자격」은 자격기본법에서 정한 기준과 절차에 따라 국가가 공인한 자격으로 신용분석사, 여신심사역, 국제금융역, 자산관리사(FP), 신용위험분석사(CRA), 외환전문역 I종, 외환전문역 II종 등 7개의 자격이 있습니다.

•「자체인증자격」은 우리 원이 인정, 수여하는 자격으로 공개시험형 자체자격인 프라이빗 뱅커(CPB), 은행텔러, 영업점 컴플라이언스 오피서(은행)(보험)(증권), KBI 금융DT 테스트, 자금세탁방지 업무능력 검정시험 등 7개 자격이 있습니다.

구분	자 격 명 (공인/등록번호)	응시료	자격소개
국가공인자격	신용분석사 (제2024-1호) (2008-0438)	전과목 : 66,000원 1부 : 28,000원 2부 : 39,000원	금융회사의 여신관련 부서에서 기업에 대한 회계 및 비회계자료 분석을 통하여 종합적인 신용상황을 판단하고 신용등급을 결정하는 등 기업신용 평가업무를 담당하는 금융전문가
	여신심사역 (제2024-2호) (2008-0439)	전과목 : 66,000원 1부 : 28,000원 2부 : 39,000원	금융회사의 여신심사 담당자로서 경제상황과 기업의 재무, 비재무상태 등을 분석, 파악하여 적정한 대출심사 의견서 작성, 대출이율 및 대출기간 결정 등 대출실행 여부를 판단하고 자금의 효율적 운용, 대손 방지를 위한 제반조치, 여신의 법률적 검토, 사후관리업무 등 여신업무와 관련한 종합적인 업무를 수행하는 금융전문가
	국제금융역 (제2021-1호) (2008-0440)	전과목 : 66,000원 1부 : 33,000원 2부 : 33,000원	금융회사의 국제금융 관련 부서에서 국제금융시장의 동향파악, 분석 및 예측 등을 통하여 외화자금의 효율적 조달과 운용업무를 담당하고 이에 따른 리스크관리 등 국제금융 관련 업무를 수행하는 금융전문가
	신용위험분석사(CRA) (제2023-2호) (2008-0442)	1차 : 77,000원 2차 : 88,000원	금융회사 및 기업신용평가기관 등에서 개인과 기업에 대한 신용상태를 조사평가하고 신용위험을 측정 · 관리하는 여신전문가
	자산관리사(FP) (제2020-1호) (2008-0441)	전과목 : 55,000원 1부 : 28,000원 2부 : 28,000원	금융회사 영업부서의 PB(Private Banking) 팀에서 고객의 수입과 지출, 자산 및 부채현황, 가족상황 등 고객에 대한 각종 자료를 수집, 분석하여 고객이 원하는 Life Plan 상의 재무목표를 달성할 수 있도록 종합적인 자산설계에 대한 상담과 실행을 지원하는 금융전문가
	외환전문역 I종 (제2020-1호) (2008-0436)	전과목 : 55,000원	금융회사의 외환업무 중 외국환 거래 법규 및 외환거래실무를 이해하고 고객의 외화 자산에 노출되는 각종 외환 리스크를 최소화시키는 등 주로 개인 외환과 관련된 직무를 담당
	외환전문역II종 (제2020-1호) (2008-0436)	전과목 : 55,000원	금융회사의 외환업무 중 수출입업무 및 이와 관련된 국제무역규칙을 이해하고 외환과 관련된 여신 업무를 수행하는 등 주로 기업 외환과 관련된 직무를 담당
자체인증자격	은행텔러 (2008-0437)	전과목 : 55,000원	창구에서 일어나는 제반업무에 대해 신속하고 친절한 업무수행과 정확한 업무처리로 고객에게 도움을 주고 상담을 통해 문제해결을 하도록 도와주는 금융전문가
	영업점 컴플라이언스 오피서(은행) (2010-0118) (보험, 증권) (2013-0702,0703)	전과목 : 각 44,000원	금융회사의 영업점에서 준법관련 법규와 감독기관의 감독규정이 정한 내용과 취지를 충분히 이해하고 업무 수행과정에서 이를 준수하며, 영업점에서 발생 가능한 금융사고 및 민원사항이 발생하지 않도록 사전적 예방 차원에서 그 준수사항의 이행을 점검하는 금융전문가(은행, 보험, 증권 분야별로 자격이 구분됨)
	프라이빗뱅커 (CPB) (2018-004091)	1차 : 110,000원 2차 : 342,000원 (실무교육)	개인고액자산가의 자산 및 수익증대를 실현하기 위해 금융분야 전반에 걸쳐 종합적인 금융상담과 실행을 지원할 수 있는 최고급 수준의 금융자산설계전문가
	KBI 금융DT 테스트 (2021-001872)	전과목 : 44,000원	금융인 및 예비금융인을 대상으로 디지털금융 전반에 대한 기본지식과 업무활용능력 등 금융DT 관련 기본역량 평가
	자금세탁방지 업무능력 검정시험 (2023-004792)	전과목 : 66,000원	금융시스템을 이용한 자금세탁행위와 공중협박자금조달행위를 적발 및 예방할 수 있는 전문적인 업무역량 평가

소비자 알림사항

•상기 "프라이빗뱅커(CPB)", "영업점컴플라이언스 오피서(은행)(보험)(증권)", "KBI 금융DT 테스트", "은행텔러", "자금세탁방지 업무능력 검정시험" 자격은 자격기본법 규정에 따라 등록한 민간자격으로, 국가로부터 인정받은 공인자격이 아닙니다.

•민간자격 등록 및 공인 제도에 대한 상세내용은 민간자격정보서비스 (www.pqi.or.kr)의 '민간자격 소개'란을 참고하여 주십시오.

기타

•응시료 환불 규정 : 접수기간 중 100%, 접수기간 종료 후 시험일 5일전 18시까지 50% 환불/이후 환불 불가

•자격 공인번호는 재공인시점에 따라 변경될 수 있으며, 응시료, 환불규정 등은 응시 시점에 따라 변경될 수 있으니 자격시험 응시 전 반드시 한국금융연수원 홈페이지에서 응시하고자 하는 자격시험에 관한 최신 정보를 확인하시기 바랍니다. 자격시험에 관한 자세한 사항은 한국금융연수원 홈페이지를 참조하시기 바랍니다.

•주소 : 서울특별시 종로구 삼청로 118 / TEL : 02-3700-1500 / 홈페이지 : www.kbi.or.kr